Perfezionamento dell'inglese

Collana Perfezionamenti

di
Anthony Bulger

**Adattamento italiano di
Mario Altare**

Illustrazioni di J.-L. Goussé

Casella Postale 80, 10034 Chivasso - TO
+390119131965 - info@assimil.it
www.assimil.it

© Assimil Italia 2017
ISBN 978-88-96715-83-3

Il metodo intuitivo

I nostri metodi

sono corredati dall'audio
in lingua di tutti i dialoghi.

Inquadra il codice QR per
acquistare l'audio di questo
corso su **assimil.it**:

Senza Sforzo
Arabo, Cinese, Ebraico, Francese, Giapponese, Greco moderno, Greco antico, Inglese, Inglese americano, Latino, Neerlandese, Persiano, Polacco, Portoghese, Portoghese brasiliano, Romeno, Russo, Spagnolo, Svedese, Tedesco, Turco, Ungherese

Perfezionamenti
Francese, Inglese, Russo, Spagnolo, Tedesco

Affari
Inglese

E-Metodo
Francese
Inglese americano
Inglese britannico
Perfezionamento dell'inglese
Russo
Spagnolo
Perfezionamento dello spagnol
Tedesco
Perfezionamento del tedesco

Titolo dell'edizione originale francese:
Perfectionnement anglais © *Assimil France 2009*

Sommario

Introduzione VII

Lezioni
1. Welcome aboard! 1
2. I'll have finished next week 9
3. Sharing a flat 15
4. To let 21
5. Sales! 29
6. Visiting 35
7. *Revision* 43
8. Employment 47
9. Situations vacant 55
10. The right way and the wrong way 65
11. Tips for a successful interview 73
12. Do you speak Managerese? 81
13. Back at the flat 89
14. *Revision* 97
15. The United Kingdom in profile 105
16. This Sceptered Isle 115
17. A quiz 125
18. British humour 133
19. Get away from it all 143
20. The North-South divide 153
21. *Revision* 163
22. The city of the future 169
23. For or against? 179
24. A brief history of urban development 189
25. The tour guide 199
26. Our ancestors? 211
27. Getting away from the city 221
28. *Revision* 231

• III

29	Look how far we have come!	237
30	Have you heard the one about…?	247
31	The celebrity chef	257
32	A side order of sarcasm	267
33	Don't over-egg the pudding	277
34	Cooking or cuisine?	285
35	*Revision*	295
36	Work	307
37	The big deal	315
38	Business news	321
39	What the papers say	331
40	Money matters	339
41	Out of the blue	345
42	*Revision*	353
43	True or false? Parliamentary facts and trivia	359
44	A prime minister remembers	369
45	The secret of politics	379
46	Cut and thrust	389
47	Oratory	397
48	On the hustings	407
49	*Revision*	417
50	Art versus sport	425
51	Hants v. Lancs	435
52	It's not cricket!	443
53	"Sports Round-Up"	453
54	The critics	463
55	"Frankly, I Don't Give a Damn"	473
56	*Revision*	481
57	The Upstart Crow	491
58	Famous opening lines	501
59	"Best Words in the Best Order"	511
60	The real thing?	519
61	A budding writer	527
62	The stakeout	535
63	*Revision*	543
64	"Day" or "Die"?	551

65	To err is human	561
66	I wouldn't use a cliché for all the tea in China	569
67	Learner vows to solve headline riddle!	577
68	The language of the law	585
69	Words fail me	595
70	*Revision*	605

Bibliografia 614
Lessico inglese-italiano 616

Edizione 2017

Aggiornamento dell'impaginazione a cura di:
I Nani Grafici - Firenze

Revisione dei testi italiani a cura di:
Francesca Melle

Ringraziamenti dell'autore

Da quando è stata pubblicata l'ultima edizione di questo corso, la lingua inglese ha subito importanti cambiamenti, non solo per via della sua naturale evoluzione, ma anche in virtù delle recenti novità tecnologiche, una su tutte l'avvento di Internet. Assimil ha seguito questi cambiamenti, ne ha tenuto conto e ha deciso di realizzare un'edizione completamente nuova del corso, che ha richiesto un lavoro intenso di ricerca e di stesura, per il quale l'autore desidera ringraziare in particolar modo Martine Farina per il suo aiuto e i suoi suggerimenti, insieme a Viviane Matignon per la rigorosa rilettura e i suoi validi consigli, Francis Labrousse per la sua preziosa collaborazione e naturalmente Krystyna Horko per la sua infinita pazienza.
Questo libro è dedicato alla memoria dell'amico Bill Ford.
Docendo discitur.

Introduzione

A chi è rivolto questo libro?

Il *Perfezionamento dell'inglese* è il corso che fa per voi se avete già una buona conoscenza generale della lingua (acquisita, per esempio, studiando *L'Inglese* nella collana *Senza Sforzo* di Assimil), ma non riuscite ancora a superare un livello intermedio. In altre parole, anche se vi trovate abbastanza a vostro agio nelle situazioni quotidiane, vi capita di andare in crisi di fronte a termini ed espressioni di registro insolito o a contesti cui non siete abituati, per esempio lo sketch di un comico, la recensione di un critico gastronomico che stronca un pessimo ristorante o un giornalista sportivo che intervista un giocatore di rugby alla radio.

Uno dei problemi più ostici per chi vuole perfezionare la conoscenza della lingua inglese è costituito dal fatto di aver affrontato un numero di registri linguistici piuttosto limitato, tanto più che i parlanti nativi si esprimono raramente in maniera accademica o scolastica, e i media non sono certo da meno. Per questo abbiamo pensato:
- di presentarvi un ampio ventaglio di stili e di registri, formali e informali, senza trascurare gli accenti regionali;
- di proporvi un lessico contemporaneo, attinto dal linguaggio di tutti i mezzi di comunicazione attuali (libri, televisione, Internet ecc.);
- di aumentare le vostre conoscenze socioculturali per "ancorare" la lingua al contesto;
- di prepararvi e incoraggiarvi a moltiplicare le occasioni per praticare la lingua inglese in tutte le circostanze possibili.

Non manca un pizzico di umorismo, caratteristica comune al metodo Assimil e ai britannici stessi. Obiettivo del corso è portarvi dal livello B2 al livello C1 del Quadro Comune Europeo di Riferimento per le lingue.

Quale inglese?

Innanzitutto abbiamo fatto nostro il principio su cui si fonda la politica linguistica del Consiglio d'Europa, secondo cui l'apprendimento delle lingue serve a *"comprendere più ampiamente e profondamente le abitudini e la mentalità di altri popoli e il loro patrimonio culturale"*. Per quanto l'inglese si stia banalizzando al punto da essere divenuto una specie di lingua universale sbiadita e senza più radici (ne esistono infatti diverse varianti semplificate, tra cui il "globish"), abbiamo voluto reinserirla nel contesto della sua cultura originaria, quella della Gran Bretagna. Questo perché, in base alla nostra esperienza e ai tanti pareri raccolti presso i nostri lettori, ci siamo resi conto che l'apprendimento di una lingua al di fuori del suo contesto culturale è un esercizio sterile e meccanico, un po' come imparare una ricetta di cucina senza mai metterla in pratica.

Così abbiamo redatto o scelto testi e dialoghi che rispecchiano le realtà socioculturali della Gran Bretagna di oggi. Sotto l'aspetto lessicale abbiamo deciso di privilegiare i neologismi che sono entrati a far parte della lingua quotidiana a scapito di altre parole, che si prevede non superino il proverbiale spazio di un mattino, magari col rischio di essere smentiti in futuro dai fatti: chi può dire se un termine come **nerd** (un *secchione,* uno *sfigato* o un *asociale*, secondo il contesto) si userà ancora fra dieci anni? Abbiamo optato per i vocaboli più popolari, adottando come punto di riferimento i media, regolandoci allo stesso modo con le espressioni idiomatiche.

Come è organizzato questo libro?

Abbiamo scelto un certo numero di temi (la geografia della Gran Bretagna, la politica, la cucina, il tempo libero, gli affari, la letteratura...) ripartiti in gruppi di sette lezioni. Ciascun argomento viene trattato in una serie di testi con uno stile di volta in volta diverso (informale, accademico, giuridico, giornalistico) e talvolta in **slang**, ovvero in un inglese non standard. Ad esempio, per occuparci del mondo dell'economia e degli affari, cominceremo con un testo economico classico, seguito da un servizio della BBC su una fusione-acquisizione commentata prima dalla stampa finanziaria e poi dai giornali popolari (i cosiddetti **tabloids**, con il loro stile fantasioso e scanzonato), per poi concludere con una conversazione tra due dirigenti che cercano di far risparmiare la loro azienda. Inoltre, per esercitarci con un linguaggio al tempo stesso pratico e d'uso quotidiano, seguiremo una volta alla settimana, nella penultima di ogni serie di lezioni, le avventure di un giovane che si trasferisce dalla provincia a Londra per fare carriera, ma non avrà sempre vita facile. Infine, ogni sette lezioni ve ne proporremo una di ripasso per fissare nella memoria gli argomenti principali affrontati ogni settimana (grammatica, stile ecc.).

Come si usa il *Perfezionamento dell'inglese*?

Come tutti i metodi Assimil: **l'importante è seguire le lezioni con costanza e impegno, ascoltando attentamente tutti i giorni i dialoghi registrati**. Se non avete tempo per studiare una lezione completa ogni giorno, però, non preoccupatevi; limitatevi a leggere qualche battuta, a ripassare una nota o ascoltare un po' di frasi, cosa fondamentale perché la pratica quotidiana è una delle chiavi del successo nello studio e nel perfezionamento di una lingua.

Inoltre, abituatevi a **leggere i testi ad alta voce**, un altro accorgimento molto importante per chi impara una lingua, specialmente a un livello avanzato.

Poiché in questo metodo non c'è una "progressione grammaticale" propriamente detta (dal momento che possedete già le basi), potreste teoricamente cominciare da qualsiasi lezione, anche scegliendone una a caso. Tuttavia, almeno per i primi tempi, vi consigliamo vivamente di procedere partendo dall'inizio. Saremo costantemente al vostro fianco con le note, la traduzione a fronte e i consigli necessari; man mano che andrete avanti con lo studio, però, ci faremo un po' da parte, limitandoci a segnalarvi i rimandi alle lezioni precedenti per spiegare una parola o un argomento grammaticale. Così diverrete sempre più autonomi col passare delle settimane.

Per consolidare le conoscenze acquisite **vi raccomandiamo di simulare** quella che, nell'ambito dei corsi della collana *Senza sforzo*, chiamiamo **seconda ondata**. In che cosa consiste? In pratica vi invitiamo, dalla metà del corso in poi (ossia dopo la lezione 35), a riprendere ogni volta una delle lezioni precedenti per leggerne qualche riga, una nota culturale ecc., oltre a seguire la vostra lezione quotidiana. Potrete ad esempio riprendere le soluzioni del primo esercizio della lezione e ritradurle in inglese. In questo modo consoliderete le fondamenta dei vostri progressi.

E una volta finito il corso?

Beh, innanzitutto avrete di che rallegrarvi! Avrete investito qualcosa di assai prezioso, ovvero il vostro tempo, per studiare alcuni aspetti molto complessi della lingua inglese, e siamo certi che raccoglierete i frutti di quanto seminato.
Tuttavia non dovrete fermarvi qui: bisognerà mettere in pratica ciò che avete appreso. Per far questo occorre moltiplicare i contatti con l'inglese, cosa fortunatamente non difficile, perché il progresso tecnologico agevola il compito: grazie ai media (non soltanto la radio e il cinema, ma anche Internet, gli **e-books** e – perché no? – il vostro telefonino) avete accesso a una vasta biblioteca virtuale in inglese piena di testi, videoclip, canzoni, giornali online, blog ecc. Approfittatene senza moderazione e ricordatevi di leggere sempre ad alta voce.

Non dimenticate poi di tornare con regolarità al *Perfezionamento dell'inglese*, rileggendone una lezione, svolgendo un esercizio o arricchendo le vostre conoscenze con l'aiuto delle note culturali.
Procuratevi inoltre un buon dizionario inglese monolingue (possibilmente con un ricco apparato fraseologico), perché certe sfumature non sempre si possono tradurre e solo un dizionario inglese per madrelingua può rivelarvi tutti i segreti di una parola o di una frase fatta.

Un ultimo consiglio: prendete questo lavoro di perfezionamento come un piacevole passatempo. È in questo senso che il manuale è stato concepito e speriamo che lo seguiate con lo stesso spirito.
E ora... **Let's go!**

Testi citati nelle lezioni

45ª lezione: *Parkinson's Law* by C. Northcote Parkinson, reproduced by permission of John Murray (Publishers) Limited.

58ª lezione: *Nineteen Eighty Four* by George Orwell (Copyright © George Orwell, 1949) by permission of Bill Hamilton as the Literary Executor of the Estate of the Late Sonia Brownell Orwell and Secker & Warburg Ltd.

59ª lezione: *Comeclose and Sleepnow* by Roger McGough from *The Mersey Sound* (© Roger McGough, Brian Patten and Adrian Henri 1967), reproduced by permission of PFD (www.pfd.co.uk) on behalf of Roger McGough.

60ª lezione: *England, England*, by Julian Barnes. Permission granted by United Agents on behalf of Julian Barnes.

Alcune informazioni contenute nell'8ª e nella 15ª lezione sono state adattate da *UK 2005*, pubblicato da Her Majesty's Stationery Office (HMSO). Questi testi sono gestiti dal Public Sector Information (PSI) Licence n° C2007001280.

Le altre pubblicazioni citate nelle lezioni sono frutto di fantasia.

1

First lesson

Welcome aboard!

1 So you want to improve your English, do you? [1] Well, you've come to the right place.
2 But why bother [2] learning English at all?
3 Here are a few reasons: it's the language of business, commerce [3] and technology.
4 Politicians and diplomats from all over the world speak to each other in English.
5 It is the first or second language of more than one billion [4] people,
6 and another billion or so are learning it at this very [5] moment.

Note

1 Cominciamo con una **question tag**, ovvero una breve domanda che si aggiunge al termine di una frase per chiedere una conferma al proprio interlocutore. In italiano ci si limita ad aggiungere alla frase "eh?", "vero?", "no?". Qui la struttura non è quella abituale, perché l'ausiliare viene ripetuto alla forma affermativa (e scoprirete presto il perché): **So you're going to look for a new job, are you?**, *E così stai cercando un nuovo lavoro, vero?* Questo tipo di frase comincia spesso con **So**…, *E così*…

2 **to bother**, *disturbare* o *disturbarsi*: **Don't bother your sister; she's reading**, *Non disturbare tua sorella, sta leggendo*. Con l'espressione **Why bother**… ci si chiede quale sia l'utilità di un'azione: **Why bother spending money on an MP3 player?**, *A che serve spendere dei soldi per un lettore MP3?* In quest'espressione, **bother** è di norma seguito da un verbo con la forma in **-ing** (**spending**), ma si usa anche l'infinito (**Why bother to spend…**). È possibile infine rifiutare una proposta dicendo semplicemente **Why bother?**: – **Let's buy a lottery ticket! – Why bother?**, *Compriamo un biglietto della lotteria! – A che serve?* (oppure *A che scopo?*).

Prima lezione

Benvenuti a bordo!

1 E così volete migliorare il vostro inglese, vero? Beh, [allora] siete capitati bene.
2 Ma perché studiare proprio l'inglese?
3 Eccovi alcuni motivi: è la lingua degli affari, del commercio e della tecnologia.
4 I politici e i diplomatici di tutto il mondo parlano inglese tra loro.
5 È la prima o la seconda lingua per più di un miliardo di persone
6 e un altro miliardo, più o meno, la sta studiando proprio in questo momento.

---

3 Il lessico dell'inglese ha radici sia germaniche sia latine. Ecco perché a una parola italiana corrispondono spesso due o più parole in inglese (vedi la nota culturale al termine della lezione). Qui **commerce** indica il *commercio* in generale, ma c'è anche il termine **trade**, che indica l'attività commerciale o lo scambio di beni e servizi e può essere usato come nome o aggettivo: **Britain's trade deficit is larger than expected**, *Il deficit commerciale britannico è maggiore del previsto.* Il ministero del commercio britannico si chiama **the Department of Trade and Industry**; il suo equivalente americano è **the Department of Commerce**.

4 **a billion**, *un miliardo*. Inizialmente questo termine si usava solo nell'inglese americano che in seguito, in virtù del suo crescente influsso, l'ha esportato dall'altra parte dell'Atlantico soppiantando quasi del tutto l'espressione britannica **a thousand million**. Per esprimere la stessa cifra si può dire anche **milliard**, che tuttavia si usa raramente e solo in inglese britannico. Notate infine che **a trillion** significa *mille miliardi*.

5 L'avverbio **very** può servire a mettere in risalto un sostantivo: **The very idea of eating meat makes her sick**, *La sola idea di mangiare carne le fa venire la nausea*; **at this very moment** si potrebbe tradurre anche con *in questo stesso momento, in questo preciso momento*.

1 / First lesson

7 English is also the main language of the global IT [6] industry [7] and the media [8].

8 And it is also a major medium for publishing, advertising and science.

9 Last but not least [9], it has one of the world's richest and most varied bodies of literature.

10 Is this bad news for other major languages like Spanish, French, Arabic and Chinese?

11 Not really. First, English is pretty illogical – there is no ham in a hamburger and no pine (or apple) in a pineapple.

12 And pronunciation can be a nightmare – as you surely know!

13 Sentences like "The soldier decided to desert his dessert in the desert" [10]

Pronuncia
*13 ... **sol**gë di**sa**idid tu di**zërt** hiz di**zërt** in <u>dhe</u> **de**zërt*

Note

6 L'inglese è generalmente più preciso dell'italiano: così la parola *informatica* ha diverse traduzioni possibili in inglese a seconda dei casi (**computer science** quando intendiamo la teoria, **data processing** per indicare l'*elaborazione dei dati* ecc.); tuttavia il termine **IT** (pronuncia ***ai-ti:***), ovvero **information technology**, è sempre più diffuso: **Our IT system is not secure**, *Il nostro sistema informatico non è sicuro*. Anche la traduzione di *informatico* (nel senso di *specializzato in informatica*, **IT specialist**), può cambiare a seconda del contesto: per es. **She works in IT for a merchant bank**, *Lei lavora come informatico per una banca d'affari*.

7 **industry**, *industria*, ma non solo: spesso si traduce *settore, mercato* o *attività*: **The sandwich industry is booming**, *Il mercato del sandwich è in grande espansione*.

7   L'inglese è anche la lingua principale dell'industria informatica mondiale e dei media
8   ed è anche un strumento di comunicazione importante per l'editoria, la pubblicità e la scienza.
9   Da ultimo, ma non in ordine di importanza, la sua letteratura è una delle più ricche e varie al mondo.
10 È una cattiva notizia per altre lingue importanti come lo spagnolo, il francese, l'arabo e il cinese?
11 Non proprio. Innanzi tutto, l'inglese è piuttosto irrazionale: non c'è *ham* (prosciutto) in un *hamburger* e non c'è *pine* (pino) né *apple* (mela) in un *pineapple* (ananas).
12 Inoltre, la pronuncia può rivelarsi un incubo, come sicuramente saprete!
13 Frasi come "Il soldato ha deciso di abbandonare il suo dessert nel deserto"

---

8 Il termine **media** è sempre plurale in inglese (il singolare è **medium** e lo trovate nella frase seguente). **Radio is a powerful medium**, *La radio è un potente mezzo d'informazione*.

9 Un ottimo metodo per perfezionare l'inglese è quello di imparare le frasi fatte tipiche dei media. Molte di queste espressioni devono il loro successo ad "effetti sonori" come l'allitterazione o l'assonanza (una ripetizione di vocali o di consonanti). Per esempio **last but not least** (lett. l'ultimo ma non il più piccolo) gioca sulla ripetizione della lettera l e del gruppo st. **We need a singer, a guitarist and, last but not least, a drummer**, *Abbiamo bisogno di un cantante, di un chitarrista e, ultimo ma non in ordine d'importanza, di un batterista*.

10 Tre parole simili, ma dalla pronuncia diversa. Ascoltando le registrazioni potrete impararla una volta per tutte; vi forniremo inoltre altri dettagli in merito alla fine di questa settimana.

1 / First lesson

14 can drive even the hardiest learners to distraction [11].
15 But when all's said and done [12], English may be the victim of its own success.
16 So many people in so many places now speak their own variety of the language
17 that native speakers can find themselves at a disadvantage.
18 English, like Latin before it, no longer belongs to its country of origin.
19 Welcome aboard for this trip through the highways and byways [13] of English.

Note

[11] **distraction** significa normalmente *distrazione* o *divertimento*, ma non nella frase idiomatica **to drive to distraction**, *fare impazzire, far disperare*...

[12] Un'altra frase fatta: **when all is said and done**, *tutto considerato, tutto sommato, in fin dei conti* (lett. quando tutto è detto e fatto). Stavolta la ripetizione (fenomeno su cui torneremo spesso) non riguarda i suoni, ma i participi passati (**said, done**). Generalmente si usa la forma contratta: **When all's said and done I'm sure that the United States will ratify the agreement**, *Tutto sommato, sono certo che gli Stati Uniti ratificheranno l'accordo*.

***

Exercise 1 – Translate

❶ Why bother buying a lottery ticket? We'll never win. ❷ The very thought of leaving London makes me sad. ❸ The publishing industry is booming at the moment. ❹ Jack Kerouac travelled the highways and byways of America in the 1950s. ❺ Last but not least, the soldiers decided to desert their dessert in the desert.

14 possono far disperare anche gli studenti più determinati.
15 Tutto sommato, però, può darsi che l'inglese sia vittima del suo stesso successo.
16 Oggi sono così tante le persone in così tanti Paesi del mondo a parlare la propria varietà di inglese
17 che i madrelingua *(parlanti nativi)* possono trovarsi svantaggiati.
18 L'inglese, come un tempo il latino, non appartiene più al suo Paese d'origine.
19 Benvenuti a bordo per questo viaggio nei meandri dell'inglese.

13 L'ennesima frase fatta di questa lezione è di tipo ancora diverso da quelle che abbiamo appena visto, perché è caratterizzata dalla rima; **a highway** è *una strada principale* (in inglese americano indica *un'autostrada*), mentre **a byway** è *una strada secondaria*. Possiamo usare quest'espressione sia in senso letterale (**We travelled the highways and byways of Canada**, *Abbiamo percorso il Canada in lungo e in largo*), sia in senso figurato, come nella frase 19.

***

Soluzioni dell'esercizio 1

❶ A che serve comprare un biglietto della lotteria? Non vinceremo mai. ❷ Il solo pensiero di lasciare Londra mi rattrista. ❸ Il settore dell'editoria è attualmente in grande espansione. ❹ Negli anni '50 Jack Kerouac ha percorso l'America in lungo e in largo. ❺ Da ultimo, ma non in ordine di importanza, i soldati hanno deciso di lasciare il loro dessert nel deserto.

1 / First lesson

Exercise 2 – Fill in the missing words
Ad ogni punto corrisponde un carattere.

❶ E così vuole imparare il francese, vero? Beh, [allora] è capitata bene.
.. she wants to learn French, ...? .... come to the ....

❷ Tutto considerato, la pronuncia può rivelarsi un incubo.
.... and ...., pronunciation ..... a ....

❸ I problemi di matematica possono far impazzire anche i più bravi.
Maths problems can .... the .... competent person .. ..

❹ Essendo inglese, Sophie si è trovata svantaggiata.
Being English, Sophie .... at a ....

❺ Ha ottenuto buoni risultati in informatica grazie alla sua intelligenza innata.
He succeeded in IT ...... to ... . intelligence.

---

*Una delle difficoltà principali per chi vuole perfezionare il proprio inglese è la vastità del lessico da padroneggiare e delle sue varie accezioni. Ciò è dovuto alla doppia origine di questa lingua (latino-francese da una parte, germanica dall'altra) e, di conseguenza, alla sua doppia dimensione lessicale: spesso ci sono almeno due parole per indicare lo stesso concetto, ma questo non significa affatto che l'inglese abbondi di "doppioni" perché, tra questi apparenti sinonimi, ci sono delle sottili differenze che bisogna saper cogliere. Sintetizzando, si può dire che i termini di origine latina parlano alla mente, mentre quelli di origine germanico-sassone parlano al cuore: il franco-normanno era infatti la lingua della corte e della nobiltà, mentre il sassone era la lingua dei contadini. Un esempio calzante di questa distinzione ci viene dal linguaggio della cucina e dell'aia: il contadino sassone allevava **an ox**, un bue o **a pig**, un maiale, ma le carni di questi animali (**beef** e **pork**) le mangiavano i signori normanni. Questa distinzione si conserva tuttora nell'ambito della vita quotidiana. Per esempio,* accogliere calorosamente qualcuno *si può*

Soluzioni dell'esercizio 2 (Parole mancanti)

❶ So – does she – Well she's – right place ❷ When all's said – done – can be – nightmare ❸ – drive even – most – to distraction ❹ – found herself – disadvantage ❺ – thanks – his native –

dire **to give someone a cordial reception** oppure **to give someone a warm welcome**. *La prima espressione è molto formale e andrebbe usata in un ambiente diplomatico, mentre la seconda si può impiegare quando si riceve un amico. Allo stesso modo,* **regal** *e* **kingly** *traducono l'italiano reale (o regale),* **celestial** *e* **heavenly** *significano entrambi celestiale, ma la seconda parola è più colloquiale della prima. Questo "vocabolario parallelo" presenta parecchi esempi anche in ambito scientifico: daltonico è* **daltonian** *in un libro di medicina, ma nella lingua di tutti i giorni si dice* **colour-blind** *(lett. cieco ai colori), nonostante John Dalton (il medico che ha dato il nome a questo difetto) fosse inglese! È molto importante comprendere questa dicotomia latino-germanica, perché è onnipresente nella lingua e nella letteratura inglesi. La pubblicità, per esempio, ricorrerà al lessico di origine germanica, un lessico "emotivo", mentre la sentenza di una corte d'appello farà sfoggio di molte parole "colte". Nelle prossime settimane vi aiuteremo a orientarvi in questo doppio universo e in particolare nel mondo dei verbi frasali.*

2

Second lesson

I'll have finished next week

1 – By this time next week, I'll have finished [1] painting the master [2] bedroom.
2   Then I'll be able to start the guest bedrooms and the downstairs [3] bathroom.
3   After that, all I'll have to [4] do is fix [5] the plumbing, re-wire the kitchen,
4   do up [6] the dining room, mend the fence and put in [7] some double glazing.
5   This is a maintenance-free house [8]: it hasn't been maintained for twenty years!

Pronuncia
3 ... **plam**in^g...

Note

[1] Ecco il futuro anteriore, tempo che serve a descrivere un'azione che si compirà in un determinato momento nel futuro. Si usa come in italiano e si forma con l'ausiliare del futuro **will** seguito da **have** (invariabile) e dal participio passato del verbo: **They will have finished the project by Tuesday**, *Entro martedì avranno finito il progetto*. Ricordiamo però che, quando in italiano compare in una subordinata e il verbo della principale è al futuro semplice, in inglese si userà il **present perfect**: **I won't go out until it has stopped raining**, *Non uscirò finché non avrà smesso di piovere*.

[2] Il sostantivo **master** si può utilizzare anche con funzione di aggettivo e, in tal caso, significa *principale* o *generale*. Ecco alcuni esempi: **master switch**, *interruttore generale*; **master key**, *passepartout*. C'è anche il verbo **to master**, che significa *padroneggiare, dominare*.

[3] Letteralmente la parola **downstairs** vuol dire *giù per le scale*. Si usa come avverbio (**She went downstairs into the kitchen**, *È scesa giù in cucina*) o come aggettivo (**the downstairs toilet**, *il bagno di sotto*) e in quest'ultimo caso può anche essere priva della **-s** finale. Il suo contrario è **upstairs**.

Seconda lezione

La prossima settimana avrò finito

1 – Fra una settimana a quest'ora, avrò finito di tinteggiare la camera da letto principale.
2 Poi potrò attaccare con le camere degli ospiti e il bagno di sotto.
3 Dopo non mi resterà che *(tutto ciò che dovrò fare sarà)* sistemare l'impianto idraulico, rifare l'impianto elettrico della cucina,
4 rinnovare la sala da pranzo, aggiustare lo steccato e montare i doppi vetri.
5 Questa è una casa che non necessita di manutenzione: è da vent'anni che non se ne fa!

4 Abbiamo appena visto il futuro del verbo modale **must**, *dovere*; l'infinito è **to have to**. **We'll have to sell the house**, *Dovremo vendere la casa*.

5 **fix** è una parola multiuso. Qui vuol dire *sistemare, riparare*: **I've fixed the leaking tap**, *Ho riparato il rubinetto che perdeva*. Il verbo **to mend** (vedi la frase 4) è un sinonimo. Il sostantivo **fix** ha moltissime accezioni, tra cui *pasticcio, guaio*, ma anche *soluzione di un problema*: **Compusoft has released a fix for the security problem**, *La Compusoft ha pubblicato una release di un fix per il problema di sicurezza*.

6 Qui il verbo frasale **to do up** significa *rinnovare, ristrutturare, rimettere a nuovo*. **Last year, we did up the upstairs bathroom**, *L'anno scorso abbiamo rinnovato il bagno di sopra*. È importante studiare questi verbi facendo attenzione al contesto in cui si impiegano (per saperne di più consultate la settima lezione, § 4).

7 Ecco un altro verbo frasale: **to put in** (lett. mettere dentro), in questo contesto *installare, montare*. **We've put in a new dishwasher**, *Abbiamo installato una nuova lavastoviglie*.

8 L'inglese è una lingua rapida: osservate com'è pratico l'aggettivo **maintenance-free**, che in italiano si traduce con un'espressione molto più lunga (*che non necessita di manutenzione*).

ten • 10

2 / Second lesson

6 – So exactly how long have you been working [9] on it?
7 – It feels like [10] forever but in actual fact about six months, give or take a week.
8 – And what will you do when you've finished the whole thing?
9 – I'm going to put it on the market. I reckon it will sell for a fortune.
10 You know the three most important secrets to selling a house, don't you?
11 Location, location and location.
12 – So you won't have heard [11] the news, then?
13 – News? What news? I told you, I haven't set foot outside the house for months.
14 – They're going to be building a new motorway at the bottom of your garden in about two weeks time.
15 – A motorway? You're kidding [12] me! All that work for nothing.
16 – You'd better [13] hurry up and finish. Otherwise, all that effort will have been wasted. □

Note

[9] Ricordate che il **present perfect progressive** descrive un'azione cominciata nel passato che si svolge ancora oggi: **I've been using this method for two days**, *Uso questo metodo da due giorni* oppure *Sono due giorni che uso questo metodo*.

[10] **to feel**, *sentire, sentirsi*. **I feel very tired**, *Mi sento stanchissimo*. Il verbo **to feel like** vuol dire *avere voglia*: **I feel like a cup of coffee**, *Ho voglia di una tazza di caffè*. Qui però, con il pronome **it**, si traduce con *sembra*: **I stopped smoking a week ago but it feels like years!**, *Ho smesso di fumare una settimana fa, ma mi sembra che siano passati anni!*

[11] Ecco la struttura di una frase negativa con il verbo al futuro anteriore semplice (**future perfect**): **will + not + have** + participio passato del verbo. Gli anglosassoni utilizzano più spesso la forma progressiva del futuro (**future continuous**): **will (+ not) + be** + verbo in **-ing**. **I have to work tomorrow, so**

Seconda lezione / 2

6 – Ma *(Allora)* precisamente da quant'è che ci lavori?
7 – Mi sembra da sempre, ma in realtà è da circa sei mesi, settimana più settimana meno.
8 – E cosa farai quando avrai finito tutto?
9 – La metterò in vendita. Penso che ne ricaverò una fortuna.
10 Sai quali sono i tre segreti più importanti per vendere una casa, no?
11 La posizione, la posizione e la posizione.
12 – Allora non hai sentito la novità, immagino.
13 – La novità? Quale novità? Se ti ho detto che non metto piede fuori di casa da mesi...
14 – Fra circa due settimane inizieranno a costruire una nuova autostrada in fondo al tuo giardino.
15 – Un'autostrada? Mi prendi in giro? Tutto questo lavoro per nulla.
16 – Faresti meglio a sbrigarti a finire. Altrimenti tutta questa fatica sarà andata sprecata.

I won't be staying long, *Domani devo lavorare, perciò non resterò a lungo.* Nel nostro dialogo il futuro anteriore semplice esprime una supposizione, che si può rendere anche con la forma progressiva: **So you won't be spending the night there?**, *Allora non passerete la notte lì, immagino.*

12 a kid, *un capretto.* Nella lingua colloquiale **a kid** significa *un bambino, un ragazzino, un figlio.* **She has eight kids**, *Ha otto bambini, Ha otto figli.* Il verbo **to kid**, invece, non c'entra niente: è un modo familiare per dire **to joke**, *scherzare, prendere in giro.* **Don't believe him, he's kidding**, *Non credetegli, vi sta prendendo in giro* (si può aggiungere al verbo il complemento: **he's kidding you**). L'esclamazione **You're kidding! / No kidding!** vuol dire *Stai scherzando!*

13 Attenzione: non si tratta di un condizionale, ma di un'espressione invariabile; **had better**, seguita dall'infinito senza **to**, corrisponde all'italiano *fare* (coniugato al condizionale) + *meglio*: **We'd better leave now otherwise we'll be late**, *Faremmo meglio a partire ora, altrimenti arriveremo in ritardo.* Ricordiamo che in questo caso **'d** è la forma contratta di **had**, non di **would**.

Exercise 1 – Translate

① I heard a noise and went downstairs into the kitchen. ② Compusoft will be releasing a fix for the security problem next month. ③ I stopped smoking a month ago but it feels like years! ④ We have to work tomorrow so we won't be staying long. ⑤ They'd better hurry up otherwise they'll be late.

Exercise 2 – Fill in the missing words

① Sono due giorni che usiamo questo metodo.
. . . . this method … two days.

② Sally non mette piede fuori dall'ufficio da giorni.
Sally . . . . outside the office . . . .

③ Cosa faranno quando avranno finito gli *(i loro)* studi?
What …. they .. when ……. finished ..… studies?

④ Dopo non dovremo fare altro che imbiancare il bagno di sopra.
After that, all . . . . is paint the . . . . bathroom.

⑤ Penso che domani avrà finito di riparare lo steccato.
I reckon . . . . finished . . . . . . the fence tomorrow.

Seconda lezione / 2

Soluzioni dell'esercizio 1

❶ Ho sentito un rumore e sono sceso in cucina. ❷ Il mese prossimo la Compusoft pubblicherà una soluzione per il problema di sicurezza. ❸ Ho smesso di fumare da un mese, ma mi sembra che siano passati anni! ❹ Domani dobbiamo lavorare, perciò non resteremo a lungo. ❺ Farebbero meglio a sbrigarsi, altrimenti arriveranno in ritardo.

Soluzioni dell'esercizio 2 (Parole mancanti)

❶ We've been using – for – ❷ – hasn't set foot – for days ❸ – will – do – they've – their – ❹ – we'll have to do – upstairs – ❺ – he'll have – fixing –

Insistiamo (soprattutto negli esercizi) sulle forme contratte perché si usano quasi sempre nella lingua parlata e, in contesti meno formali (pubblicità, canzoni ecc.), nella lingua scritta. Dovrete farci l'abitudine, tanto più che c'è anche il rischio di fare confusione tra alcune forme (vedi la nota 13).

3

Third lesson

Sharing a flat

1 The housing market has gone crazy [1] and house prices have gone through the roof [2]!
2 They say that an Englishman's home is his castle [3],
3 but most of us can't afford [4] a bedsit [5] in the outer suburbs nowadays,
4 let alone [6] a two-bedroom [7] flat in the city centre.
5 The dream of the older generation was to pay off [8] their mortgage [9],

Pronuncia
5 ... **mo:ghëig'**

Note

1 **crazy**, *pazzo, folle*: **Her idea is crazy; it'll never work**, *La sua idea è folle; non funzionerà mai*. **To go crazy**, *impazzire*, sia in senso letterale che figurato: **House prices have gone crazy**, *I prezzi delle case sono impazziti*.

2 **To go through the roof**, *andare o salire alle stelle*, è ovviamente una frase fatta. Quando si riferisce a una persona, però, significa *andare su tutte le furie*.

3 **An Englishman's home is his castle**: questo proverbio significa che la casa è un luogo inviolabile. Oggi, tuttavia, si usa spesso con una sfumatura ironica.

4 Dal verbo **to afford**, *permettersi*, deriva l'aggettivo **affordable**, *accessibile*. **Our aim is to provide access to affordable technologies**, *Il nostro obiettivo è facilitare il ricorso a tecnologie accessibili*.

5 **a bedsit**, *un monolocale*, è la contrazione di **bedroom**, *camera da letto*, e **sitting room**, *salotto*. **Bedsitter** è una variante.

Terza lezione

Condividere un appartamento

1 Il mercato immobiliare è impazzito e i prezzi delle case sono saliti alle stelle!
2 Si dice che la casa di un inglese è il suo castello,
3 ma al giorno d'oggi la maggior parte di noi non può permettersi un monolocale in estrema periferia,
4 tanto meno un appartamento con due stanze in centro.
5 Il sogno della generazione precedente era estinguere il mutuo,

---

6 **alone**, *solo*. L'espressione **let alone** significa *tanto meno*: **She can't sing, let alone play the piano**, *Non sa cantare e tanto meno suonare il pianoforte*.

7 **bedroom**, *stanza (da letto)*, può formare degli aggettivi in combinazione con un numero: **a three-bedroom house**, *una casa con tre stanze* (notate l'assenza della **-s** in questi aggettivi, nonostante si parli di più stanze); **two-bedroom flat**, *un appartamento con due stanze*.

8 **to pay**, *pagare*. Quando si tratta di un debito, però, si usa **to pay off** che vuol dire *estinguere, saldare, rimborsare l'intera somma*. **It took Raneesa ten years to pay off her student loan**, *Raneesa ci ha messo dieci anni a estinguere il suo prestito d'onore*. Attenzione però al contesto: **to pay off** ha anche altre accezioni, tra cui quella di *essere redditizio, ricompensare*.

9 **mortgage**, *ipoteca* (notate come si pronuncia: ***mo:ghëig'***). Com'è logico, il verbo **to mortgage** significa *ipotecare*. **They mortgaged their flat to pay off Tom's debts**, *Hanno ipotecato il loro appartamento per saldare i debiti di Tom*.

sixteen • 16

3 / Third lesson

6 but the dream of today's youngsters is to get one [10] in the first place.
7 In fact, most young people have to rent their accommodation,
8 and many of them end up [11] sharing a house, a flat or even a room with other people.
9 A flatshare [12] can be a great way of meeting people and making new friends.
10 But it can also be a disaster if your new acquaintance turns out to be the flatmate from hell [13].
11 If you decide to take the plunge [14], here are a few golden rules to remember:
12 Always clean and wash up after you – cleanliness is next to godliness [15]!

Pronuncia
*12 ... **klen**lines ...*

Note

[10] Ricordiamo che, per evitare di ripetere un sostantivo, si può ricorrere all'uso di one. **I need a pen. Have you got one?**, *Mi serve una penna. Ne hai una?* Al plurale si aggiunge una s: **I don't like these shoes, but I can't find any nicer ones**, *Queste scarpe non mi piacciono, ma non riesco a trovarne di migliori.*

[11] **to end**, *finire*; **to end up** ha lo stesso senso, ma esprime involontarietà da parte del soggetto: **I ended up in Edinburgh after I left university**, *Dopo aver lasciato l'università, sono capitato a Edimburgo.* Quando è seguito da un gerundio, ha il senso di *finire per*: **We ended up fighting**, *Abbiamo finito per litigare.*

[12] **to share**, *condividere*. Ecco un'altra occasione per ammirare la praticità dell'inglese: **a flatshare**, *condivisione di un appartamento, appartamento condiviso* (o *da condividere*). Un esempio: **I'm looking for a**

Terza lezione / 3

6 ma il sogno dei giovani d'oggi è innanzi tutto riuscire a ottenerne uno.
7 Infatti la maggior parte dei giovani deve prendere in affitto il proprio alloggio,
8 e molti di loro finiscono per condividere una casa, un appartamento o addirittura una stanza con altre persone.
9 La condivisione di un appartamento può essere un sistema eccellente per incontrare delle persone e fare nuove amicizie,
10 ma può rivelarsi una catastrofe se chi avete appena conosciuto risulta essere un compagno di stanza infernale *(la tua nuova conoscenza risulta essere il compagno di stanza dall'inferno)*.
11 Se decidete di buttarvi *(prendere il tuffo)*, eccovi alcune regole d'oro da ricordare:
12 Pulite la stanza che occupate e rigovernate sempre: la pulizia piace a Dio e alle persone! *(è quasi importante quanto la religiosità)*

---

flatshare in Brighton, *Cerco un appartamento condiviso a Brighton*. Questa parola si può anche scrivere **flat-share**.

13 Una curiosa espressione per indicare la persona peggiore che si possa immaginare: **the person from hell**, *una persona infernale*; **He's the boss from hell**, *È un capo infernale*.

14 **to take the plunge**, ovvero *saltare il fosso, buttarsi*: **After going out together for three years, they took the plunge and got married**, *Dopo essere usciti insieme per tre anni, hanno saltato il fosso e si sono sposati*.

15 Il suffisso **-iness** permette di formare i nomi partendo dagli aggettivi: così **clean**, *pulito*, diventa **cleanliness**, *pulizia*. Allo stesso modo **happy**, *felice* → **happiness**, *felicità*. Il proverbio **Cleanliness is next to godliness** (che abbiamo reso con un detto nostrano) ci offre un altro esempio: **godliness** deriva da **godly**, *devoto, pio*, aggettivo che a sua volta deriva da **God**, *Dio*. Ascoltate bene la pronuncia: **clean** si legge *kli:n*, ma il derivato **cleanliness** si legge ***klen**lines*.

eighteen • 18

3 / Third lesson

13 Don't hog [16] the bathroom, especially in the morning, and don't use all the hot water.
14 Don't borrow anything without permission: food, drink, clothes or boyfriends and girlfriends.
15 If you do end up having a fight [17] with your co-tenants, keep your cool:
16 Remember, it's far easier to share a flat than a prison cell! □

Note

[16] **a hog** significa *un maiale*, ma il verbo colloquiale **to hog** vuol dire *prendere tutto per sé, monopolizzare* e, parlando di cibo, *papparsi*: **Don't hog all the popcorn. Give me some!**, *Non papparti tutti i popcorn. Danne un po' anche a me!*; **hog** ricorre anche in espressioni come **road hog**, *pirata della strada*.

[17] **a fight**, *una lotta*. Il contesto, però, ci suggerisce chiaramente che si sta parlando di *un litigio*. In tal caso possiamo dire sia **to have a fight** che **to fight**: **We had a fight about my mother**, *Abbiamo litigato a proposito di mia madre*.

***

Exercise 1 – Translate

❶ I will have paid off my debts by the end of next year. **❷** Prices have gone crazy. We can't even afford a holiday this year. **❸** He turned out to be the neighbour from hell. **❹** They mortgaged their flat to raise some more money. **❺** Remember the old saying: cleanliness is next to godliness.

13 Non monopolizzate il bagno, specialmente la mattina, e non usate tutta l'acqua calda.
14 Non prendete nulla in prestito senza permesso: cibo, bevande, vestiti, fidanzati e fidanzate.
15 Se finite per litigare con i vostri coinquilini, mantenete la calma:
16 ricordatevi che è molto più facile condividere un appartamento che una cella di prigione!

***

Soluzioni dell'esercizio 1
❶ Estinguerò i miei debiti entro la fine dell'anno prossimo. ❷ I prezzi sono impazziti. Quest'anno non ci possiamo permettere neppure una vacanza. ❸ Si è rivelato un vicino infernale. ❹ Hanno ipotecato il loro appartamento per procurarsi dei soldi. ❺ Ricordate il vecchio detto: la pulizia piace a Dio e alle persone.

4 / Fourth lesson

Exercise 2 – Fill in the missing words

❶ Stiamo cercando una casa con due stanze o un appartamento con tre.
We are .... a .... house or a .... flat.

❷ Queste scarpe non mi piacciono, ma non riesco a trovarne di migliori.
I ..... like these shoes, but I ..... find ... .

❸ Dopo cinque anni hanno saltato il fosso e si sono sposati.
After five years, they .... and ... married.

Fourth lesson

To let [1]

1 – Dave moved [2] from Leicester to London in early [3] January to look for work.
2   But first he had to find accommodation [4], preferably a furnished room.

Pronuncia
1 ... **lest**ë ...

Note

[1] **to let**, *lasciare, permettere*; in un contesto immobiliare vuol dire però *affittare* (nel senso di *dare in affitto*). Abbiamo già visto **to rent**, *affittare* (ma nel senso di *prendere in affitto*): **I rented a flat in Brixton for a short time**, *Ho affittato un appartamento a Brixton per poco tempo*. Va da sé che **the rent** è *l'affitto*. Per tornare al verbo **to let**, in Gran Bretagna potrete vedere dei cartelli con la scritta **TO LET** (tutta in maiuscolo, proprio come il nostro *AFFITTASI*), sempre che qualche burlone non apporti una piccola modifica aggiungendo una I e trasformando la scritta in **TOILET**.

❹ Non papparti tutta la cioccolata. Danne un po' a tua sorella.
  Don't ...... the chocolate. Give .... sister .....
❺ Non possono permettersi la benzina, figurarsi un'auto.
  They .... petrol, ... a car.

Soluzioni dell'esercizio 2
❶ – looking for – two-bedroom – three-bedroom – ❷ – don't – can't – any nicer ones ❸ – took the plunge – got – ❹ – hog all – your – some ❺ – can't afford – let alone –

Quarta lezione

Affittasi

1 – All'inizio di gennaio Dave si è trasferito da Leicester a Londra per cercare lavoro.
2   Ma prima ha dovuto trovare alloggio, preferibilmente una camera ammobiliata.

2 **to move**, *muoversi, trasferirsi* (**We moved to Leicester**, *Ci siamo trasferiti a Leicester*), ma anche *traslocare*. Ne consegue che a **move** non vuol dire solo *una mossa* o *un movimento*, ma anche *un trasloco*. **This is my second move in as many months**, *Questo è il mio secondo trasloco in altrettanti mesi*.

3 **Early**, impiegato come aggettivo, può indicare che un fatto è avvenuto all'inizio di un determinato periodo: **in the early seventie**s, *nei primi anni '70*.

4 **Accommodation**, *alloggio* (come **work** nella frase precedente) è un nome non numerabile, per cui **accommodation to let** può significare tanto *alloggio in affitto* quanto *alloggi in affitto*. Se vogliamo specificare che cerchiamo un lavoro o un alloggio e non più di uno, useremo termini ed espressioni differenti: **I'm looking for a job**, *Cerco un lavoro*; **I'm looking for somewhere to live**, *Cerco alloggio*. Sono sfumature che vi permettono di affinare e perfezionare le vostre conoscenze...

4 / Fourth lesson

3 He didn't have enough money for something larger or self-contained.

4 That evening, he got an evening paper and turned to the small ads [5].

5 – "Large double room in lovely friendly female houseshare [6]". I don't think so!

6 "Spacious studio flat. Available shortly". But I need something now.

7 "Completely refurbished [7] second-floor flat with ensuite bathroom". It's bound [8] to be expensive.

8 – Just as Dave was about to give up [9], he spotted [10] this ad at the bottom of the page:

9 – "Unfurnished room to let in a newly decorated Victorian house in a quiet residential area.

10 All mod cons. Close to all amenities. Walking distance to town centre.

Note

5 **an ad** è l'abbreviazione di **an advertisement**, *una pubblicità, un annuncio pubblicitario*. **There are too many ads on that search engine**, *Su quel motore di ricerca c'è troppa pubblicità*. Attenti alla differenza tra **advertising** e **publicity**: entrambi vogliono dire *pubblicità*, ma il primo termine indica quella che si fa a un prodotto, il secondo riguarda piuttosto la divulgazione di un fatto o la ricerca di visibilità; **the small ads** è un'espressione colloquiale riferita ai *brevi annunci*, che ufficialmente si dicono **classified advertising**.

6 Termine di struttura analoga a **flatshare**, che abbiamo visto nella terza lezione, nota 12, **houseshare** significa *condivisione di una casa, casa condivisa* (o *da condividere*).

7 **to refurbish** è un sinonimo di **to do up** e non deve essere confuso con **to refurnish**, *riammobiliare*.

Quarta lezione / 4

3 Non aveva abbastanza soldi per qualcosa di più grande o indipendente.
4 Quella sera ha preso il giornale *(della sera)* e l'ha aperto alla pagina degli annunci.
5 — "Condividerei con una donna una grande camera doppia in una casa graziosa e accogliente". Direi di no.
6 "Monolocale spazioso. Disponibile a breve". Ma a me serve qualcosa subito.
7 "Appartamento al secondo piano, completamente rinnovato con bagno annesso". Sarà senz'altro caro.
8 — Dave era lì lì per rinunciare quando ha scoperto questo annuncio in fondo alla pagina:
9 — "Camera non ammobiliata affittasi in casa vittoriana restaurata di recente, zona residenziale tranquilla.
10 Tutti i comfort. Vicina a tutti i servizi. A due passi dal centro.

---

8 Participio passato del verbo **to bind**, *legare, vincolare,* **bound** indica una certezza nell'espressione **to be bound** seguita da un verbo all'infinito: **I'll invite her but she's bound to refuse**, *La inviterò, ma rifiuterà di sicuro*. Al passato avremo l'ausiliare **to be** al **simple past**: **He was bound to refuse**, *Era inevitabile che rifiutasse*.

9 Un altro verbo frasale: **to give up**, *abbandonare, rinunciare, smettere*. **Don't give up now. You've done so much!**, *Non mollare ora. Hai fatto così tanto!* Se l'espressione è seguita da un verbo, questo va al gerundio: **I gave up drinking two weeks, three days, four hours and two minutes ago**, *Ho smesso di bere da due settimane, tre giorni, quattro ore e due minuti*.

10 Eccoci alle prese con un termine molto frequente nell'inglese colloquiale: qui svolge la funzione di verbo (regolare) e significa *scoprire, individuare* o, più semplicemente, *vedere*. **I spotted this ad in last night's paper**, *Ho visto quest'annuncio sul giornale di ieri sera*.

4 / Fourth lesson

11 Would suit single non-smoking professional with no pets. Reasonable rent."
12 That sounds perfect. I hope it's not already taken. I'll call first thing [11] tomorrow.
13 – The next day, Dave called the estate agent, who told him the flat [12] was still vacant.
14 Dave said he was in a hurry and would like to view it as quickly as possible.
15 So they made an appointment for that afternoon. But just as he hung up, Dave realised something:
16 – The room's got no furniture [13]! I'd better go and buy some straight away!
17 Oh, and I also need a job.

Note

[11] L'espressione **first thing** significa *presto, subito* o *per prima cosa*. **She called me first thing next day**, *L'indomani lei mi ha chiamato subito*. Non bisogna confonderla con un'altra espressione, **First things first**, *Prima le cose più importanti*, in cui **things** è sempre al plurale.

[12] La congiunzione **that** si può omettere, per esempio quando introduce una proposizione subordinata: **I think that we should try again**, *Penso che dovremmo riprovarci* diventa dunque **I think we should try again**. La frase del dialogo subirà a sua volta questa trasformazione: **He told Dan that the flat was vacant → He told Dan the flat was vacant**. Nella lingua parlata è un meccanismo molto frequente (vedi anche la frase successiva) di cui vedremo le regole più avanti.

[13] Anche **furniture**, *la mobilia, i mobili*, è un sostantivo non numerabile che quindi non ha il plurale. Se dobbiamo usare assolutamente il singolare, diremo **a piece of furniture**: **If you have a piece of furniture that needs mending, I can do it for you**, *Se hai un mobile da riparare, posso aggiustartelo io*.

Quarta lezione / 4

11 Preferibilmente per professionisti single non fumatori. No animali da compagnia. Richiesta *(affitto)* ragionevole."
12 Mi sembra ottimo. Spero che non l'abbiano già preso. Domattina telefonerò subito.
13 – Il giorno dopo Dave ha chiamato l'agente immobiliare, che gli ha detto che la camera era ancora disponibile.
14 Dave ha detto che aveva fretta e avrebbe voluto vederla appena possibile.
15 Così hanno fissato un appuntamento per il pomeriggio stesso. Ma non appena ha riattaccato, Dave si è ricordato *(accorto)* di una cosa:
16 – La stanza non ha mobili! Farei meglio ad andare a comprarli subito!
17 Oh, e poi ho anche bisogno di un lavoro.

4 / Fourth lesson

▶ Exercise 1 – Translate
① The flat has got all mod cons. It will be available shortly. ② Advertising is expensive but publicity is free. ③ She spotted the ad at the bottom of the page. ④ I'll call you first thing in the morning. ⑤ Alice moved from Wales to Cornwall to look for work.

Exercise 2 – Fill in the missing words
① Stiamo cercando un alloggio e ci serve qualcosa subito.
We're looking ... . and we need something ....

② Li inviterò alla festa, ma rifiuteranno di sicuro.
I'll invite .... the party but .... refuse.

③ Penso che dovremmo riprovarci, no?
I .... [1], don't you?

④ Questo è il mio terzo lavoro in altrettanti anni.
This is my third job ... .

⑤ Se hai un mobile da riparare, posso aggiustartelo io.
If you have .... that ...., I can do it for you.

[1] *Abbiamo qui omesso il pronome* that, *ma anche la frase* I think *that we should try again* è perfettamente corretta.

Se cercate di affittare o acquistare un alloggio in Gran Bretagna, non dovrete solo prendere confidenza con le peculiarità del mercato britannico, ma anche con i termini tipici degli annunci che compaiono sui giornali, sulle riviste immobiliari e sui siti Internet specializzati, annunci che in genere sono molto stringati e in cui si tralasciano articoli, verbi ausiliari ecc.

Quarta lezione / 4

Soluzioni dell'esercizio 1
❶ L'appartamento ha tutti i comfort. Sarà disponibile a breve. ❷ I messaggi promozionali costano, ma la pubblicità è gratuita. ❸ Ha visto l'annuncio in fondo alla pagina. ❹ Ti chiamerò subito in mattinata. ❺ Alice si è trasferita dal Galles in Cornovaglia per cercare lavoro.

Soluzioni dell'esercizio 2
❶ – for somewhere to live – straight away ❷ – them to – they're bound to – ❸ – think we should try again – ❹ – in as many years ❺ – a piece of furniture – needs mending –

A volte l'affitto è mensile (£900 pcm, per calendar month), ma più spesso settimanale (£142 pw, per week) e nella maggior parte dei casi non comprende la fornitura di acqua, luce e gas (plus bills, più spese); talvolta dovrete anche pagare le imposte locali sugli immobili (council tax). Vi facciamo grazia degli elogi sperticati che compaiono negli annunci, ma alcune espressioni e abbreviazioni vi saranno molto utili: all mod cons (modern conveniences), tutti i comfort. L'abitazione può essere close to all amenities, vicina a tutti i servizi, o a due passi dai negozi, da una stazione della metropolitana ecc. (within walking distance of...). Infine, c'è anche chi è molto esigente per quanto riguarda l'inquilino (o i coinquilini), che a seconda dei casi deve essere non-smoker, non fumatore, young professional, giovane professionista ecc. oppure tidy, ordinato, easy-going, tranquillo o con GSOH (good sense of humour), senso dell'umorismo. Chi invece vuole acquistare una casa può comprarla freehold, diventando proprietario del suolo su cui l'abitazione è stata costruita, o semplicemente leasehold: in tal caso si diventa proprietari dei muri, ma non del suolo, che si può affittare per un periodo che può anche arrivare a 99 anni.

twenty-eight

Fifth lesson

Sales!

1 If you want to shop cheaply, you can wait until the sales [1] start.
2 Looking for a new dishwasher? Need a new microwave? Got an eye for a bargain [2]?
3 Look no further! Make a beeline [3] for Cotton's super-saver [4] summer sale.
4 We're knocking [5] hundreds of pounds off manufacturers' list prices on a whole range of goods.
5 Check out our stunning range of electrical appliances at staggeringly low prices.
6 Save hundreds of pounds on a wide range of home appliances and furnishings.
7 Our prices are reduced by anywhere [6] up to eighty per cent.

Note

1 Attenzione: **a sale**, *una vendita*, ma anche *un saldo* (nel senso di vendita a prezzi ribassati). Nella seconda accezione si usa spesso il plurale, come in italiano: **I bought a new coat in the winter sales**, *Ho comprato un cappotto nuovo ai saldi invernali*. Attenti alla preposizione che precede **sale**: in inglese americano **for sale**, *in vendita* e **on sale**, *scontato* (**This item is for sale**, *Quest'articolo è in vendita,* **This item is on sale**, *Quest'articolo è scontato*). In inglese britannico, invece, **for sale** e **on sale** significano entrambi *in vendita*.

2 **a bargain**, *un affare* (nel senso di *buon affare*): **I got a bargain in the sales**, *Ho fatto un affare ai saldi*. **He's got a good eye for a bargain**, *Ha fiuto per gli affari*; **to bargain**, *tirare sul prezzo*.

3 **a bee**, *un'ape*. A quanto pare, le api percorrono la distanza più breve tra due punti, da cui l'espressione **to make a beeline for**, *andare diritto,*

Quinta lezione

Saldi!

1 Se volete fare acquisti a prezzi convenienti, è meglio se aspettate l'inizio dei saldi.
2 Cercate una nuova lavastoviglie? Vi serve un nuovo forno a microonde? Avete fiuto per gli affari?
3 Non cercate oltre! Precipitatevi da Cotton's per i suoi super saldi estivi.
4 Pratichiamo sconti incredibili sui prezzi di fabbrica di una vasta gamma di prodotti.
5 Non perdetevi la nostra sbalorditiva gamma di elettrodomestici a prezzi incredibilmente bassi.
6 Risparmierete *(risparmiate)* centinaia di sterline su un vasto assortimento di elettrodomestici e articoli di arredamento.
7 Pratichiamo sconti *(i nostri prezzi sono ridotti da qualche parte)* fino all'ottanta per cento.

---

oppure *fiondarsi, precipitarsi* + prep. **As soon as he came in he made a beeline for the fridge**, *Appena arrivato, si è subito fiondato sul frigo.*

4 **to save** è *salvare*, ma anche *risparmiare*; **a saver**, *un risparmiatore*, ma **super-saver** vuol dire *super economico, super conveniente* (nel linguaggio pubblicitario). **We are offering super-saver fares for flights to Sydney**, *Pratichiamo tariffe ultra convenienti sui voli per Sydney.*

5 **to knock**, *colpire, bussare*. La prima accezione del verbo frasale **to knock off** è *far cadere*, ma in un registro colloquiale vuol dire *scontare, fare lo sconto*. **I'll knock off ten pounds if you buy both books**, *Vi faccio dieci sterline di sconto se comprate tutti e due i libri*. Ricordate che, quando si tratta di verbi frasali, bisogna sempre fare attenzione al contesto.

6 L'avverbio **anywhere**, *ovunque, da qualche parte*, esprime in genere incertezza quando è accompagnato da una preposizione e si parla di quantità: **A meal in a trendy restaurant can cost anywhere between a hundred and two hundred dollars**, *Un pasto in un ristorante alla moda può costare dai cento ai duecento dollari.*

5 / Fifth lesson

8 So get your skates on [7] and get down to Cotton's quickly – before we sell out [8]!
9 Another way to make savings on high street [9] prices is to shop online.
10 With Webselect, you get huge discounts on a superb range of household goods.
11 All products are brand new [10] and come with a minimum one-year manufacturer's warranty.
12 Extended warranties are also available. All prices include free mainland [11] UK delivery.
13 Safety and security [12] when ordering and paying online are absolutely vital,

Pronuncia
11 ... bran nju ...

Note

[7] **skates**, *pattini* (da ghiaccio, a rotelle ecc.). L'espressione colloquiale **to get one's skates on** vuol dire *affrettarsi, sbrigarsi*: **I'd better get my skates on: I'm very late**, *Farei meglio a sbrigarmi: sono molto in ritardo.*

[8] Conosciamo già il verbo **to sell**, *vendere*, ma spesso la preposizione può cambiare le cose: **to sell out of something**, *esaurire qualcosa*. **I'm afraid we've sold out of the new video game**, *Purtroppo abbiamo esaurito il nuovo videogioco*. Si può usare **to sell out** anche come verbo intransitivo: **The prime minister's autobiography sold out in a few hours**, *L'autobiografia del Primo ministro è andata esaurita in poche ore*. Come sapete, letteralmente **a few hours** significa *qualche ora, alcune ore*, ma l'uso e il contesto ci suggeriscono una traduzione diversa.

[9] **the high street** corrisponde alla nostra *via principale* (di una città), dove in genere si trovano i negozi migliori. **Britain's high street banks are too expensive**, *Le grandi banche britanniche sono troppo care*. **High street prices**, *I prezzi dei negozi in centro*.

31 • **thirty-one**

Quinta lezione / 5

8 Dunque affrettatevi e venite subito da Cotton's, prima che tutto sia esaurito *(esauriamo tutto)*!
9 Un altro modo per risparmiare sui prezzi dei negozi del centro è fare acquisti su Internet.
10 Con Webselect si ottengono sconti incredibili *(enormi)* su un vastissimo assortimento di articoli per la casa.
11 Tutti i prodotti sono nuovi di zecca e sono coperti da *(vengono con una)* garanzia del produttore per almeno un anno.
12 È anche possibile ottenere un'estensione della garanzia. Tutti i prezzi sono comprensivi della consegna gratuita per Inghilterra, Scozia e Galles *(sul territorio del Regno Unito continentale)*.
13 Quando si effettuano l'ordine e il pagamento online, la sicurezza riveste la massima importanza

---

10 **brand new**, *nuovo fiammante, nuovo di zecca*. Notate che l'espressione italiana *nuovo fiammante* ha la stessa origine del suo equivalente inglese: **a brand** è *un tizzone*, quindi sempre di "fuoco e fiamme" si tratta…

11 **mainland** (lett. terra principale), *continentale* (come aggettivo), *territorio continentale*, *terraferma* (come sostantivo): **mainland China**, *la Cina continentale* (ovvero con l'esclusione di Hong Kong). La **mainland UK** (o **mainland Britain**) comprende l'Inghilterra, la Scozia e il Galles (ma non l'Irlanda del Nord).

12 Ecco due termini per tradurre *sicurezza*: **safety** indica in genere la sicurezza e l'incolumità delle persone (per esempio **a safety belt**, *una cintura di sicurezza*), mentre **security** si riferisce piuttosto alla sicurezza in generale: **computer security**, *la sicurezza informatica*. Questi due concetti sono legati a tal punto che le due parole si usano spesso insieme: **For your safety and security, please do not leave luggage unattended**, *Per la vostra sicurezza si prega di non lasciare i bagagli incustoditi*.

thirty-two

5 / Fifth lesson

14 and a lack of confidence among consumers has held back [13] the growth of this type of retailing.
15 But if you follow these simple tips [14], your home shopping experience will be safe and enjoyable:
16 always use a secure website; never give your credit card details by e-mail; but above all
17 think before you buy: if an offer sounds too good to be true, it probably is.

Note

[13] Per una volta un verbo frasale non nasconde insidie: **to hold back**, *frenare, trattenere*, ha un significato molto vicino a quello letterale. Meno intuibile il senso di altri verbi frasali formati con hold: **to hold out**, *resistere*; **to hold against**, *imputare*; **to hold over**, *conservare*.

[14] Qui tip ha il senso di *suggerimento, consiglio*. **Let me give you a few tips about shopping online**, *Permettimi di darti qualche consiglio sugli acquisti in Internet*. Ritorneremo su questa parola molto utile.

***

Exercise 1 – Translate

❶ He made a beeline for the bar as soon as he arrived. ❷ Elaine's got a good eye for a bargain, hasn't she? ❸ You can make big savings by shopping online. ❹ If something sounds too good to be true, it probably is. ❺ The high street stores have sold out of the new video game.

14 e la scarsa fiducia da parte dei *(tra i)* consumatori ha frenato l'espansione di questa modalità di vendita al dettaglio.
15 Ma se seguite questi semplici consigli, i vostri acquisti da casa saranno sicuri e divertenti:
16 scegliete sempre siti affidabili *(sicuri)*; non fornite mai gli estremi della vostra carta di credito via e-mail; ma soprattutto
17 pensate prima di comprare: se un'offerta sembra troppo buona per essere vera, probabilmente c'è qualcosa che non va.

***

Soluzioni dell'esercizio 1
❶ Si è precipitato al bar non appena è arrivato. ❷ Elaine ha fiuto per gli affari, no? ❸ Si può risparmiare molto facendo acquisti su Internet. ❹ Se una cosa sembra troppo buona per essere vera, probabilmente c'è qualcosa non va. ❺ Nei negozi del centro il nuovo videogioco è andato esaurito.

Exercise 2 – Fill in the missing words

① Per la vostra sicurezza si prega di non usare gli apparecchi elettronici.
For your ...... and ...., please do not use electronic ....

② Mi ha dato qualche consiglio sugli acquisti in saldo.
He gave me ... ... about ...... things in the ......

③ Faresti meglio a sbrigarti; sei molto in ritardo.
....; you're very late.

④ Si possono ottenere sconti fantastici su una vasta gamma di articoli per la casa.
... can get .... on a whole ..... of .... goods.

⑤ I prezzi sono scontati fino all'ottanta per cento.
Prices are reduced .... eighty per cent.

6

Sixth lesson

Visiting [1]

1 – Hi there [2]. My name's Dave Barry. I called earlier about the room for rent.
2 – Oh, hello. Come on in. Nice to meet you. I'm Brian and this is my flatmate Raja.
3 Let me show you around. Here's the kitchen and the living room, which we share.

Note

[1] Naturalmente la traduzione letterale di **visiting**, *far visita*, è ben diversa da quella che è stata adottata in questa lezione per ragioni di contesto (qui s'intende piuttosto il fatto di visionare la casa).

Soluzioni dell'esercizio 2

❶ – safety – security – appliances ❷ – a few tips – buying – sales
❸ You'd better get your skates on – ❹ You – huge discounts – range
– household – ❺ – by anywhere up to –

Non fatevi sfuggire lo stile telegrafico utilizzato dal linguaggio pubblicitario (soprattutto nella seconda frase della lezione): spesso si omettono alcune parole (verbi ausiliari, pronomi ecc.) per imitare la lingua parlata. Per esempio, anziché dire Have you got an eye for a bargain, *si dice* Got an eye for a bargain? *Certo, all'inizio può essere sconcertante, ma con il nostro aiuto vi ci abituerete.*

Se per un'espressione o una frase idiomatica inglese ci sono diverse traduzioni possibili, ve le indicheremo cercando di non appesantire eccessivamente le note. Così, per esempio, l'espressione italiana utilizzata in un esercizio potrà essere leggermente diversa da quella che trovate in una nota. Tranquillizzatevi: il senso rimarrà comunque lo stesso e il vostro vocabolario si arricchirà a poco a poco.

Sesta lezione

Un sopralluogo

1 – Ciao! Mi chiamo Dave Barry. Ho chiamato prima per la stanza in affitto.
2 – Oh, ciao. Entra, entra. Piacere di conoscerti. Mi chiamo Brian e questo è Raja, il mio coinquilino.
3 [Vieni,] ti faccio vedere la casa. Ecco la cucina e il salotto che condividiamo.

---

2 La parola **there** dopo **Hi** o **Hello**, *Ciao*, denota sollecitudine o entusiasmo da parte di chi saluta. Lo stesso vale per l'uso nella frase successiva di **on** con l'imperativo **Come in**: *Su, entra!* oppure *Entra, entra!*

6 / Sixth lesson

4 But don't worry, we're not in very often. We both work nights.
5 Now let's go upstairs and take a peek [3] at the room. I think you'll like it.
6 As you can see, it's very light and airy, and it's got bags [4] of storage space.
7 The bathroom and the loo [5] are across the landing, next to our room.
8 – It's great. Just what I was looking for. When can I move in?
9 – I knew you'd [6] like it the minute I saw you. I've got a feeling for people.
10 All we need is a month's [7] rent in advance plus a deposit for gas and electricity.
11 – Where are you from, Brian? I can't quite place your accent.

Note

3 **to peek** o **take a peek**, *dare un'occhiata* oppure *sbirciare*, secondo il contesto: **No peeking!**, *Non sbirciare!*

4 **a bag**, *una borsa*, *un sacco*, ma l'espressione **bags of** significa *un sacco di*, *un mucchio di*: **No need to hurry, we've got bags of time**, *Non è il caso di affrettarsi, abbiamo un sacco di tempo*. Ovviamente in questa frase **it's** è la forma contratta di **it has**.

5 Ecco un modo colloquiale ma non volgare di chiamare il *bagno*, inteso come *gabinetto*: **Where's the loo?**, *Dov'è il bagno?*

6 Un'altra forma contratta che non deve ingannarci: **-'d**, come sapete, può stare per **had** o **would** (vedi la seconda lezione, nota 13); state dunque sempre attenti al contesto. In questa frase **'d** è chiaramente un condizionale: **I knew you would like it**.

Sesta lezione / 6

4 Ma non preoccuparti, non stiamo molto in casa. Lavoriamo tutti e due di notte.

5 Ora andiamo di sopra a dare un'occhiata alla stanza. Penso che ti piacerà.

6 Come vedi, è molto luminosa e ariosa, con un sacco di spazio.

7 Il bagno e il gabinetto sono dall'altra parte del pianerottolo, accanto alla nostra stanza.

8 – Perfetto. È proprio quello che stavo cercando. Quando posso trasferirmici?

9 – Ho capito che ti sarebbe piaciuta non appena ti ho visto. Ho un sesto senso per le persone.

10 Ci basta *(Tutto ciò di cui abbiamo bisogno è)* un mese di affitto in anticipo e una caparra per il gas e la luce.

11 – Di dove sei, Brian? Non riesco a identificare bene il tuo accento.

7 Il genitivo sassone -'s non si usa soltanto con le persone e le insegne dei negozi (vedi lezione 5, frase 8), ma anche con le espressioni di tempo (e in tal caso indica una durata). In italiano, per una volta, non è necessario invertire l'ordine delle parole nella traduzione: **They paid me two years' wages when they fired me**, *Quando mi hanno licenziato mi hanno pagato due anni di stipendio.*

12 – I'm originally from up north [8]. Born and bred [9] in York.

13   But I've been living here in London for donkey's years [10].

14 – York's a really cool city. Don't you miss it [11]?

15 – Actually, I miss it badly, but there are some situations that you can't control.

16   Now, let me [12] get you something to drink. What do you feel like?

17 – I need my coffee fix [13]. I haven't had a cup all morning.

18 – No worries. One expresso coming up [14] – for our new flatmate.   □

Note

8 **up north** (lett. su al nord) è un'espressione colloquiale per indicare il nord dell'Inghilterra. Più avanti avremo modo di dilungarci sulle differenze tra il nord e il sud del Paese; per il momento ascoltate con attenzione l'accento di Brian, che pronuncia **up** come si scrive.

9 **bred** è il participio passato (irregolare) di **to breed**, *allevare, educare*. L'espressione **to be born and bred**, lett. essere nato ed allevato, si rende solitamente in italiano con *essere nato e cresciuto* e può essere anche usata come aggettivo: **He's a Londoner born and bred**, *È un londinese autentico* (notate la posizione di **born and bred** dopo il sostantivo). Il termine **bred** ricorre anche in alcune parole composte come **well-bred**, *beneducato*.

10 **for donkey's years** (lett. per gli anni di un asino) è una frase idiomatica che significa *da tanto tempo, da una vita, da un secolo*, e si usa di norma con il **present perfect**: **I've known her for donkey's years**, *La conosco da una vita*.

Sesta lezione / 6

12 – Vengo dal nord dell'Inghilterra. Nato e cresciuto a York.
13   Però vivo a Londra da una vita.
14 – York è una città davvero fantastica. Non ti manca?
15 – In effetti mi manca molto, ma ci sono delle situazioni che non puoi controllare.
16   Beh, ti offro qualcosa da bere. Cosa ti va?
17 – Sono in astinenza da caffè. Stamattina non ne ho bevuta neppure una tazza.
18 – Nessun problema. Un espresso in arrivo per il nostro nuovo coinquilino.

---

11 Il verbo **to miss** può ricordare **to like**: nella traduzione di entrambi i verbi il soggetto diventa complemento di termine e il complemento oggetto diventa soggetto; **to miss** si può anche tradurre *sentire la mancanza di*: **I miss you**, *Mi manchi*. **Do you miss me?**, *Ti manco?* oppure *Senti la mia mancanza?*

12 **Let me**, lett. *lasciami*, si può anche rendere con *permettimi* o *mi permetta*, ma dato il contesto informale abbiamo optato per una traduzione molto libera.

13 Derivato dal verbo **to fix** (seconda lezione, nota 5), il sostantivo **a fix** è un termine gergale che in origine indicava un'iniezione di droga. Nella lingua parlata attuale, però, viene usato per indicare una dose di "sostanze" appetitose che possono creare una dipendenza meno preoccupante: **These brownies will give you a chocolate fix**, *Questi brownies* (tipici dolci americani) *sazieranno la tua voglia di cioccolato*.

14 Tipica risposta del cameriere (o del cuoco) al cliente che ha appena ordinato, **coming up** significa anche *fra poco* (si usa per esempio in ambito televisivo, facendo riferimento alla prossima trasmissione). – **A beer, please.** – **Coming up!**, *Una birra, per favore. – Subito!*

6 / Sixth lesson

▶ Exercise 1 – Translate

❶ They paid her two years' wages when they fired her.
❷ Come on in. Let me get you something to drink. ❸ I feel like a coffee. – Coming up! ❹ We knew she'd like it the minute we saw her. ❺ Where are you from? – I'm from up north.

Exercise 2 – Fill in the missing words

❶ York mi manca molto. E a te *(manca anche a te)*?
 . . . . . York badly. Do . . . . too?

❷ So che Helen sente la mia mancanza. Mi manda in continuazione delle e-mail.
 I know Helen . . . . She keeps . . . . me e-mails.

❸ Non c'è fretta *(bisogno di affrettarsi)*, hai un mucchio di tempo.
 No . . . . to hurry, you've . . . .

❹ Charlie Parkinson è nato e cresciuto nello Yorkshire.
 Charlie Parkinson . . . . in Yorkshire.

❺ Conoscono i miei genitori da una vita.
 . . . . my parents . . . .

Sesta lezione / 6

Soluzioni dell'esercizio 1
❶ Quando l'hanno licenziata le hanno pagato due anni di stipendio.
❷ Entra, entra. Ti offro qualcosa da bere. ❸ – Ho voglia di un caffè.
– Arriva subito! ❹ Abbiamo capito che le sarebbe piaciuto non appena l'abbiamo vista. ❺ – Di dove sei? – Vengo dal nord dell'Inghilterra.

Soluzioni dell'esercizio 2
❶ I miss – you miss it – ❷ – misses me – sending – ❸ – need – got bags of time ❹ – was born and bred – ❺ They've known – for donkey's years

Fondata nel 71 d. C. dai Romani, la città di York si trova nel nord-ovest dell'Inghilterra e ha sempre svolto un ruolo importante nella storia della Gran Bretagna (ne è stata anche la capitale prima di Londra). Ricca di monumenti storici, di chiese romaniche e gotiche e di strade medievali – il tutto cinto da mura costruite centinaia di anni fa – York è una delle città britanniche più belle. È anche **county town**, *capoluogo della contea dello Yorkshire.*

In questa prima settimana avete imparato molte cose, no? Inoltre abbiamo passato in rassegna alcuni aspetti di sintassi e di grammatica (il genitivo sassone, per esempio) per assicurarci di conoscerli a fondo. Se avete l'impressione di non riuscire ad assimilare tutto, state tranquilli: un impegno costante e un contatto quotidiano con l'inglese vi consentiranno di coglierne le sfumature. Lasciatevi guidare da noi.

forty-two • 42

Seventh lesson

Revision – Ripasso

1 Il futuro anteriore

Questo tempo si utilizza di norma come in italiano e descrive pertanto un'azione che sarà compiuta in un determinato momento nel futuro, ma non si usa in combinazione con il futuro semplice. Come la maggior parte dei tempi inglesi, anche il futuro anteriore presenta due forme: una semplice e una progressiva.
<u>Forma semplice</u>: **will** + **have** (invariabile) + participio passato
The painter will have finished the work next week, *La prossima settimana l'imbianchino avrà finito il lavoro*.
Se al posto del complemento abbiamo un altro verbo, quest'ultimo prenderà la forma in **-ing**:
He will have finished painting the house by Friday, *Entro venerdì avrà finito di imbiancare la casa*.
<u>Forma progressiva</u>: **will** + **have** (invariabile) + **been** + forma in **-ing**
Next month, I will have been travelling for two whole years, *Il mese prossimo saranno due anni esatti che viaggio*.
Più rara della forma semplice, quella progressiva si usa spesso in combinazione con **for** e **since** perché indica la durata di un'azione. Il futuro anteriore si può impiegare anche per esprimere un'ipotesi:
So you won't have heard the news?, *Forse non hai sentito la novità?*

2 *Question tags*

Rivediamo le **question tags**, queste brevi domande che si usano in fondo a una frase per chiedere conferma all'interlocutore di ciò che si è appena detto. In italiano corrispondono a quelle parolette come *eh?*, *vero?*, *no?*, anch'esse utilizzate nella stessa posizione all'interno di un enunciato. Vi ricorderete senz'altro che, quando la frase è affermativa, la **question tag** è negativa e viceversa:
You speak Chinese, don't you?, *Tu parli cinese, no?*

Settima lezione

Gill doesn't speak Japanese, does she?, *Gill non parla giapponese, vero?*
Ecco un paio di esempi col verbo **to be**:
He's a banker, isn't he?, *È un banchiere, vero?*
They are working for you, aren't they?, *Stanno lavorando per voi, no?*

Questa regola si applica con tutti i tempi verbali, sia con la forma semplice sia con quella progressiva:
Simple past:
The team didn't win, did it?, *La squadra non ha vinto, eh?*
Present perfect:
You've saved the file, haven't you?, *Hai salvato il file, no?*
Future:
She won't have time to call her office, will she?, *Non avrà il tempo di chiamare il suo ufficio, vero?*

Le **question tags** si usano anche con i verbi modali:
They can't hear us, can they?, *Non ci possono sentire, vero?*
La regola "frase affermativa → **question tag** negativa" (e viceversa) non sempre viene rispettata: in questi casi la frase acquista un'enfasi particolare, a volte ironica o fortemente espressiva. In questo caso si parla di **same way question tags**:
So you want to join the army, do you?, *E così vuoi arruolarti nell'esercito, eh?*
You're leaving without me, are you?, *Come! Parti senza di me?*

3 Lo spostamento dell'accento tonico

La pronuncia dell'inglese può presentare un certo numero di problemi che vanno affrontati di volta in volta. Ecco un esempio tipico di cui abbiamo avuto un assaggio nella prima lezione: in alcune parole bisillabiche, a seconda della loro funzione grammaticale (nome o verbo), l'accento tonico cade sulla prima o sulla seconda sillaba.

7 / Seventh lesson

My dream is to con<u>duct</u> an orchestra, *Sogno di dirigere un'orchestra*, MA: **His <u>conduct</u> was unsatisfactory**, *La sua condotta lasciava a desiderare*.

Britain im<u>ports</u> Chinese goods, *La Gran Bretagna importa merci cinesi*, MA: **Britain's <u>imports</u> are declining**, *Le importazioni britanniche sono in calo*.

The band will re<u>cord</u> a CD, *La band registrerà un CD*, MA: **Their <u>record</u> sold well**, *Il loro disco ha venduto bene*.

Ricapitolando, l'accento cade sulla prima sillaba quando la parola svolge la funzione di nome, mentre cade sulla seconda se svolge la funzione di verbo. Ecco altri esempi:
a <u>contract</u>, *un contratto*; **to contract**, contrarre
a <u>conflict</u>, *un conflitto*; **to con<u>flict</u>**, contrastare
an <u>object</u>, un oggetto; **to ob<u>ject</u>**, *obiettare*

Nella maggior parte dei casi, il nome e il verbo hanno lo stesso significato, ma l'esempio che abbiamo visto nella prima lezione dimostra fino a che punto la pronuncia possa essere insidiosa:
a **dessert**, *di*z**ërt**, *un dessert*
a **desert**, **de***zët*, *un deserto*
to **desert**, *di*z**ërt**, *abbandonare, lasciare*

Come noterete, **a dessert** e il verbo **to desert** si pronunciano allo stesso modo, con l'accento sulla seconda sillaba; **a desert** si pronuncia invece **de***zët*, con l'accento che cade sulla prima sillaba. La posizione dell'accento tonico è dunque molto importante perché, un po' come avviene in italiano con parole come *ancora* o *capitano*, può influire sul significato di un termine. Perciò è bene che ripetiate ad alta voce i testi e cerchiate nel limite del possibile di recitarli: imitare un accento straniero vi parrà così molto più facile.

4 I verbi frasali

Uno degli aspetti più importanti e caratteristici dell'inglese è costituito dai **phrasal verbs**, verbi seguiti da una preposizione o da una particella avverbiale che può modificarne anche profondamente il senso. Questo fenomeno è dovuto in parte alla "doppia personalità" della lingua di cui abbiamo parlato nella prima lezione: un verbo d'origine latina viene sostituito spesso e volentieri dal suo equivalente anglosassone.

I verbi frasali sono tipici della lingua parlata. Per esempio, anziché **We installed a new dishwasher**, *Abbiamo installato una nuova lavastoviglie*, si potrà dire **We put in a new dishwasher** (un po' come se noi dicessimo *Abbiamo messo una nuova lavastoviglie*). In compenso, le istruzioni per l'uso di questo elettrodomestico saranno scritte in un registro più formale e faranno uso dei termini **to install** e **installation**.

Facciamo altri due esempi con un paio di verbi visti questa settimana:

The cyclist abandoned after twenty laps/The cyclist gave up after twenty laps, *Il ciclista si è ritirato dopo venti giri*.

We refurbished the bedroom last year/We did up the bedroom last year, *L'anno scorso abbiamo rinnovato la camera da letto*.

In entrambi i casi il significato non cambia: cambia solo il registro perché il verbo frasale è più adatto alla lingua parlata rispetto al suo equivalente di origine latina. È un po' come se, in italiano, al posto di *ritirarsi* e *rinnovare* usassimo rispettivamente *abbandonare* e *rifare*, ma non ci sono regole in proposito: è tutta questione di istinto. Ecco perché, nelle prossime settimane, insisteremo su quest'argomento incoraggiandovi a studiare i **phrasal verbs** tenendo conto di volta in volta del contesto in cui vengono impiegati, anziché impararli a memoria. Ci soffermeremo inoltre sull'ordine delle parole nelle frasi che li contengono.

Revision dialogue – Dialogo di ripasso

1 – Why bother doing up the house? The very thought of it makes me tired.
2 When all's said and done, it's not really necessary.
3 – Don't worry. We'll have finished by this time next month.
4 – Then we'd better get our skates on, hadn't we?
5 – I can't afford a new dishwasher, let alone double glazing.
6 Let's wait for the sales. I've got a good eye for a bargain.
7 And don't forget you can get huge discounts by shopping online.
8 – I miss Raneesa and Tom. I wish they were here to help us.
9 They're old friends. I've known them for donkey's years.
10 – So you won't have heard the news? They're divorced.

Eighth lesson

Employment

(Extract from a UK government report on the labour market)

1 Employment, both ¹ full-time and part-time, has been increasing steadily for several decades ².

Note

1 **both** significa *entrambi/-e, tutti/-e e due* oppure, come in questo caso, *sia... sia/che* (con valore di congiunzione). Può essere anche combinato con un pronome personale: **Both of us work part-time**, *Lavoriamo tutti e due a tempo parziale*.

Traduzione

1 A che scopo rinnovare la casa? Mi stanco solo a pensarci. **2** In fin dei conti, non è così necessario. **3** Non preoccuparti. Fra un mese, a quest'ora, avremo terminato. **4** Allora faremmo meglio a sbrigarci, no? **5** Non posso permettermi una nuova lavastoviglie, figurarsi i doppi vetri. **6** Aspettiamo i saldi. Ho buon fiuto per gli affari. **7** E non dimenticare che puoi ottenere sconti incredibili facendo acquisti in rete. **8** Mi mancano Raneesa e Tom. Vorrei che fossero qui ad aiutarci. **9** Sono dei vecchi amici. Li conosco da una vita. **10** Allora non hai sentito la novità, immagino! Hanno divorziato.

Ottava lezione

L'occupazione

(Tratto da un rapporto del governo britannico sul mercato del lavoro)

1 L'occupazione, sia a tempo pieno che a tempo parziale, è in costante aumento da diversi decenni.

 Pronuncia
*1 ... **ste**dili ...*

2 Attenti al falso amico **a decade**, che vuol dire *un decennio* e non un periodo di dieci giorni.

8 / Eighth lesson

2 The latest [3] official data [4] show that, on a seasonally adjusted basis,

3 thirty million people aged sixteen and over were economically active, up some [5] 2.5 per cent from a year ago.

4 The number of people working flexible time has risen by more than one million.

5 Last year, for example, it rose by seven hundred thousand [6],

6 but as a proportion of all those in employment, it has remained stable for three years.

7 More importantly, the redundancy rate [7] has been falling for the last three years.

8 The ratio [8] of the number of redundancies to the number of employees is at an all-time [9] low.

*8 ... **re**ishou ...*
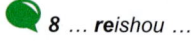

Note

3 L'aggettivo **latest** significa *ultimo* nel senso di *più recente*: **Have you seen his latest movie?**, *Hai visto il suo ultimo film?* (il regista di cui si parla è ancora vivo), mentre **last** vuol dire *ultimo* in assoluto: **"Rebel Without a Cause" was James Dean's last movie**, *"Gioventù bruciata" è stato l'ultimo film di James Dean*.

4 Il sostantivo **data**, *dati*, è il plurale di **datum**, che si usa raramente. Nel linguaggio corrente viene trattato come un singolare (**the data shows**...) perché c'è la tendenza ad assimilarlo al termine **information**, *informazioni*, che come sapete è un nome non numerabile.

5 Oltre a significare *qualche, alcuni/-e*, **some** può esprimere anche approssimazione e in tal caso equivale a *circa*: **Some two hundred people attended the meeting**, *Alla riunione hanno preso parte circa duecento persone*.

Ottava lezione / 8

2 Gli ultimi dati ufficiali, depurati dalle fluttuazioni stagionali, indicano che
3 trenta milioni di persone dai sedici anni in su sono *(erano)* economicamente attive, ovvero circa il 2,5 % in più rispetto a un anno fa.
4 Il numero delle persone che lavorano con orari flessibili è aumentato di oltre un milione.
5 L'anno scorso, per esempio, era cresciuto di settecentomila unità,
6 ma rispetto al totale di tutti gli occupati, è rimasto stabile per tre anni.
7 Cosa ancora più importante, la percentuale di disoccupati è in calo da tre anni.
8 Il rapporto tra il numero dei disoccupati e il numero degli occupati è ai minimi storici.

6 Ricordate che numeri come **hundred**, **thousand**, **million** vogliono la **-s** alla fine soltanto quando indicano quantità vaghe e sono seguite da **of**: **Thousands of people are homeless**, *Migliaia di persone non hanno una casa*.

7 La prima accezione dell'aggettivo **redundant** (*ridondante, superfluo*) e del nome **redundancy** (*ridondanza*) è evidente; piuttosto va osservato che, nell'inglese britannico, questi termini riguardano il licenziamento e la disoccupazione; **to be made redundant**, *essere licenziato* (a volte per ragioni economiche). **Hundreds of people were made redundant when the factory closed**, *Centinaia di persone sono state licenziate quando la fabbrica ha chiuso*. **The redundancy rate**, *Il tasso di disoccupazione, la percentuale di disoccupati*, è sinonimo di **the unemployment rate**, termine tecnico utilizzato in statistica (e nell'inglese americano).

8 In questa lezione insistiamo sui termini che indicano quantità e proporzioni. Qui **ratio** significa *rapporto*, ovvero *il rapporto tra disoccupati e occupati* (oppure *il numero dei disoccupati in rapporto al numero degli occupati*).

9 **all-time low**, *ai minimi storici, il più basso di sempre*. Quest'espressione ha anche un equivalente "latino": **a historical low**. Ricordate il discorso sul doppio lessico dell'inglese che abbiamo fatto nella prima lezione?

fifty

8 / Eighth lesson

9 The number of workless [10] households was around three million, a hundred thousand fewer [11] than last year.
10 One of the most striking trends is the higher participation rate for women in the workforce.
11 Among the reasons for this is that more women delay having children until their thirties,
12 and, compared with the previous generation, are more likely to return to work afterwards.
13 In terms of working patterns [12], the majority of those in employment are full-time workers,
14 although there has also been a slight increase in the number of self-employed and home-based workers.
15 It should be noted that fixed-term employees have equal rights in terms of pay, pensions, holidays and sick pay.

Note

[10] **less**, *meno*, può essere anche usato come suffisso (e in tal caso significa *senza*). Qualche esempio: **a child**, *un bambino* → **childless**, *senza figli*; **workless** (o **jobless**), *senza lavoro, disoccupato*.

[11] In inglese *meno* si traduce in due modi: **fewer** e, come abbiamo appena visto, **less**, a seconda che il nome che lo segue sia numerabile oppure no. L'esempio che segue vi aiuterà a ricordare questa regola: **There are fewer cars and less traffic than last year**, *Ci sono meno auto e meno traffico rispetto all'anno scorso*. Nella lingua attuale **less** sta prendendo il sopravvento su **fewer** e questa distinzione tende a scomparire, ma noi vi consigliamo di mantenerla.

Ottava lezione / 8

9 Il numero delle famiglie senza lavoro si aggira *(era)* sui tre milioni, ovvero centomila in meno dell'anno scorso.

10 Uno degli sviluppi più sorprendenti è costituito dalla crescente *(è il maggior tasso di)* partecipazione delle donne alla forza lavoro.

11 Una delle ragioni di questo fenomeno è il fatto che sono in aumento le donne che rimandano fino ai trent'anni la decisione di avere figli,

12 e, rispetto alla generazione precedente, sono più propense a tornare a lavorare dopo la maternità.

13 In termini di modalità di lavoro, la maggioranza delle persone occupate lavora a tempo pieno,

14 anche se il numero dei lavoratori autonomi e di quelli a domicilio ha registrato un lieve aumento.

15 Va osservato che i lavoratori a tempo determinato hanno pari diritti in termini di paga, pensioni, ferie e indennità di malattia.

12 Il sostantivo **pattern** ha diverse accezioni; le principali sono *modello* (per un vestito) e *schema*. Per estensione ha acquisito anche il significato di *modalità*, o ancora di *abitudine, ritmo*: **Some youngsters lack the support they need to change their behaviour patterns**, *Alcuni giovani non hanno il sostegno necessario per cambiare le loro abitudini di comportamento*.

16 Gross weekly earnings have remained stable, despite last year's hike in the statutory minimum wage [13].

17 However, there has also been a rise in fringe benefits [14], including company cars, subsidised meals and childcare centres.

18 More importantly [15], leisure time has also increased in relation to working hours.

19 In all, it would appear that the government's efforts to achieve a healthy work-life balance [16] have paid dividends [17]. □

Note

[13] **wage**, *salario*. In genere questo termine indica la paga settimanale, mentre la paga mensile o trimestrale è **salary**. Tuttavia questi termini presentano delle sfumature che vedremo nella prossima lezione.

[14] **fringe** ha la stessa origine di *frangia* e significa proprio questo. Come aggettivo, però, si traduce con *marginale, accessorio*: **A fringe group**, *Un gruppo marginale, una frangia*. Il celebre festival artistico che si svolge annualmente a Edimburgo è composto da due manifestazioni: **the Main Festival** e una manifestazione sperimentale, **the Fringe**. Se si parla di remunerazione, **fringe benefits** sono i *benefici accessori* o in natura.

[15] Notate questi avverbi all'inizio di una frase (**importantly, interestingly**): a volte (ma non sempre) si possono tradurre con un avverbio anche in italiano. **Interestingly, he was in the neighbourhood when the house caught fire**, *Curiosamente, lui si trovava nelle vicinanze quando la casa ha preso fuoco*.

***

▶ Exercise 1 – Translate

❶ On a seasonally adjusted basis, unemployment has been falling steadily for a decade. ❷ Hundreds of people were made redundant when the factory closed. ❸ Some youngsters lack the support they need to change their behaviour patterns. ❹ Interestingly, you can travel free if you're over sixty. ❺ The new employment strategy has paid dividends.

16 La retribuzione settimanale lorda si è mantenuta stabile, malgrado l'impennata del salario minimo garantito verificatasi lo scorso anno.

17 Tuttavia, c'è stato anche un aumento dei benefici accessori, tra cui auto aziendali, buoni pasto e strutture per l'infanzia.

18 In particolare, anche il tempo libero è aumentato rispetto alle ore di lavoro.

19 Nel complesso, sembrerebbe che gli sforzi del governo volti a raggiungere un sano equilibrio tra lavoro e vita privata si siano rivelati efficaci.

---

16 Si parlava della concisione dell'inglese: *un equilibrio tra il lavoro e la vita privata* si può sì tradurre con l'espressione **a balance between work and life**, ma c'è anche la "scorciatoia": **a work-life balance**. Un altro esempio utile: si parla spesso del divario sociale tra il nord e il sud della Gran Bretagna, ovvero **the divide between the north and the south** oppure, per farla più breve, **the north-south divide**.

17 Naturalmente **a dividend** è *un dividendo*. **The company did not pay a dividend last year**, *L'anno scorso l'azienda non ha pagato dividendi*. In senso figurato, però, l'espressione **to pay dividends** vuol dire *rivelarsi vantaggioso, efficace*: **The new marketing strategy has paid dividends**, *La nuova strategia di marketing si è rivelata efficace*.

***

Soluzioni dell'esercizio 1

❶ I dati destagionalizzati relativi alla disoccupazione sono in calo costante da un decennio. ❷ Quando la fabbrica ha chiuso sono state licenziate centinaia di persone. ❸ Alcuni giovani non dispongono del sostegno necessario per cambiare le loro abitudini di comportamento. ❹ Interessante: si può viaggiare gratis se si ha più di sessant'anni. ❺ La nuova strategia per l'occupazione si è rivelata efficace.

Exercise 2 – Fill in the missing words

❶ Ci sono meno auto e meno traffico rispetto all'anno scorso.
There are ..... cars and .... traffic .... last year.

❷ Alla riunione hanno preso parte circa ottomila persone.
The meeting ... . by .... thousand people.

❸ Lavoriamo a tempo parziale tutti e due da dieci anni.
.... have been working part-time ....

❹ Quando la fabbrica ha chiuso sono state licenziate centinaia di persone.
.... of people .... when the factory closed.

9

Ninth lesson

Situations vacant

1 – All sorts of jobs are available in today's [1] buoyant [2] economy, regardless of your age or skill [3] level.

Pronuncia
*1 ... **boiënt** ...*

Note

[1] Ripassiamo il genitivo sassone (**-'s**): non si usa solo con le persone e gli altri esseri animati, ma anche con le espressioni di tempo. **This week's show is about new computer tools**, *La trasmissione di questa settimana parla dei nuovi strumenti informatici*.

[2] **a buoy**, *una boa*. Nel senso stretto della parola, **to buoy** vuol dire *segnalare con delle boe*, ma in senso figurato significa *sostenere, incoraggiare*: **Oil exports were buoyed by the high price of crude**, *Le esportazioni di petrolio sono state incoraggiate dal prezzo elevato*

Nona lezione / 9

❺ Il governo parla dell'equilibrio tra lavoro e vita privata, ma non del divario tra il nord e il sud.
The government talks about the .... but not about the ....

Soluzioni dell'esercizio 2
❶ – fewer – less – than – ❷ – was attended – some eight – ❸ Both of us – for a decade ❹ Hundreds – were made redundant – ❺ – work-life balance – north-south divide

---

Nona lezione

Offerte di lavoro

1 – In un'economia in crescita come quella attuale *(nella fiorente economia di oggi)* sono disponibili lavori di tutti i tipi, qualunque sia la vostra età o il vostro grado di competenza.

del greggio; **The labour market is buoyant**, *Il mercato del lavoro è in crescita*. Attenzione alla pronuncia: **buoy** si legge ***boi*** (esattamente come **boy**) e **buoyant** si pronuncia ***boiënt***.

3 **skill**, *abilità, competenza*. Questo nome ricorre spesso al plurale col senso di *competenze*, mentre l'aggettivo **skilled** significa *specializzato* o *qualificato*: **John is a highly skilled engineer**, *John è un ingegnere altamente qualificato*. Segnaliamo anche dei neologismi che contengono questo termine e si possono incontrare nei programmi di formazione: **Jobskills** (competenze per l'impiego), **Futureskills** (competenze per il futuro).

9 / Ninth lesson

2 From fishmongers [4] to flight attendants, researchers to receptionists, PAs to PR [5] managers and solicitors [6] to salespeople,
3 you can take your pick [7].
4 – We are looking for a sales executive [8] for our fast-expanding Bradford-based business [9].
5 We are the UK leader in the design and delivery of supply chain solutions for a wide range of clients.

Note

4 **fishmonger**, *pescivendolo*. Suffisso antico, **-monger** è attestato fin dal XII secolo e vuol dire *mercante*. Molti mestieri sono scomparsi e, di conseguenza, sono rimaste poche le parole con questo suffisso che si usano ancora correntemente. Tra queste, **fishmonger** e **ironmonger**, *negoziante di ferramenta*. In compenso, **-monger** compare, con senso figurato, in un paio di neologismi quali **warmonger**, *guerrafondaio* e **gossipmonger**, *pettegolo, malalingua*.

5 L'inglese, come l'italiano e tutte le altre lingue, è ricco di acronimi, sigle e abbreviazioni che avremo modo di conoscere nelle prossime settimane. Per il momento cominciamo con **PR**, **public relations**, *pubbliche relazioni* e **PA**, **personal assistant**, *assistente personale, segretario/-a*.

6 **solicitor**, *procuratore legale, legale rappresentante* o, con un termine più comune, *avvocato*. Il **solicitor**, come suggerisce la parola, "sollecita" l'intervento di un **barrister**, *avvocato patrocinante* (il termine deriva da **bar**, *sbarra*, che indica anche l'*avvocatura*), per risolvere questioni legali particolarmente complesse. In Gran Bretagna il **barrister** rappresenta il cliente davanti a un tribunale, mentre il **solicitor** agisce in veste di consulente legale. Le grandi differenze tra il sistema giuridico britannico e il nostro non permettono tuttavia di fornire traduzioni letterali precise e univoche.

7 Come avrete intuito, **pick** è un sinonimo di **choice**, *scelta*; analogamente **make your choice** ha lo stesso significato di **take your pick**.

2 Dal pescivendolo all'assistente di volo, dal ricercatore al receptionist, dal segretario al PR manager e dall'avvocato al commesso,
3 sta a voi la scelta *(potete fare la vostra scelta)*.
4 – Cerchiamo un responsabile commerciale per la nostra azienda di Bradford in forte espansione.
5 Siamo i leader in Gran Bretagna nell'elaborazione e nella messa a punto di soluzioni per una catena di distribuzione destinata a una vasta clientela.

8 In politica l'aggettivo **executive** equivale a *esecutivo* (**the executive body**, *l'organo esecutivo*). Come sostantivo, **an executive** indica *un dirigente*.

9 Continuano gli esempi che dimostrano quanto l'inglese sia una lingua pratica e concisa: **a business based in Bradford**, *un'attività con sede a Bradford*, diventa **a Bradford-based business**; **a company that is growing quickly → a fast-growing company**. Alla base di parole composte come quelle che avete appena visto ci sono delle regole che studieremo presto.

9 / Ninth lesson

6 You will be [10] articulate [11], outgoing and sales-driven [12] with excellent interpersonal skills.
7 – Looking for a job? Bored with sitting around? Want to get back to work right away?
8 Call us today to find out about this exciting opportunity in a busy downtown [13] office.
9 Competitive basic wage plus overtime, commission and a company car.
10 – We have an opening [14] for a website designer to start work at once in our London branch.
11 If you have artistic flair and are numerate and computer-literate, we want to hear from you.
12 Excellent remuneration package, together with a bonus scheme [15] and a London weighting.
13 – An exciting opportunity has arisen to join the finance department of a top-flight engineering firm.

12 ... ski:m ...

Note

10 Nella descrizione del candidato ideale viene spesso impiegato il tempo futuro: **You will have three years' experience**, *Si richiedono tre anni di esperienza*.

11 In questo contesto **articulate** è un falso amico: letteralmente significa *articolato*, ma qui si riferisce a una persona comunicativa, che sa parlare bene: **He's an articulate spokesperson**, *È un portavoce comunicativo*.

12 Il verbo irregolare **to drive** (past simple: **drove**; past participle: **driven**) vuol dire *guidare*. Il suo participio (**driven**) diventa agevolmente un suffisso per descrivere le modalità di funzionamento di un oggetto: **a propeller-driven plane**, *un aereo a elica*. In senso astratto serve invece a determinare il sostantivo che lo segue (**a demand-driven project**, *un progetto basato sulla domanda*) e ricorre spesso nelle offerte di lavoro: **sales-driven**, *con attitudine alla vendita*.

Nona lezione / 9

6 Si richiedono buone capacità di comunicazione, un carattere estroverso e attitudine alla vendita con ottime competenze relazionali *(interpersonali)*.
7 – Cerchi un impiego? Stanco di stare con le mani in mano? Vuoi tornare subito a lavorare?
8 Chiamaci oggi per scoprire questa stimolante opportunità in un ufficio del centro con molto lavoro.
9 Retribuzione base interessante *(competitiva)* più straordinari, provvigioni e auto aziendale.
10 – Abbiamo un posto per un progettista di siti web che sia disposto a lavorare da subito nella nostra filiale di Londra.
11 Se hai talento artistico, sei bravo in matematica e in informatica, contattaci *(vogliamo avere tue notizie)*.
12 Ottimo pacchetto retributivo, un sistema di premi e un'indennità commisurata al costo della vita di Londra.
13 – Ecco una nuova esaltante opportunità *(è sorta)* per lavorare nell'amministrazione di un'impresa di ingegneria leader nel settore.

---

13 L'aggettivo **downtown** significa *del centro città*. Parola tipica dell'inglese americano, si sta diffondendo sempre più nell'inglese britannico, anche come avverbio: **We drove downtown**, *Siamo andati in centro con l'auto*.

14 **an opening**, lett. *un'apertura*, qui è chiaramente *un posto* (**a vacancy**). Il titolo della lezione, **Situations Vacant**, traduce le nostre *Offerte di lavoro* e si trova pertanto nei giornali, sui siti Internet ecc.).

15 **scheme** *ski:m* è un termine multiuso che può riferirsi a un piano, a un progetto o a un sistema. In genere è tipico di contesti tecnici e ha moltissime applicazioni. Qualche esempio: **a savings scheme**, *un piano di risparmio*; **a tax scheme**, *un regime fiscale*. **To scheme** ha invece tutt'altro senso: *complottare, macchinare*; una delle accezioni secondarie di **scheme**, non a caso, è *intrigo, complotto*.

9 / Ninth lesson

14 The successful applicant must have a proven track record [16] in financial management and be a team player.
15 Salary will depend on qualifications and experience and will be accompanied by a generous benefits package [17].
16 As an equal opportunities employer, we welcome applications from all candidates,
17 irrespective of age, ethnic origin, religion, belief, gender or sexual orientation.
18 – Because it is illegal to discriminate when advertising for a job, some advertisements [18] can be a little strange.
19 "Wanted. Person to model our new range of maternity clothes. Man or woman. Must be six months' pregnant [19]."

 18 ... **æd**vëtaizin⁹ ... **æd**vë:tismënts ...

 Note

16 *a track*, *una pista*; *a record*, *una registrazione, un documento*. In atletica **track record** è *il record della pista*, ma in senso figurato indica piuttosto il *curriculum*, *l'esperienza* o la *carriera* di una persona, una ditta ecc. Talvolta è necessaria una traduzione ancora più libera: **The manager has a good track record for meeting his forecasts**, *Il direttore si è dimostrato abile nel soddisfare le previsioni*. **The airline has a poor track record for safety**, *La compagnia aerea non si è dimostrata affidabile per quanto riguarda la sicurezza*.

17 *a package*, *un pacco, un pacchetto*. In senso figurato indica una serie di prodotti, servizi ecc. **The government has put a package of measures before Parliament**, *Il governo ha presentato un pacchetto di misure in Parlamento*. Nel contesto di un'offerta di lavoro, con **a benefits package** o **a compensation package** s'intendono tutti gli elementi della retribuzione (lo stipendio, i premi, i beni in natura ecc.).

Nona lezione / 9

14 Il candidato ideale deve possedere una comprovata esperienza nella gestione finanziaria e propensione per il lavoro di gruppo.

15 La retribuzione dipenderà dalle qualifiche e dall'esperienza e sarà accompagnata da un generoso pacchetto di benefici.

16 Applicando il principio delle pari opportunità, accogliamo le candidature di tutti *(le domande di tutti i candidati)*

17 a prescindere dall'età, dall'origine etnica, dalla religione, dalle convinzioni personali, dal genere o dall'orientamento sessuale.

18 – Poiché la discriminazione nelle offerte di lavoro è illegale, alcuni annunci possono essere un po' strani.

19 "Cercasi persona per presentare la nostra nuova gamma d'abiti per la maternità. Uomo o donna. Incinta di [almeno] sei mesi."

---

18 Abbiamo visto già nella settima lezione alcune parole bisillabiche che cambiano di significato a seconda della posizione dell'accento o della funzione che svolgono (nome o verbo). Lo stesso avviene con parole più lunghe come **to advertise**, *pubblicizzare*, e **advertisement**, *pubblicità*. Se l'accento tonico cade sulla prima sillaba ci troviamo di fronte a un verbo (**æd**vĕtaiz), se invece cade sulla seconda si tratta di un sostantivo (æd**vë:**tismënt). Nel gerundio, **advertising**, l'accento cade nuovamente sulla prima sillaba (**æd**vëtaizin^g).

19 Un altro falso amico: **pregnant** si usa soprattutto col significato di *incinta*; *pregnante* è solo uno dei suoi significati secondari.

9 / Ninth lesson

▶ Exercise 1 – Translate
❶ This week's show is about the buoyant labour market. ❷ The airline has an excellent track record for safety. ❸ Oil exports were buoyed by the high price of crude. ❹ I'm bored with sitting around. I want to get back to work right away. ❺ All sorts of jobs are available, regardless of your age or skills.

Exercise 2 – Fill in the missing words
❶ Tim è bravo in matematica e in informatica. È anche un ingegnere specializzato.
Tim is .... and .... He's also . ... engineer.

❷ Vieni a lavorare per un'azienda in forte espansione con sede a Bradford.
Come and work for .... business.

❸ È un progetto basato sulla domanda in un ufficio del centro che ha molto lavoro.
This is a .... project in a .... office.

❹ Ecco una nuova entusiasmante opportunità per entrare a far parte di un'impresa di ingegneria leader nel settore.
An exciting opportunity ... . to .... a .... engineering firm.

❺ A voi la scelta: potete diventare assistente di volo, segretario, PR manager o avvocato.
....: you can be a flight attendant, a .., a .. manager or a ....

È importante saper decifrare gli annunci che compaiono nella rubrica **Situations Vacant***, Offerte di lavoro. Vediamo innanzitutto la retribuzione. Tra* **wage** *e* **salary** *c'è più o meno la differenza che passa in italiano tra* salario *e* stipendio *(attenti quindi a non confondere* **salary** *con* salario!*): in linea di massima* **wages** *(che di solito va al plurale) indica una retribuzione oraria, quotidiana o settima-*

Nona lezione / 9

Soluzioni dell'esercizio 1

❶ Questa settimana la trasmissione parla del mercato del lavoro in crescita. ❷ La compagnia aerea è estremamente affidabile per quanto riguarda la sicurezza. ❸ Le esportazioni di petrolio sono state incoraggiate dal prezzo elevato del greggio. ❹ Sono stufo di stare con le mani in mano. Voglio tornare subito al lavoro. ❺ Ci sono lavori di tutti i tipi, a prescindere dalla vostra età o dalle vostre competenze.

Soluzioni dell'esercizio 2

❶ – numerate – computer-literate – a skilled – ❷ – a fast-growing Bradford-based – ❸ – demand-driven – busy downtown – ❹ – has arisen – join – top-flight – ❺ Take your pick – PA – PR – solicitor

nale per chi svolge lavori manuali. Per parlare di minimo salariale *useremo questo termine al singolare:* **minimum wage**; **hourly wage**, retribuzione oraria. *Quanto a* **salary**, *si tratta invece della retribuzione di chi svolge un lavoro di concetto ed è in genere su base mensile o trimestrale (altre espressioni come* **remuneration** *o* **compensation** *si riferiscono ai dirigenti). Così* **a wage earner** *è un* salariato *e* **a salary earner** *è uno* stipendiato, *mentre* **earnings** *sono gli* utili, il reddito. *L'importo in cifre della retribuzione può essere espresso su base settimanale (£856 p.w., o* **per week**) *oppure su base annuale (£289,500 p.a., o* **per annum**). *Come avrete intuito, britannici e americani usano di rado la base mensile come riferimento per lo stipendio. Tra le altre abbreviazioni frequenti, citiamo* **k** *(o* **K**) *per* migliaia *(£289K p.a.),* **c** *per* **cent** *negli USA e* **p** *per* **penny** *nel Regno Unito. Una parola familiare per noi,* **circa**, *ha lo stesso significato in inglese (***circa £850 p.w.***), mentre* **£neg** *vuol dire che il compenso è* **negotiable**, *trattabile. Quanto a* **£excellent**, *non c'è bisogno di tradurlo... Se il lavoro prevede funzioni di vendita, è bene sapere che* **OTE** *sta per* **on-target earnings** *e indica i premi sulle vendite (ovvero le commissioni sui guadagni realizzati). In Gran Bretagna, in sede di assunzione si presta molta attenzione alla discriminazione per qualsiasi motivo: molti datori di lavoro, soprattutto nel settore pubblico, affermano espressamente nei loro annunci di applicare il principio di non discriminazione con la formula* **We welcome applications from all sections of the community**, Accogliamo candidature provenienti da tutte le componenti della comunità. *Talvolta il riferimento a questo principio è ancora più esplicito (vedi le frasi 16 e 17 della lezione).*

sixty-four • 64

10

Tenth lesson

The right way and the wrong way

1 – Dear Sir or Madam [1],
2 I am writing in response to your recent advertisement for a customer relationship officer [2].
3 After graduating [3] in business from the University of Western England five years ago,
4 I worked as a sales negotiator for a chain of estate agents [4] headquartered [5] in Bristol.

Note

1 I britannici, di norma così galanti, cominciano una lettera formale anteponendo i signori alle signore! Non allarmatevi: si fa solo in questo caso. Per esempio, quando si comincia un discorso in pubblico, si esordisce dicendo **Ladies and gentlemen**, *Signore e signori*. Vedi anche la nota culturale al termine della lezione.

2 In ambito militare, **officer** significa *ufficiale*. In ambito civile, in compenso, **an officer** è una persona investita di poteri decisionali (per esempio, in un'azienda, **the officers** sono *gli amministratori*). **Directors and officers must avoid conflicts of interest**, *I dirigenti e gli amministratori devono evitare i conflitti di interesse.*

3 Il verbo **to graduate** vuol dire *conferire una laurea* o *laurearsi*, ed è naturalmente il contesto a suggerirci quale dei due significati è quello giusto. Già che ci siamo, ecco come specificare qual è l'università presso la quale ci si è laureati: **Sheila graduated in chemistry from Liverpool University**, *Sheila si è laureata in chimica all'Università di Liverpool*; **a graduate**, *un laureato*, mentre **an undergraduate** è *uno studente universitario*.

4 Il termine **estate** non ha nulla che fare con l'*estate* (**summer**) e va piuttosto messo in relazione con "stato", col quale condivide l'etimologia. I suoi significati sono numerosi: in questo caso si tratta di una *pro-*

Decima lezione

C'è modo e modo

1 – Egregi Signori,
2 Vi scrivo in risposta al Vs. recente annuncio per un posto di responsabile delle relazioni con la clientela.
3 Dopo essermi laureato in economia cinque anni fa presso la University of Western England,
4 ho lavorato come intermediario per una catena di agenzie immobiliari con sede a Bristol.

prietà immobiliare. Un *immobile* si dice **property** in inglese britannico, **real estate** in inglese americano. **Property prices in London are very inflated**, *A Londra i prezzi degli immobili sono eccessivi*. Tuttavia, in Gran Bretagna *un agente immobiliare* si chiama **an estate agent**, mentre in inglese americano è **a real estate agent**.

5 La mai abbastanza lodata flessibilità dell'inglese permette di assegnare agevolmente alla stessa parola funzioni diverse. Qui il sostantivo **headquarters** (sempre al plurale) può essere impiegato come verbo: **Our company has its headquarters in Wales → Our company is headquartered in Wales**, *La sede centrale della nostra azienda è in Galles*.

10 / Tenth lesson

5 I then relocated [6] to Birmingham for personal reasons and was unemployed for a short spell [7].

6 Not only did [8] I quickly find a new job; I was also promoted to manager within [9] a fortnight [10].

7 I am a self-starter with a can-do attitude and an ability to multi-task [11].

8 I get on [12] well with people and I have first-class presentation and teamwork skills.

Note

[6] **to locate**, *individuare, trovare*. Il verbo **to relocate** traduce l'azione di *trasferire* qualcosa (o di trasferirsi) altrove: **We relocated production to a cheaper region**, *Abbiamo trasferito* (o *delocalizzato*) *la produzione in una regione meno cara*; **We relocated from the cold north to the sunny south**, *Ci siamo trasferiti dal freddo nord all'assolato sud*.

[7] **a spell**, *un periodo di tempo*, è un termine utilizzato spesso nelle previsioni del tempo: **The depression will bring another spell of wet weather**, *La depressione porterà ancora del tempo umido*; **a spell** significa anche *un incantesimo*; anche in questo caso è il contesto a evitare confusioni.

[8] Nell'espressione **Not only... (but) also**, *Non solo... (ma) anche*, la presenza e la posizione dei verbi ausiliari **to do**, **to have** e **to be** (a seconda di quale sia il verbo principale della frase) serve a mettere in evidenza **not only**: **Not only is she intelligent; she's also beautiful**, *Non è solo intelligente, è anche bellissima*.

[9] La preposizione **within** vuol dire letteralmente "all'interno di": **You can't smoke within the building**, *Non si può fumare all'interno dell'edificio*. Ricorre, col significato di *entro, (in) meno di*, anche nelle espressioni di tempo o con quelle che indicano una distanza: **We live within ten miles of the sea**, *Abitiamo a meno di dieci miglia dal mare*; **We received an answer within a week**, *Abbiamo ricevuto una risposta in meno di una settimana*.

[10] **a fortnight**, *due settimane, quindici giorni*. È la contrazione di **fourteen nights**, *quattordici notti*. Naturalmente potete dire anche **two weeks**, che è d'altronde l'espressione utilizzata dagli americani, i quali ignorano il termine **fortnight**.

Decima lezione / **10**

5 Poi mi sono trasferito a Birmingham per motivi personali e sono rimasto disoccupato per un breve periodo.
6 Non solo ho trovato rapidamente un nuovo lavoro, ma sono stato anche promosso manager in meno di due settimane.
7 Ho un grande spirito di iniziativa, sono intraprendente e in grado di svolgere più mansioni contemporaneamente.
8 Mi trovo bene con la gente e ho ottime capacità di presentazione e di lavoro di gruppo.

---

11 Ecco tre espressioni gergali molto frequenti nella vita quotidiana e nel mondo dell'occupazione, che rappresentano ulteriori esempi della facilità con cui l'inglese crea dei neologismi servendosi delle parole composte: **a self-starter** (lett. un avviatore automatico) proviene chiaramente dal linguaggio automobilistico, ma indica anche una persona che ha molta iniziativa e sa automotivarsi; **can-do** (lett. può-fare) si riferisce a una persona energica, intraprendente e sempre pronta ("posso farlo"); per finire, il termine informatico **multi-task**, entrato anche in italiano, esprime la capacità di una persona di svolgere più mansioni contemporaneamente: **Women are apparently better than men at multi-tasking**, *Sembra che le donne siano più brave degli uomini a fare più cose insieme*.

12 Il verbo **to get** ha una quantità impressionante di significati: va dunque studiato di volta in volta. Cominciamo col verbo frasale **to get on with**. Quando è seguito da un verbo o da un nome concreto, vuol dire *continuare*: **I'd better get on with my work if I want to finish before midnight**, *Farei meglio a continuare il lavoro se voglio finire prima di mezzanotte*. In questo caso, gli elementi del verbo sono inseparabili (per esempio non si può dire **get on my work with**). In compenso, se il complemento è una persona, **to get on with** vuol dire *andare d'accordo, trovarsi bene, essere in buoni rapporti con*, e in tal caso si può inserire un avverbio tra le due preposizioni: **I get on well with my father-in-law**, *Vado d'accordo con mio suocero*.

sixty-eight • 68

10 / Tenth lesson

9 Your company cannot afford [13] to overlook this opportunity to hire such an exceptionally talented person.
Yours truly.

10 – Dear Sir,
Thank you for your application, which we reviewed with great attention.

11 Unfortunately, the position [14] has already been filled and we have no further vacancies.

12 We wish you every success in your search for employment,
Yours sincerely,
J. Turner, HRM [15].

13 – Realising that he might have appeared big-headed [16], Craig rewrote the letter:

14 – Dear Sir, Please find enclosed a copy of my CV [17], listing my qualifications and my relevant [18] work experience.

15 I am available to come for an interview at any time that may be convenient to you.

16 You will find my contact details below.
Yours truly,
Craig Brown.

17 – Within a week, he received a positive reply and was called for an interview the following month.

Note

[13] **to afford**: vedi la terza lezione alla nota 4.

[14] **position** è qui sinonimo di **opening** e **vacancy**, che abbiamo visto nella nona lezione. L'espressione *occupare un posto* si dice **to fill** (lett. riempire) seguito da uno dei tre sostantivi appena citati.

[15] **HRM**, **Human Resources Manager**, *responsabile delle risorse umane*.

Decima lezione / 10

9   La Vs. azienda non può *(permettersi di)* lasciarsi sfuggire quest'occasione di assumere una persona così dotata. Distinti saluti.

10 – Egregio Signore, La ringraziamo per la Sua candidatura, che abbiamo valutato con grande attenzione.

11   Purtroppo il posto è già stato assegnato e non ne abbiamo altri.

12   Le auguriamo ogni successo nella ricerca di un impiego. Cordialmente, J. Turner, Responsabile delle risorse umane.

13 – Rendendosi conto di aver probabilmente fatto la figura del presuntuoso, Craig ha riscritto la lettera:

14 – Egr. Sig. Turner, Le allego una copia del mio CV con le mie qualifiche e le mie esperienze lavorative nel settore *(pertinenti)*.

15   Resto a disposizione per *(venire per)* un colloquio in qualsiasi momento Lei lo desideri.

16   Accludo qui di seguito i miei recapiti. Distinti saluti, Craig Brown.

17 – Meno di una settimana dopo, ha ricevuto una risposta positiva e il mese successivo è stato chiamato per un colloquio.

In alcune aziende si usa un titolo più modesto: **personnel manager**, *direttore del personale*.

16 Attenzione: **a big-head** significa *una testa grossa*, ma anche *uno spaccone, un presuntuoso*. **Big-headed** è l'aggettivo corrispondente. *È una gran testa* si dice invece **he/she is brainy** (che naturalmente deriva da **brain**, *cervello*). Piccoli dettagli che vi permettono di perfezionare il vostro inglese…

17 **CV** (pronuncia *si: vi:*): i britannici si servono dello stesso termine che usiamo noi, ma gli americani ne usano due: **a résumé** *rezjumei*, che sta in genere tutto in una pagina, e **a CV**, più lungo e dettagliato. Il plurale di **CV** è **CVs** (pron. *si: vi:z*).

18 L'aggettivo **relevant** è un falso amico: non vuole infatti dire *rilevante* (**important**), bensì *pertinente* o *attuale*.

10 / Tenth lesson

18 – The moral of the story? You should never blow your own trumpet [19].

Note

[19] La frase idiomatica **to blow one's own trumpet** (lett. soffiare nella propria tromba) si può rendere con *vantarsi, darsi delle arie*. **Stop blowing**

Exercise 1 – Translate

❶ We relocated production to a cheaper region. ❷ Women are apparently better than men at multi-tasking. ❸ You'd better get on with your work if you want to finish before midnight. ❹ They really can't afford to overlook this exciting opportunity. ❺ Please send us a letter with a CV and your contact details.

***

Exercise 2 – Fill in the missing words

❶ Non solo ho trovato un nuovo lavoro, ma sono anche stato promosso rapidamente.
 . . . . find a new job; . . . . promoted quickly.

❷ Abbiamo ricevuto una loro risposta in meno di due settimane.
 We received an answer from them . . . .

❸ Dovresti smetterla di vantarti. È immodesto.
 You should stop . . . . It's . . . .

❹ Sheila si è laureata in chimica a Liverpool e Tom è uno studente universitario.
 Sheila . . . . chemistry . . . . Liverpool and Tom's an . . . .

❺ È intraprendente e si trova bene con la gente.
 He has a . . . . . . attitude and . . . . with people.

Come ci si rivolge a un uomo o a una donna in inglese, specialmente in quegli ambiti in cui la discriminazione è tabù? In effetti può rivelarsi un problema un po' complicato.
Nelle lettere si fa naturalmente distinzione tra **Sir** *e* **Mr** *(mister) per gli uomini e tra* **Madam** *e* **Mrs** *(mistress, missus o missis) per le donne.*

18 – La morale della storia? Non bisogna mai vantarsi.

your own trumpet, *Smettila di darti delle arie*. L'espressione sinonimica **to sing one's own praises** è più formale ed equivale più o meno a *tessere le proprie lodi*.

Soluzioni dell'esercizio 1
❶ Abbiamo trasferito la produzione in una regione meno cara. ❷ Sembra che le donne siano più brave degli uomini a far più cose insieme. ❸ Faresti meglio a continuare il tuo lavoro se vuoi finire prima di mezzanotte. ❹ Non possono proprio lasciarsi sfuggire questa splendida occasione. ❺ La preghiamo di inviarci una lettera con un CV e i Suoi recapiti.

***

Soluzioni dell'esercizio 2
❶ Not only did I – I was also – ❷ – within a fortnight ❸ – blowing your own trumpet – big-headed ❹ – graduated in – from – undergraduate ❺ – can-do – gets on very well –

Mr *e* **Mrs** *non si usano mai da soli all'inizio di una missiva:* **Dear Mr Carlin** *o* **Dear Sir** *(non si scrive mai "Dear Mister");* **Dear Mrs Carlin** *o* **Dear Madam**. *Ci si può rivolgere a una signorina chiamandola* **Miss** *se si è sicuri che non è sposata (***Dear Miss Carlin** *o* **Dear Miss***).*
Tuttavia far distinzione tra una donna sposata e una nubile può essere considerato una forma di discriminazione, perciò in ambito pubblico (amministrazione, comunicazioni ufficiali ecc.), **Mrs** *e* **Miss** *vengono sostituiti da* **Ms***, titolo che si pronuncia [miz] e che deve essere seguito soltanto dal cognome.*
Ad ogni modo, **sir**, **madam** *e* **miss** *sono molto formali e gli anglofoni tendono a ometterli nelle espressioni relazionali quotidiane: il commesso di un negozio dirà piuttosto* **Good morning** *anziché* **Good morning, sir** *(o* **madam***).*
Questa mancanza di formalità si manifesta pure nella tendenza (che per alcuni può risultare sconcertante) a rivolgersi anche a estranei o in ambito aziendale usando il nome di battesimo. Questa tendenza non equivale a dare del tu (l'inglese non ha questa possibilità, come sappiamo) né è indice di particolare confidenza nei confronti dell'interlocutore: è semplicemente un comportamento informale e molto diffuso.

Eleventh lesson

Tips [1] for a successful [2] interview

1 Don't get there [3] on time: be early. Punctuality is key [4] to making a good first impression.
2 If the worst comes to the worst [5] and you know you're going to be late, be sure to phone and warn someone.
3 Dress conservatively: better safe than sorry [6]. And look smart: sloppy clothes are a no-no [7].

Note

1 La prima accezione di **tip** è *apice, punta, estremità*, ma questo sostantivo ha anche altri significati (un *consiglio*, una *dritta* o, ancora, una *mancia*): **Let me give you a few tips**, *Permettimi di darti qualche consiglio* (vedi lezione 5, nota 14); **Should we give a tip?** *Dobbiamo lasciare una mancia?*

2 Ecco un aggettivo difficile da rendere in italiano: **successful** vuol dire di volta in volta *di successo, fortunato, riuscito, positivo, buono, valido...* **a successful teacher**, *un buon insegnante*; **a successful day**, *un giorno fortunato* o *una giornata sì*.

3 Come vedete, **to get** è onnipresente! Spesso è usato per esprimere un movimento e, quando è seguito dal nome di un luogo (o dall'avverbio **there**), significa *arrivare*: **We get to Brighton at seven**, *Arriviamo a Brighton alle sette*.

4 **a key**, *una chiave*, può diventare aggettivo, come in italiano (**a key person**, *una persona chiave*) e ricorre anche nell'espressione **to be key to**, *essere fondamentale*: **Experience is key to success**, *L'esperienza è fondamentale per il successo*. Con l'articolo determinativo, però, diventa *la chiave del successo*: **Experience is the key to success**.

Undicesima lezione

Consigli per un colloquio positivo

1 Non arrivate all'ultimo momento *(in tempo)*: presentatevi in anticipo. La puntualità è fondamentale per fare una buona prima impressione.
2 Alla peggio, se sapete che arriverete in ritardo, ricordatevi di telefonare e avvertire *(qualcuno)*.
3 Vestitevi in modo classico: meglio andare sul sicuro. E siate eleganti: mai presentarsi in abiti trasandati *(gli abiti trasandati sono da evitare)*.

5 **if the worst comes to the worst**, *alla peggio, se le cose si mettono male* o *nella peggiore delle ipotesi*. Chi è meno pessimista dirà **If bad comes to worse** (senza ricorrere al superlativo **the worst**): **If bad comes to worse, you can always borrow some money**, *Alla peggio, puoi sempre prendere soldi in prestito*.

6 Un'altra frase fatta: **It's better to be safe than to be sorry** (lett. È meglio essere sicuri che dispiacersi) oppure, più brevemente, **better safe than sorry**, può corrispondere a *Meglio prevenire che curare*, *Meglio andare sul sicuro*, o ancora *La prudenza non è mai troppa*. In questo tipo di espressioni l'inglese predilige i nomi e gli aggettivi (**safe**, **sorry**) e la ripetizione della prima lettera (in questo caso la **s**): ne vedrete altri esempi nelle prossime settimane.

7 **a no-no** (lett. un no-no) è un modo colloquiale per indicare che una cosa o un'azione sono inadatte o vietate. Di norma si usa col verbo *essere*. **Jeans are a no-no**, *Non si devono portare i jeans*. **Telephoning while driving is a no-no**, *Non si deve telefonare mentre si guida*.

4. Make sure you are properly prepared. Bone up on [8] the company's history, achievements and products.
5. Read their literature [9], check their website and get hold of [10] their annual report.
6. You could also write down some sample questions and practice them with someone beforehand [11].
7. Pay attention to the interviewer and listen carefully to what he or she is saying.
8. That way, you'll be able to phrase your answers carefully and stick to the point [12].
9. Be brief and thorough when responding. Stay focused and avoid long-winded [13] explanations.
10. Smile, nod and show that you're enthusiastic. Your body language will say a lot about you.

Note

[8] Il verbo **to bone up on** (che non è separabile) significa *studiare a fondo, studiare per bene.* **You'd better bone up on your Spanish before going on holiday**, *Faresti meglio a studiarti per bene lo spagnolo prima di andare in vacanza.* L'espressione non ha nulla che vedere con **a bone**, *un osso*: pare che derivi dal nome delle guide pedagogiche pubblicate dalla casa editrice Bohn nel XIX secolo, che divennero un punto di riferimento per generazioni di studenti.

[9] Abbiamo già incontrato **literate** nella nona lezione (frase 11) per indicare abilità in una materia scientifica o umanistica. Nel mondo degli affari, **literature** (attenzione: si scrive con una sola **t**) va reso con *pubblicazioni* o *documentazione commerciale:* **Please give us your email address so that we can send you our literature**, *La preghiamo di fornirci il Suo indirizzo e-mail affinché possiamo inviarLe la nostra documentazione commerciale.* Così un semplice opuscoletto finisce sullo stesso piano delle opere di Shakespeare o di Dante…

[10] **to get hold of**, *procurarsi:* **We must get hold of a road map before leaving**, *Dobbiamo procurarci una carta stradale prima di partire*. Se il

Undicesima lezione / 11

4 Assicuratevi di essere ben preparati. Studiatevi a fondo la storia dell'azienda, i suoi risultati e i suoi prodotti.
5 Leggete le sue pubblicazioni, guardate il suo sito web e procuratevi il suo rendiconto annuale.
6 Potreste anche segnarvi qualche domanda tipo e allenarvi con qualcuno prima [del colloquio].
7 Prestate attenzione al selezionatore e ascoltate attentamente quello che *(lui o lei)* dice.
8 In questo modo sarete in grado di formulare con cura le vostre risposte e di attenervi all'argomento.
9 Siate brevi ed esaustivi nelle risposte. Rimanete concentrati ed evitate le spiegazioni prolisse.
10 Sorridete, fate cenno di sì con la testa e mostratevi entusiasti. Il linguaggio del vostro corpo la dirà lunga sul vostro conto.

---

complemento di questo verbo inseparabile è una persona, però, **to get hold of** vuol dire *contattare*, **I'm trying to get hold of Amy. Do you know where she is?**, *Sto cercando di contattare Amy. Sai dove si trova?*

11 Non confondete **before**, *prima*, e **beforehand**, *in anticipo*, anche se in alcuni casi (come in quello del nostro testo), il senso è lo stesso. Guardate l'esempio seguente: **If you require home delivery, tell us beforehand, and before 12 noon**, *Se desiderate la consegna a domicilio, comunicatecelo in anticipo e prima di mezzogiorno*. Generalmente **beforehand** segue un verbo e si trova alla fine della frase.

12 **the point**, *la punta* o *il punto*. Ma esattamente come **tip** (che è suo sinonimo nel senso di "estremità"), **point** presenta varie accezioni, tra cui quella di *scopo, obiettivo*: **The point of our trip to India is to visit the Taj Mahal**, *Lo scopo del nostro viaggio in India è visitare il Taj Mahal*; **to stick to the point**, *attenersi all'argomento*.

13 **wind**, *vento*, ma anche *fiato* o *respiro*. **I'll get my second wind in a minute**, *Riprenderò fiato tra un attimo*. Chi è **long-winded** spreca molto fiato ed è dunque *prolisso* o *chiacchierone*, mentre a **windbag** (lett. un sacco di vento) è *un parolaio*.

seventy-six • 76

11 Identify your weaknesses – the interviewer is bound to [14] ask about them – and be ready to discuss them frankly.
12 Don't say something like: "I have no shortcomings at all, except for my modesty."
13 If the interview takes place over a meal, there are a few pitfalls to avoid:
14 Don't order messy [15] food: dishes with lots of sauce or awkward bones should be avoided.
15 Don't drink alcohol. If you are offered [16] wine or beer, just say that you're watching your weight and prefer not to drink.
16 Don't offer to pay: it's the prospective employer who will pick up [17] the bill and leave a tip.
17 In any case, you should always send the interviewer a thank-you letter afterwards [18] and express your interest in the job.
18 Last but not least, don't be over-ambitious or you'll end up being promoted to a job that you can't do! □

Pronuncia
14 ... so:s ...

Note

14 Come abbiamo visto nella quarta lezione, **bound** è il participio passato di *to bind*, *legare, vincolare*, ma il verbo **to be bound to** indica una certezza: *He's bound to be late. He always is*, *Arriverà certamente in ritardo. Fa sempre così*. Può anche significare *essere tenuto/costretto a*.

15 L'aggettivo **messy**, *sporco* oppure *disordinato, caotico*, qui ha piuttosto il senso di *complicato*. Deriva dal sostantivo **mess**, *disordine*.

16 Questa curiosa costruzione al passivo corrisponde in italiano alla forma impersonale o a un'azione svolta da un soggetto generico: **If he offers**

Undicesima lezione / 11

11 Individuate i vostri punti deboli – state certi che il selezionatore *(intervistatore)* ve li chiederà – e preparatevi a discuterne con franchezza.

12 Non dite cose del tipo: "Non ho nessun difetto, a parte la modestia."

13 Se il colloquio si svolge durante un pasto, ci sono alcune insidie da evitare:

14 non ordinate piatti complicati *(disordinati)*: evitate pietanze con troppa salsa e ossi difficili da spolpare.

15 Non bevete alcolici. Se vi offrono del vino o della birra, dite semplicemente che state attenti al vostro peso e preferite non bere.

16 Non offritevi di pagare il conto: dovrà essere il potenziale datore di lavoro a farlo e a lasciare una mancia.

17 In ogni caso dovreste sempre inviare al selezionatore una lettera di ringraziamento dopo [il colloquio] ed esprimere il vostro interesse per il posto di lavoro.

18 Da ultimo, ma non in ordine di importanza, non siate troppo ambiziosi o finirete per ottenere *(essere promossi a)* un lavoro che non sapete fare!

---

you a drink, say no, *Se ti offre da bere, rifiuta,* MA **If you are offered a drink, say no,** *Se ti offrono da bere, rifiuta.*

17 Il verbo frasale **to pick up** significa principalmente *prendere, raccogliere*; **to pick up the bill** *(pagare il conto)* è una frase idiomatica che va un po' oltre il suo senso letterale: se uno *prende il conto,* provvederà anche a saldarlo...

18 after è usato raramente come avverbio: al suo posto normalmente si impiega **afterwards**. Confrontate: **I'll do the dishes after dinner,** *Laverò i piatti dopo cena,* **I'll do the dishes afterwards,** *Laverò i piatti più tardi* (vedi anche **before** e **beforehand**, nota 11).

11 / Eleventh lesson

Exercise 1 – Translate

❶ Bone up on the company's history, get hold of their annual report and check their website. ❷ Stick to the point. You're too long-winded. ❸ Let me give you a few tips about healthier eating. ❹ You must look your best for tomorrow's interview. Jeans are a no-no. ❺ He's bound to be late for the meeting. He always is.

***

Exercise 2 – Fill in the missing words

❶ La puntualità è fondamentale per fare una buona prima impressione.
Punctuality is . . . . a good first impression.

❷ Se desiderate la consegna a domicilio, comunicatecelo in anticipo e prima di mezzogiorno.
If you require home delivery, ... , and . . . . . . 12 . . . . .

❸ Bisognerebbe evitare gli alcolici. Se ti offrono da bere, rifiuta.
Alcohol . . . . If . . . . , say no.

❹ Ora prendiamo un caffè. Laverò i piatti dopo.
Let's have a coffee now. I'll . . . .

❺ Da ultimo, ma non in ordine di importanza, siate eleganti. Meglio andare sul sicuro.
. . . . but . . . . , look smart. . . . . than . . . . . .

Undicesima lezione / 11

Soluzioni dell'esercizio 1
❶ Studiati a fondo la storia dell'azienda, procurati il suo rendiconto annuale e guarda il suo sito web. ❷ Attieniti all'argomento. Sei troppo prolisso. ❸ Permettimi di darti alcuni consigli per un'alimentazione più sana. ❹ Devi presentarti al meglio per il colloquio di domani. Niente jeans. ❺ Arriverà certamente in ritardo alla riunione. Fa sempre così.

***

Soluzioni dell'esercizio 2
❶ – key to making – ❷ – tell us beforehand – before – noon ❸ – should be avoided – you are offered a drink – ❹ – do the dishes afterwards ❺ Last – not least – Better safe – sorry

12

Twelfth lesson

Do you speak Managerese?

(From "Plain English for Business")

1 Once upon a time [1], managers used to [2] talk in simple language about their jobs and their firm.
2 They used [3] plain [4] English and they would [5] be understood by everyone around them.
3 But today's managers speak [6] a totally different language crammed with buzzwords [7] and catch-phrases [8],

Note

[1] **Once upon a time** è il classico incipit delle favole (*C'era una volta*), ma può anche significare semplicemente *una volta*.

[2] L'espressione **used to** indica un'azione abituale nel passato che oggi non si svolge più e rende a meraviglia il nostro imperfetto: **We used to live in Devon**, *Vivevamo nel Devon*. Attenti alla pronuncia: **used to** si legge *ju:stu*.

[3] Qui **used** è il simple past di **to use**, *usare*, e si pronuncia *ju:zd*.

[4] L'aggettivo **plain**, *chiaro*, ricorre in una curiosa espressione: **as plain as the nose on your face**, *chiaro come il sole*.

[5] Nonostante la presenza di **would**, in questa frase il condizionale non c'entra: si tratta di un uso idiomatico dell'ausiliare che, come **used to**, descrive un'azione abituale nel passato che non ha più luogo nel presente. Ne riparleremo alla lezione 14.

[6] **to speak** ha lo stesso significato di **to talk** (frase 1), *parlare*, ma è più formale e si usa spesso quando il soggetto è una sola persona che parla ad altre, mentre **to talk** indica una comunicazione informale, una conversazione. Un esempio vi aiuterà a ricordare questa differenza: **While the professor was speaking to the group, two students were talking at the back of the lecture hall**, *Mentre il professore parlava alla classe,*

Dodicesima lezione

Parli "managerese"?

(Da "L'inglese chiaro per gli affari")

1. Una volta i manager parlavano con un linguaggio semplice del loro lavoro e della loro azienda.
2. Usavano un inglese chiaro e venivano capiti da tutti *(intorno a loro)*.
3. I manager d'oggi, invece, parlano una lingua completamente diversa, piena di paroloni e di slogan

due studenti stavano chiacchierando in fondo all'aula. Ricordate però che, quando si tratta di *parlare una lingua*, si usa **to speak**.

7. La parola onomatopeica **buzz** descrive il *ronzio* di un insetto o il *brusio* della folla, ma in senso figurato **the buzz** è anche l'interesse mediatico per un evento che "fa tendenza": **The buzz surrounding the movie is spreading quickly**, *Il battage pubblicitario del film si sta diffondendo rapidamente*; *a buzz word* può essere *una parola di moda* o *un parolone*. **To give someone a buzz** significa invece *Dare un colpo di telefono a qualcuno*.

8. Quanto a **catch phrase**, si tratta di un'espressione che "cattura" (**catch**) l'attenzione, dunque uno *slogan*. Ricordiamo che **phrase** è un falso amico, perché indica un'espressione che, da sola, non ha senso compiuto, mentre *frase* si dice **sentence**.

4 that are hard to understand if you are not an insider [9].
5 For example, an executive will say "Our company is downsizing [10]" instead of "We are dismissing [11] lots of workers".
6 Rather than having a boring old plan, every company has to have a vision statement [12].
7 Nor does [13] it just serve its customers. It is client-focused and needs-centred.
8 To get ahead in business, it's no use just being original:
9 you have to think out of the box or even push the envelope [14].
10 And if you need to learn more about the job, you will be upskilled [15], not trained.
11 We no longer work from nine to five because we live in a 24/7 [16] digital world.

Note

[9] Per **insider** si intende una persona che si trova all'interno di un determinato ambiente. Una delle sue traduzioni è *addetto ai lavori*, un *esperto*.

[10] **to downsize** è un termine eufemistico per dire *licenziare*. Ne riparleremo fra qualche settimana.

[11] Conoscete già l'espressione **to make someone redundant** (lez. 8, nota 7). Il verbo **to dismiss** è un altro modo formale per tradurre il nostro *licenziare*. **Three employees were dismissed for improper conduct**, *Tre impiegati sono stati licenziati per comportamenti scorretti*. Dimettersi, invece, si dice **to resign**.

[12] **to state**, *dichiarare*, *affermare*; **a statement** è *una dichiarazione* o *un comunicato*. **The Federal Reserve issues a statement after each monetary policy meeting**, *La Federal Reserve pubblica un comunicato dopo ogni riunione di politica monetaria*. Ci sono delle grandi aziende che pubblicano **a vision statement** o **a mission statement** per definire il loro progetto d'impresa e la loro "visione imprenditoriale".

Dodicesima lezione / 12

4 che sono difficili da capire se non si è dell'ambiente.
5 Per esempio, un dirigente dirà "Stiamo ridimensionando l'azienda" anziché "Stiamo licenziando una marea di dipendenti".
6 Invece di avere il solito noioso progetto, ogni azienda deve avere una visione imprenditoriale
7 e non si limita a servire i propri clienti, ma è orientata alla clientela e concentrata sulle esigenze.
8 Per avere successo negli affari, non basta solo essere originali:
9 bisogna pensare al di fuori degli schemi o addirittura forzare i limiti.
10 E se dovete aggiornarvi per quanto riguarda il [vostro] lavoro, seguirete un corso di riqualificazione, non di formazione.
11 Non lavoriamo più dalle nove alle cinque del pomeriggio perché viviamo in un mondo digitale 24 ore su 24 e 7 giorni su 7.

13 Un altro esempio (vedi anche lezione 10, nota 8) dell'ausiliare **to do** impiegato con funzione enfatica.

14 In questa frase abbiamo due espressioni entrate a far parte stabilmente del linguaggio degli affari. La prima è **to think out of** (o **outside**) **the box** e significa *pensare in modo originale, fuori dagli schemi*. Da quest'espressione (di origine oscura) è derivata anche una locuzione nominale, **out-of-the-box thinking**. Quanto a **to push the envelope**, una traduzione possibile - oltre a quella proposta nel testo - è *superare i limiti abituali*.

15 Letteralmente, **to upskill** (o **to up-skill**) significa *aumentare le competenze*; **to train**, *allenare*, ma anche *istruire, addestrare*; il sostantivo derivato **training**, come saprete certamente, è la *formazione*: **I've signed up for a training course**, *Mi sono iscritto a un corso di formazione*.

16 Un tempo si diceva **twenty-four hours a day, seven days a week**. Oggi, in un mondo dominato dalla velocità, non abbiamo più tempo da perdere e diciamo soltanto **24/7** (**twenty-four seven**): **The store's open 24/7**, *Il negozio è aperto 24 ore su 24, 7 giorni su 7*.

eighty-four • 84

12 / Twelfth lesson

12 Here are some common examples of Managerese – and their English translations.

13 "We need to be lean and mean [17] in order to boost the bottom line" [18] means:

14 Our company has to be small and aggressive in order to increase profits.

15 "We empower our people so that they will be proactive and go the extra mile [19]", means:

16 Our employees have greater responsibilities so that they will work harder.

17 But at the end of the day and when all is said and done,

18 you will find yourself between positions. In other words, on the dole [20]!

19 So please: get used to [21] using plain English.

Note

[17] Nessun dubbio su **to mean**, *significare*. Ben diverso, invece, il senso dell'aggettivo **mean** (*tirchio, avaro*): **He'll never lend you any money, he's too mean**, *Non ti presterà mai dei soldi, è troppo avaro*. Tuttavia **mean** significa anche *cattivo* e ha proprio questo senso nell'espressione **lean** (*magro*) **and mean**, che viene dalla boxe e indica un pugile magro e aggressivo. In senso figurato, **lean and mean** assume un significato positivo: **We're a lean and mean company**, *Siamo una società piccola e grintosa*. La rima, come avrete intuito, non è casuale.

[18] **the bottom line** non ha una traduzione univoca: può trovarsi in un bilancio e in tal caso indica *l'utile netto*. **The acquisition will hurt the bottom line**, *L'acquisto influirà negativamente sull'utile netto*. L'espressione può avere però un senso più ampio (*il succo, il risultato, la morale della favola*): **The bottom line is that people no longer trust this government**, *Il succo è che la gente non ha più fiducia in questo governo*.

[19] **to go the extra mile**, *fare un altro sforzo*. Quest'espressione, simile nel significato a **to push the envelope**, ha un'origine curiosa: viene dal Vangelo e precisamente dal Discorso della Montagna: **Whoever shall**

Dodicesima lezione / 12

12 Ecco alcuni esempi tipici di "managerese" e la loro traduzione in inglese.
13 "Dobbiamo essere efficienti e dinamici per dare impulso agli utili" significa che
14 la nostra azienda deve essere piccola e grintosa per aumentare i profitti.
15 "Responsabilizziamo il nostro personale affinché sia proattivo e si spinga oltre i suoi limiti" vuol dire che
16 i nostri dipendenti hanno maggiori responsabilità per lavorare più sodo.
17 Alla fin fine, però, a conti fatti,
18 vi troverete "tra due occupazioni". In altre parole, disoccupati!
19 Perciò, per favore, abituatevi a usare un inglese chiaro.

---

compel thee to go a mile, go with him two, *"Se uno ti costringerà a fare un miglio, tu fanne con lui due"*. Si tratta dunque del secondo miglio da fare. **We go the extra mile to satisfy your needs**, *Andiamo oltre i limiti per soddisfare le vostre esigenze*.

20 the dole è *il sussidio di disoccupazione*, per cui to be on the dole è un modo per intendere *essere disoccupato*. **I've been on the dole for three years now**, *Ormai sono tre anni che sono disoccupato*. Un'altra espressione utile è **the dole queue**, *il numero dei disoccupati* o la coda che si fa per ritirare il sussidio di disoccupazione: **The government has reduced the dole queue by half a million people**, *Il governo ha ridotto di mezzo milione il numero dei disoccupati*. Negli anni '20 questo sussidio era spesso assimilato a un'*elemosina* (che un tempo era uno dei significati principali di **dole**): **to dole out** vuol dire infatti *fare l'elemosina* o *dare con parsimonia*.

21 Non confondete **used to** (nota 2) con **to be / get used to**, *essere abituato / abituarsi a*, anche se la pronuncia è la stessa. Ecco un trucco per evitare gli equivoci: dopo **to be / get used to** si usa un sostantivo o un verbo al gerundio: **I'm used to interviewing people**, *Sono abituato ad intervistare la gente*. **She's not used to spreadsheets**, *Non è abituata a usare i fogli di calcolo*.

eighty-six • 86

12 / Twelfth lesson

▶ Exercise 1 – Translate
❶ Managers used to talk simply about their job and they used plain English. ❷ The company doesn't have a plan, nor does it dismiss people. ❸ We no longer work from nine to five; we're open 24/7. ❹ She's not used to using spreadsheets. ❺ The bottom line is that he's too mean to lend me any money.

Exercise 2 – Fill in the missing words
❶ Mentre parlavo alla classe, due studenti stavano chiacchierando in fondo alla stanza.
While I .... the group, two students .... the .... of the room.

❷ Tutto considerato, bisogna dipendere da se stessi.
.... and ...., you have to .... yourself.

❸ Il governo ha ridotto il numero dei disoccupati di centinaia di migliaia di unità.
The government has reduced ... . by .... of people.

❹ La prossima settimana dammi un colpo di telefono e andremo a vedere quel film.
.... next week, and we'll .. .. that movie.

❺ Una volta venivano capiti da tutti.
.... a time, they .... by everyone around them.

Dodicesima lezione / 12

Soluzioni dell'esercizio 1

❶ Un tempo i manager parlavano in modo semplice del loro lavoro e usavano un inglese chiaro. ❷ L'azienda non ha un progetto né licenzia del personale. ❸ Non lavoriamo più dalle nove alle cinque del pomeriggio; siamo aperti 24 ore su 24 e 7 giorni su 7. ❹ Non è abituata a usare i fogli di calcolo. ❺ Il succo è che è troppo avaro per prestarmi dei soldi.

Soluzioni dell'esercizio 2

❶ – was speaking to – were talking at – back – ❷ When all is said – done – depend on – ❸ – the dole queue – hundreds of thousands – ❹ Give me a buzz – go and see – ❺ Once upon – would be understood –

Plain English, *l'inglese chiaro, senza fronzoli, è anche il nome di varie organizzazioni e campagne, sia in Gran Bretagna sia negli Stati Uniti, che vogliono eliminare i termini e le espressioni gergali e riportare la chiarezza nella comunicazione al pubblico, in particolare in quella della pubblica amministrazione. Così torniamo ancora una volta sulla "doppia personalità" dell'inglese: le frasi lunghe e complesse, infarcite di termini d'origine latina che sono moneta corrente nei testi ufficiali, difficilmente vengono comprese dal cittadino medio, benché siano grammaticalmente corrette. Perciò organismi come* **The Plain English Campaign** *o* **Plain Language** *forniscono assistenza linguistica alle pubbliche amministrazioni, alle grandi aziende, ai giuristi ecc. affinché parlino in modo chiaro e diretto con il pubblico.*

La nozione di **Plain English** *non è nuova: grandi scrittori come Mark Twain (1835-1910) e George Orwell (1903-1950) ne hanno posto le basi già molto tempo fa, ma i passi decisivi sono stati compiuti dagli anni '70 in poi, fermo restando che ci sono ancora progressi da fare, come dimostra quest'esempio tratto da un testo amministrativo:* **If there are any points on which you require explanation or further particulars we shall be glad to furnish such additional details as may be required by telephone.** *Tradotto in* **Plain English**: **If you have any questions, please ring.**

Thirteenth lesson

Back at the flat

1 – You had a job interview today, didn't you Dave? So how did it go?

2 – Terrible [1]! Every time I opened my mouth, I put my foot in it [2].

3 – It can't have been that bad [3], surely? What went wrong?

4 – Everything, Raja. I made a complete and utter [4] fool of myself [5].

5   First, the interviewer asked me how I'd deal with certain problems.

Note

1. In inglese **terrible** e **terribly** hanno sempre una connotazione negativa: **The job's going terribly**, *Il lavoro sta andando malissimo*. Il **false friend** "**terrific**" ha invece una connotazione positiva, che possiamo tradurre con *eccezionale, esagerato, stupefacente*. **You're terrific!**, *Sei eccezionale!*

2. La frase idiomatica **to put one's foot in it** si può rendere in italiano in vari modi (*fare una brutta figura* o *una gaffe, dire uno sproposito, farla* o *dirla grossa* ecc.): **You really put your foot in it when you asked about his wife. He's divorced!**, *L'hai detta proprio grossa quando gli hai chiesto di sua moglie. È divorziato!* L'espressione completa sarebbe **to put one's foot in one's mouth**: nel nostro dialogo abbiamo quindi un gioco di parole, visto che **mouth** compare nella frase precedente (**Every time I opened my mouth**): abbiamo cercato di tradurre liberamente **I put my foot in it** per mantenere appunto il gioco di parole del testo inglese. Eccone un altro possibile: **He only opens his mouth to change feet**, *Apre la bocca solo per dire sciocchezze* (lett. per cambiare piedi) o *per darle fiato*.

Tredicesima lezione

Di ritorno all'appartamento

1 – Oggi hai avuto un colloquio di lavoro, vero, Dave? Allora, com'è andata?
2 – Un disastro! Ogni volta che aprivo bocca, ne usciva uno sproposito.
3 – Non sarà andata poi così male! Cos'è che è andato storto?
4 – Tutto, Raja. Ho fatto una pessima impressione.
5 Innanzitutto, il selezionatore mi ha chiesto come avrei affrontato *(affronterei)* certi problemi.

---

3 Qui **that** ha funzione di avverbio e vuol dire *così, tanto*: **I'm not that good at maths**, *Non sono così bravo in matematica*.

4 L'aggettivo **utter**, *completo, totale*, enfatizza il senso del sostantivo che lo segue: **He's an utter idiot**, *È un perfetto idiota*. Con lo stesso scopo si usa anche in combinazione con il sinonimo **complete** (che è di origine latina, mentre **utter** è di origine germanica): nell'espressione **a complete and utter fool**, uno dei due aggettivi è un pleonasmo, un po' come **got** dopo **to have**. Non confondete infine l'aggettivo **utter** col verbo **to utter**, *pronunciare, proferire*.

5 **a fool**, *uno stupido*. L'espressione **to make a fool of someone** vuol dire *prendere in giro* o *rendere ridicolo qualcuno*: **She made a fool of me in front of the boss**, *Mi ha reso ridicolo davanti al capo*; **to make a fool of oneself**, *rendersi ridicolo, fare una pessima impressione*; **to feel a fool**, *sentirsi stupido*: **I felt such a fool when he told me the truth**, *Mi sono sentito così stupido quando mi ha detto la verità*. L'aggettivo corrispondente è **foolish**: **I felt foolish when he told me the truth**.

13 / Thirteenth lesson

6 "I'll describe [6] a situation to you", he said, "and you suggest solutions to me.

7 You catch [7] an employee sleeping at his or her [8] desk. What would you do?"

8 "I'd ask them if the coffee machine was broken, of course", I replied.

9 He said: "You will be given [9] lots of responsibilities. Can you cope? [10]"

10 I told him that in my last job, I was always held responsible if there was a cock-up [11].

Note

6 Con alcuni verbi come **to describe**, *descrivere*, **to suggest**, *suggerire, proporre, consigliare* e **to explain**, *spiegare* (frase 16), nelle frasi che contengono sia il complemento oggetto sia il complemento di termine, quest'ultimo non può seguire immediatamente il verbo: **He described the job to me**, *Mi ha descritto il lavoro*. In altre parole, il complemento oggetto va subito dopo il verbo e prima del complemento di termine.

7 Il verbo irregolare **to catch** (passato e participio passato **caught**) vuol dire *acchiappare* o *afferrare* (ricordate **catch-phrase**?), ma può significare anche *sorprendere*: **I caught him playing games on my computer**, *L'ho sorpreso a giocare col mio computer*. Si può aggiungere **by surprise** per esprimere lo stesso concetto in modo più incisivo: **The question caught me by surprise**, *La domanda mi ha colto di sorpresa, La domanda mi ha preso alla sprovvista*.

8 Come sapete, l'aggettivo possessivo concorda nel genere col possessore. Se però non sappiamo se quest'ultimo è maschio o femmina, utilizziamo **his**, una scelta che può causare dei problemi in determinati contesti (per esempio nelle offerte di lavoro, come abbiamo visto nella lezione 10): in questi casi si usa **his or her**. **The candidate must send his or her CV to the personnel department**, *Il candidato deve inviare il proprio CV all'ufficio del personale*.

9 Ecco un altro esempio di forma passiva che traduce un soggetto generico o impersonale: **You will be given instructions later**, *Vi verranno date delle istruzioni più tardi*.

Tredicesima lezione / 13

6 "Le descriverò una situazione" mi ha detto "e Lei mi proporrà delle soluzioni.
7 Se Lei sorprendesse un impiegato a dormire sulla sua scrivania, cosa farebbe?"
8 "Gli chiederei se la macchinetta del caffè è guasta, ovviamente" ho risposto.
9 [Poi] mi ha detto: "Le affideranno un sacco di responsabilità. È in grado di farvi fronte?"
10 Gli ho risposto che nel mio ultimo lavoro, quando succedeva un guaio, venivo sempre indicato come il responsabile.

10 **to cope**, *far fronte, cavarsela*. **Will you be able to cope while I'm away?**, *Sarai capace di cavartela durante la mia assenza?* Seguito da **with**, può anche significare *occuparsi di*: **I'll cope with those emails later**, *Mi occuperò di queste e-mail più tardi*.

11 **a cock**, *un gallo*, ma il verbo colloquiale **to cock up** (*guastare, incasinare*) ha tutt'altro senso: **The travel agent cocked up our holiday dates**, *L'agenzia di viaggi ci ha incasinato le date della vacanza*. Il sostantivo derivato è **a cock-up**: **The party was a complete cock-up**, *La festa è stata un disastro totale*. Vi raccomandiamo di non usare queste espressioni gergali in contesti formali perché possono urtare l'interlocutore.

13 / Thirteenth lesson

11 Then he goes [12]: "Do you think you could handle [13] a variety of work?"
12 And I go: "I should be able to. I've had ten jobs in the past eight months".
13 After that, he asked me where I expected to be in ten years' time.
14 And I said, since it was Monday, that I'd probably be on the golf course.
15 But I think the last straw [14] was when he asked me if I had any questions.
16 I asked him to explain [15] the benefit [16] package to me and to tell me whether I could have a year's salary in advance.
17 – He can't have been very pleased. What did he say?
18 – Nothing. For five minutes! Then he told me to get out. □

Note

12 Nella lingua parlata, **to go** può sostituire il verbo **to say** quando si riporta una conversazione (un po' come avviene in italiano col verbo *fare*). **I went 'Hello' and he went 'Hi'**, *Gli faccio "Salve" e lui mi fa "Ciao"*. Si tratta naturalmente di un registro molto informale che non va imitato (anche se vi capiterà di parlare con della gente che fa letteralmente abuso di **go** e di **went**!), per non parlare della tendenza attuale a usare **to be like** sempre al posto di **to say**: **I'm like 'Hello' and he's like 'Hi'**. C'è di che sperare che queste improprietà spariscano ben presto. Nel frattempo, queste nostre segnalazioni vi aiuteranno a capire le serie televisive in versione originale...

13 Il verbo **to handle** (lett. *maneggiare*) è qui sinonimo di **to cope with**.

Tredicesima lezione / 13

11 Allora lui mi fa: "Crede di potersi occupare di più lavori contemporaneamente?"

12 E io: "Certamente. Negli ultimi otto mesi ne ho cambiati dieci *(ho avuto dieci lavori)*."

13 Dopodiché mi ha chiesto dove mi sarei aspettato di essere fra dieci anni.

14 E io gli ho risposto che, dato che era lunedì, sarei stato probabilmente sul campo da golf.

15 Ma penso che l'ultima goccia sia stata quando mi ha chiesto se avevo delle domande.

16 Gli ho chiesto di descrivermi il pacchetto di benefici e di dirmi se potevo avere un anno di stipendio in anticipo.

17 – Non sarà stato molto soddisfatto. Che cosa ti ha risposto?

18 – Niente. Per cinque minuti! Poi mi ha detto di andarmene.

---

14 Se in italiano c'è *la goccia che fa traboccare il vaso*, in inglese abbiamo "l'ultimo fuscello di paglia che spezza la schiena al cammello": **it is the last straw that breaks the camel's back**, espressione d'origine biblica. E se in italiano basta dire *Questa è l'ultima goccia!*, in inglese ci si può accontentare di **That's the last straw!** Anche riconoscere le frasi incomplete, d'altronde, fa parte del nostro lavoro di perfezionamento.

15 Rimandiamo alla nota 6 per le informazioni utili sul verbo **to explain**. **Please explain the benefit package to him**, *Per favore, descrivigli il pacchetto di benefici.*

16 Il sostantivo **benefit**, oltre che *beneficio*, può significare *vantaggio* o *interesse*. **I'm doing this for your benefit**, *Lo sto facendo nel tuo interesse*. C'è inoltre un'accezione tipica del mondo del lavoro, ovvero *sussidio*, che ricorre nell'espressione **to be on benefit**, *ricevere un sussidio*.

Exercise 1 – Translate

① We made complete and utter fools of ourselves on the golf course. ② So how did the job interview go today? – Terribly. ③ Every time Sally opens her mouth, she puts her foot in it. ④ Can you cope with the pressure? – I should be able to. ⑤ That's the last straw. I resign. – Get out of my office!

***

Exercise 2 – Fill in the missing words

① Mi stava spiegando il lavoro, perciò la sua domanda mi ha colto di sorpresa.
He ... ... the job .. ..., so his question ... ...

② Non preoccupatevi. Vi verranno date delle istruzioni più tardi.
Don't worry. ... ... instructions ... ...

③ Mi ha reso ridicolo davanti al capo.
She ... ... in front of the boss.

④ Le descriverò una situazione e Lei mi proporrà delle soluzioni.
I'll ... ... a situation .. ..., and you ... ... solutions .. ...

⑤ Lo sto facendo nel vostro interesse perché ricevete il sussidio.
I'm doing this ... ... because ... ...

Tredicesima lezione / 13

Soluzioni dell'esercizio 1
❶ Sul campo da golf ci siamo resi completamente ridicoli. ❷ – Allora, com'è andato oggi il colloquio di lavoro? – Un disastro. ❸ Ogni volta che Sally apre bocca, fa una gaffe. ❹ – È in grado di reggere la pressione? – Dovrei. ❺ – Questa è l'ultima goccia. Mi dimetto. – Esca dal mio ufficio!

***

Soluzioni dell'esercizio 2
❶ – was explaining – to me – caught me by surprise ❷ – You will be given – later ❸ – made a fool of me – ❹ – describe – to you – suggest – to me ❺ – for your benefit – you're on benefit

Vi sembra che stiamo esagerando con le spiegazioni e i dettagli? Non allarmatevi: alcune delle nostre note servono a consolidare le vostre conoscenze, altre ad approfondire argomenti che vi sono in parte già noti. Ricordate che contiamo sulla vostra capacità di assimilazione intuitiva; la frequentazione quotidiana con la lingua in tutte le sue sfaccettature farà il resto.

Fourteenth lesson

Revision – Ripasso

1 Il genitivo sassone

Rivediamo insieme le particolarità di questo importante argomento grammaticale. Sappiamo che si forma aggiungendo un apostrofo e una **s** al nome del "possessore" quando questi è un sostantivo al singolare o è un plurale irregolare (ovvero un plurale che non finisce per **s**).
Steve's CV, *Il CV di Steve*.
The women's maiden names, *I cognomi da nubile delle donne*.

Si usa -'s anche con i nomi comuni o propri singolari che finiscono per s:
It was my boss's idea, *È stata un'idea del mio capo*.
I like Dave Jones's novels, *Mi piacciono i romanzi di Dave Jones*.
Con i plurali regolari si aggiunge soltanto l'apostrofo:
The twins' birthday, *Il compleanno dei gemelli*.

Come sapete, il genitivo sassone si impiega di norma solo con le persone, gli animali e altri sostantivi che possono essere personificati (istituzioni, città, persone giuridiche ecc.): è una buona regola generale, ma sappiate che gli scrittori e i giornalisti lo usano sempre più di frequente con sostantivi più o meno astratti. Frasi come:
The economic cost of unemployment is high, *Il costo economico della disoccupazione è elevato*, oppure
We will examine the impact of poverty on health, *Analizzeremo l'impatto della povertà sulla salute*,
si possono scrivere così:
Unemployment's economic cost is high.
We will examine poverty's impact on health.
Si tratta più che altro di effetti stilistici che rendono il testo più dinamico; vi sconsigliamo di usarli perché non sono "grammaticalmente corretti", ma ve ne abbiamo dato un paio di esempi

Quattordicesima lezione

affinché li sappiate riconoscere, dal momento che sono abbastanza frequenti.
È possibile anche utilizzare il genitivo sassone con gruppi nominali composti da più sostantivi:
The economic research department's publications, *Le pubblicazioni del dipartimento di ricerca economica*;
ecco un esempio ancora più complesso:
The financial and economic research department's publications, *Le pubblicazioni del dipartimento di ricerca economica e finanziaria.*
Attenti però a non esagerare con la lunghezza: l'apostrofo si mette alla fine del gruppo nominale, per cui i vostri interlocutori o i vostri lettori potrebbero rischiare di perdere il filo del discorso... Sarà dunque meglio dire o scrivere: **The publications of the financial and economic research department**, una frase più facile da leggere e da capire.

Per finire, il genitivo sassone si usa anche con le espressioni di tempo (date, giorni della settimana, durate ecc.):
Today's special is Beef Wellington, *La specialità del giorno è il filetto alla Wellington*;
Last Tuesday's depression caused bad weather, *La depressione di martedì scorso ha causato il maltempo*;
I'm taking two weeks' holiday, *Mi prendo due settimane di ferie*.
L'evolversi continuo della lingua fa sì che a volte il confine tra ciò che è corretto e ciò che non lo è sia incerto, ma a questo punto siete in grado di usare il genitivo sassone senza commettere errori e di riconoscere le scelte stilistiche.

2 I gruppi nominali e i nomi composti

Come abbiamo visto nelle lezioni di questa settimana, un altro modo di rendere un testo più dinamico è formare dei gruppi nominali o delle parole composte, in genere facendo precedere un

sostantivo da un participio passato, da un aggettivo o da un avverbio. Una frase come:
Our company is based in Bristol and manufactures solar panels, *La nostra azienda ha sede a Bristol e fabbrica pannelli solari*,
diventa:
Our Bristol-based company manufactures solar panels.
Ma si può andare oltre:
I work for a Bristol-based solar panel manufacturer, *Lavoro per un'azienda che fabbrica pannelli solari con sede a Bristol*.
Questo tipo di costruzione condensata è tipico dello stile dei giornali, che devono andare diritti al nocciolo della questione.
La formazione dei gruppi nominali e dei nomi composti è complessa, perché piuttosto varia. Ecco alcuni esempi:
gruppi formati da due o più sostantivi
a science fiction writer, *uno scrittore di fantascienza*
gruppi formati da un verbo e da un nome
a swimming pool, *una piscina*
Le regole che disciplinano la formazione di questi gruppi sono difficili da determinare; inoltre ogni giorno ne saltano fuori di nuovi. Per ora sarà sufficiente che li sappiate riconoscere, in attesa di ritornare sull'argomento fra qualche settimana, e che ricordiate questa semplice regola: per capirli, bisogna partire dall'ultima parola e procedere a ritroso fino alla prima:
a hard-drinking fast-living technology-oriented American science fiction writer, *uno scrittore di fantascienza americano d'impronta tecnologica che conduce una vita frenetica e beve forte*.

3 L'imperfetto "all'inglese": *used to* e *would*

Torniamo su queste due strutture che corrispondono grosso modo al nostro imperfetto e possono dare qualche problema anche a chi conosce bene la grammatica inglese:
Used to descrive azioni o abitudini costanti nel passato, ma che non hanno più riscontro nel presente:
we used to work with a PR agency, but we stopped a fortnight ago, *lavoravamo per un'agenzia di pubbliche relazioni, ma abbiamo smesso due settimane fa*.

Quattordicesima lezione / 14

Used to è invariabile e sempre seguito dall'infinito senza **to**. La forma interrogativa e quella negativa (piuttosto rara) si formano eliminando la **d**: **Did you use to work in Scotland?**, *Lavoravi in Scozia?*

When I was young, we didn't use to wear jeans to work, *Quando ero giovane, non indossavamo jeans al lavoro.*

Com'è logico, **used to** non si può impiegare quando nella frase viene indicata la durata dell'azione:

Ho vissuto a Londra per tre anni si dirà dunque **I lived in London for three years**.

Tuttavia, è possibile far ricorso a **used to** se viene precisato (con **ago**) il momento in cui l'azione si è svolta:

I used to live here a long time ago, *Molto tempo fa abitavo qui.*

Si può sostituire **used to** con **would** se l'azione si svolgeva regolarmente durante un periodo determinato:

When we started the company, we would (o **we'd**) **work fifteen hours a day**, *Quando abbiamo fondato l'azienda lavoravamo quindici ore al giorno.*

Questo però non è possibile se si parla di uno stato permanente: al posto di **I used to live in London** non si può dire "~~I would live in London~~".

Infine, non confondete **used to** col verbo **to use** *ju:z*, *usare*, o con **to be** (o **get**) **used to** *ju:ztu*, *essere abituato / abituarsi a*.

4 La corrispondenza professionale e privata

Lo stile della corrispondenza in inglese, sia professionale che personale, è più diretto e spontaneo che in italiano. Anche le sue formule sono meno ricercate delle nostre, per cui ne incontrerete di più sintetiche rispetto ad espressioni come "Alla cortese attenzione di" oppure "*Colgo l'occasione per porgerLe i miei più cordiali saluti*" ecc. Eccovi per cominciare qualche regola di base e dei consigli per scrivere delle lettere professionali.

4.1 La disposizione degli elementi della lettera

• L'indirizzo del mittente si mette in alto a destra, seguito dalla data;
• l'indirizzo del destinatario si scrive a sinistra, sotto quello del mittente;

one hundred • 100

- la formula di cortesia e la firma vanno pure a sinistra, seguite eventualmente dall'elenco degli allegati.

4.2 La data

- I britannici, come noi, scrivono la data nel formato giorno/mese/anno, mentre gli americani utilizzano il formato mese/giorno/anno. Per evitare malintesi è preferibile scrivere la data per esteso:
- si possono impiegare i numeri cardinali (**7**, **23** ecc.) od ordinali (**7th**, **23rd**);
- i mesi si scrivono sempre con l'iniziale maiuscola: **March**, **June**.

4.3 I saluti e le formule di chiusura per la corrispondenza professionale

- Cominciate con **Dear Sir**, **Dear Madam** o con **Dear Mr X**, **Dear Mrs Y** o, ancora, **Dear Ms Z** (vedi lezione 10, nota culturale).
- Se cominciate con **Dear Sir/Madam**, terminate la lettera con **Yours faithfully**; se cominciate con **Dear Mr/Mrs/Ms XX**, la formula di chiusura è **Yours sincerely**. In alternativa, potete concludere in entrambi i casi con **Yours truly**.
- Se conoscete personalmente il destinatario, potete cominciare la missiva chiamandolo per nome e terminare con una formula come **Best wishes** o **Best regards** senza rischiare una familiarità eccessiva.
- Nella corrispondenza professionale non vanno usate le forme contratte dei verbi.
- Se la lettera contiene uno o più allegati, occorre segnalarli con l'abbreviazione **Encl.** (che sta per **Enclosures**), seguita da una breve descrizione o dal loro numero (per esempio: **Encl. 2**).

4.4 Le formule di cortesia nella corrispondenza personale

Le regole sono poche: si comincia di solito con **Dear** seguito dal nome e si finisce con una formula come **Love**, **Lots of love** (*Baci*, *Con affetto*), **Your friend** ecc.

4.5 Qualche consiglio

Time is money ("Il tempo è denaro"), dice il proverbio. E poiché c'è sempre meno tempo per leggere una corrispondenza voluminosa e abbondante, eccovi alcuni **tips**, *consigli* (lezione 11, nota 1) per mantenere viva l'attenzione di chi leggerà le vostre lettere:

• Siate diretti. Usate **you** e **we** (o **I**) anziché delle formule impersonali e privilegiate la forma attiva rispetto a quella passiva.

• Andate diritti al nocciolo. Non impelagatevi in una lunga narrazione, ma spiegate subito il motivo della vostra lettera.

• Siate concisi. La lunghezza ottimale di una frase inglese è di 15 parole.

• Scegliete parole di origine anglosassone anziché di origine latina. Perciò, invece di scrivere:

It should be noted that it is important that the notes, advice and information detailed opposite should be read and the form overleaf be completed prior to its immediate return to the sender by way of the envelope provided with this letter.

...scrivete piuttosto:

Please read the notes opposite before filling in the form. Then send it back to us as soon as possible in the envelope provided.

Contrariamente a quanto potremmo pensare noi italiani, abituati a un registro più formale e a una scrittura più elaborata, questo stile diretto non è brusco né scortese, ma semplicemente chiaro ed efficace. **Plain English is good English.**

Revision dialogue – Dialogo di ripasso

1 – The bottom line is that I'm not used to using a spreadsheet.
2 – I thought you said you were numerate and computer-literate?
3 – I'm sorry. I was blowing my own trumpet.
4   I used to work for a Bradford-based company that made solar panels,
5   and I would follow training courses at the university every single week.
6   But while the professor was speaking to the group, we used to talk at the back of the classroom.
7   Not only did he get angry; he also told me to get out.
8 – Let me explain the program to you and you'll see how easy it is.
9   Knowing how to use this new software will certainly pay dividends.
10 – OK, but use plain English. Long words are a no-no.

Traduzione

1 Il fatto è che non sono abituato a usare un foglio di calcolo. **2** Ma non avevi detto che sei bravo in matematica e in informatica? **3** Mi dispiace, stavo esagerando *(mi stavo vantando)*. **4** Lavoravo per un'azienda di Bradford che fabbricava pannelli solari **5** e seguivo dei corsi di formazione all'università tutte le settimane, **6** ma mentre il professore parlava alla classe, noi chiacchieravamo in fondo all'aula. **7** Lui non solo si arrabbiava, ma mi diceva anche di uscire. **8** Lascia che ti spieghi il programma e vedrai com'è facile. **9** Saper usare questo nuovo software sarà certamente vantaggioso. **10** Va bene, ma usa un inglese chiaro. Niente parole lunghe.

Fifteenth lesson

The United Kingdom in profile [1]

(From "An Introduction to the UK")

1 The United Kingdom of Great Britain and Northern Ireland, otherwise known as the UK,
2 constitutes the greater part of the group of islands known as the British Isles [2],
3 the largest of which [3] is Great Britain, made up [4] of England, Wales and Scotland.

Pronuncia
... ju kej **1** ... **a**ilënd ...

Note

1 **a profile**, *un profilo*: **The Times published a profile of the new defence secretary last week**, *La settimana scorsa il Times ha pubblicato un profilo del nuovo Ministro della Difesa*. A volte **profile** si può tradurre liberamente con *ritratto*. Normalmente l'espressione **in profile** significa *di profilo*.

2 *Un'isola* si dice in due modi in inglese: **an island a**ilënd, il più frequente, e **an isle a**il, piuttosto letterario e poetico, utilizzato talvolta nelle pubblicità (**Visit the paradise isle of Capri**, *Visita il paradiso di Capri*) e in alcuni nomi geografici di isole e arcipelaghi. In genere **isle** si mette prima del nome dell'isola quando il toponimo è singolare (**the Isle of Wight**) e va dopo il nome (ma non sempre) quando il toponimo è plurale: **The British Isles**. Attenzione: **the Scilly Isles** si dicono anche **the Isles of Scilly**!

Quindicesima lezione

Un profilo del Regno Unito

(Da "Un'introduzione al Regno Unito")

1 Il Regno Unito di Gran Bretagna e Irlanda del Nord, altrimenti noto come Regno Unito,
2 costituisce la maggior parte del gruppo di isole noto come Isole Britanniche,
3 la maggiore delle quali è la Gran Bretagna, formata dall'Inghilterra, dal Galles e dalla Scozia.

---

3 Ricordiamo che il pronome relativo **which**, *quale*, si riferisce alle cose; per le persone si usa invece **who** e, nei casi obliqui e come complemento oggetto, si dovrebbe usare **whom**: **She has three sons, the eldest of whom is eighteen**, *Lei ha tre figli, il maggiore dei quali ha 18 anni*. **Whom**, benché grammaticalmente corretto, è ormai utilizzato solo nel linguaggio formale; in quello parlato è stato sostituito da **who**.

4 I verbi frasali formati da verbi comuni come **to make**, **to do**, **to have** ecc. sono particolarmente numerosi e, per impararli bene, è necessario aver presente il contesto in cui si usano. Qui **to make up** ha il significato di *costituire, formare* o *comporre*: **Canadians make up the largest group of foreign residents in our state**, *I canadesi costituiscono il maggior gruppo di residenti stranieri nel nostro Paese*. Attenzione alla forma passiva: **Our country is made up of three main ethnic groups**, *Il nostro Paese è composto da tre gruppi etnici principali*. **To make up** vuol dire anche *rappresentare*: **Women make up forty per cent of the workforce**, *Le donne rappresentano il 40% della forza lavoro*.

15 / Fifteenth lesson

4 The six counties in the northern part of the island of Ireland are also part of the UK.
5 There are several other islands, including the Isle of Wight and the Scilly Isles.
6 England is the largest of the three countries, covering two-thirds of the total land-mass.
7 It goes from the tip of Cornwall, up through the Cotswolds and the Midlands [5],
8 to the Peak District, the Yorkshire Dales and the Lake District,
9 across the Pennines – the so-called Backbone [6] of England – and right [7] up to the Cheviot Hills.
10 This, and the remains of Hadrian's Wall, mark the ninety-six-mile [8] Anglo-Scottish border.

Note

5 Il prefisso **mid-** significa *metà* o *mezzo*: **We went to the Isle of Wight in mid June**, *Siamo andati all'isola di Wight a metà giugno*. **The Midlands** (lett. terre di mezzo) si estendono dal fiume Humber fino all'estuario del Severn, comprendendo i grandi agglomerati di Birmingham, Nottingham e Coventry. Culla della Rivoluzione industriale, è una regione molto varia e ancora oggi costituisce un grande polo manifatturiero.

6 Ecco l'ennesimo esempio del doppio vocabolario dell'inglese: in ambito medico *spina dorsale* si dice **spine**, termine di origine latina, ma in senso figurato si traduce con **backbone** (lett. osso della schiena): **The props and the scrum half are the backbone of the team**, *I piloni e il mediano di mischia sono la spina dorsale della squadra*.

7 **right** non è solo un aggettivo (*corretto*, *giusto* ecc.) ma anche un avverbio. Quando è accompagnato da una preposizione (**up**, **back**, **round** ecc.), indica completezza: **We went right up to the top of the hill**, *Siamo andati fino in cima alla collina*. **I watched the movie right through to the end**, *Ho guardato il film fino alla fine*.

Quindicesima lezione / 15

4 Anche le sei contee nella parte settentrionale dell'isola d'Irlanda fanno parte del Regno Unito.

5 Ci sono poi molte altre isole, comprese l'isola di Wight e le isole Scilly.

6 L'Inghilterra è la più grande delle tre nazioni: costituisce i due terzi di tutto il territorio britannico.

7 Si estende dalla punta della Cornovaglia, passando per i Cotswolds e le Midlands,

8 fino al Peak District, alle Yorkshire Dales e alla Regione dei Laghi,

9 attraversata dai monti Pennini, la cosiddetta spina dorsale dell'Inghilterra, su su fino alle Cheviot Hill.

10 Queste ultime, assieme ai resti del Vallo di Adriano, segnano la frontiera anglo-scozzese, lunga novantasei miglia.

8 Anche se si tratta di un plurale, qui **mile** non prende la **-s** perché ha funzione di aggettivo: **The border is ninety-six miles long**, *La frontiera è lunga novantasei miglia*, MA **the ninety-six-mile border**, *la frontiera lunga novantasei miglia*.

15 / Fifteenth lesson

11 Scotland is composed of the Lowlands in the south and the Highlands in the north.
12 It also has around eight hundred islands, of which some [9] one hundred and fifty are inhabited [10].
13 To the south-west of England lies Wales, made up of the mountainous north and the valleys and coastal plain of the south.
14 It should be noted that neither the Isle of Man nor the Channel Islands [11] are part of the UK.
15 For administrative purposes, England is divided into regions and counties, many of which end in "shire [12]" (Hampshire, for example).
16 Scotland and Wales both have their own parliaments [13], but neither country is fully independent.

15 ... shaië ... Hæmpshë ..

Note

[9] Per esprimere approssimazione relativamente a una quantità, l'inglese non ha termini equivalenti a *decina, centinaio, migliaio* ecc. (con l'eccezione di **a dozen**, *una dozzina*) e per colmare la lacuna ricorre a **some**, che <u>precede</u> il numero, oppure a **...or so**, che va dopo il numero: nel secondo caso la nostra frase suonerebbe quindi **...of which one hundred and fifty or so are inhabited**.

[10] Non vi sarà sfuggito che **inhabited** (*abitato*) è un falso amico: *inabitato* o *disabitato* si dicono **uninhabited**. In entrambe le parole l'accento tonico cade sulla sillaba **-hab-**.

[11] Per l'esattezza, quando la struttura **neither... nor** (*né... né*) si usa con due nomi singolari, anche il verbo dovrebbe essere coniugato al singolare: **Neither Gaelic nor Scots is spoken in England**, *In Inghilterra non si parla né il gaelico né lo scozzese*. Nel linguaggio corrente si ammette

Quindicesima lezione / 15

11 La Scozia è composta dalle Lowlands a sud e dalle Highlands a nord.

12 Inoltre ha più o meno ottocento isole, di cui circa centocinquanta sono abitate.

13 A sud-ovest dell'Inghilterra si trova il Galles, con i suoi monti al nord e con le valli e la pianura costiera a sud.

14 Va osservato che né l'isola di Man né le Isole Normanne fanno parte del Regno Unito.

15 L'Inghilterra è divisa ai fini amministrativi in regioni e contee, i cui nomi in molti casi finiscono in "-shire" (per esempio Hampshire).

16 La Scozia e il Galles hanno entrambi il proprio parlamento, ma nessuna delle due nazioni gode di completa autonomia.

---

l'uso del verbo al plurale, **neither Gaelic nor Scots are spoken**, ma noi vi consigliamo di utilizzare il singolare, almeno quando scrivete un testo formale.

12 **a shire**, dall'inglese antico "scir", indicava un tempo una divisione amministrativa ed è stato soppiantato nel XIV secolo da **county**, *contea*. Oggi **shire** ricorre nell'espressione politico-demografica **shire county** (**county** che non dipende da una grande metropoli) e come suffisso nei nomi di alcune di queste contee (**Yorkshire**, **Hampshire** ecc.). Fate molta attenzione alla pronuncia: **shire** si legge ***shaië*** quando ha funzione di sostantivo, ma quando è usato come suffisso non è mai accentato e pertanto si legge ***shë***. Ascoltate le registrazioni.

13 Curiosamente l'Inghilterra è la sola delle tre nazioni britanniche a non avere un proprio parlamento, perché quello di Westminster, a Londra, rappresenta la Gran Bretagna stessa. Inutile dire che i nazionalisti inglesi reclamano regolarmente una rappresentanza specifica.

15 / Fifteenth lesson

17 In terms of population, there are five times more people in England than there are in the rest of the nation.
18 The climate is generally mild and temperate, with frequent changes of weather but no extreme temperatures.
19 The mean [14] duration of sunshine varies from five hours a day in the far north to eight hours in the south.
20 Despite the UK's reputation for wet weather, average rainfall is fairly low and heavy rain is comparatively rare.

Note

14 Se è vero che conosciamo già il verbo **to mean** e l'aggettivo **mean** (lezione 12, nota 17), non abbiamo ancora visto **mean**, sostantivo che significa *media* e si utilizza soprattutto in ambito matematico: **arithmetic mean**, *media aritmetica, media matematica*. Un sinonimo meno tecni-

***

Exercise 1 – Translate

❶ Women make up forty per cent of the workforce in the UK. ❷ We watched the movie right through to the end. ❸ A profile of the new defence secretary was published in yesterday's *Times*. ❹ Services are the backbone of Britain's economy. ❺ There are about a thousand more people in the north of the county than in the south.

17 Per quanto riguarda la popolazione, il numero degli abitanti dell'Inghilterra è cinque volte maggiore di quello del resto della nazione.

18 Il clima è generalmente mite e temperato, con frequenti mutamenti meteorologici ma senza temperature estreme.

19 La durata media dell'insolazione varia da cinque ore al giorno nell'estremo nord a otto ore al sud.

20 Malgrado la sua reputazione di Paese dal clima umido, nel Regno Unito le precipitazioni medie sono piuttosto basse e le forti piogge relativamente rare.

co è **average**, che vi consigliamo di usare in tutti i casi, tranne quando parlate di media aritmetica. Sappiate inoltre che il plurale **means** assume il senso di *mezzo*: **means of production**, *mezzo / mezzi di produzione*.

***

Soluzioni dell'esercizio 1

❶ Le donne rappresentano il 40% della forza lavoro nel Regno Unito. ❷ Abbiamo visto il film fino alla fine. ❸ Sul *Times* di ieri è stato pubblicato un profilo del nuovo Ministro della Difesa. ❹ I servizi sono la spina dorsale dell'economia britannica. ❺ Nel nord della contea c'è un migliaio di persone in più rispetto al sud.

15 / Fifteenth lesson

Exercise 2 – Fill in the missing words

① Il Vallo d'Adriano segna la frontiera anglo-scozzese, lunga novantasei miglia.
Hadrian's Walls marks the .... border.

② La regione è composta da cinque contee, la maggiore delle quali è lo Yorkshire.
The region .. .. five counties, ... is Yorkshire.

③ Va osservato che l'isola di Wight e l'isola di Man fanno parte delle Isole Britanniche.
.. .. that the .... Wight and the .... .. Man are part of the ....

④ Sull'isola non si parla né gaelico né scozzese: è disabitata.
.... Gaelic ... Scots ..[1] spoken on the island: .. is ....

⑤ L'Inghilterra è composta da una cinquantina di contee, molte delle quali finiscono in "-shire".
England .. .. fifty .. ... counties, ...
..... end in "-shire".

[1] *Qui potreste mettere anche **are**.*

Quindicesima lezione / 15

Soluzioni dell'esèrcizio 2
❶ – ninety-six mile Anglo-Scottish – ❷ – is made up of – the largest of which – ❸ It should be noted – Isle of – Isle of – British Isles ❹ Neither – nor – is – it – uninhabited ❺ – is composed of – or so – many of which –

In Italia c'è la consolidata abitudine di chiamare "inglesi" i britannici, facendo di tutta l'erba un fascio: è chiaramente un errore, che per giunta potrebbe irritare gli altri abitanti delle Isole Britanniche, che non scherzano certo quanto a orgoglio nazionalista. Ricapitolando: il nome ufficiale del Paese è **the United Kingdom of Great Britain and Northern Ireland**, *il Regno Unito di Gran Bretagna e d'Irlanda del Nord. Nel linguaggio corrente si chiama* **Britain** *o* **the United Kingdom** *(abbreviato in* **UK***). Come abbiamo visto, è costituito dall'Inghilterra, dal Galles, dalla Scozia e dalle sei contee dell'Irlanda del Nord. La Gran Bretagna non comprende l'Irlanda del Nord, mentre l'espressione* **the British Isles** *indica l'arcipelago composto dalla Gran Bretagna, l'Irlanda e le isole vicine. In sostanza, si può dire che* **United Kingdom** *e i suoi derivati sono termini politici, mentre gli altri sono termini soprattutto geografici.*
Come chiamare gli abitanti? Ciascuna di queste quattro nazioni ha una forte identità, che è invece più sfumata per quanto riguarda il loro complesso, per non parlare della situazione dell'Irlanda del Nord. Il termine ufficiale, **Briton**, *appartiene al linguaggio amministrativo, mentre* **Brit** *è piuttosto gergale e non privo di una sfumatura umoristica. Mentre la maggior parte degli abitanti stessi si definisce "scozzese", "gallese" o "inglese", la questione dell'identità britannica o della britannicità –* **Britishness** *– e la terminologia da utilizzare diventano sempre più un problema politico: tra* **UK**, **Great Britain** *e* **British Isles**, *quest'identità non è sempre evidente... Di conseguenza, quando si incontra un autoctono è meglio essere prudenti e chiedergli:* **Are you British?** *o* **Which part of Britain are you from?**
Il testo della lezione di oggi è stato redatto in uno stile formale, tipico dei documenti ufficiali e amministrativi.

Sixteenth lesson

This Sceptered Isle [1]

(From "The Welcome to Britain Guide")

1 Welcome to one of the most enchanting, varied and dynamic countries in the world,
2 a land [2] of scenic splendour and a magnet for tourists from every continent.
3 Go surfing off the craggy coast of the West Country, meander [3] through the timeless thatched [4] villages of Devon.
4 Don't forget to stop for a yummy [5] Devonshire cream tea on your way,

Pronuncia
3 ... miændë ...

Note

1 **a sceptre**, *uno scettro*. Il titolo di questa lezione è tratto dal celebre monologo di Giovanni di Gand nel *Riccardo II* di Shakespeare, un vero panegirico delle virtù dell'Inghilterra (*"questa terra di maestà, questo nuovo Eden, quasi un paradiso"*). Questa citazione compare spesso nei testi letterari che parlano della Gran Bretagna.

2 Il sostantivo **land**, *terra* o *terreno*, è un nome non numerabile: **We bought a farmhouse with three acres of land**, *Abbiamo acquistato una fattoria con tre acri di terreno*. Perché allora qui abbiamo l'articolo indeterminativo (**a land**)? Si tratta di un'espressione poetica o letteraria per parlare di uno Stato: **America is a land of opportunity**, *L'America è una terra ricca di opportunità*. Tra l'altro, **-land** è presente come suffisso nel nome di molti Paesi, a cominciare da **England**, il Paese degli Angli.

Sedicesima lezione

Quest'isola scettrata

(Dalla guida "Benvenuti in Gran Bretagna")

1 Benvenuti in uno dei Paesi più affascinanti, variegati e dinamici del mondo,
2 una terra di splendidi paesaggi *(splendore panoramico)* e una calamita che attira turisti da tutti i continenti.
3 Praticate il surf al largo della costa frastagliata dell'Inghilterra occidentale, passeggiate per i villaggi fuori dal tempo del Devon con i loro tetti di paglia
4 (e non dimenticate di fare una sosta per gustare un delizioso tè alla panna del Devonshire),

---

3 Vi sarà certamente venuto in mente l'italiano *meandro*, ma questo termine inglese è usato più come verbo che come sostantivo e con il significato di *serpeggiare* oppure *oscillare* o ancora *passeggiare, vagare*: **The River Ouse meanders through peaceful countryside**, *Il fiume Ouse serpeggia attraverso una tranquilla campagna*; **The band's style meanders between jazz and rock**, *Lo stile della band oscilla tra il jazz e il rock*. Attenti alla pronuncia: la parola è composta da tre sillabe.

4 Altro nome non numerabile, **thatch** significa *paglia*. **A thatched cottage** è dunque una *casetta col tetto di paglia*. Qui, per estensione, **a thatched village** indica un villaggio pieno di case con i tetti di paglia; uno degli antenati del celebre Primo ministro Margaret Thatcher doveva essere un conciatetti...

5 L'inglese abbonda di onomatopee e di altre interiezioni proprio come l'italiano: l'esclamazione **Yummy!** ricorda il nostro *Gnam gnam!* ed è anche un aggettivo; in tal caso vuol dire *delizioso*: **We sell ice creams and other yummy desserts**, *Vendiamo gelati e altri dessert deliziosi*.

16 / Sixteenth lesson

5 or enjoy the rolling hills and rural beauties of Somerset, which boasts endless sandy beaches and the smallest city in England.

6 If it's picture-postcard scenery [6] you're after [7], the Cotswolds is a must-see region.

7 This is classic countryside, with unspoilt [8] limestone villages, sturdy dry-stone walls and handsome market towns.

8 Head further north, where you will find shimmering lakes, fairy-tale castles and mysterious moors.

9 The Peak District, for instance, renowned for its wild scenery and criss-crossed [9] with walking trails, is a heaven for nature-lovers.

10 Or cross over into Wales, famed for its rugged landscape and snow-capped peaks but also its magnificent seashore.

Note

6 **scenery** non è soltanto *scenario*, ma anche, a seconda del contesto, *panorama* o *paesaggio*: **Enjoy this scenery**, *Goditi il panorama*. Nella frase 2 avete incontrato il relativo aggettivo, **scenic**, *panoramico, del panorama*, che è parzialmente un falso amico (vuol dire anche *scenico*, come si poteva intuire). Nelle frasi 10 e 11 troviamo il sinonimo **landscape**.

7 **to be after something**, *cercare*, è un'espressione colloquiale nonché sinonimo di **to look for**: **I'm after** (oppure **I'm looking for**) **a new digital camera. Can you advise me?**, *Sto cercando una nuova fotocamera digitale. Puoi darmi dei consigli?*

8 In inglese britannico ci sono alcuni verbi che sono regolari e irregolari allo stesso tempo: il paradigma di **to spoil**, *guastare, sciupare*, può essere **to spoil - spoiled - spoiled** oppure **to spoil - spoilt - spoilt**. L'aggettivo

Sedicesima lezione / 16

5 oppure godetevi le colline ondulate e le bellezze rurali del Somerset, che vanta spiagge sabbiose lunghissime e la città più piccola dell'Inghilterra.
6 Se state cercando un panorama da cartolina, dovete assolutamente visitare i Cotswolds:
7 un classico paesaggio di campagna, con villaggi incontaminati in pietra calcarea, solidi muri a secco e belle città sedi di mercato.
8 Andate più a nord, dove troverete laghi scintillanti, castelli fiabeschi e lande misteriose.
9 Il Peak District, per esempio, rinomato per il suo panorama selvaggio e solcato da sentieri percorribili a piedi, è un paradiso per gli amanti della natura.
10 Oppure passate nel Galles, famoso per il suo aspro paesaggio e le cime innevate, ma anche per il magnifico litorale.

---

unspoilt (o **unspoiled**) vuol dire *intatto, incontaminato*. Queste forme irregolari non esistono in inglese americano (per maggiori dettagli vedi la lezione 21).

9 to criss-cross, *incrociare* o *incrociarsi*, ma anche *solcare*. **The area around Stratford is criss-crossed with canals**, *La zona intorno a Stratford è solcata da canali*. Il prefisso **criss-** non ha un senso proprio: **criss-cross** è infatti un esempio di reduplicazione, fenomeno molto frequente in inglese. A una parola breve, monosillabica o bisillabica, si aggiunge un'altra sillaba (o altre due sillabe) di suono simile. Il vocabolario inglese abbonda di queste reduplicazioni, che vi segnaleremo di volta in volta. Per il momento, eccovi un bell'esempio che già conoscete: **bye-bye!** Tornando a **cross**, il verbo **to cross over** della frase seguente significa *passare, attraversare*, e suggerisce l'idea di un passaggio da un luogo all'altro (nel nostro caso dall'Inghilterra al Galles).

one hundred and eighteen • 118

16 / Sixteenth lesson

11 Travel north of the border [10] and discover the breathtakingly spectacular landscapes of Scotland,

12 with its heather-covered hills, fast-flowing rivers and majestic mountains.

13 Marvel at the raw beauty of the mist-shrouded lochs [11] and awe-inspiring glens [12].

14 You could even camp on the banks of Loch Ness to catch a glimpse of Nessie!

15 But there's much more to Britain than natural beauty – as if that weren't enough.

16 From stately homes [13] and towering cathedrals to village greens and half-timbered [14] cottages,

17 not to mention bustling cities, world-class museums and galleries [15], a thriving music scene and a vibrant youth culture.

Note

[10] Per un britannico, dire **north of the border** equivale a dire *in Scozia*, mentre per un americano è come dire *in Canada*.

[11] **a loch** significa *un lago* in gaelico scozzese; in Irlanda questa parola si scrive **lough**. Tra questi laghi, uno dei più celebri è il Loch Ness, famoso in tutto il mondo in virtù del suo presunto abitante più antico, **the Loch Ness Monster**, che viene chiamato familiarmente **Nessie**. Riguardo al **-ch** finale, questo si pronuncerebbe più o meno come la "jota" spagnola o la "ch" tedesca, ma la maggior parte degli anglofoni legge **loch** come se fosse scritto **lock**.

[12] Altro termine gaelico scozzese, **a glen** indica *una valle* lunga e stretta. Nel fondo di queste valli scorrono dei **burns**, *ruscelli*, la cui eccellente acqua viene impiegata nella fabbricazione del whisky di puro malto: per questo molti nomi di whisky cominciano con **Glen**. L'aggettivo **awe-inspiring** significa letteralmente "che incute soggezione".

Sedicesima lezione / 16

11 Varcate la frontiera settentrionale e scoprite i paesaggi incredibilmente spettacolari della Scozia,
12 con le sue colline ricoperte d'erica, i suoi rapidi fiumi e le imponenti montagne.
13 Stupitevi di fronte alla bellezza naturale dei laghi avvolti dalla nebbia e delle valli maestose.
14 Potreste anche piantare le tende sulle rive del Loch Ness per scorgere Nessie!
15 Ma in Gran Bretagna c'è molto altro ancora oltre la bellezza della natura, come se ciò non bastasse:
16 dalle dimore signorili alle svettanti cattedrali, dai "village green" alle villette in legno e muratura,
17 senza contare le città animatissime, i musei e le gallerie di livello internazionale, una fiorente scena musicale e una vivace cultura giovanile.

---

13 Sembra un avverbio e invece è un aggettivo: **stately** significa *maestoso, imponente*: **The village has an air of stately elegance**, *Il villaggio ha un'aria di maestosa eleganza*. L'espressione **stately home** indica un grande maniero o un castello costruito in un periodo compreso tra il XVII e il XIX secolo e appartenente da allora a una famiglia dell'alta borghesia. Ai nostri giorni, molte di queste dimore sono aperte al pubblico o sono state in parte trasformate in parchi d'attrazione per ammortizzare i costi di manutenzione.

14 Anche **timber**, *legname* o *trave di legno*, è un nome non numerabile. **A half-timbered house** è *una casa metà in legno e metà in muratura*.

15 Eccoci alle prese con una frase piena di aggettivi non semplici: **bustling**, *animato, brulicante* (dal sostantivo **bustle**, *trambusto*); **thriving**, *fiorente, florido*, è riconducibile al verbo **to thrive**, *prosperare*; **vibrant**, *esuberante, vitale, vivace*, ma anche *vibrante*.

one hundred and twenty • 120

16 / Sixteenth lesson

18 So whether [16] it's punting [17] on the Isis, rambling through a national park or just downing [18] a pint [19] in a friendly pub,

19 you're sure to find something to suit your pocket and to keep you occupied, amused and interested.

20 If Britain didn't exist, someone would surely have to invent it. □

Note

[16] La congiunzione **whether** (che si pronuncia esattamente come **weather**, *tempo atmosferico*) introduce una scelta o un dubbio. Qui si tratta del primo caso: **Whether you're upgrading the software or installing it for the first time, follow the same instructions**, *Seguite le stesse istruzioni, sia che aggiorniate il software o che lo installiate per la prima volta*. Notate che, dopo **whether**, l'inglese utilizza l'indicativo mentre l'italiano usa il congiuntivo, perché qui è in correlazione con **or** e corrisponde a *sia che... o che*.

[17] **a punt** è un'imbarcazione a fondo piatto utilizzata su fiumi poco profondi, come nel caso dell'Isis che attraversa la città di Oxford o del fiume Cam a Cambridge.

[18] L'inglese è una lingua così flessibile da poter usare una preposizione come verbo; nel contesto di questa frase, **to down** vuol dire *mandar giù* o *tracannare*: **He downed ten beers before the match**, *Ha tracannato dieci birre prima della partita*. Nelle prossime settimane avremo modo di vedere altri esempi di questa polivalenza grammaticale.

Exercise 1 – Translate

❶ They finished lunch and headed back to the office. ❷ The village has a timeless air of stately elegance. ❸ Whether you're upgrading the software or installing it for the first time, follow the same instructions. ❹ Can you imagine! He downed twenty pints before the match. ❺ The area around Stratford is criss-crossed with canals and is famed for breathtakingly spectacular landscapes.

Sedicesima lezione / 16

18 Perciò, sia andando in "punt" sull'Isis*, sia compiendo un'escursione in un parco nazionale o anche solo tracannando una pinta in un pub accogliente,

19 potete star certi di trovare qualcosa di adatto alla vostre tasche che vi tenga occupati, divertendovi e interessandovi.

20 Se la Gran Bretagna non esistesse, bisognerebbe proprio inventarla *(qualcuno avrebbe dovuto certamente inventarla)*.

* *tratto del Tamigi che attraversa Oxford.*

19 In inglese colloquiale (britannico), **a pint**, equivalente a 0,56 litri, è spesso sinonimo di birra media: **Let's go for a pint**, *Beviamoci una birra*. Ricordiamo che nel 2007 l'Unione Europea ha finalmente riconosciuto il diritto della Gran Bretagna di mantenere il suo sistema di misura, perciò vi capiterà raramente di sentir dire **Let's go for a litre**...

Soluzioni dell'esercizio 1

❶ Hanno finito di pranzare e sono ritornati in ufficio. ❷ Il villaggio ha un'aria di maestosa eleganza fuori dal tempo. ❸ Seguite le stesse istruzioni, sia che aggiorniate il software o che lo installiate per la prima volta. ❹ Pensa un po'! Si è scolato venti birre *(pinte)* prima della partita. ❺ La zona intorno a Stratford è solcata da canali ed è nota per i suoi spettacolari paesaggi mozzafiato.

Exercise 2 – Fill in the missing words

❶ Se cercate dei paesaggi da cartolina, dovete assolutamente visitare i Cotswolds.
. . . . . picture-postcard scenery . . . . , the Cotswolds is a . . . . region.

❷ Ma in Gran Bretagna non ci sono soltanto bellezze naturali – e scusate se è poco.
But there's . . . . Britain than natural beauty – . . . . that . . . . enough.

❸ Se il Loch Ness non esistesse, bisognerebbe inventarlo.
If Loch Ness . . . . . . exist, someone . . . . invent it.

❹ Questa città-mercato incontaminata vanta una spettacolare galleria d'arte.
This . . . . a spectacular . . . .

❺ Potete star certi di trovare qualcosa di bello, che si tratti di un'escursione o di un giro in barca.
You're . . . . something to enjoy, ... rambling or punting.

Tanto per darvi l'ennesimo esempio del vocabolario "double face" dell'inglese, andiamo a scoprire le due parole che traducono l'italiano città*:* **town** *e* **city**. *Generalmente, sia in Gran Bretagna che negli Stati Uniti, la prima indica una località più piccola rispetto alla seconda. Tuttavia, a voler essere precisi, un agglomerato urbano britannico è considerato* **a city** *se possiede una cattedrale; la più piccola città del Paese, Wells, nel Somerset, è infatti classificata come* **city** *– benché abbia solo una decina di migliaia di abitanti – grazie alla sua (magnifica) cattedrale del X secolo. Sappiate che questa distinzione non ha luogo in America.*

Sedicesima lezione / 16

Soluzioni dell'esercizio 2
❶ If it's – you're after – must see – ❷ – much more to – as if – weren't – ❸ – didn't – would have to – ❹ – unspoilt market town boasts – art gallery ❺ – sure to find – whether it's –

*Sempre in Gran Bretagna, da un punto di vista puramente storico, il termine **market town** definisce una città che, un tempo, aveva il diritto di tenere un mercato di prodotti freschi per rifornire gli abitanti dei villaggi circostanti. Quest'attività era così importante che alcune di queste città si fregiavano e si fregiano tuttora della parola **market** nel proprio nome (**Market Weighton, Market Drayton** ecc.). Sappiamo già che, in parecchi casi, i nomi delle contee finiscono con **-shire**. In seguito a delle riforme amministrative, alcune di queste regioni hanno cambiato nome, ma quello antico sopravvive, soprattutto nelle specialità gastronomiche locali. Così, per esempio, la contea del Devon, in Inghilterra occidentale, è famosa per i suoi **Devonshire** (l'antico nome della regione) **cream teas** – una merenda a base di pasticcini, marmellata e una panna densa e spessa, la **clotted cream**. Niente di più **yummy**! Infine, i britannici tendono da sempre a espatriare in altri Paesi che si trovano più a sud e a formare delle comunità, da cui sono nati nomi scherzosi come **Chiantishire** in Toscana o, in Francia, **Dordogneshire**.*

*Avrete certamente notato la differenza di stile rispetto alla lezione di ieri: questo testo è molto più lirico e ricco di aggettivi (alcuni dei quali, come **shimmering**, scintillante, fanno parte di un vocabolario quasi poetico). Non cercate di memorizzare tutte le parole, ma leggete il testo nel suo complesso e ricordate espressioni come **shimmering lake** o **breathtakingly spectacular**, che ricorrono spesso in questo tipo di prosa.*

Seventeenth lesson

A quiz [1]

1 – Hello and welcome to tonight's nail-biting [2] final of the "Brain of Britain Quiz".
2 Our two delightful contestants have their fingers ready on the buzzer [3],
3 so let's get cracking [4] with our first round: place names.
4 The first question's for you, Deborah. Which cities do the following people come from [5]: a Geordie, a Brummie and a Cockney?

Note

[1] Se è vero che tutti sanno cos'è **a quiz**, il verbo **to quiz**, *interrogare, porre domande,* è meno conosciuto anche se il suo significato è facilmente intuibile: **Reporters quizzed the couple about their marriage plans**, *I giornalisti hanno fatto alla coppia delle domande sui loro progetti di matrimonio*. L'etimologia del termine risale al XIX secolo, quando un imprenditore irlandese scommise che avrebbe inventato un termine che sarebbe finito sulla bocca di tutti da un giorno all'altro. Una sera, con l'aiuto di un gruppo di bambini, dipinse sui muri di Dublino la parola **quiz** – dal latino *qui es*, "chi sei?". Il giorno dopo i dublinesi si chiesero **What's a quiz?** L'imprenditore vinse così la scommessa e la parola entrò nel lessico inglese.

[2] **a nail**, *un chiodo*, ma anche *un'unghia*. Se occorre, si può distinguere tra **fingernails** (unghie delle mani) e **toenails** (unghie dei piedi); **to bite one's nails**, *mangiarsi le unghie*. In senso figurato, l'aggettivo **nail-biting** descrive un evento mozzafiato e appassionante: **The championship came to a nail-biting climax**, *Il campionato è giunto al culmine della tensione*.

[3] Abbiamo visto di recente **buzz** (lezione 12, nota 7), da cui deriva il sostantivo **buzzer**, *cicalino, segnale acustico*. In un edificio **the buzzer** è

Diciassettesima lezione

Un quiz

1 – Buona sera e benvenuti all'appassionante finale del quiz "Brain of Britain" *(Cervellone della Gran Bretagna)*.
2 Le nostre due fantastiche *(deliziose)* concorrenti hanno già le dita pronte sul pulsante,
3 perciò passiamo subito al primo round: geografia *(nomi di luoghi)*.
4 La prima domanda è per te, Deborah. Di quali città sono originari un "Geordie", un "Brummie" e un "Cockney"?

---

però un termine colloquiale per *il citofono* (il termine tecnico è **the intercom**). Ormai la flessibilità dell'inglese non vi sorprende più, per cui non vi stupirete se vi diciamo che, con l'aggiunta di una preposizione, possiamo ottenere dal nome un verbo: **I found her building and she buzzed me in**, *Ho trovato dove abita e mi ha fatto entrare premendo il citofono*. Una flessibilità che ci permette anche di risparmiare molte parole!

4 **a crack**, *una fessura*. Come sapete, però, **crack** è anche un'onomatopea che imita il rumore di qualcosa che si spezza; **to get cracking** vuol dire *cominciare, mettersi al lavoro* o *sbrigarsi*. **We're a week late with the report. We'd better get cracking**, *Siamo in ritardo di una settimana con la relazione. Faremmo meglio a metterci al lavoro.*

5 In inglese una delle differenze tra il registro formale e quello informale consiste nella posizione delle preposizioni, soprattutto alla forma interrogativa. Nel primo caso la preposizione va prima del pronome interrogativo: **From which city do these people come?**, *Di che città sono queste persone?* Nella lingua colloquiale, però, sia scritta che parlata, la preposizione viene relegata alla fine della domanda: **Which city do these people come from?** Questo meccanismo va assimilato perché si usa correntemente coi verbi frasali.

17 / Seventeenth lesson

5 – I really ought to [6] know that one, oughtn't I? Let me see: a Geordie's from Newcastle and a Cockney's from London,

6 but as for a Brummie, I haven't the foggiest [7]. I'll take a wild guess [8]. Manchester?

7 – You're warm [9], but not quite there. No, a Brummie hails from [10] the fair city of Birmingham.

8 Amy, your turn. A host [11] of place names in England end in **-by** or **-ham**: what do these endings mean?

Pronuncia
5 ... **o:**tu ... **o:**tëntai?

Note

6 Il verbo modale **ought** esprime il concetto di obbligo o si usa per dare un consiglio. **You really ought to get a job**, *Dovresti proprio trovarti un lavoro*. In un contesto simile **ought** è sinonimo di **should** (**You really should get a job**), che però è molto più usato. A livello grammaticale c'è una differenza importante: **ought** è seguito dall'infinito con **to**, perciò le due "t" si confondono in un unico suono: **o:**tu (frase 5), mentre **should** è seguito dall'infinito <u>senza</u> **to**. Rileggete attentamente i due esempi forniti in questa nota.

7 **fog**, *nebbia*; **foggy**, *nebbioso*, in senso figurato vuol dire *confuso, vago, indistinto*. **I have only a foggy memory of my home town**, *Ho solo un vago ricordo della mia città natale*. L'espressione idiomatica **not to have the foggiest idea** si tradurrà dunque *non avere la più pallida idea* o *non avere la minima idea*. Spesso, come nella frase della nostra lezione, **idea** si omette.

8 **to guess**, *indovinare*. **Guess how old I am**, *Indovina quanti anni ho*. Il sostantivo **a guess** compare in espressioni come **Have a guess**, *Prova a indovinare*, o ancora **I'll give you a guess**, *Provo a risponderti*, *Azzardo un'ipotesi*. Quanto all'aggettivo **wild**, *selvaggio*, il suo senso letterale

Diciassettesima lezione / 17

5 – Dovrei proprio saperlo, no? Vediamo: un "Geordie" è di Newcastle e un "Cockney" viene da Londra,
6 ma per quanto riguarda un "Brummie", non ne ho la più pallida idea. Provo a indovinare: Manchester?
7 – Fuocherello, ma non è esatto. Un "Brummie" viene dalla bella città di Birmingham.
8 Amy, tocca a te. C'è un nutrito gruppo di toponimi inglesi che finiscono per **-by** o **-ham**. Cosa significano questi suffissi?

---

non si perde del tutto nell'espressione **to make** (o **take**) **a wild guess**, *tirare a indovinare, dare una risposta a caso*. **Go on, take a wild guess**, *Dai, tira a indovinare*.

9 Chi ha presente il gioco degli indovinelli sa che, quando ci si avvicina alla risposta giusta, si dice "fuochino", "fuocherello" ecc. In inglese abbiamo qualcosa di simile: **You're getting warm but you're not hot yet**, *Ci sei quasi, ma non ancora*. Ricordiamo che **warm** indica un *caldo* non fastidioso, mentre **hot** è un caldo più forte e vicino all'afa: la differenza tra **warm weather** e **hot weather** è più o meno quella che c'è tra *caldo* e *molto caldo*.

10 **to hail** presenta due accezioni ben distinte: *grandinare* e *chiamare*. **You can hail a cab in the street**, *Si può chiamare un taxi per strada*. Aggiungendo la preposizione **from**, **to hail** assume ancora un altro significato (*essere originario di, venire da*) che appartiene a un registro formale: **They hail from Plymouth**, *Sono originari di Plymouth*. L'aggettivo **fair** (sempre in un contesto formale) può significare *bello*; i conduttori dei programmi radiofonici o televisivi si servono spesso di questo tipo di termini e di espressioni per darsi un tono.

11 Il senso principale di **host** è *ospite* (ma tra i suoi significati c'è anche quello di *conduttore* di una trasmissione); tuttavia, **a host** significa anche *una quantità, un gran numero*: **The committee met to discuss a host of issues**, *Il comitato si è riunito per discutere un gran numero di questioni*.

one hundred and twenty-eight • 128

17 / Seventeenth lesson

9 – That's easy: **-by** comes from Norse and means "village" and **-ham** [12] is an old English word for a farm.

10 – Well done! You score ten points and take the lead. Deborah – may I call you Debbie?

11 – I'd rather you didn't. I'd prefer it if you'd use my proper first name, if it's all the same to you.

12 – Sure, no problem. Well, Deborah, can you tell me where the Garden of England is?

13 – Oh dear, I haven't got a clue [13]. I reckon it must be somewhere down south. Is it in Kent?

14 – Actually, it IS [14] Kent; it's the nickname of that beautiful county. I'll give you two points.

15 How about trying for a bonus question to catch up [15] with Amy? Did you hear me?

16 – You asked me whether [16] I wanted to try for a bonus question. Yes, I do.

Note

12 Secondo altri, questo suffisso aveva in inglese antico il significato di "insediamento".

13 **I haven't got a clue** (lett. Non ho un indizio) e **I haven't the foggiest**, ve ne sarete accorti, hanno un significato molto simile.

14 Come in italiano, nell'inglese parlato l'intonazione serve a sottolineare un elemento d'una frase per confermarlo o contraddirlo. Così, per esempio, per negare l'affermazione **Leeds isn't in Yorkshire**, è sufficiente dire **It is** calcando molto la voce sul verbo **is** (ascoltate bene la registrazione per rendervene conto); nella lingua scritta è possibile rendere quest'enfasi usando le lettere maiuscole o scrivendo in corsivo il termine che si vuol mettere in rilievo: – **Leeds isn't in Yorkshire.** – **It** *is*.

15 to catch, *acchiappare, afferrare*; **to catch up**, *raggiungere, riprendere, recuperare*. **He's behind schedule, but he'll catch up as soon as he can**, *È in ritardo sui tempi, ma recupererà appena possibile*. Se è seguito da un complemento oggetto, **to catch up** vuole la preposizione **with**:

Diciassettesima lezione / 17

9 – È facile: **-by** viene dal norreno e vuol dire "villaggio", mentre **-ham** è una parola dell'inglese antico che significa "fattoria".

10 – Esatto! Guadagni dieci punti e passi in testa. Deborah, posso chiamarti Debbie?

11 – Meglio di no. Preferirei che tu usassi il mio nome per esteso, se per te fa lo stesso.

12 – Certo, nessun problema. Bene, Deborah, mi sai dire dove si trova il Giardino d'Inghilterra?

13 – Oddio, non ne ho idea. Immagino che debba trovarsi da qualche parte a sud. È nel Kent?

14 – In realtà è il Kent; è il soprannome di questa splendida contea. Sono due punti per te *(Ti darò due punti)*.

15 Che ne diresti di provare una domanda bonus per riprendere Amy? Mi senti?

16 – Mi hai chiesto se volevo tentare una domanda bonus. Sì, va bene.

REPORTERS QUIZZED THE STAR ABOUT HER MARRIAGE PLANS.

Schoolteachers' salaries have not caught up with those of university professors, *Gli stipendi dei professori di scuola media non hanno raggiunto quelli dei professori universitari*.

16 In una domanda indiretta, **whether** (lezione 16, nota 16) è sinonimo di **if**: He asked me whether I was angry, *Mi ha chiesto se ero arrabbiato* (si può dire anche He asked me if I was angry). A volte si aggiunge **or not** (dopo **whether**, ma non dopo **if**): He asked me whether or not I was angry.

17 / Seventeenth lesson

17 – Very well, listen very carefully to the wording: what is the longest river in England?
18 – I wish [17] I'd paid attention to my geography lessons in school. Is it the River Severn?
19 – What a pity! It's actually the Thames. The Severn is the longest river in Britain.
20 Let's hear it [18] for our winner and our new Brain of Britain: Amy. Congratulations!

Note

[17] Abbiamo già visto il verbo **to wish** nel senso di *augurare* (lezione 10, frase 12). In questa frase, invece, esprime rimpianto: **I wish you could have been at the concert**, *Se solo tu fossi potuto andare al concerto...*

***

Exercise 1 – Translate
❶ The championship came to a nail-biting climax last week. ❷ Reporters quizzed the star about her marriage plans. ❸ I'm sure that Blackpool isn't in Lancashire – It is! ❹ We found her building and she buzzed us in. ❺ Can I hail a cab in the street? – I haven't the foggiest idea.

***

Exercise 2 – Fill in the missing words
❶ Di che città sono originari i Geordies? Prova a indovinare.
 ....¹ do Geordies ....? Take a ....

❷ Preferirei non uscire, se per te fa lo stesso.
 .. d .... go out, if .... you.

❸ Gli stipendi degli insegnanti non hanno raggiunto quelli dei professori universitari.
 Schoolteachers' salaries ....
 university professors.

Diciassettesima lezione / 17

17 – Benissimo, ascolta molto attentamente il testo della domanda: qual è il fiume più lungo d'Inghilterra?
18 – Se solo fossi stata più attenta durante le lezioni di geografia... È il fiume Severn?
19 – Peccato! In realtà è il Tamigi. Il Severn è il fiume più lungo della Gran Bretagna.
20 Un bell'applauso alla nostra vincitrice e al nostro nuovo Cervellone della Gran Bretagna: congratulazioni, Amy!

18 Un'altra espressione "televisiva": **Let's hear it for**, *Un bell'applauso a (o per)...* Il pronome **it** sostituisce **applause** (nome non numerabile), che è sottinteso.

***

Soluzioni dell'esercizio 1
❶ Il campionato ha raggiunto l'apice della tensione emotiva la settimana scorsa. ❷ I giornalisti hanno fatto alla star delle domande sui suoi progetti matrimoniali. ❸ – Sono sicura che Blackpool non è nel Lancashire. – E invece sì. ❹ Abbiamo scoperto dove abita e ci ha fatto entrare premendo il pulsante del citofono. ❺ – Sai se posso chiamare un taxi per strada? – Non ne ho la più pallida idea.

***

❹ Mi ha chiesto se ero arrabbiato.
   He .... I ... angry.

❺ Dovresti proprio darti una mossa e trovare un lavoro.
   You really .... and ... a job.

[1] *Potete scegliere tra **city** e **town**.*

Soluzioni dell'esercizio 2
❶ Which city – come from – wild guess ❷ I' – rather not – it's all the same to – ❸ – have not caught up with those of – ❹ – asked me whether – was – ❺ – ought to get cracking – get –

*La toponomastica (la scienza che studia i nomi di luogo) può fornire indizi preziosi sull'origine (celtica, romana, sassone, vichinga ecc.) o sulla storia dei villaggi, delle città e delle altre località della Gran Bretagna. Queste indicazioni si trovano soprattutto nei suffissi e nei prefissi: per esempio, i toponimi che finiscono per **-caster**, **-cester** o **-chester** (e la stessa città di **Chester**) erano un tempo degli accampamenti romani (dal latino "castrum", campo fortificato). Quelli che cominciano o finiscono per **kirk** (**Kirkwall**, **Ormskirk**) furono fondati dai Vichinghi attorno a una chiesa, o **kirk** (termine che esiste ancora in scozzese e corrisponde all'inglese **church**). Quanto a **-by** e **-ham**, come ci ha detto la concorrente vincitrice nella lezione di oggi, si tratta di suffissi che vengono dall'inglese antico e significano rispettivamente villaggio e fattoria - o insediamento (**Grimsby**, **Oldham**). Dunque la città di **Kirkby**, che si trova vicino a Liverpool, era un villaggio dotato di una chiesa.*

Eighteenth lesson

British humour [1]

1 A typical Brit works for a Chinese-owned company, drives a Japanese car, hangs out [2] in Irish pubs,
2 wears Italian-made clothes, eats Indian curry and drinks German beer, uses a Finnish phone,
3 watches American shows on a Korean-made television – and is suspicious of everything foreign.

Note

1 Converrete che, dopo aver letto la nota culturale della lezione 15, è più giusto parlare di "humour britannico" che di "humour inglese".

2 **to hang**, *appendere*. Il verbo frasale **to hang out** ha un significato letterale simile: *appendere, stendere*: **Hang out the washing on the line**,

I nomi degli abitanti derivati dai nomi propri dei luoghi si usano meno in inglese che in italiano: per esempio si preferisce dire **I'm from Plymouth** *anziché* **I'm a Plymothian***. Naturalmente ci sono delle eccezioni, soprattutto per quanto riguarda grandi città come* **Manchester** *(a* **Mancunian***) o* **Liverpool** *(a* **Liverpudlian***). In compenso i nomignoli sono parecchi: alcuni sono dispregiativi, altri sono invece entrati a far parte della lingua, come nel caso dei* **Geordies** *(gli abitanti di* **Newcastle on Tyne** *che nel XVIII secolo si schierarono a favore di re Giorgio I contro una ribellione degli scozzesi), dei* **Brummies** *(da Brummagem, deformazione del toponimo di* **Birmingham***) o dei* **Cockneys***. In senso stretto, quest'ultimo termine si riferisce solo agli abitanti della Londra orientale nati a portata d'orecchio delle campane della chiesa di St Mary-le-Bow; dunque non tutti i* **Londoners***, londinesi, sono* **Cockneys***. E in realtà, a causa delle tendenze demografiche e dei prezzi degli immobili, i veri* **Cockneys** *sono una specie in via d'estinzione.*

Diciottesima lezione

Humour britannico

1 Il britannico tipo lavora per un'azienda gestita da cinesi, guida un'auto giapponese, bazzica i pub irlandesi,

2 veste abiti made in Italy, mangia curry indiano, beve birra tedesca, usa un telefono finlandese,

3 guarda programmi americani su un televisore fabbricato in Corea e diffida di tutto ciò che è straniero.

---

please, *Stendi il bucato sulla corda, per favore*. Nel linguaggio colloquiale, però, **to hang out** corrisponde a *frequentare, bazzicare* (un luogo o una persona): **He hangs out with Joe. They hang out in bars together**, *Lui frequenta Joe. Bazzicano i bar insieme*.

4 The British are known for many things but arguably [3] their most endearing trait is their sense of humour.

5 It has been argued [4] that English weather is so bad that humour is needed just to make life bearable.

6 Be that as it may [5], its key ingredients are self-deprecation [6], irony, nonsense and – above all – understatement [6].

7 For example, a swarm of bees was sucked into the engines of a passenger plane en route for South Africa.

8 The pilot announced over the PA system – Ladies and gentleman, both engines have stopped and we're losing altitude;

9 we're trying our utmost to get them going again. Meanwhile, I trust that you are not too upset.

Note

3 **to argue** (pronuncia **a:ghju**), *litigare, discutere*. L'avverbio **arguably** può tornare utile quando si vuole esprimere un parere e si può tradurre con *probabilmente*: **The Rolling Stones are arguably the best rock band ever**, *I Rolling Stones sono probabilmente il miglior gruppo rock di tutti i tempi*.

4 **to argue** significa anche *affermare, sostenere (un'opinione)*: **Some economists argue that monetary policy is an inefficient tool**, *Alcuni economisti affermano che la politica monetaria è uno strumento inefficace*. Si può anche utilizzare questo verbo con un soggetto generico o impersonale ricorrendo all'espressione **it is argued that**, *si dice*: **It is argued that global warming is leading to food shortages**, *Si dice che il riscaldamento globale stia portando alla penuria alimentare*.

5 Espressione di registro formale, **be that as it may**, *ad ogni modo* o *comunque sia*, si trova in genere all'inizio di una frase: **I know he was angry. Be that as it may, he should have been polite**, *So che era ar-*

Diciottesima lezione / 18

4 I britannici sono famosi per molte cose, ma probabilmente la loro caratteristica più accattivante è il senso dell'umorismo.

5 Si dice *(è stato affermato)* che in Inghilterra il tempo sia così cattivo che l'umorismo serve a rendere la vita almeno sopportabile.

6 Comunque sia, i suoi ingredienti principali sono l'autoironia, il nonsense e soprattutto l'understatement.

7 Un esempio: uno sciame d'api finisce *(era succhiato)* nei motori di un aereo passeggeri diretto in Sud Africa.

8 Il pilota annuncia al microfono: "Signore e signori, entrambi i motori si sono fermati e stiamo perdendo quota;

9 stiamo facendo il possibile per rimetterli in funzione. Nel frattempo, spero *(confido)* che non siate troppo turbati".

rabbiato. Ad ogni modo avrebbe dovuto comportarsi educatamente. In questo caso **be** è un congiuntivo. Ne riparleremo…

6 Se **self-deprecation** vuol dire *autoderisione*, **understatement** è senza dubbio molto più ostico da tradurre, al punto da essere molto spesso usato così com'è anche in italiano. Nella nostra lingua, il concetto che si avvicina di più al senso di questo termine è l'eufemismo, la tendenza a minimizzare.

one hundred and thirty-six • 136

18 / Eighteenth lesson

10 Or take this conversation between two foodies [7] discussing the latest trendy restaurant to hit [8] the High Street.

11 – The food was dire [9], the portions were tiny, the service was snooty and the prices were eye-popping [10].

12 – Oh, said her friend dryly [11]. So you wouldn't recommend it, then?

13 Another rich vein of humour in Britain is the rivalry between the three nations, which love to loathe [12] each other.

Pronuncia

13 ... lou<u>dh</u> ...

Note

[7] Con **a foodie** (si noti il suffisso nominale **-ie**) ci riferiamo a *un appassionato di cucina* o *buongustaio* che dir si voglia, anche se la parola appartiene allo slang e suggerirebbe quindi piuttosto l'idea di un *ghiottone*.

[8] Verbo frequentissimo e ricorrente in tante espressioni idiomatiche, **to hit**, *colpire*, ha spesso il senso di *arrivare, raggiungere* e può indicare una novità: **The new operating system will hit the shops in June**, *Il nuovo sistema operativo arriverà nei negozi a giugno*; altre volte il significato è così strettamente legato al contesto da rendere inutile una traduzione letterale: **Everything was going well, but then we hit a problem**, *Andava tutto bene, ma poi abbiamo avuto un problema*. Ricordiamo che, in informatica, **hit** (sostantivo) può significare *visita* a un sito in Internet: **Our website has over a million hits a month**, *Il nostro sito riceve più di un milione di visite al mese*.

[9] L'aggettivo **dire** non suggerisce sensazioni piacevoli. In contesto formale si traduce con *disastroso, gravissimo*: **Military action would have dire consequences**, *Un intervento militare avrebbe conseguenze disastrose*. Fortemente negativa anche l'espressione **to be in dire straits**, *essere in gravi difficoltà* (spesso *finanziarie*), *in condizioni disperate*. **The refugees are living in dire straits**, *I profughi vivono in condizioni dispe-*

Diciottesima lezione / 18

10 Oppure prendiamo questa conversazione tra due buongustai che parlano dell'ultimo ristorante alla moda che ha aperto in centro:

11 – "Il cibo era pessimo, le porzioni scarse, i camerieri arroganti *(il servizio snob)* e i prezzi esorbitanti."

12 – "Oh", replica sarcastico l'altro "Immagino che non me lo consiglieresti, eh?"

13 Un altro ricco filone dell'umorismo britannico è costituito dalla rivalità fra le tre nazioni, che si detestano cordialmente a vicenda.

---

rate. In un contesto informale **dire** equivale a *pessimo* o *orrendo*: **The book was great but the film was dire**, *Il libro era splendido, ma il film era orrendo*.

10 Quest'aggettivo, invece, appartiene esclusivamente al registro informale della lingua: **eye-popping** (lett. che fa schizzare gli occhi dalle orbite, un significato che ben si accorda alla frase del testo) esprime generalmente sorpresa e forte stupore: **The action scenes in the movie are eye-popping!**, *Le scene d'azione del film sono sbalorditive!*

11 Ancora un aggettivo: **dry**, *secco, asciutto*, non riguarda soltanto il clima, ma anche il senso dell'umorismo. Con **dry wit** (o **dry humour**) parliamo di un umorismo sottile e ironico a un tempo, che strappa un sorriso anziché una risata. Un umorismo tipicamente britannico, insomma, che può avvicinarsi al nostro *sarcasmo*. Naturalmente **dryly**, o **drily**, è l'avverbio derivato da **dry**, che (sarà bene saperlo) non vuol dire *secco* nel senso di *brusco* (in inglese **curt**): – **No!, was her curt reply**, – *No!, rispose lei seccamente*.

12 **to loathe**, *detestare*, di origine anglosassone, è più forte ed espressivo del suo equivalente di origine latina **to detest**, al punto da potersi tradurre con *odiare*: **I loathe my ex-husband**, *Detesto il mio ex marito*; **Sammy loathes spending money on clothes**, *Sammy odia spendere soldi in vestiti*.

18 / Eighteenth lesson

14 Many jokes begin with the words: – There was an Englishman, a Scotsman and a Welshman (or an Irishman).

15 Each country delights in poking fun [13] at the others' perceived failings or foibles [14].

16 For example, an Englishman says: I was born English and by God, I hope to die English.

17 To which the Scotsman replies: – Aye [15], I know; but don't you have any ambition at all?

18 But one thing the English are very good at is laughing at themselves, often saying outrageous things tongue in cheek [16].

19 Such as – The English are moral, the English are good. And clever and modest and misunderstood.

20 But whether it's irony, dry wit or a pithy putdown [17], humour is an essential part of British life.

*15 ... **foi**bëlz ... 17 ... **ai***

Note

[13] Come sapete, **fun** vuol dire *divertimento*; in origine, però, aveva il senso di *imbrogliare* o *deridere*, un significato che si mantiene nell'espressione **to poke fun at** (o **to make fun of**), *deridere, prendere in giro*. **Students must not tell racist jokes or make fun of / poke fun at other cultures**, *Gli studenti non devono raccontare barzellette razziste o deridere altre culture*.

[14] **a foible**, *una debolezza* o *un difetto*: **She loved him despite his foibles**, *Lo amava nonostante i suoi difetti*.

[15] **Aye** (che si pronuncia esattamente come **I** e **eye**: ***ai***) è un antico sinonimo di **yes** che compare nella letteratura del XV e del XVI secolo e, nella lingua parlata corrente, esiste ancora in Scozia e in alcune regioni settentrionali dell'Inghilterra. Può capitare di sentirlo anche quando i deputati

Diciottesima lezione / 18

14 Molte barzellette cominciano con le parole: "Ci sono un inglese, uno scozzese e un gallese (o un irlandese)".
15 Ogni Paese si diverte a prendere in giro i difetti o le debolezze apparenti degli altri.
16 Per esempio, un inglese dice: "Sono nato inglese e, vivaddio, spero di morire inglese".
17 Al che lo scozzese replica: "Eh, lo so, ma non hai proprio nessuna ambizione?".
18 Tuttavia, se c'è una cosa che gli inglesi sanno fare molto bene è ridere di sé, spesso con motti sferzanti e al tempo stesso ironici.
19 Un esempio? Gli inglesi sono virtuosi, gli inglesi sono buoni. E sono anche bravi, modesti e incompresi.
20 Comunque, si tratti di ironia, di sarcasmo o di un caustico aforisma *(critica concisa)*, lo humour è parte essenziale della vita britannica.

---

britannici votano a favore o contro una proposta di legge, rispondendo rispettivamente **aye** o **nay**.

16 Espressione tipicamente britannica, **tongue in cheek** (lett. lingua nella guancia) denota un umorismo ironico o sarcastico, ammiccante e ricco di sottintesi. Può avere anche funzione avverbiale (I'm so rich, he said, **tongue in cheek**, *Sono ricchissimo, disse ironicamente*) e aggettivale (I love his **tongue-in-cheek** humour, *Mi piace molto la sua ironia*. Si noti l'uso dei trattini.

17 **to put down**, *posare*. L'espressione idiomatica **to put someone down** si può tradurre con *criticare* o *umiliare*. **Her husband is so rude: he's always putting her down**, *Suo marito è proprio maleducato: la umilia in continuazione*. Perciò il sostantivo **putdown** (o **put-down**) intende una *critica* più o meno mortificante. Dato il contesto della lezione, lo abbiamo tradotto liberamente con *aforisma*.

18 / Eighteenth lesson

21 So remember: don't fret [18] if your parrot looks dead, it's probably only resting [19].

Note

[18] Nell'accezione qui presentata, **to fret** è sinonimo di **to worry**, *preoccuparsi*, *agitarsi*, ma appartiene a un registro più elevato. **Don't fret**, *Non preoccupatevi*.

[19] Qui si fa riferimento a una delle scenette più celebri dei Monty Python, gruppo comico che negli anni '70 ha incarnato e rivoluzionato l'umorismo britannico mescolando nonsense, bizzarrie e (auto)ironia. L'influs-

***

Exercise 1 – Translate

❶ Sammy loathes spending money on new clothes. ❷ It is argued that global warming will lead to food shortages. ❸ I know he was angry. Be that as it may, he should have been polite. ❹ We're doing our utmost, but the situation is very difficult. ❺ The refugees are living in dire straits.

***

Exercise 2 – Fill in the missing words

❶ Se c'è una cosa in cui gli inglesi eccellono, questa è l'autoironia.
One thing the English . . . . is . . . .

❷ Stava andando tutto bene, ma poi abbiamo avuto un problema.
Everything . . . ., but . . . . a problem.

❸ Gli piace *(si diverte a)* viaggiare su e giù per il Paese per lavoro.
He . . . . the country for his job.

❹ La soddisfazione del cliente è della massima importanza.
Customer satisfaction . . . . importance.

21 Perciò ricordate: se il vostro pappagallo vi sembra morto, non agitatevi; probabilmente sta solo riposando.

so dei Python è tale che alcune delle loro celebri frasi sono entrate a tutti gli effetti a far parte della lingua inglese, ed è a loro che dobbiamo il termine **spam**, oggi tanto frequente in informatica (...nella scenetta in questione, un uomo riporta un pappagallo morto nel negozio dove l'aveva comprato il giorno prima. Il commesso sostiene che il pappagallo non è morto, ma sta solo dormendo).

***

Soluzioni dell'esercizio 1
❶ Sammy odia spendere soldi in vestiti nuovi. ❷ Si dice che il riscaldamento globale causerà penuria alimentare. ❸ Lo so che era arrabbiato. Ad ogni modo, avrebbe dovuto comportarsi educatamente. ❹ Stiamo facendo il massimo, ma la situazione è molto difficile. ❺ I profughi vivono in condizioni disperate.

***

❺ Il cibo era pessimo, le porzioni scarse, i camerieri arroganti e i prezzi esorbitanti.
The food was ...., the portions were ...., the service was ...... and the prices were ....

Soluzioni dell'esercizio 2
❶ – are very good at – laughing at themselves ❷ – was going well – then we hit – ❸ – delights in travelling around – ❹ – is of the utmost – ❺ – dire – tiny – snooty – eye-popping

Nineteenth lesson

Get away from it all

(Extract from the "Weekend Breaks" travel brochure)

1 Stuck [1] for something to do this weekend? Want to get off the beaten track and away from the crowds?
2 We offer an unrivalled service for the discerning traveller, with everything from package tours to tailor-made [2] breaks.
3 Meanwhile, here are a few suggestions to get you in a holiday mood.
4 For a touch of self-indulgence [3], try *The Lanes* – a truly tranquil [4] hideaway [5] with superb facilities [6].

Note

1 **stuck**, participio passato di **to stick**, *piantare, attaccare*; **to be stuck** significa *bloccarsi, incepparsi*, anche in senso figurato: **The door is stuck. Push harder**, *La porta è bloccata. Spingi più forte*; **I'm stuck and I can't find any information in the manual**, *Mi sono bloccato e non riesco a trovare nessuna informazione sul manuale*. Aggiungendo **for**, otteniamo l'espressione *essere a corto di*: **I'm stuck for ideas for a birthday present for my boyfriend**, *Sono a corto di idee per il regalo di compleanno da fare al mio ragazzo*. Non ci stancheremo mai di ricordarvi che il contesto è fondamentale per interpretare il significato di questi verbi multiuso.

2 **a tailor**, *un sarto* (come ben sanno i fedelissimi dell'Assimil). **Tailor-made** (lett. fatto da un sarto) si traduce in genere con *su misura* o, più liberamente, con *personalizzato*, ed è molto frequente nei testi pubblicitari: **Our tailor-made products are aimed at an upscale clientele**, *I nostri prodotti su misura sono rivolti a una clientela sofisticata*. Nella nostra frase l'espressione **tailor-made breaks** è contrapposta a **package tour**, *viaggio organizzato "tutto compreso"*..

3 Il sostantivo **self-indulgence** (lett. indulgenza verso se stessi), si traduce a seconda dei casi con *autocompiacimento, appagamento* ecc. Nel

Diciannovesima lezione

Lasciatevi tutto alle spalle

(Brani tratti dal volantino turistico "Piccole escursioni per il weekend")

1 Non avete idea di cosa fare in questo weekend? Volete uscire dai sentieri battuti, lontano dalla folla?

2 Offriamo un servizio impareggiabile al turista esigente, dal viaggio organizzato fino alle gite personalizzate.

3 Intanto, eccovi qualche suggerimento per entrare nello spirito della vacanza.

4 Per viziarvi un po', provate "The Lanes" *(I Sentieri)*, un'oasi di tranquillità fornita di eccellenti servizi.

contesto in questione, però, troviamo che il termine vada inteso diversamente, ed è per questo che l'abbiamo reso con il verbo *viziarsi*.

4 In questa lezione incontrate alcuni esempi di termini derivati dal franco-normanno: uno di questi è **tranquil**, *tranquillo, calmo, sereno*. Un suo sinonimo è **peaceful**, ma **tranquil** è di registro più elevato: **The refined decor and fresh-cut flowers add to the tranquil atmosphere of the hotel**, *L'arredamento raffinato e i fiori appena colti contribuiscono a rendere più serena l'atmosfera dell'albergo.* Da **tranquil** deriva il sostantivo **tranquility** (con una "l" sola).

5 **to hide**, *nascondere* o *nascondersi*. L'aggiunta di **away** non ne cambia il senso: **The thieves hid the stolen car away in the woods**, *I ladri hanno nascosto l'auto rubata nel bosco*; **a hideaway** vuol dire *un rifugio, un nascondiglio*, e in senso figurato – soprattutto in un contesto turistico – indica un posto appartato e isolato.

6 **facilities** indica un insieme di cose che permettono di "facilitare" un'attività. Si può tradurre con *servizi, attrezzature, impianti* ecc. **The city's sporting and recreational facilities are superb**, *La città è dotata di ottimi impianti sportivi e ricreativi*; **We have no facilities for children**, *Non disponiamo di servizi per bambini*. In contesti simili la parola compare sempre al plurale; per contro, **a facility** indica anche *una struttura, uno stabilimento*: **Our Coventry facility starts production next week**, *Il nostro stabilimento di Coventry comincia la produzione la prossima settimana*.

19 / Nineteenth lesson

5 Set in some of the loveliest scenery in the county, this boutique [7] hotel is a true gem.
6 Unwind and recharge your batteries at the spa and let their expert staff pamper you.
7 Chill out [8] by the pool and order a refreshing drink from the fully licensed [9] bar.
8 If you're hungry, try *Jasper's*, where you can savour award-winning cuisine made with locally sourced [10] products.
9 For something a little less chic (and pricey), the nearby *Grill* serves up mouthwatering cooking in cosy [11] surroundings.

Note

[7] Tra **a shop** e **a boutique** (termine francese entrato nella lingua inglese negli anni '50) c'è più o meno la differenza che passa in italiano tra *negozio* e *boutique* (il primo può vendere di tutto, il secondo vende abiti alla moda). Curiosamente, **boutique** ha assunto anche la funzione di aggettivo col senso di *lussuoso, esclusivo, raffinato*: **a boutique hotel** è *un albergo esclusivo*; **a boutique investment bank** è una banca d'affari con una clientela molto selezionata, mentre **a boutique wine** è un vino prodotto in quantità limitata (da una **boutique winery**) e destinato a una clientela specifica.

[8] **to chill**, *raffreddare, mettere in fresco*. **Champagne should be chilled before serving**, *Lo champagne deve essere messo in fresco prima di essere servito*. Il verbo intransitivo **to chill out** è colloquiale ed è ormai entrato a far parte del linguaggio quotidiano col senso di *rilassarsi, distendersi*. **I didn't go surfing. I just sat on the beach and chilled out**, *Non sono andato a fare surf. Mi sono solo seduto sulla spiaggia per rilassarmi*. Dal verbo si può ottenere un aggettivo: **The bar was full of chilled-out clubbers**, *Il bar era pieno di discotecari che si stavano rilassando*. Come abbiamo fatto in casi analoghi, vi consigliamo di usare queste espressioni familiari con molta cautela e discrezione, sempre considerando l'ambiente in cui vi trovate. Più letterale il senso di una frase fatta come **I have a chill**, *Ho preso freddo*...

Diciannovesima lezione / 19

5 Situato in uno dei più paesaggi più belli della contea, quest'albergo esclusivo è un vero gioiello.

6 Ricaricate le batterie rilassandovi alle terme e fatevi coccolare dal loro staff specializzato.

7 Rilassatevi a bordo piscina e ordinate una bevanda rinfrescante nel bar autorizzato alla vendita di alcolici.

8 Se avete fame, provate *Jasper's*, dove potrete gustare una premiata cucina a base di prodotti locali.

9 Per chi vuole qualcosa di meno chic (e di meno costoso), nelle vicinanze c'è il *Grill* che serve piatti stuzzicanti in un ambiente intimo.

---

9 In ambito alberghiero e nella ristorazione, **a licence** è il permesso di vendere alcolici. **We have a fully licensed bar**, *Il nostro bar è autorizzato a vendere alcolici*. Ricordiamo che, in inglese britannico, si distingue tra **licence** (sostantivo) e **to license** (verbo), che si pronunciano allo stesso modo (mentre gli americani usano solo **license**).

10 **a source**, *una fonte, una sorgente*. Esiste anche il verbo **to source**, un brutto neologismo che vuol dire *trovare* o *comprare*, ma ve ne sconsigliamo l'uso. Un ristorante che annuncia fieramente "**We source our vegetables from local farmers**" avrebbe potuto tranquillamente limitarsi a dire "**We buy** (oppure **get**) **our vegetables from local farmers**", *Acquistiamo la nostra verdura dai coltivatori locali*.

11 L'aggettivo **cosy** ha un significato che oscilla tra *accogliente, intimo, comodo, gradevole* ecc. **The four friends used to meet in a cosy coffee shop near the park**, *I quattro amici si incontravano in un caffè accogliente vicino al parco*. Insomma, tutto ciò che dà un'idea di comfort e di benessere si può associare a quest'aggettivo. Attenti però alle sorprese: **a tea-cosy** è *un copriteiera*... Altro aggettivo interessante è **mouthwatering** (lett. da far venire l'acquolina in bocca), *stuzzicante, appetitoso, gustoso* ecc.

one hundred and forty-six • 146

19 / Nineteenth lesson

10 If you don't fancy [12] staying put, why not rent a car (or better still a bike) and tour the Yorkshire Dales?

11 If pubs are your thing [13], then check out our latest finds. You won't be disappointed.

12 The *Red Lion serves* great grub [14], washed down with one of their twenty or so real ales.

13 The *Royal Oak* is a Tudor [15] coaching inn turned gastro-pub that just oozes [16] old-world charm.

14 A favourite spot for visitors and locals alike, it also attracts a sizeable crowd at weekends.

Note

[12] Ecco l'ennesima parola multiuso del corso: come sostantivo **fancy** significa *fantasia, immaginazione* (per non parlare delle sua tante altre accezioni), mentre come verbo, oltre a *immaginare, pensare*, vuol dire *avere voglia*: **Do you fancy going for a drink?**, *Hai voglia di bere qualcosa?* **I don't fancy going swimming in this weather**, *Non ho voglia di andare a nuotare con questo tempo.* Ricordate queste espressioni e il loro contesto, perché avremo modo di ritrovare **fancy** in altre occasioni, a cominciare dall'ultima frase di questa lezione.

[13] **thing**, *cosa*, è una delle parole più usate in inglese. L'espressione colloquiale **to be** + aggettivo possessivo (**my, her** ecc.) + **thing** descrive qualcosa che piace o non piace particolarmente (a seconda che la frase sia affermativa o negativa): **Cars aren't my thing**, *Le auto non sono il mio genere*; **Keith's very happy now that he's doing his thing**, *Ora che fa quello che gli piace, Keith è felicissimo* (notate che si può anche non specificare cosa gli piace fare).

Diciannovesima lezione / 19

10 Se avete voglia di muovervi un po', perché non noleggiare un'auto (o meglio ancora una bici) e fare un giro nelle Yorkshire Dales *(valli dello Yorkshire)*?

11 Se amate i pub, allora date un'occhiata alle nostre ultime scoperte. Non ne sarete delusi.

12 Il *Red Lion* serve ottimo cibo accompagnato *(annaffiato)* da una ventina di birre tradizionali.

13 Il *Royal Oak* era una locanda per diligenze dell'epoca Tudor che è diventata un gastro-pub ed emana per l'appunto un fascino antico.

14 Posto prediletto sia dai turisti che dai locali, nei weekend attira inoltre una folla considerevole.

---

14 Il sostantivo non numerabile **grub** è termine gergale per il cibo, un po' come per noi la *pappa*; è un'altra delle parole che si trovano nei nomi dei pub che servono anche da mangiare, soprattutto per via della rima: vedrete molto spesso delle insegne recanti la scritta **Pub Grub** davanti a questi locali; è anche un modo per segnalare che i piatti proposti sono semplici e non **haute cuisine** (espressione francese che si utilizza anche in inglese)...

15 In architettura, **Tudor** è lo stile tipico del periodo eponimo (1485-1603) e prende il nome da Henry Tudor, il re Enrico VII, capostipite della dinastia e padre di Enrico VIII. Per la storia della Gran Bretagna fu un'epoca decisiva, durante la quale ebbe luogo la **Reformation**, ovvero la rottura con la Chiesa cattolica e la fondazione della **Church of England**.

16 Il suono e il significato del sostantivo **ooze**, *melma*, non sono molto piacevoli (il verbo **to ooze** vuol dire invece *fluire, colare*): **A dark liquid oozed from the fridge**, *Dal frigo colava un liquido scuro*. In senso figurato e in combinazione con la preposizione **with**, **to ooze** si traduce *sprizzare, trasudare*: **The singer oozes with talent**, *Il cantante sprizza talento da tutti i pori*.

19 / Nineteenth lesson

15 For a taste of Olde [17] England, head for the delightful village of Malton, which is almost too cute to be true.
16 If it wasn't for the cars, you'd swear you had gone back in time.
17 Culture vultures [18] will head straight for the first-rate museum near the church.
18 But most people are quite content to wander through the cobbled streets and gaze admiringly at the genteel [19] houses.
19 There are plenty of quaint tearooms and a couple of upmarket bistros, but nothing at the budget end of the price range [20].
20 Seen anything that takes your fancy? Call us now for a booking or a quote, or simply make your reservation online.

Note

[17] Qualche traccia dell'inglese antico si conserva ancora nella lingua moderna, specialmente in campo commerciale (marche, nomi di ristoranti ecc.). Per esempio, **ye** è l'antica grafia dell'articolo determinativo **the**, così come **olde** è l'antenato di **old**, *vecchio*. L'espressione **Ye Olde England**, *la vecchia Inghilterra*, ha sovente una sfumatura ironica, ma a volte può esprimere simpatia e interesse per i tempi andati.

[18] Ecco un esempio curioso di reduplicazione (ne avevamo parlato nella lezione 16, vi ricordate?): **a vulture**, *un avvoltoio*, cambia il proprio significato nell'espressione **a culture vulture**, *un patito della cultura*, che tuttavia, a volte, può avere una connotazione lievemente peggiorativa.

[19] Anche l'aggettivo **genteel** *genti:l* non deriva certo dal germanico, ma bisogna fare attenzione a non tradurlo con *gentile* (**kind**), bensì con *raffinato*, *distinto* o (con sfumatura dispregiativa) *pretenzioso*: **Faulkner had the genteel manners of a southern gentleman**, *Faulkner aveva i modi raffinati di un gentiluomo del Sud*.

Diciannovesima lezione / 19

15 Per farvi un'idea *(un assaggio)* della vecchia Inghilterra, recatevi a Malton, un delizioso paese che è fin troppo carino per essere vero.

16 Se non fosse per le auto, potreste giurare di essere tornati indietro nel tempo.

17 I patiti della cultura andranno subito a visitare *(si dirigeranno diritti per)* l'ottimo museo che si trova vicino alla chiesa,

18 ma la maggioranza della gente preferisce *(è contentissima di)* passeggiare lungo le strade acciottolate e ammirare *(fissare ammirativamente)* le case eleganti.

19 Ci sono moltissime sale da tè pittoresche e un paio di bistrò esclusivi, ma niente a basso prezzo.

20 Avete visto qualcosa che vi tenta? Chiamateci subito per una prenotazione o un preventivo, oppure prenotate direttamente online.

20 Oltre alla complessa espressione **at the budget end of the price range**, *a basso prezzo, a basso costo*, può essere utile conoscerne un'altra: **at budget prices**, *a prezzi scontati*.

one hundred and fifty • 150

19 / Nineteenth lesson

Exercise 1 – Translate
① It's an old coaching inn with excellent facilities for children.
② We're stuck and we can't find any information in the manual.
③ Our tailor-made products are aimed at an upscale clientele.
④ They didn't go surfing. They just sat on the beach and chilled out.
⑤ I really don't fancy going swimming in this weather.

Exercise 2 – Fill in the missing words
① Gli amici si incontravano in un caffè accogliente vicino al parco.
The friends .... in a .... coffee shop near the park.
② È andata per saldi, ma non ha visto nulla che le piacesse particolarmente.
She went to the sales but .... that ....
③ Nella cornice di *(situato in)* uno dei più bei paesaggi della contea, quest'albergo esclusivo è un vero gioiello.
.... the .... in the county, this .... is a true ....
④ Se non fosse per le auto, giurereste di essere tornati indietro nel tempo.
.... the cars, ... in time.
⑤ Se amate i pub, il Red Lion serve dell'ottimo cibo.
If pubs ... ., the *Red Lion* serves ....

*I pub (abbreviazione di **public house**) costituiscono un elemento imprescindibile del patrimonio britannico. Luogo di ritrovo, spazio ludico e, tra le altre cose, locale dove si servono bevande, un buon pub è un posto che incarna la convivialità e in cui ci si vede regolarmente tra amici. Gli avventori abituali si dicono **regulars** e l'esercizio è il loro **local**. Tutto questo rende i pub ben diversi dai loro omologhi – café, bodega, bierkeller ecc. – dell'Europa continentale. Ecco qualche informazione per completare la vostra cultura in materia, da consumare con moderazione, beninteso.*
*Innanzitutto i nomi. Molti pub hanno lo stesso nome, per esempio **The King's Head**, ma non si tratta né di una marca né di una catena commerciale: queste denominazioni fanno riferimento ad attività sportive,*

Soluzioni dell'esercizio 1

❶ È un'antica locanda per diligenze con eccellenti servizi per i bambini. ❷ Ci siamo bloccati e non riusciamo a trovare nessuna informazione sul manuale. ❸ I nostri prodotti su misura sono rivolti a una clientela esclusiva. ❹ Non sono andati a praticare il surf. Si sono solo seduti sulla spiaggia e si sono rilassati. ❺ Non ho proprio voglia di nuotare con questo tempo.

Soluzioni dell'esercizio 2

❶ – used to meet – cosy – ❷ – didn't see anything – took her fancy ❸ Set in some of – loveliest scenery – boutique hotel – gem ❹ If it wasn't for – you'd swear you'd gone back – ❺ – are your thing – great grub

---

mestieri, monumenti ecc. Molte evocano momenti o personaggi importanti della storia del Paese. Il nome più frequente, **The Red Lion***, rappresenta il simbolo del re Giacomo VI di Scozia che, una volta asceso al trono d'Inghilterra col nome di Giacomo I, ordinò di affiggere il suo stemma - un leone rosso - in tutto il Paese. Altro nome estremamente diffuso,* **The Royal Oak***, o "la quercia reale", si riferisce all'albero dentro il quale si nascose il re Carlo II per sfuggire ai soldati di Oliver Cromwell nel 1561. In compenso, ci sono altri nomi più misteriosi (per esempio* **Dirty Dick's***, ovvero "Riccardo il Sudicio", a Londra) e può essere molto interessante chiedersi quale sia la loro origine; sarebbe oltretutto un buon esercizio di conversazione in inglese.*

Sgomberiamo il terreno dagli equivoci: la bevanda che caratterizza il pub è la birra (del resto, una delle parole che in passato designavano questi locali è **alehouse***). Poco gassata, la birra britannica tradizionale viene servita quasi a temperatura ambiente. Durante gli anni '70 e '80, le birre bionde (dette "continentali", o* **lagers***), sono diventate di moda, ma contro questi intrusi è insorto un movimento popolare,* **the Campaign for Real Ale** *(Campagna a favore della birra tradizionale). Oggi la maggior parte dei pub serve entrambi i tipi di birra,* **lager** *e* **ale***; quanto al consumo di vino, è salito alle stelle da una decina d'anni.*

Il cibo, un tempo limitato agli immancabili sandwich, alle insalate e alle quiche, è sempre più vario e persino ricercato: molti pub, per esempio, servono piatti thailandesi o indiani. Alcuni propongono una cucina raffinata e annaffiata da vini provenienti dall'Europa e dal Nuovo Mondo: si tratta dei famosi **gastropubs***.*

Infine, gli orari d'apertura, un tempo rigidissimi (un uso protrattosi dai tempi della Prima Guerra mondiale, quando si voleva impedire il consumo di alcolici a chi lavorava nelle fabbriche di munizioni), nel nuovo

millennio sono diventati molto più flessibili al punto che, dal 2006, i pub possono teoricamente restare aperti 24 ore su 24.
*Anche se siete astemi, una visita a un vero pub (**inn**, locanda, **tavern**, taverna, o **alehouse** che sia) è d'obbligo se si vuole apprezzare questa gemma della cultura popolare.*

*Una nota a margine: avete visto che, oltre a **kitchen** e **cooking**, in inglese esiste un'altra parola per parlare di cucina, ovvero **cuisine** (l'abbiamo incontrata nella frase 8 di questa lezione). Qual è la differenza tra questi termini? Semplice: per **kitchen** s'intende la stanza, mentre **cuisine** è la versione raffinata ed esotica di **cooking**, che indica piuttosto la cucina fatta in casa:* **The cuisine of India is as varied as the country itself**, La cucina indiana è varia quanto l'India stessa.

Twentieth lesson

The North-South divide

1 – So how do you find living down south, Brian? You must really like it.
2 – Don't be daft [1]. If it weren't [2] for my [3] job, I'd be back up north like a shot.

Note

1 **daft** è un aggettivo che, pur senza essere volgare, denota una certa confidenza tra gli interlocutori che lo usano, ed equivale all'italiano *scemo, stupido*: **That was a daft thing to do**, *È stata una sciocchezza*. Ascoltate attentamente l'accento del nord, con la sua "a" breve (*daft*) al posto di quella lunga (*da:ft*) che sentirete dai madrelingua con l'accento standard e nella seconda frase dell'esercizio 1.

2 Ecco un esempio di congiuntivo (imperfetto). Nella lezione 19, frase 16, abbiamo visto l'espressione **if it was not for**, ovvero *se non fosse per,* **If it wasn't for the slow service, the new gastropub would be perfect**, *Se non fosse per la lentezza del servizio, il nuovo gastropub sarebbe perfet-*

Avrete di certo notato che, da tre settimane a questa parte, stiamo lavorando molto sul lessico. Infatti il vasto serbatoio lessicale di questa lingua è uno degli scogli più ardui per gli studenti che vogliono perfezionare il proprio inglese. Evidentemente non possiamo - né vogliamo - spiegare ogni parola nuova; è per questo che nell'introduzione vi abbiamo consigliato di procurarvi un buon dizionario. Sappiamo bene che si può capire un testo nel suo complesso senza conoscere per forza ogni singola parola (può succedere anche con un testo scritto nella nostra lingua, no?), per cui cerchiamo semplicemente di farvi cogliere certe sfumature o di aiutarvi ad assimilare una parola che presenta molte accezioni, come fancy, *presentandovele nel loro contesto. Abbiate fiducia!*

Ventesima lezione

Il divario tra nord e sud

1 – Allora, Brian, come ti sembra la vita al sud? Deve proprio piacerti.
2 – Non dire sciocchezze. Se non fosse per il mio lavoro, me ne tornerei subito al nord.

to. In un linguaggio più sostenuto si può sostituire il passato **was** con il congiuntivo **were** senza cambiare il senso della frase: **If it weren't for the slow service**, *Se non fosse per la lentezza del servizio* ecc. Vedi anche lezione 16, frase 15.

3 Ascoltate attentamente le registrazioni: sentirete che **my** viene pronunciato *mi:* anziché *mai*. Si tratta di una delle caratteristiche dell'accento inglese settentrionale (ma avviene lo stesso fenomeno anche in alcune regioni del sud). Quando uno scrittore o un dialoghista vogliono rendere quest'accento, scrivono **me**: "If it weren't for me job" (si tratta ovviamente di un errore di grammatica). Più avanti, nella frase 16, sentirete un altro esempio di pronuncia regionale: **you** diventa *jë*.

20 / Twentieth lesson

3 – Oh come on, surely you don't mean that you'd rather move back to Yorkshire?
4 – Too right I would [4]! Folk [5] here are far too snooty [6] and unfriendly.
5 I get really brassed off [7] with people who think that the north country is all flat caps and *Coronation Street*.
6 I only wish they'd go and see what things are really like. They'd soon be laughing on the other side of their face [8].
7 – But surely, the north is not so affluent, people are less well-off and there's higher joblessness?

Note

4 Fra i tanti impieghi possibili di **right** c'è anche questo, che vi permette di approvare quello che ha appena affermato il vostro interlocutore: – **What a beautiful spot! – Too right**. – *Che bel posto! – Hai proprio ragione*. Per dare maggiore enfasi a questa "dimostrazione di solidarietà" si può riprendere l'ausiliare della frase precedente: – **Do you think she'll get the promotion? – Too right she will!!**, *Pensi che otterrà la promozione? – Ma certo!* Se invece non siete d'accordo con quello che è stato appena detto, potete volgere l'ausiliare alla forma negativa se la frase precedente è un'affermazione e viceversa, un po' come si fa nelle **question tags**: – **You can't ride a motorbike! – Too right I can**, *Non sai guidare il motorino! – Ma sì che lo so guidare*. È chiaro che queste espressioni sono caratteristiche di un registro colloquiale.

5 **folk** può essere sia aggettivo – **folk music**, *la musica folk* – sia un sostantivo plurale irregolare (e in tal caso vuol dire *la gente*). **City folk are always in a hurry**, *La gente di città ha sempre fretta*. Si può aggiungere una **-s** senza che cambi il senso del termine: **These are the folks I was telling you about**, *Questa è la gente di cui ti parlavo*. Il sostantivo **folk** vuole sempre il verbo al plurale.

Ventesima lezione / 20

3 – Oh, su, non vorrai certo dire che preferiresti tornare nello Yorkshire?
4 – Eccome se ci tornerei! Qui le persone sono *(fin)* troppo spocchiose e antipatiche *(scortesi)*.
5 Mi sono proprio scocciato di gente che pensa che al nord portino tutti la coppola e siano usciti da una puntata di *Coronation Street*.
6 Se solo andassero a vedere come stanno davvero le cose, la voglia di ridere gli passerebbe subito.
7 – Però il nord non è tanto ricco, la gente se la passa peggio e c'è più disoccupazione, non ti pare?

6 L'aggettivo **snooty** non vi è nuovo (l'avete già incontrato alla lezione 18, frase 11) e significa *spocchioso, snob, arrogante*. Viene dal termine colloquiale **snoot**, *naso*, e senza richiedere grandi sforzi di fantasia ci ricorda l'espressione "con la puzza sotto il naso" che ritroviamo poco più sotto (frase 16): l'aggettivo **toffee-nosed** (lett. con il naso color caramello!) ha proprio questo senso. Curiosa la sua origine: dopo aver annusato del tabacco da fiuto – abitudine frequente per l'alta borghesia inglese d'antan – si formano delle piccole gocce color caramello sulla punta del naso…

7 **brass**, *ottone*; **to be brassed off**, *essere stufo*, è una frase idiomatica tipica dell'Inghilterra settentrionale: nella Marina reale una delle punizioni che venivano inflitte era quella di dover lucidare gli ottoni per tutto il giorno, compito ingrato che metteva di cattivo umore. L'accento del nord si fa sentire anche qui: **brassed** si pronuncia con la "a" breve (*brast*) e non *bra:st* come nella pronuncia standard.

8 **to laugh on the other side of one's face** (lett. ridere dall'altra parte della faccia) significa *farsi passare la voglia di ridere* o *smettere di ridere*: **People who mocked Bell's invention were soon laughing on the other side of their face**, *Quelli che deridevano l'invenzione di Bell hanno smesso presto di ridere*.

one hundred and fifty-six • 156

20 / Twentieth lesson

8 – That may once have been the case [9], but things have changed radically over the past few decades.
9 We've had urban regeneration; companies are relocating to northern towns and cities;
10 the standard of living has improved; and the way of life is much more laid back [10].
11 Anyway, this isn't exactly a paradise, is it? You can't find accommodation for love nor money [11];
12 the cost of living is astronomical; public transport's a joke;
13 and the pollution is so bad you can hear the birds coughing in the morning.
14 – But you can't seriously be suggesting that you're better-off [12] than we are?
15 – Could it be that you're looking at things through rose-coloured glasses [13]?

Note

[9] Attenzione a quest'uso del termine **case**: una frase fatta come **That's not the case** non si traduce "Non è il caso", bensì *Non è così, non è vero*.

[10] L'aggettivo **laid back** (o **laid-back**), *tranquillo, rilassato*, è un altro termine colloquiale; letteralmente "disteso all'indietro", suggerisce l'immagine di uno che reclina una sedia a sdraio all'indietro, ci si distende sopra, porta le mani dietro la nuca e socchiude beatamente gli occhi. **Shan never worries. I admire her laid-back approach to life**, *Shan non è mai preoccupata. Ammiro il suo modo di fare rilassato*.

[11] L'espressione **for love (n)or money** (lett. per amore o per soldi) ricorre nelle frasi negative e significa *non c'è verso, a nessun costo*. **You can't get tickets to the Staxx concert for love nor money**, *Non c'è verso di trovare dei biglietti per il concerto degli Staxx*. In altri contesti può avere il senso di *per niente al mondo, per tutto l'oro del mondo*:

Ventesima lezione / 20

8 – Forse era così una volta, ma negli ultimi decenni le cose sono cambiate radicalmente.
9 Abbiamo avuto il risanamento urbano, le aziende si stanno trasferendo nelle città del nord,
10 il tenore di vita è migliorato; inoltre si vive molto più tranquillamente *(il modo di vivere è molto più rilassato)*.
11 E poi qui non è esattamente un paradiso, tu che dici? Non c'è verso di trovare un alloggio;
12 il costo della vita è altissimo, i mezzi pubblici sono da barzelletta,
13 e c'è tanto di quell'inquinamento che al mattino si sentono gli uccelli tossire.
14 – Non vorrai farmi credere che al nord state meglio di noi!
15 Non è che vedi le cose con troppo ottimismo? *(stai guardando le cose attraverso occhiali colorati di rosa)*

I wouldn't live up north for love or money, *Non andrei a vivere al nord per tutto l'oro del mondo.*

12 L'avverbio **well**, *bene*, si presta anche a formare aggettivi composti come **well-off**, *agiato, benestante*. Logicamente, per formare il comparativo e il superlativo di questi aggettivi, è sufficiente usare rispettivamente **better** e **best**, ma è possibile anche dire **more well-off** al posto di **better-off** (che però è più elegante). Il comparativo di minoranza è **less well-off**, *meno agiato*, oppure **worse-off**.

13 **to see something through rose-coloured glasses** ricorda il nostro modo di dire "vedere tutto color di rosa" e si può tradurre liberamente con *vedere qualcosa con troppo ottimismo*: **The labour ministry is looking at the unemployment figures through rose-coloured glasses**, *Il Ministero del Lavoro è troppo ottimista per quanto riguarda le cifre sulla disoccupazione.* Negli altri casi l'aggettivo *rosa* si dice **pink**.

20 / Twentieth lesson

16 – No way! And let me tell you another thing, you toffee-nosed southerner:
17 up north, we're down-to-earth, straight-talking, no-nonsense [14] people.
18 – Keep your shirt on! [15] I was just winding you up [16]. I know you're right.
19 – You'd better watch yourself, lad [17], unless you want a kick in the teeth.
20 Where I come from, "He were [18] a bloody [19] southerner" is a legal defence.

Note

14 Letteralmente **nonsense** è un'*assurdità*, un *controsenso*, ma come intuirete questa parola ha parecchie accezioni legate all'idea di assurdo. Per esempio, per contraddire l'interlocutore, si può dire **That's absurd!** oppure, in modo più espressivo, **That's nonsense!**, *Che sciocchezza!* Al contrario, una cosa o una persona che è **no-nonsense** è pratica e spiccia. Vi potrà capitare di vedere in una libreria caterve di guide e manuali intitolati **The No-Nonsense Guide to Computer Programming**, *Guida pratica alla programmazione*. Si dice che i nativi dell'Inghilterra settentrionale siano spesso *franchi e decisi*, **no-nonsense**, e *terra terra* (o più diplomaticamente *coi piedi per terra*), **down-to-earth**.

15 Ennesima frase idiomatica e d'uso colloquiale di questa lezione, va sempre all'imperativo e si traduce con *Stai calmo!, Non te la prendere!* Non è difficile pensare a un tizio che si leva la camicia per fare a botte. Una variante possibile è **Keep your hair on!** (lett. Tieniti i capelli).

16 Come transitivo, **to wind up** ha il senso di *avvolgere* o *caricare*: **The advantage of a digital watch is that you don't have to wind it up**, *Il vantaggio di un orologio digitale è che non devi caricarlo*. La frase idiomatica **to wind someone up** ha però ben altro significato, ovvero *prendere in giro, stuzzicare*: **If you don't stop winding him up, he's going to get angry**, *Se non la smetti di prenderlo in giro, si arrabbierà*.

Ventesima lezione / 20

16 — Assolutamente no! E se vuoi proprio saperlo, caro il mio meridionale con la puzza sotto il naso,
17 noi del nord siamo gente con i piedi per terra, schietta e pratica.
18 — Non te la prendere! Stavo solo prendendoti in giro. Lo so che hai ragione.
19 — Faresti meglio a stare attento, ragazzo, se non vuoi che ti dia una lezione *(un calcio nei denti)*.
20 Dalle mie parti sostenere "Era un dannato meridionale" è un'attenuante.

---

17 Al singolare **lad** significa *ragazzo*, ma il plurale **the lads** indica un gruppo di amici in generale, composto da uomini e donne: **He goes to the pub every night with the lads**, *Ogni sera va al pub con gli amici*.

18 Com'è noto, **was** è sia la prima che la terza persona singolare del passato di **to be**, ma in alcuni dialetti o varianti regionali dell'inglese è **were** (**when I were a lad** anziché **when I was a lad**, per esempio). Vi segnaliamo quest'uso affinché siate in grado di riconoscerlo, non per invitarvi a seguirlo.

19 **bloody** (da **blood**, *sangue*) vuol dire letteralmente *insanguinato*. In inglese colloquiale si usa come rafforzativo (con funzione di aggettivo o di avverbio) per esprimere rabbia, malumore, stupore ecc. Più o meno si può tradurre con *maledetto* o *del cavolo*, in un contesto certamente confidenziale ma non volgare come è invece nel caso di **fucking** (*fottuto* o peggio!): **The bloody internet connection is down**, *'Sta maledetta connessione a Internet non funziona*; o ancora, **What the bloody hell are you doing?**, *Ma che cavolo stai facendo?* Sarà comunque bene non ricorrere a questo termine, che potrebbe urtare i vostri interlocutori: in origine faceva riferimento al sangue di Cristo. Vale insomma più o meno lo stesso discorso che abbiamo appena fatto per **were** nella nota precedente e per altre parole gergali o molto colloquiali: è ottima cosa saperle riconoscere per capire lo stato d'animo di chi parla, ma è rischioso impiegarle perché non potete essere sicuri dell'effetto che possono fare su chi vi ascolta.

one hundred and sixty

Exercise 1 – Translate
1. When I asked them for a loan, they laughed in my face.
2. Are you from London? – Don't be daft, I'm from up north.
3. He can't seriously be suggesting that DelRoy's a good artist.
4. If he asked me to help him, I'd do it like a shot.
5. Half the households in the US will be unable to maintain their living standards in ten years' time.

Exercise 2 – Fill in the missing words
1. Se non fosse per la lentezza del servizio, il nuovo gastropub sarebbe perfetto.
   .... the slow service, the new gastropub .... perfect.

2. Quelli che deridevano la sua invenzione hanno smesso presto di ridere.
   ..... who mocked his invention ....
   the .... of ....

3. Non c'è verso di trovare i biglietti per il concerto.
   You can't get tickets to the concert ... .

4. Il ministero è troppo ottimista sulle statistiche *(sta guardando le cifre attraverso occhiali colorati di rosa)*.
   The ministry is .... the ....
   ....

5. Quando ero giovane, non avevamo tutti questi giochi elettronici per divertirci *(con cui giocare)*.
   .... a ..., ... all these electronic games ....

Tradizionalmente il nord della Gran Bretagna era considerato svantaggiato, più povero, con più disoccupazione e meno sviluppo sotto l'aspetto economico e culturale rispetto al sud. Si tratta del famoso **North-South divide**, *il divario tra nord e sud, che fa scorrere i proverbiali fiumi d'inchiostro (non solo in Italia, dunque) nei giornali, negli studi sociologici ecc. Da tempo i vari governi succedutisi negano l'esistenza di questo divario in nome delle pari opportunità e di fatto*

Ventesima lezione / 20

Soluzioni dell'esercizio 1

❶ Quando ho chiesto loro un prestito, mi hanno riso in faccia. ❷ – Sei di Londra? – Non dire sciocchezze, sono del nord. ❸ Non può venire a dire che DelRoy è un bravo artista. ❹ Se mi chiedesse di aiutarlo, lo farei all'istante. ❺ Fra dieci anni, negli Stati Uniti metà delle famiglie non riuscirà a mantenere il suo tenore di vita.

Soluzioni dell'esercizio 2

❶ If it weren't for – would be – ❷ Those – were soon laughing on – other side – their face ❸ – for love nor money ❹ – looking at – figures through rose-coloured glasses ❺ When I was – lad, we didn't have – to play with

non si può dire che le differenze tra i due poli del Paese siano poi così grandi. A tal proposito sarà opportuno qualche cenno storico: il nord è stato la culla della rivoluzione industriale e dell'industria pesante e la crisi del settore avvenuta dopo la Seconda Guerra mondiale segnò un trasferimento di ricchezza e una migrazione interna dal nord al sud. Questa divisione tra macroregioni si è mantenuta fino agli anni '80. Da allora il nord si è ripreso e sta recuperando il "ritardo": i disagi di un tempo (prezzi immobiliari bassi, grandi aree non edificate ecc.) si sono trasformati in vantaggi. Certo la differenza di ricchezza si fa ancora sentire, ma gli stereotipi stanno scomparendo, anche se l'idea che i "nordisti" siano più aperti e calorosi e i "sudisti" più distaccati e riservati è ancora dura a morire. Se è dunque vero che il divario economico tra nord e sud si sta assottigliando, quello psicologico, invece, è ancora netto! I riferimenti culturali, soprattutto a livello popolare, costituiscono un fattore importante per il perfezionamento del vostro inglese, perché, visti dall'esterno, possono rivelarsi ermetici e difficili da cogliere. Ne sono un buon esempio le trasmissioni televisive "cult":

alcune sono state esportate, ma la maggioranza non ha varcato i patrii confini e ha spesso avuto una durata limitata. Tuttavia la stampa popolare vi fa quotidianamente riferimento e alcuni personaggi sono divenuti dei divi nazionali (più raramente internazionali), per cui sarà bene soffermarcisi un momento.
Due serie televisive divenute delle vere e proprie istituzioni nazionali sono **EastEnders**, *che è iniziata nel 1985 e racconta vita e amori d'una ventina di personaggi che abitano in un quartiere popolare del-*

21

Twenty-first lesson

Revision – Ripasso

1 Il congiuntivo

Tanto per cominciare, due buone notizie: la prima è che il congiuntivo in inglese si usa raramente, la seconda è che è identico all'imperativo, ovvero all'infinito senza **to**, ed è uguale per tutte le persone, motivo per cui molti anglofoni se ne servono senza nemmeno rendersene conto, per esempio nella locuzione **be that as it may** (lezione 18, nota 5). Ricordiamo che l'inglese fa un uso estremamente parco delle desinenze verbali, che sono pochissime, specie in confronto all'italiano e alle lingue romanze in genere. Il problema è un altro: quand'è che ci vuole il congiuntivo? Per esempio, si può mettere dopo espressioni impersonali come **it is important**, **it is vital**, **if need** ecc.:
It is important that he finish writing the memo before the close of business, *È importante che lui finisca di scrivere l'appunto prima della chiusura.*
It is vital that the machine be switched off before opening the case, *È indispensabile che la macchina venga spenta prima di aprirne l'involucro.*

Queste espressioni sono grammaticalmente corrette – e caratteristiche di un registro sostenuto – ma suonano strane all'orecchio. Nel linguaggio corrente si usa aggiungere un ausiliare del condizionale, **should**, senza che il senso delle frasi si modifichi:

la Londra orientale, ma soprattutto **Coronation Street**, *la cui prima puntata risale addirittura al 1960. Questa trasmissione cult, sempre ai primi posti nelle classifiche degli ascolti, narra le vicende quotidiane degli abitanti di un'immaginaria città industriale del nord e a volte viene accusata di essere un po' macchiettistica perché oggi, nella realtà, gli abitanti di sesso maschile non portano più la* coppola *(***flat cap***) che un tempo era il tipico copricapo dell'Inghilterra settentrionale. Ciò nonostante,* **Coronation Street** *è sempre molto seguita dal pubblico.*

Ventunesima lezione

It is important that he should finish writing the memo before the close of business.
It is vital that the machine should be switched off before opening the case.
Infatti, in molti casi, il condizionale sostituisce il congiuntivo, che tuttavia "si prende la rivincita" in altri tipi di espressioni che vedremo la prossima settimana.

Il verbo **to be** presenta due voci al congiuntivo: **be** e **were**. Quest'ultimo si usa abbastanza spesso in due costruzioni che esprimono un desiderio inesaudito o irrealizzabile e sono ben note agli studenti d'inglese:
If I were ten years younger, I would take up squash, *Se avessi dieci anni di meno, imparerei a giocare a squash.*
I wish I were back home in bed, *Se solo fossi rimasto a letto!*
Cambiando il soggetto, la costruzione non cambia (**If she were ten years younger, He wishes that he were back in bed** ecc.), ma si può anche scegliere la forma classica con **was**: **If I was ten years younger, He wishes he was back in bed**; il senso è lo stesso.

2 La posizione delle preposizioni

In genere, in un registro formale, non è elegante terminare una frase o una domanda con una preposizione. Nel caso dei verbi frasali (per esempio **to wait for**, *aspettare*, o **to live in**, *abitare*), però, questa regola di correttezza può crearci dei problemi, perché

osservandola verrebbero fuori delle frasi che in inglese suonano innaturali:
Here is the fax for which we have been waiting, *Ecco il fax che stavamo aspettando.*
I do not like the flat in which he lives, *Non mi piace l'appartamento in cui abita.*
Per un inglese è infatti molto più naturale mantenere vicini il verbo e la preposizione; così, in inglese corrente, entrambi questi elementi vengono spostati alla fine della frase:
Here's the fax which we have been waiting for.
I don't like the flat which he lives in.
Una tendenza, questa, che è ancora più frequente con le forme interrogative:
Where are you going to?, *Dove andate?* suona più naturale di **To where are you going?**
Analogamente, **What are you thinking about?**, *A cosa stai pensando?* scorre meglio di **About what are you thinking?**
Ad ogni buon conto, se vi rimproverassero perché usate la costruzione colloquiale invece dell'altra, potreste difendervi chiamando in causa nientemeno che Winston Churchill. Un giorno uno dei suoi consiglieri lesse e modificò la bozza di un discorso che il celebre politico avrebbe dovuto pronunciare il giorno dopo, "correggendone" tutte le frasi che terminavano con una preposizione. Churchill – che tra le altre cose vinse anche il Premio Nobel per la letteratura nel 1953 – si arrabbiò perché il testo aveva perso la sua spontaneità e riprese il disgraziato burocrate con queste parole non prive di humour: **This is the type of pendantry up with which I will not put** (anziché **This is the type of pendantry I will not put up with**, molto più naturale per un anglosassone).

3 *who* o *whom*?

Un altro problema grammaticale riguarda il pronome relativo e pronome interrogativo **whom**, che in inglese dovrebbe tradurre rispettivamente *che* o *chi?* sempre con funzione di complemento. Diciamo "dovrebbe" perché nell'inglese corrente viene generalmente evitato. Per esempio, la frase seguente è assolutamente corretta dal punto di vista grammaticale:
The film celebrates the life of a woman whom everybody adored, *Il film rende omaggio alla vita di una donna che tutti adoravano.*

Tuttavia, **whom** suona molto formale e viene sostituito spesso e volentieri con **who**:
The film celebrates the life of a woman who everybody adored.
Un errore di grammatica? Probabilmente non lo sarà più per molto. Questa tendenza è ancora più diffusa nelle frasi interrogative: al posto di **Whom did you see?**, *Chi hai visto?* o ancora **Whom is she marrying?**, *Con chi si sposa?* nel linguaggio corrente si dice tranquillamente **Who did you see?**, **Who is she marrying?**

Per quanto riguarda le strutture "verbo + preposizione", gli strappi alla regola sono ancora più frequenti. Formule interrogative come queste:
To whom did you give the package?, *A chi hai dato il pacco?*
With whom are you having dinner?, *Con chi ceni?*
diventano:
Who did you give the package to? e **Who are you having dinner with?**
La sola costruzione in cui **whom** oppone ancora una fiera resistenza è quella in cui questo pronome è preceduto da **of** e si riferisce a una persona (lezione 15, nota 3):
She has three sons, the eldest of whom is eighteen, *Ha tre figli, il maggiore dei quali ha 18 anni.*
Nel complesso, questa semplificazione non può che farvi piacere, vero? Anche se non mancheranno quelli che storcono il naso, nell'inglese contemporaneo la sostituzione di **whom** con **who** è ormai accettata ed è ammessa anche nella lingua scritta. Se vi accusassero di improprietà grammaticale, pensate al buon vecchio Winston! Presto vedremo come risolvere il problema della scelta tra **who** e **whom**, insidioso per gli stessi anglofoni, sopprimendo il pronome relativo...

4 rather e prefer

Queste due parole ci permettono, in combinazione con l'ausiliare del condizionale **would**, di esprimere educatamente una preferenza o chiedere al nostro interlocutore di non fare o smettere di fare qualcosa. La differenza tra i due termini riguarda soltanto la costruzione delle frasi. Cominciamo con **rather**:
I would rather that you didn't tell anyone about our meeting, *Preferirei che non tu parlassi a nessuno del nostro incontro.*

He would rather that you postpone the conference, *Preferirebbe che tu rimandassi la conferenza.*
Nell'inglese parlato si tende a omettere il **that**:
I'd rather you didn't tell anyone about our meeting.
He'd rather you postpone the conference.
Se **rather** è seguito da un verbo, questo va all'infinito senza **to**:
We'd rather leave early so as to avoid the traffic, *Preferiremmo partire presto per evitare il traffico.*
Se qualcuno vi chiede il permesso di fare qualcosa e volete opporgli un rifiuto elegante, usate **rather** volgendo l'ausiliare al congiuntivo imperfetto:
– Do you mind if I open the window? – I'd rather you didn't, *– Le dispiace se apro la finestra? – Preferirei di no.*
Con **rather** potrete anche rifiutare un invito:
– Do you want to come to the office party? – I'd rather not, *– Vuoi venire alla festa dell'ufficio? – Grazie, preferirei di no.*
L'impiego del verbo **to prefer** prevede tre costruzioni possibili. Per dire *Preferirei che Lei utilizzasse il mio cognome da nubile*, si può scegliere tra:
I'd prefer that you use my maiden name.
I'd prefer you to use my maiden name.
I'd prefer it if you would use my maiden name.
La terza frase è forse più educata per via dei due condizionali, mentre le prime due sono più concise. In ogni caso, il senso è identico in tutte e tre le frasi.

5 Verbi regolari e irregolari contemporaneamente

Il lessicologo americano Noah Webster (1758-1843) era un riformatore: dato che la giovane repubblica degli Stati Uniti aveva adottato l'inglese (anziché il tedesco, il greco o una lingua autoctona) come lingua ufficiale, voleva semplificarlo e renderlo più chiaro e logico. Webster intraprese una riforma ortografica radicale, i cui effetti sono ravvisabili ancora oggi. "Perché i britannici scrivono **centre** e leggono **center**?" si chiedeva Webster, che si mise a semplificare l'ortografia e la pronuncia per eliminare le irregolarità.
Molte delle sue riforme non hanno resistito alla prova del tempo, ma altre hanno attecchito: in particolare, alcuni verbi sono stati "regolarizzati" nell'inglese americano, mentre in quello britannico

Ventunesima lezione / 21

presentano sia la forma regolare che quella irregolare a causa dell'influsso dell'American English (AE) sul British English (BE). Ecco i verbi più frequenti con questa caratteristica:

to burn, *bruciare*:
We burnt the pancakes, *Abbiamo bruciato le frittelle* (BE).
We burned the pancakes (AE e BE).
to dream, *sognare*:
I dreamt I was flying, *Ho sognato che stavo volando* (BE).
I dreamed I was flying (AE e BE).
to learn, *imparare*:
She learnt French at school, *Ha imparato il francese a scuola* (BE).
She learned French at school (AE e BE).
to smell, *odorare, fiutare*:
He smelt the milk, *Odorò il latte* (BE).
He smelled the milk (AE e BE).
to spoil, *guastare, rovinare*:
You've spoilt the surprise, *Hai rovinato la sorpresa* (BE).
You've spoiled the surprise (AE e BE).

▶ Esercizio di ripasso

Sostituite le espressioni in verde con le locuzioni idiomatiche che abbiamo incontrato questa settimana.

We're late. We had better **leave very quickly**.
Where do you want to go? – **I have no preference**, give me an idea.
I want to **go where not many other people g**o.
I'm **trying very hard** to find a suggestion.
If you tell me we're going to Scotland, I'll **leave immediately**.
But if you are trying to **make me angry**, you will soon **regret it**.

Soluzioni

We're late. We had better **get cracking**.
Where do you want to go? – **It's all the same to me,** give me an idea.
I want to **get off the beaten track**.
I'm **doing my utmost** to find a suggestion.
If you tell me we're going to Scotland, I'll **be off like a shot**.
But if you are trying to **wind me up**, you will soon **be laughing on the other side of your face**.

one hundred and sixty-eight

L'obiettivo del nostro corso di perfezionamento non è farvi usare tutte le parole o tutte le espressioni che incontrate (o ripassate) ogni giorno, bensì darvi modo di assimilare regole o consuetudini che ritroverete in varie situazioni e che sarete in grado di comprendere e applicare senza dover cercare di capire il senso di tutte le parole.

Twenty-second lesson

The city of the future

1 With UK cities expanding at an alarming rate and gobbling up [1] smaller towns and villages,
2 much thought has been given to urban living and to the future shape of built-up environments.
3 Key stakeholders [2] are addressing issues [3] such as sustainability, eco-conscious design and energy efficiency

Note

1 Dall'onomatopea **gobble**, *gloglottio*, che riproduce il verso del tacchino, è derivato il verbo **to gobble**, *ingurgitare*. Con l'aggiunta di una preposizione si ottengono sfumature diverse: **to gobble down**, *trangugiare (del cibo)*; **to gobble up**, *divorare* o, in senso figurato, *inglobare*: **The private equity firm Venture gobbled up three more companies last week**, *La settimana scorsa la Venture, società di private equity (azienda che investe in attività finanziarie), ha inglobato altre tre aziende.*

2 **stake** è una delle moltissime parole inglesi con tante accezioni. Tra i suoi numerosi significati c'è quello di *posta in gioco*, sia in senso proprio che figurato (in quest'ultimo caso va al plurale): **The project is vital and the stakes are very high**, *Il progetto è d'importanza fondamentale e la posta in gioco è altissima.* Il termine **stakeholder** fa parte del lessico socioeco-

D'ora in poi limiteremo le spiegazioni a questi elementi di primaria importanza per non appesantire il vostro studio, mentre voi potrete cercare su un dizionario i termini che vi risultano ostici. Tuttavia, anche nella vostra lingua materna può capitarvi di non capire tutte le parole di una frase o di non afferrarne completamente il senso.
Ready? Let's go on! *Siete pronti? Andiamo avanti!*

Ventiduesima lezione

La città del futuro

1 Poiché le città britanniche si espandono a una velocità allarmante, inglobando centri e paesi più piccoli,
2 si è riflettuto molto sulla vita urbana e sull'aspetto futuro degli ambienti costruiti.
3 Le principali parti interessate si stanno occupando di questioni come la sostenibilità, il design eco-consapevole e l'efficienza energetica,

---

nomico e indica una *parte in causa* (o *interessata*): **The minister invited all the stakeholders to the summit meeting**, *Il ministro ha invitato al vertice tutte le parti interessate.*

3 Dopo **stake** ecco un'altra parola multiuso, ovvero **issue** (sostantivo e verbo). Uno dei suoi significati più comuni è *problema, questione*, e un'espressione frequente in cui compare è **to address an issue**, *affrontare un problema, occuparsi di una questione*: **We urgently need to address the issue of sustainable development**: *Dobbiamo occuparci urgentemente della questione dello sviluppo sostenibile.* Un'altra accezione è *copia, numero* (di una rivista): **This week's issue of Time Magazine has a great article on global warming**, *Sul numero di Time Magazine di questa settimana c'è un ottimo articolo sul riscaldamento globale.*

4 alongside more bread-and-butter matters [4] such as crime and the safety, security [5] and wellbeing of city dwellers [6].

5 But existing cities also have to compete with each other for ever [7] dwindling resources, be [8] they financial, human or intangible.

6 Not all cities have the means to prosper, whether [9] for geographical, historical or financial reasons.

Note

[4] Cosa c'è di più quotidiano e necessario del pane e del burro? L'espressione **bread and butter** può fungere da aggettivo (in genere con l'aggiunta dei trattini fra una parola e l'altra) o da sostantivo col significato di *lavoro principale*: **I write books but teaching is my bread and butter**, *Scrivo libri, ma il pane me lo guadagno facendo l'insegnante*. Se vi propongono di mangiare un **bread and butter pudding**, però, sappiate che non si tratta di un dessert qualunque, ma di un tipico dolce inglese a base di pane e burro.

[5] Ricordate la differenza tra **safety** e **security**? No? Rileggete allora la nota 12 della lezione 5, che integriamo in questa aggiungendo un altro significato di **security**, *senso di sicurezza* oppure (anche per evitare una fastidiosa ripetizione nel testo italiano a fronte) *tranquillità*.

[6] **to dwell**, *abitare, vivere, soggiornare*, è un termine piuttosto formale ed elevato: **The programme looks at the strange creatures that dwell in the ocean's depths**, *La trasmissione si occupa delle strane creature che vivono nelle profondità dell'oceano*. Talvolta è anche un termine poetico: **"God appears & God is light / To those poor souls who dwell in Night"**, *"Dio appare e Dio è luce / Per le povere anime che dimorano nelle Tenebre"*. Molto più comune, invece, è il sostantivo **dweller**, *abitante*: **country dweller**, *campagnolo*; **city dweller**, *cittadino*.

4 oltre che di problemi più concreti come la criminalità e la sicurezza, la tranquillità e il benessere dei cittadini.
5 Tuttavia, le città attuali devono anche competere tra loro per accaparrarsi risorse che sono sempre più scarse, siano esse finanziarie, umane o intangibili.
6 Non tutte le città hanno i mezzi per prosperare, sia per ragioni geografiche, sia per ragioni storiche o finanziarie.

7 L'avverbio **ever** può servire a rafforzare un aggettivo al grado comparativo o un verbo con la forma in **-ing**: **Industry is becoming ever more aware of its environmental responsibilites**, *Il settore dell'industria è sempre più consapevole delle sue responsabilità nei confronti dell'ambiente*; **Our university is attracting ever increasing numbers of foreign students**, *La nostra università sta attirando un numero sempre crescente di studenti stranieri*. In un registro meno sostenuto, al posto di **ever** potete usare **constantly** o **continually**.

8 Ecco di nuovo il congiuntivo del verbo **to be** (lezione 21, § 1), che può introdurre una serie di possibilità o una scelta, esattamente come in italiano: **Take care when freezing food, be it cooked, processed or raw**, *Fai attenzione quando congeli il cibo, sia esso cotto, trattato o crudo*; **This government's policies, be they domestic or foreign, are misguided**, *La politica di questo governo, sia interna che estera, è sbagliata*. Come intuirete, si tratta sempre di un registro molto formale.

9 Torniamo un momento alla nota precedente: **be it...** è una variante di **whether it be** (**whether it be cooked, processed or raw**). Per risparmiare tempo, facciamo a meno di **whether** e scambiamo di posto **it** e **be**. Nella frase 6 togliamo il verbo (**whether [it be] for geographical, historical or financial reasons**): **Travel to this region, whether for business or pleasure, is not advised**, *Si sconsiglia di viaggiare in questa regione, sia per motivi d'affari che di piacere*. Si può anche usare **whether it be**, ma in tal caso la frase, benché correttissima, perderebbe in concisione.

22 / Twenty-second lesson

7 Others have such economic or political clout [10] that when they sneeze, the rest of Britain catches cold.

8 Planners and city managers are for ever [11] on the lookout for ways to "brand" [12] their product

9 and to develop their Unique Selling Proposition [13] that will draw in businesses, talent or even simply tourism.

10 For example, a major retail or cultural facility or a historical monument can swiftly put a city on the map [14].

11 Other places make their mark by being a transport hub or a gateway to other areas of the country.

Note

[10] Il sostantivo **clout** significa in primo luogo *colpo* (in genere inferto con le mani), ma in senso figurato vuol dire *influsso, potere*: **The new committees have considerable clout in terms of appointments**, *I nuovi comitati esercitano un influsso ragguardevole per quanto riguarda le nomine*.

[11] Ecco un'altra espressione un po' particolare che contiene **ever** (vedi la nota 7 di questa stessa lezione), da non confondere con **for ever** nel senso di *per sempre*: **She said she would remember him for ever**, *Disse che si sarebbe ricordata di lui per sempre*. Qui **for ever** è invece un sinonimo di **always**, *sempre, continuamente*, e in tal caso viene spesso scritto in una sola parola: **He's always complaining about his boss**, *Si lamenta in continuazione del suo capo* → **He's forever complaining about his boss**.

[12] **a brand**, *un marchio di fabbrica* (o *una marca*). Originariamente si faceva distinzione tra le marche dei beni di consumo (che venivano chiamate **brand**) e i prodotti durevoli (**make**): **What make of car does she drive?**, *Che (marca di) auto guida?* Tuttavia, **brand** prende sempre più il

Ventiduesima lezione / 22

7 Altre hanno una tale influenza economica o politica che, quando starnutiscono, il resto della Gran Bretagna prende il raffreddore.
8 Gli urbanisti e gli amministratori delle città sono continuamente alla ricerca di un sistema per promuovere il loro prodotto
9 e sviluppare la loro proposta unica di vendita che attirerà le aziende, il talento o semplicemente il turismo.
10 Per esempio, un grande centro commerciale o culturale, o ancora un monumento storico, possono portare rapidamente alla ribalta una città.
11 Altre località sono invece note perché sono punti di interscambio per i trasporti o di accesso ad altre regioni del Paese.

---

sopravvento e il verbo **to brand** significa *creare* o *apporre un marchio*, oppure, in senso figurato, *promuovere*: **MicroWave is trying to brand its technologies with catchy names**, *La MicroWave sta cercando di promuovere le sue tecnologie con nomi accattivanti*. Sono sempre di più gli agglomerati urbani che cercano di costruirsi un'identità propria come se fossero marchi di fabbrica…

13 **Unique Selling Proposition** (o **Unique Selling Point**, che è lo stesso) è un termine del marketing che si può tradurre con *proposta unica* (o *esclusiva*) *di vendita* e indica la caratteristica che rende unico un prodotto. Si abbrevia con la sigla **USP**: **What's the product's USP?**, *Qual è la proposta unica di vendita del prodotto?*

14 L'espressione **to put xxx on the map** (lett. mettere xxx sulla mappa) vuol dire *rendere famoso* o *portare alla ribalta un luogo*, o *dargli lustro* grazie a un monumento, un evento storico o mediatico ecc.: **The Lowry museum put Salford on the map**, *Il museo Lowry ha reso celebre la città di Salford*. La stessa espressione può avere anche senso figurato: **The band's latest album has put them firmly on the map**, *L'ultimo album ha portato la band saldamente alla ribalta*.

22 / Twenty-second lesson

12 So cities with fewer jobs and less [15] opportunity will have to come to terms with the fact that,

13 in order to survive they will have to pool their resources and forge links with neighbours, possibly merging with them.

14 One way of laying the groundwork for the city of the future is to leverage [16] trendsetting technologies.

15 Tools such as e-government [17] and innovative consumer-focused solutions are already commonplace [18]

16 and a whole new breed of electronically delivered services are waiting in the wings.

17 But a forward-looking approach to harnessing these innovations is needed if they are to live up to their promise.

Note

15 Ricordiamo che *meno* si traduce con **less** quando fa riferimento a un nome non numerabile e con **fewer** se fa riferimento a un nome numerabile (lezione 8, nota 11).

16 **a lever**, *una leva*. Il sostantivo **leverage** è l'*azione* o l'*effetto di una leva* e, per estensione, *potere, influsso* (come **clout**): **Winning the election has given him greater leverage on his party**, *La vittoria alle elezioni ne ha accresciuto l'influenza sul suo partito*; **to leverage**, verbo di coniazione relativamente recente, suggerisce l'idea di "far leva" su qualcosa per ottenere un effetto: **We must leverage our resources to win market share**, *Dobbiamo impiegare le nostre risorse per conquistare quote di mercato*. In ambito finanziario, quest'effetto si ottiene con un prestito: **a leveraged buyout**, o **LBO**, è l'acquisizione di una società effettuata tramite capitale di prestito.

17 Il prefisso **e-** sta per **electronic**, *elettronico*: **e-money**, *moneta elettronica*. Il termine **e-government** indica i servizi amministrativi disponibili in rete e si traduce con *amministrazione digitale*.

12 Pertanto, le città con meno lavoro e meno opportunità dovranno entrare nell'ordine di idee che,
13 per sopravvivere, è necessario riunire le proprie risorse e stringere legami con i vicini, possibilmente amalgamandosi con loro.
14 Un modo per gettare le basi della città del futuro è impiegare le tecnologie di tendenza.
15 Strumenti come l'e-government e soluzioni innovative orientate al consumatore sono ormai di uso comune
16 ed è già in arrivo *(attende dietro le quinte)* **tutta una nuova generazione di servizi forniti per via telematica.**
17 Tuttavia, è necessaria un'impostazione lungimirante per sfruttare queste innovazioni se si vuole che siano all'altezza delle aspettative che suscitano.

THE CITY OF THE FUTURE

18 Come aggettivo, **commonplace** significa *banale, comune, ordinario*. Come sostantivo indica, com'è prevedibile, un *luogo comune*.

18 A case in point is the smart [19] home, which interacts with its occupants and keeps them safe and well.

19 We are all going to be able to live longer and healthier lives thanks to the awesome power of technology.

20 However, as an eminent scientist said recently when presenting a paper at an international gathering of designers:

21 "For the time being, my smart home feels remarkably thick [20]. All the elements have to be pulled together if they are to work seamlessly."

22 Sometimes, the future seems a long way off! □

Note

[19] L'aggettivo **smart**, *intelligente, accorto, scaltro*, in ambito tecnico indica una forte componente informatica o tecnologica: **a smart house** è una casa "intelligente", ossia gestibile mediante un sistema di controllo computerizzato.

***

Exercise 1 – Translate

❶ Our university is attracting a continually increasing number of foreign students. **❷** She's always on the lookout for ways to save money. **❸** He writes plays but teaching is his bread and butter. **❹** The government is becoming ever more aware of its environmental responsibilities. **❺** We need to leverage our resources to win market share.

Ventiduesima lezione / 22

18 Un esempio significativo è costituito dalla casa intelligente, che interagisce con chi ci abita garantendogli sicurezza e benessere.
19 Potremo vivere tutti più a lungo e più sani grazie alla potenza impressionante della tecnologia.
20 Tuttavia, come ha affermato recentemente un illustre scienziato in una comunicazione inviata a una riunione internazionale di progettisti,
21 "Per il momento, la mia casa intelligente mi sembra considerevolmente stupida. Tutti gli elementi devono interagire tra loro se si vuole che funzionino senza intoppi."
22 A volte il futuro sembra lontanissimo!

---

20 thick, *spesso*. In gergo, l'aggettivo significa *stupido, tonto*, ed è insomma il contrario di **smart**: **He was so thick, he thought the London Underground was a terrorist movement**, *Era così stupido da pensare che la rete sotterranea di Londra fosse un movimento terrorista* (si gioca sul termine **underground**, che oltre a *metropolitana* significa anche *movimento sotterraneo, clandestino*). Non è mai superfluo ripetere che il gergo è talmente ricco di sfumature e i contesti in cui viene impiegato sono così tanti che è meglio non fare sfoggio del suo lessico se non si è madrelingua.

***

Soluzioni dell'esercizio 1

❶ La nostra università sta attirando un numero sempre maggiore di studenti stranieri. ❷ Lei è sempre alla ricerca di sistemi per risparmiare soldi. ❸ Scrive opere teatrali, ma il pane se lo guadagna facendo l'insegnante. ❹ Il governo diventa sempre più consapevole delle sue responsabilità nei confronti dell'ambiente. ❺ Dobbiamo sfruttare le nostre risorse per conquistare quote di mercato.

Exercise 2 – Fill in the missing words

① Si è riflettuto molto sul design delle città future.
.... consideration ... ... the design of future cities.

② Non tutte le aziende sopravviveranno, ma tutte devono avere una proposta esclusiva di vendita.
... ... will survive, but .... a .... proposition.

③ Tutte le parti interessate sono state invitate a un vertice sul *(per affrontare il)* problema della povertà.
All the .... a summit meeting .. .. the ..... of poverty.

Twenty-third lesson

For or against?

1 – Welcome to another edition of VoxPop, the phone-in [1] programme that lets you, the listener, have your say on the key issues of the day.

Note

[1] **to phone**, *telefonare*; **to phone in**, *telefonare* per un motivo specifico: – Where's Jimmy? – He phoned in sick this morning, – *Dov'è Jimmy? – Ha telefonato stamattina per avvisare che stava male*; **to phone in a complaint**, *telefonare per sporgere reclamo*. Il sostantivo **a phone-in** (attenzione: ci vuole il trattino) indica una trasmissione in cui gli ascoltatori o gli spettatori possono chiamare in diretta.

❹ Non è consigliabile recarsi in questa regione, si tratti di un viaggio d'affari o di piacere.
Travel to this region, ..., is not advised.

❺ Abbiamo bisogno di un approccio lungimirante per sviluppare soluzioni orientate al consumatore.
We need a .... to .... solutions.

Soluzioni dell'esercizio 2
❶ Much – has been given to – ❷ Not all companies – they all need – Unique Selling – ❸ – stakeholders were invited to – to address – issue – ❹ – whether for business or pleasure – ❺ – forward-looking approach – delivering consumer-focused –

Ventitreesima lezione

Pro o contro?

1 – Benvenuti a una nuova puntata di VoxPop, la trasmissione che permette agli ascoltatori di chiamare in diretta e dire la loro sugli argomenti principali della giornata.

23 / Twenty-third lesson

2 Today's topic is city life: are you for it or against it? Would you rather be a townie [2] or a countryman?
3 Let's hear from our first caller, Wayne from Glasgow. Hi Wayne, what's your take on [3] this?
4 – Thanks. Love the show. I've got to say that I just adore living in a big city.
5 Not only do [4] I get to meet all kinds of interesting people, I can also get around easily by public transport,
6 eat out every night in a different place and never get tired of exploring. Cities are cool.
7 – Alright, let's go to Trudy in Gloucestershire. What have you got to say to Wayne, Trudy?
8 – Never have [5] I heard such a dumb [6] reason for living in a concrete jungle! I wouldn't be caught dead [7] in a city.

Pronuncia
*7 ... **glo**stëshë ...*

Note

2 Abbiamo incontrato il termine ufficiale per *cittadino* (**city dweller**) nella lezione 22 alla nota 6. Più colloquiale è invece **townie** (anche se abita in **a city**), che ha una sfumatura lievemente spregiativa e può suonare offensivo.

3 Tra i tanti significati di **take** c'è anche quello di *opinione, parere*: **What's your take on the issue of immigration?**, *Qual è il tuo parere sull'immigrazione?, Cosa ne pensi dell'immigrazione?*

4 La struttura *non solo... ma (anche)* è apparentemente facile da tradurre in inglese (**not only... but also**). A volte, però, per dare enfasi alla frase, si usa l'ausiliare: **I have a cold and a fever → Not only do I have a cold, I also have a fever**, *Non ho soltanto il raffreddore, ma anche la febbre*. In questa lezione vedrete altri esempi di inversione per rendere più espressivo il discorso.

Ventitreesima lezione / 23

2 Il tema di oggi è la vita cittadina: siete pro o contro? Preferireste vivere in città o in campagna *(essere un cittadino o un campagnolo)*?

3 Sentiamo la nostra prima telefonata: è Wayne da Glasgow. Ciao Wayne, qual è il tuo parere?

4 – Grazie [e] complimenti per il programma. Devo dire che mi piace moltissimo vivere in una metropoli.

5 Non solo perché così conosco un sacco di persone interessanti, ma perché posso anche muovermi facilmente grazie ai mezzi pubblici,

6 mangiare fuori tutte le sere in un posto diverso e non stancarmi mai di girare. La città è forte.

7 – Bene, passiamo a Trudy dal Gloucestershire. Cosa vuoi dire a Wayne, Trudy?

8 – Che non ho mai sentito un motivo più stupido per vivere in una vera e propria giungla! Non abiterei in città neanche morta.

---

5 Si parlava di inversioni... ed eccone per l'appunto una: la discussione sta diventando calda e Trudy, anziché ribattere con **I have never heard such a dumb reason**, *Non ho mai sentito un motivo così stupido*, per marcare la propria indignazione dice **Never have I heard such a dumb reason**, calcando la voce su **never** e **heard**.

6 L'aggettivo **dumb**, letteralmente *muto*, nel linguaggio colloquiale (soprattutto in inglese americano) vuol dire *stupido* o *idiota*. **That's the dumbest thing I ever heard**, *È la cosa più stupida che abbia mai sentito*. Al posto di **dumb** si sarebbe potuto dire **daft**, che abbiamo già visto alla lezione 20, frase 2.

7 Quando uno dice **I wouldn't be caught dead** + un verbo in **-ing**, significa che non compirebbe per niente al mondo (oppure per tutto l'oro del mondo, neanche morto ecc.) l'azione descritta dal verbo: **My brother wouldn't be caught dead eating in a fast food restaurant**, *Mio fratello non mangerebbe in un fast food per tutto l'oro del mondo*. Se al posto del verbo in **-ing** abbiamo un sostantivo che indica un luogo, come nella frase del nostro dialogo, il senso della frase resta comunque semplice da capire...

23 / Twenty-third lesson

9 I live in a small village in a remote part of the country, and I still [8] have a really busy social life.

10 So busy am I that I never have time to get bored. But I'll bet that Wayne does [9], whatever he says.

11 – Over to Rita in the exciting city of Bristol. You're on the air [10], Rita. Got any ideas on country life?

12 – I most certainly have [9]. I couldn't bear the silence. I've got to have noise, bustle and excitement.

13 Never did I think I'd become a city girl: I was born on a farm in the wilds of Wales, you see.

14 But try as I might [11], I could never settle down and enjoy it. I had a thing [12] about cities.

Note

[8] Qui **still** non ha funzione di avverbio (*ancora*), ma di congiunzione avversativa (*eppure, ma*), benché segua il soggetto. Avremmo potuto tradurre questa frase anche così: *Vivo in un piccolo paese di una regione sperduta dell'Inghilterra, ma ho una vita sociale molto intensa*.

[9] Non possiamo fare a meno di soffermarci su questa caratteristica dei verbi ausiliari, ovvero la possibilità di sottintendere un pezzo di frase. **I don't have time to get bored, but I bet you "have time to get bored"** → **I don't have time to get bored, but I bet you do**, *Non ho il tempo di annoiarmi, ma scommetto che tu ce l'hai*; **He won't listen to me, but I'm sure you will**, *Lui non mi ascolterà, ma tu sì, ne sono sicuro*. Un altro esempio di questa caratteristica è l'inizio della frase 12 (**I certainly have!**).

[10] **to be** o **to go on the air**, *essere* o *andare in onda*; **to broadcast**, *trasmettere* (via radio o TV). **The programme is on the air at nine**, *Il programma è in onda alle 9 / alle 21*, oppure, semplificando al massimo, **The programme airs nine**.

Ventitreesima lezione / 23

9 Anche se vivo in un piccolo paese di una regione sperduta dell'Inghilterra, ho una vita sociale molto intensa.

10 Sono così occupata che non ho mai il tempo di annoiarmi. Ma scommetto che Wayne ce l'ha, checché ne dica.

11 – E passiamo a Rita dalla splendida città di Bristol. Rita, sei in onda. Hai qualcosa da dirci sulla vita in campagna?

12 – Certamente! Non sopporto il silenzio. Ho bisogno di rumore, confusione e animazione.

13 Non avrei mai pensato di diventare una ragazza di città: pensa che sono nata in una fattoria agli estremi confini del Galles.

14 Per quanto ci abbia provato, non avrei mai potuto metterci le radici e accontentarmi. Ero fissata con la città.

---

11 Un'altra inversione, un po' particolare perché ha luogo soltanto con il verbo **to try**, *provare, cercare, tentare*. Se il tentativo è tuttora in corso, si usa il verbo modale **may**: **Try as he may, he just cannot keep a job**, *Per quanto ci provi, non riesce a tenersi un lavoro*. Se il tentativo appartiene al passato, o per sottolineare l'impossibilità di un'azione, si usa invece **might**.

12 Una frase idiomatica con **thing** non è una *cosa* nuova per voi (provate a rileggervi la nota 13 della lezione 19). Essendo vago il senso di **thing**, lo è anche l'espressione e il suo significato dipende esclusivamente dal contesto: **I can't take the lift: I've got a thing about heights**, *Non posso prendere l'ascensore: ho paura del vuoto* (**heights**, letteralmente *altezze*). In compenso, tutt'altro significato ha la frase seguente: **Mark's gone to Scotland again: he's got a thing about castles**, *Mark è tornato in Scozia; è fissato con i castelli*. Insomma, si tratta comunque di un'ossessione, a prescindere che la *cosa* sia buona o cattiva!

one hundred and eighty-four

15 So when I was fifteen, I upped [13] sticks and headed for the bright lights of Bristol.

16 – Who are you trying to kid [14]? What about [15] the crime, poverty and urban decay?

17 – Come off it! [16] Surely you don't think that cities are dangerous places?

18 – Hey, no arguing, guys [17]! We've only got a few minutes left. Time for one last caller.

19 – Hiya, it's Maggie from Glasgow. All I can say is that Wayne and I can't [18] be living in the same city.

Note

[13] Abbiamo visto l'avverbio **down** con funzione di verbo (lezione 16, nota 18). Adesso vediamo il contrario di **to down**, vale a dire **to up**: **The company has upped its prices by ten per cent**, *La società ha aumentato i prezzi del 10%*. Anche questo è un verbo transitivo; l'espressione **to up sticks** (lett. alzare i bastoni) deriva dalla vita nomade e si riferisce all'atto di levare le tende e smontarne i bastoni prima di andarsene: **He upped sticks and relocated to Edinburgh**, *Ha levato le tende e si è trasferito a Edimburgo*.

[14] Il verbo colloquiale **to kid** non vuol dire solo *scherzare* (lezione 2, nota 12), ma anche *prendere in giro*: – **You haven't really lost the plane tickets? – No, I was just kidding**, – *Ma davvero hai perso i biglietti dell'aereo? – No, stavo solo scherzando*; **Who are you trying to kid?** *Ma chi vuoi prendere in giro?* A New York c'è un celebre segnale stradale che reca questa scritta: **No stopping. No parking. No kidding**, *Divieto di fermata. Divieto di sosta. Non stiamo scherzando*.

[15] **What about...?** è un'espressione idiomatica per chiedere informazioni o un parere su un argomento. In italiano corrisponde a *Che ne pensi/dici...?*: **What about *The Sopranos*, surely the best series ever made?**, *Che ne pensi dei Soprano, certamente la migliore serie televisiva di tutti i*

Ventitreesima lezione / 23

15 Così, all'età di quindici anni, ho levato le tende e sono partita alla volta delle sfolgoranti luci di Bristol.
16 – Ma chi vuoi prendere in giro? E la criminalità, la povertà, il degrado urbano?
17 – Ma va'! Non penserai davvero che le città siano dei posti pericolosi?
18 – Ehi, non litigate, ragazzi! Abbiamo solo qualche minuto. Giusto il tempo per un'ultima telefonata.
19 – Ciao, sono Maggie da Glasgow. Dico solo una cosa: è impossibile che Wayne viva nella stessa città in cui vivo io.

---

tempi? Di solito impiegata all'inizio di una frase, quest'espressione può anche seguire **but**: **The new email technology is fine, but what about privacy?**, *La nuova tecnologia della posta elettronica è un'ottima cosa, ma la privacy?*

16 Interiezione piuttosto perentoria, **Come off it!** è un'espressione di incredulità: – **Julie's single. – Come off it! She's married with three kids**, – *Julie è single. – Ma figurati! Se è sposata con tre figli...*

17 **a guy**, *un ragazzo, un tizio*. **Who's the guy over there talking to Sue?**, *Chi è quel tizio laggiù che sta parlando con Sue?* Al singolare questo termine si riferisce sempre a un uomo, ma al plurale si usa per indicare uomini e/o donne. **OK guys, let's go**, *Ok ragazzi, andiamo*. Si tratta di un termine piuttosto colloquiale.

18 Questo impiego del verbo modale **can** può lasciare un po' perplessi: qui la forma negativa indica una cosa assolutamente impossibile o certamente falsa, non senza stupore da parte di chi parla: **You want me to resign? You can't be serious!**, *Vuoi che mi dimetta? Ma scherzi?* Nell'esempio che segue traspare anche un certo gusto del paradosso: **We can't be working for the same firm because you find the work interesting and I don't**, *È impossibile che tu lavori nella stessa ditta in cui lavoro io, perché a te questo lavoro piace e a me no.*

23 / Twenty-third lesson

20 Glasgow, safe? What with [19] reckless drivers, gangs – even the muggers [20] go around in pairs!
21 The only way to be safe on the streets is to drive a tank. But that would only add to the pollution.
22 – That's all we've got time for tonight. Thanks to all our callers. Tune in next week for another action-packed show.

Note

[19] A differenza di quanto potrebbe sembrare, **What with...** non introduce una domanda, bensì un elenco di motivi che spiegano una situazione: **What with the mortgage, the overdraft and the credit card bills, no wonder we're broke**, *Tra il mutuo, lo scoperto e gli estratti conto della carta di credito, non c'è da stupirsi se siamo al verde.*

Exercise 1 – Translate

❶ Not only does she get to meet interesting people; she also gets paid. ❷ Jimmy called in sick this morning. – Who's he trying to kid? ❸ They live in the wilds of Gloucestershire, far from the noise and bustle of the city. ❹ Any thoughts on this topic, Maggie? – I certainly have! ❺ Sue can't take a plane: she's got a thing about heights.

***

Exercise 2 – Fill in the missing words

❶ Non ho mai sentito un motivo così stupido per comprare un'auto.
.... I ..... such a .... reason for ...... a car.

❷ Stasera non ho tempo per mangiare fuori, ma scommetto che Claire ce l'ha.
I don't have time .... tonight, but .... Claire .....

❸ Per quanto ci abbia provato, non è riuscito ad ambientarsi, perciò se n'è andato e si è trasferito a Londra.
...., he could not settle down so he .....
...... and .... to London.

20 Glasgow, sicura? Tra i pazzi al volante e le bande criminali, anche i rapinatori vanno in giro a coppie!
21 L'unico modo per muoversi sicuri nelle strade è guidare un carro armato. Ma così si aumenterebbe solo l'inquinamento.
22 – Per questa sera dobbiamo chiudere. Grazie a tutti per le telefonate. Sintonizzatevi sulle nostre frequenze la prossima settimana per un'altra avvincente *(piena d'azione)* puntata.

20 Termine di origine americana, nell'uso britannico ha avuto una bella discendenza: in gergo, **a mug** (lett. tazza) è *un babbeo* e ha dato origine a **to mug**, *aggredire per derubare, rapinare*: **Steve got mugged in Hyde Park**, *Steve è stato rapinato a Hyde Park*; **mugger** è l'*aggressore* (gli appassionati di una celebre saga ricorderanno il termine *babbano*: nella versione originale la parola corrispondente, inventata dall'autrice, è **muggle**).

Soluzioni dell'esercizio 1

❶ Non solo ha l'occasione di incontrare gente interessante, ma la pagano anche. ❷ – Stamattina Jimmy ha telefonato per avvisare che stava male. – Ma chi vuole prendere in giro? ❸ Abitano ai confini estremi del Gloucestershire, lontano dal rumore e dalla confusione della città. ❹ – Hai qualcosa da dirci sull'argomento, Maggie? – Eccome! ❺ Sue non può prendere l'aereo, ha paura dell'altezza.

***

❹ Con il mutuo e lo scoperto che avevano, non c'è da stupirsi se sono in bolletta.

.... their .... and their ...., ... they're broke.

❺ Cosa ne pensi dell'inquinamento? – Non ho niente da dire.

.... the issue of pollution? – I ....

Soluzioni dell'esercizio 2

❶ Never have – heard – daft – buying – ❷ – to eat out – I'll bet – does ❸ Try as he might – upped sticks – relocated – ❹ What with – mortgage – overdraft, no wonder – ❺ What's your take on – have nothing to say

24

Twenty-fourth lesson

A brief history of urban development

1. One [1] tends to take it for granted that the bulk [2] of the British population are city dwellers.
2. Historically, however, this is a recent development, and many Britons still have close ties to the countryside.
3. Only with the rise of manufacturing did [3] people start flocking from rural to urban areas,
4. in search of jobs, higher wages – in short, a better life.
5. But many of them ended up doing back-breaking work in the "dark satanic mills [4]" of the industrial era.

Pronuncia
5 ... *e:rë*.

Note

1 In inglese ci sono diversi modi (**one**, **they**, **you** ecc.) per tradurre il nostro *si* impersonale: quello più elegante, adatto a un contesto formale, è il pronome **one**. Per esempio: **One never knows when one will need a helping hand**, *Non si sa mai quando si avrà bisogno di una mano*. In un registro più colloquiale si dirà invece **You never know when you'll need a helping hand**.

2 Il sostantivo non numerabile **bulk** vuol dire principalmente *mole*, *volume*; l'espressione **the bulk of...**, *la maggior parte di...* richiede di solito un verbo al singolare (come avviene di norma con i sostantivi non numerabili), ma se il nome o il predicato che la seguono sono al plurale, lo sarà anche il verbo: **The bulk of our employees are engineers**, *I nostri*

Ventiquattresima lezione

Breve storia dello sviluppo urbano

1 Si tende a dare per scontato che la popolazione britannica sia composta per la maggior parte da gente di città.
2 Dal punto di vista storico, però, questa è un'evoluzione recente; inoltre molti britannici hanno ancora dei legami stretti con la campagna.
3 Solo con l'avvento dell'era industriale la gente ha cominciato a trasferirsi dalle zone rurali a quelle urbane
4 in cerca di lavoro, di salari più alti – in breve, di una vita migliore.
5 Tuttavia, molti hanno finito con lo svolgere lavori massacranti nell'inferno delle fabbriche *(fabbriche oscure e sataniche)* dell'era industriale.

dipendenti sono per la maggior parte ingegneri. In ambito commerciale, **in bulk** vuol dire *all'ingrosso*: **We buy in bulk to keep the prices low**, *Compriamo all'ingrosso per tenere bassi i prezzi*.

3 Il fenomeno dell'inversione può tornarci utile per sottolineare un termine o un elemento della frase (in genere il verbo principale, in questo caso **only**). Notate la presenza dell'ausiliare che qui funge da "punto d'appoggio": **It was only with the rise of manufacturing that people moved to big cities** → **Only with the rise of manufacturing did people move to big cities**.

4 **a mill**, *un mulino*, ma anche *una fabbrica* o *uno stabilimento*. Consultate la nota culturale per approfondire l'espressione **dark satanic mills**.

24 / Twenty-fourth lesson

6 Back in those dark days, living conditions were appalling, especially for the poor and needy [5].

7 People were crowded together without proper shelter, basic amenities [6] or sanitation.

8 Infectious diseases were rife [7] and spread like wildfire [8] through the teeming slums that blighted Britain's cities.

9 But gradually, as the general level of affluence [9] increased, those cities became safer and cleaner, acting as magnets for migrants.

10 The emphasis shifted gradually away from industry to services, defined famously as "things you can't drop on your foot" [10].

Note

5 Se è vero che l'articolo determinativo **the** non va usato davanti a nomi astratti o non numerabili usati in senso generale (**I love coffee**, *Mi piace molto il caffè*), è però obbligatorio quando si parla di un gruppo di persone che presentano tutte la stessa caratteristica (i poveri, i malati ecc.). **There is no room in this society for the sick and the disabled**, *In questa società non c'è spazio per i malati e i disabili*.

6 Vedi anche la lezione 4 (frase 10 e nota culturale). Come **facilities** (lezione 19, nota 6), **amenities** si usa quasi sempre al plurale e si riferisce a una serie di attrezzature o di servizi collettivi.

7 Una delle accezioni di **rife** è *abbondante*, ma in genere con una connotazione negativa. Si usa spesso in combinazione col verbo **to be** (**Drugs are rife in the poorer parts of the city**, *La droga imperversa nelle zone più povere della città*) o con la preposizione **with** (**The city was rife with greed and corruption**, *L'avidità e la corruzione imperversavano nella città*).

Ventiquattresima lezione / 24

6 In quei tempi bui le condizioni di vita erano spaventose, specialmente per i poveri e i bisognosi.

7 La gente viveva ammassata senza un riparo adeguato, senza servizi essenziali né impianti igienici.

8 Le malattie infettive imperversavano e si diffondevano in un lampo nei quartieri degradati e brulicanti che intristivano le città della Gran Bretagna.

9 Gradualmente, però, con l'aumento del livello medio di ricchezza, queste città divennero più sicure e pulite, fungendo da calamita per gli immigrati.

10 L'industria ha perso via via importanza a vantaggio dei servizi, che secondo una celebre definizione sono "cose che non ti possono cascare sui piedi".

8 Questa parola è facile da comprendere se la scomponiamo nei due elementi che compongono **wildfire**: **wild**, *selvaggio* e **fire**, *fuoco, incendio*. A questo punto ci verrà spontaneo pensare a un incendio incontrollabile e tradurre **to spread like wildfire** con *diffondersi in un lampo*: **Rumours of the president's death spread like wildfire**, *Le voci sulla morte del presidente si sono diffuse in un lampo*.

9 Alla lezione 20, frase 7, abbiamo incontrato l'aggettivo (nonché falso amico) **affluent**, *ricco, benestante*; ora troviamo il sostantivo **affluence**: **Growing affluence in India is causing an increase in consumer demand**, *In India la crescente ricchezza sta causando un aumento della domanda da parte dei consumatori*.

10 Difficile trovare, in questo caso, una definizione equivalente a quella inglese: in genere si dice che i servizi "sono intangibili", ma siamo ben lontani dall'efficacia della frase del testo, che è molto usata in ambito giornalistico.

24 / Twenty-fourth lesson

11 In the twentieth century, and particularly during the post-war period, cities mushroomed [11] and started to grow skywards [12]:

12 Skyscrapers reached unprecedented heights and the cityscape [13] was gradually transformed.

13 Meanwhile the process of urban sprawl [14], which was later to engulf most of the country, began to take root.

14 But as expansion ran out of control, people began to flee to the suburbs, leaving many inner city areas derelict.

15 We are now in a situation where the majority of the UK population lives in cities.

16 What of [15] the future? It was industry and cheap energy that spurred urban growth

: Note

[11] Anche in questo verbo si può apprezzare l'elasticità e la flessibilità della lingua inglese: da **mushroom**, *fungo*, abbiamo **to mushroom**, *spuntare come funghi, aumentare a dismisura*... **Dating websites have mushroomed in recent years**, *I siti web di incontri sono aumentati a dismisura negli ultimi anni*. Anche se non si può trasformare sistematicamente ogni sostantivo in un verbo (o viceversa), ormai siete in grado di riconoscere questi meccanismi di derivazione così caratteristici dell'inglese.

[12] Il suffisso **-wards** (o **-ward**) indica una direzione: **backwards**, *all'indietro, a ritroso*; **upwards**, *verso l'alto* ecc. Si può aggiungere anche ad alcuni sostantivi: **The heat shield caught fire as the rocket descended earthwards**, *Lo scudo termico ha preso fuoco mentre il razzo scendeva verso la Terra*. Anche se non possiamo darvi un elenco degli avverbi e dei nomi cui è possibile aggiungere questo suffisso (col quale vengono formati anche dei neologismi), sarete comunque in grado di comprenderne di volta in volta l'uso e il significato.

Ventiquattresima lezione / 24

11 Nel ventesimo secolo, e in particolare nel dopoguerra, le città sono cresciute come funghi e hanno cominciato a svilupparsi in verticale.
12 I grattacieli hanno raggiunto altezze mai viste e il paesaggio urbano si è gradualmente trasformato.
13 Nel frattempo si è innescato il processo della dispersione urbana, che successivamente avrebbe interessato *(fagocitato)* la maggior parte del Paese.
14 Tuttavia, quando l'espansione è divenuta incontrollabile, la gente ha cominciato a trasferirsi *(fuggire)* nei sobborghi abbandonando in massa molte aree del centro.
15 Ora ci troviamo in una situazione in cui la maggior parte della popolazione vive nelle città.
16 E in futuro? L'industria e l'energia a basso costo hanno dato impulso alla crescita urbana,

---

13 **-scape** è un altro suffisso, meno produttivo di **-ward(s)** e probabilmente derivato da **landscape**, *paesaggio*: tra i suoi "figli" segnaliamo **seascape**, *paesaggio marino* e **cityscape**, *paesaggio urbano*. Alcune di queste formazioni, come nel caso di **-wards**, sono dei neologismi il cui significato non sarà difficile da comprendere.

14 **to sprawl** (*abbandonarsi, stravaccarsi*) ha una sfumatura negativa che suggerisce una certa scompostezza: **When I came in, he was sprawled in the armchair playing a computer game**, *Quando sono entrato, lui era stravaccato in poltrona a giocare con un videogame*. Con **urban sprawl** (espressione entrata in inglese negli anni '50, quando le città si sono ampliate in maniera pressoché incontrollabile) si intende la *dispersione urbana*.

15 Nella scorsa lezione, alla nota 15, abbiamo visto **What about…?**. Dire **What of…?** suona più fine, ma il senso è quasi identico: **What of the Conservatives and their education policy?**, *Che ne è stato dei Conservatori e della loro politica in materia di istruzione?* (Ma avremmo potuto anche tradurre la frase così: *E i Conservatori e la loro politica in materia di istruzione?*) Sappiate che la frase fatta **What of it?** (oppure **What about it?**) significa *E con ciò? E allora?*: – **You're late!** – **What of it?**, – *Sei in ritardo!* – *E allora?*

one hundred and ninety-four • 194

24 / Twenty-fourth lesson

17 but what will happen now that fuel is getting dearer by the day?

18 Will megalopolises like London simply collapse; will we return to the rural communities whence [16] we came?

19 Some say we need [17] not worry, because if man was ingenious enough to invent the city,

20 he will surely be resourceful enough to ensure that it survives.

21 Yet, as the old saying goes, an optimist is simply someone who is ill-informed [18].

*18 ... **me**ghëlopë**li**siz ... wens ...*

Note

[16] Versione raffinata di *from where*, *da dove,* l'avverbio **whence** suona letterario e formale: **"Each blade of grass has its spot on earth whence it draws its life, its strength"** (Joseph Conrad), *"Ogni filo d'erba ha un suo pezzetto di terra da cui trae forza e vita"*; **whence** può essere usato a fini umoristici o per amor di concisione: **J.K. Galbraith wrote a great book titled "Money, Whence it Came, Where it Went"**, *J.K. Galbraith ha scritto un importante libro intitolato "La moneta: da dove viene e dove va"* (lett. da dove è venuta, dove è andata; il titolo in italiano è quello ufficiale).

[17] **to need**, *avere bisogno di*, può anche significare *dovere*: **You need to fill in this form in triplicate**, *Deve compilare questo modulo in triplice copia*. La forma negativa presenta due forme possibili: **do not need/don't need** e **need not/needn't**. Per esempio, si può dire sia **You do not need to fill in this form** che **You need not fill in this form**, ma la prima forma è molto più usata della seconda, più formale ed elegante (ricordate che, in quest'ultimo caso, il verbo che segue **need** è all'infinito senza **to**). Ne riparleremo.

Ventiquattresima lezione / 24

17 ma ora che i carburanti diventano ogni giorno più cari, cosa succederà?
18 Assisteremo semplicemente al collasso di megalopoli come Londra? Ritorneremo nelle comunità rurali da cui siamo venuti?
19 Secondo alcuni non dovremmo preoccuparci perché, se l'uomo è stato così ingegnoso da inventare la città,
20 sarà certamente altrettanto intraprendente da far sì che essa sopravviva.
21 Tuttavia, come dice un vecchio adagio, un ottimista è soltanto un pessimista *(qualcuno che è)* male informato.

18 ill, *malato*, serve anche a formare degli aggettivi composti (di significato negativo), in genere in combinazione con un participio passato e con l'aggiunta del trattino: **The invasion was ill-prepared and ill-timed**, *L'invasione era mal preparata e intempestiva*. Davanti a questi participi passati, al posto di **ill** possiamo usare un avverbio come **badly** o **poorly** e ottenere dei sinonimi: **The invasion was badly prepared and poorly timed**. In tal caso non ci vuole il trattino.

24 / Twenty-fourth lesson

▶ Exercise 1 – Translate
❶ People tend to take basic amenities such as sanitation for granted. ❷ It's a hard job, but I think we've broken the back of it. ❸ You're smoking! – What of it? ❹ She was sprawled in an armchair reading the paper when I came in. ❺ Rumours of the president's death spread like wildfire.

***

Exercise 2 – Fill in the missing words
❶ L'invasione era mal preparata e intempestiva e la diserzione è stata elevatissima.
The invasion was .... and .... and desertion ... .

❷ Il processo della dispersione urbana ha interessato *(fagocitato)* la maggior parte del Paese.
The process of .... has .... the country.

❸ Essendo un cittadino britannico, Lei non deve compilare questo modulo.
You are a British citizen so ... . this form.

❹ Solo con l'avvento dell'era industriale la gente ha cominciato a trasferirsi nelle grandi città.
.... of manufacturing ... . start to move to big cities.

❺ In questa società non c'è posto per i disabili né per i malati.
.... in this society for ... . and ... .

Ventiquattresima lezione / 24

Soluzioni dell'esercizio 1
❶ Si tende a dare per scontato che si disponga di servizi basilari come gli impianti igienici. ❷ È un lavoro duro, ma credo che il più l'abbiamo fatto. ❸ – Ma tu fumi! – E con ciò? ❹ Quando sono entrato era stravaccata su una poltrona a leggere il giornale. ❺ Le voci sulla morte del presidente si sono diffuse in un lampo.

***

Soluzioni dell'esercizio 2
❶ – ill-prepared – ill-timed – was rife ❷ – urban sprawl – engulfed most of – ❸ – you need not fill in – ❹ Only with the rise – did people – ❺ There is no room – the disabled – the sick

Riconoscere i riferimenti culturali presenti nel linguaggio di tutti i giorni è una delle sfide del nostro lavoro di perfezionamento: poiché tutti i madrelingua li conoscono e li colgono subito, è raro che vengano spiegati nel testo inglese che li menziona. Per fare un esempio "a ruoli invertiti", immaginate che in un libro venga citato il personaggio di Don Abbondio: un italiano sa molto probabilmente di chi e di cosa si sta parlando, mentre uno straniero che non abbia approfondito la nostra letteratura si troverà disorientato. Anche se il nostro corso non pretende di essere esaustivo in merito, cercherà comunque di mettervi sulla buona strada quando incontriamo uno di questi riferimenti. Per esempio, l'espressione **dark satanic mills** *è tratta da una poesia – Jerusalem – del grande William Blake (1757-1827), scrittore e pittore visionario. In quest'opera Blake fustigava la crudeltà della società industriale contemporanea che, a suo parere, stritolava le masse lavoratrici con i suoi meccanismi infernali (i* **mills** *in questione sono i cotonifici,* **cotton mills**, *che all'epoca fecero la fortuna dell'Inghilterra settentrionale, ma anche i* **treadmills**, *mulini azionati a mano mediante una ruota). Ai nostri giorni, l'espressione* **dark satanic mills** *evoca i peggiori eccessi della rivoluzione industriale.*

Jerusalem *è stata musicata dal compositore inglese Charles Parry e ogni anno fa parte del programma del* **Last Night of the Proms** *che si svolge d'estate. I* **Proms** *sono una serie di concerti di musica classica: nell'ultimo della stagione il pubblico è invitato a cantare in coro diversi inni patriottici, tra cui il testo di Blake, anche se c'è chi, irriverentemente, ha fatto notare la stranezza di un canto patriottico britannico che porta il nome della città tre volte santa...*

25

Twenty-fifth lesson

The tour guide

1 – Afternoon ladies and gents [1]. I'm Doug and I'll be your guide for this afternoon's London tour.
2 Our theme is "More than Meets the Eye" [2], so be ready to find out a few of the best kept secrets of this fascinating city.
3 To coin a phrase [3]: when a man is tired of London, he's tired of looking for a parking place.
4 Coming up [4] on your right is the Palace of Westminster, better known as the Houses of Parliament.

Note

[1] **gents**, abbreviazione di **gentlemen**, si trovava un tempo (ma capita di trovarla ancora oggi) sulle porte dei gabinetti pubblici (**ladies** e **gents**): un modo educato per chiedere dov'è il bagno è infatti **Where's the gents?** (o **ladies?**). Il saluto **ladies and gents** è colloquiale e può avere una sfumatura umoristica: il personaggio che parla nella nostra lezione, come vedrete, non si esprime propriamente come un **gentleman**...

[2] Il verbo **to meet** ricorre in diverse espressioni con **eye** o **eyes**. Ecco per esempio una frase di registro letterario: **When he opened the door, the sight that met his eye was terrifying**, *Una volta aperta la porta, si presentò ai suoi occhi uno spettacolo terrificante* (si può usare anche il plurale, ma **eye** è più frequente). La frase idiomatica **there's more to xxx than meets the eye** (qui **eye** va sempre al singolare) vuol dire che, *per quanto riguarda xxx, c'è dell'altro* e che non bisogna lasciarsi ingannare dalle apparenze: **The case seems simple, but there's more to it than meets the eye**, *Il caso pare semplice, ma è più complicato di quanto sembri*.

[3] **a coin**, *una moneta*. Il verbo **to coin** significa *coniare* (naturalmente l'etimologia è la stessa) e l'espressione colloquiale **to be coining money**

Venticinquesima lezione

La guida turistica

1 – 'Giorno, signore e signori. Mi chiamo Doug e sono la vostra guida per la visita di Londra di questo pomeriggio.
2 Il tema [della visita] è "Oltre la superficie", per cui preparatevi a scoprire alcuni dei segreti meglio custoditi di questa affascinante città.
3 Per così dire, quando un uomo è stanco di Londra, è stanco di cercare parcheggio."
4 Fra poco vedrete alla vostra destra il Palazzo di Westminster, meglio conosciuto come il Parlamento.

(o semplicemente **to be coining it**) ha il senso di *fare fortuna, fare soldi a palate*: **He works as a stock broker and he's coining it**, *Lavora come agente di Borsa e sta facendo fortuna*. La locuzione **to coin a phrase** (che può avere anche il significato letterale di *coniare una frase, inventare un'espressione*) è più complicata da rendere e può introdurre un luogo comune o un gioco di parole (un po' come quando si dice *Della serie..., Per la serie..., Per così dire* o *Per dirla in modo originale*): **When the 2B bus came along, I had to decide whether 2B or not 2B, to coin a phrase** (per capire l'esempio leggete **2B** a voce alta: *tu bi:*, ovvero **to be or not to be**...). Nella frase della lezione, Doug cita, modificandola, una frase celebre di Samuel Johnson, autore del XVIII secolo: **When a man is tired of London, he is tired of life**, *Quando un uomo è stanco di Londra, è stanco della vita*.

4 Di **coming up** abbiamo già parlato nella lezione 6 (nota 14). Indica un fatto che sta per succedere o che succederà a momenti; in TV significa *fra poco*, come sapete: **Coming up on the BBC is the "Six O'Clock News"**, *Fra poco c'è il notiziario delle diciotto sulla BBC*. La nostra guida turistica usa **coming up** per avvertire che fra poco i suoi compagni di viaggio arriveranno davanti al Parlamento.

25 / Twenty-fifth lesson

5 It's made up of the Lords, for the posh [5] people, and the Commons, for the likes of [6] you and me.

6 Did you know that the monarch isn't allowed to enter the House of Commons without permission?

7 Mind you [7], why would she want to go there in the first place [8]? You know what they say about politicians, don't you?

8 They're like nappies. They need to be changed regularly – and for the same reasons.

9 Now, that famous landmark [9] over there is called Big Ben, am I right? Wrong! It's actually Saint Stephen's Tower.

Note

5 **posh** è termine gergale per *elegante, raffinato, altolocato*. Può anche avere, a seconda dell'intonazione con cui viene pronunciato, una connotazione peggiorativa (in questo caso equivale a *snob*). Anche se la teoria non è dimostrata, si dice derivi dall'acronimo **POSH** (**P**ort **O**utward, **S**tarboard **H**ome), che risalirebbe ai fasti dell'Impero britannico, quando i coloni si recavano per nave nelle Indie. I più facoltosi sceglievano le cabine all'ombra, che si trovavano a *babordo* (**port**) all'andata (**outward**) e a *tribordo* (**starboard**) al ritorno. Si è dunque pensato che **POSH** derivi dall'acronimo stampigliato sui loro biglietti.

6 **likes** è sinonimo di **preferences** nell'espressione **likes and dislikes**, *gusti*: **Our computer system monitors our customers' likes and dislikes**, *Il nostro sistema informatico monitora i gusti* (lett. le preferenze e le antipatie) *dei nostri clienti*. Ha tutt'altro senso nella costruzione idiomatica **the likes of**, *quelli come, (la) gente come...* **A great guitarist, he has played with the likes of Keith Richards and Richard Thompson**, *Grande chitarrista, ha suonato con gente come Keith Richards e Richard Thompson*.

7 **mind**, *mente*; **to mind**, *fare attenzione*. Chi ha viaggiato sulla metropolitana di Londra, **the Tube**, conosce l'avviso **Mind the gap!**, *Attenzione allo spazio fra treno e banchina!* **Mind you** è piuttosto un'interiezione

Venticinquesima lezione / 25

5 È composto dalla Camera dei Lord, per la gente altolocata, e dalla Camera dei Comuni per quelli come voi e come me.

6 Lo sapevate che la regina non può entrare nella Camera dei Comuni senza permesso?

7 Ma perché dovrebbe entrarci, poi? Lo sapete cosa si dice dei politici, vero?

8 Sono come i pannolini. Vanno cambiati regolarmente e per gli stessi motivi.

9 Allora, quel celebre monumento laggiù si chiama Big Ben, giusto? Sbagliato! In realtà è la Torre di Santo Stefano.

---

che si mette all'inizio o alla fine di una frase, un po' come *Intendiamoci...* o *Sia ben chiaro...* Nella traduzione l'abbiamo un po' adattata al contesto e all'eloquio della nostra guida. **He's very generous. Mind you, he's also a millionaire,** *È molto generoso. Intendiamoci, è anche un milionario.*

8 All'inizio di una frase, la locuzione invariabile **in the first place** equivale a *innanzitutto, per prima cosa*: **In the first place, you should have read the user's manual,** *Per prima cosa avresti dovuto leggere il manuale di istruzioni.* Quando si usa alla fine di una frase, però, il suo significato non è altrettanto chiaro e può denotare un certo accaloramento da parte di chi parla: **I've fixed the machine but I want to know why it broke down in the first place,** *Ho riparato la macchina, ma vorrei comunque sapere perché si è rotta.* In questo esempio la "spia" di quest'accaloramento è il *comunque* (avremmo potuto anche tradurre "*vorrei proprio sapere*"): in italiano non abbiamo un equivalente univoco, tant'è vero che per rendere la frase di Doug ci siamo regolati diversamente...

9 **landmark** è in genere *punto di riferimento*, ma nel caso presente si adatta meglio il termine *monumento*.

25 / Twenty-fifth lesson

10 Big Ben's the name of the bell inside. It chimes about one hundred and fifty times a day and never goes on strike...

11 Now take a look over there on your left and you'll see Downing Street, home of the prime minister and the Chancellor of the Exchequer [10].

12 I bet you didn't know that the front door to number ten, where the PM lives, opens from the inside only.

13 You can't trust no one [11] nowadays, can you? Try not to stare, if you please, it's rude [12].

14 We're now arriving at Trafalgar Square. There's old Nelson, trying to catch a glimpse [13] of his fleet.

15 In the distance you can see Buckingham Palace, which was actually built on the site of a former house of ill repute [14], as the saying goes.

Note

10 **the Chancellor of the Exchequer** (lett. il cancelliere dello scacchiere), è il *ministro delle Finanze* britannico. Il suo ministero si chiama **the Treasury**. Per fare prima i media lo chiamano **the chancellor**, che però non va confuso con il **Lord Chancellor** (il suo nome per esteso è **Lord High Chancellor of Great Britain**), il *Gran Cancelliere*, una delle più importanti cariche governative britanniche.

11 Avete letto bene: per rendere l'errore di grammatica che il nostro Doug ha appena commesso ci siamo serviti di un anacoluto... Una delle norme fondamentali della grammatica inglese impone di non usare mai la doppia negazione in una frase. Ciò nonostante, questa regola viene spesso e volentieri ignorata, soprattutto nel registro popolare. Si può dire **You can't trust anyone** oppure **You can trust no one**, ma non ~~You can't trust no one~~. Questo tipo di errore – da evitare assolutamente – è più frequente nella lingua parlata che in quella scritta. Ascoltando le registrazioni, vi accorgerete inoltre che la guida turistica pronuncia le frasi con accento fortemente dialettale (basti sentire il suo **can you?** che diventa *ken ja*).

12 **rude** è un falso amico: non vuol dire *rude* (che in inglese è **rough**), bensì *maleducato, scortese* oppure, secondo il contesto, *osceno, indecente*.

Venticinquesima lezione / 25

10 Big Ben è il nome della campana al suo interno. Rintocca circa centocinquanta volte al giorno e non fa mai sciopero...
11 Ora, se date un'occhiata alla vostra sinistra, vedrete Downing Street, sede del Primo ministro e del ministro delle Finanze.
12 Scommetto che non sapevate che la porta principale del numero dieci, dove abita il Primo ministro, si apre solo dall'interno.
13 Al giorno d'oggi non c'è nessuno *che* ti puoi fidare, eh? Cercate di non fissare la gente, se non vi dispiace, è maleducazione *(è scortese)*.
14 Stiamo per arrivare a Trafalgar Square. Ecco il vecchio Nelson che cerca di scorgere la sua flotta.
15 In lontananza potete vedere Buckingham Palace, che in realtà è stato costruito al posto di un'ex casa di malaffare, come si suol dire.

Può insomma servire per criticare tanto la scortesia quanto la volgarità. **It's rude**, *È maleducazione*. **Don't point, it's rude**, *Non indicare col dito, è maleducazione*. **He's always telling rude jokes, which I find very embarrassing**, *Racconta sempre barzellette sporche, cosa che trovo molto imbarazzante*.

13 **a glimpse**, *un'occhiata*; **to glimpse**, *vedere di sfuggita, scorgere, intravedere*. Per sottolineare quest'idea di brevità dell'azione, si usa anche dire **to catch a glimpse of** (lett. acchiappare un'occhiata di), ma il senso è identico: **I caught a glimpse of the fugitive before he disappeared into the crowd**, *Ho intravisto il fuggitivo prima che sparisse tra la folla*. Ricordate che sia **to glimpse** che **to catch a glimpse of** devono essere seguiti da un complemento che indichi cosa o chi viene intravisto.

14 Ricordate il prefisso **ill-** visto nella lezione 24 alla nota 18? Non è difficile intuire che **a house of ill repute** (lett. una casa di cattiva reputazione) è un eufemismo per parlare di una casa chiusa (il termine abituale per parlarne è **a brothel**, *un casino, un bordello*). In effetti Buckingham Palace, residenza ufficiale del sovrano britannico dagli anni '30 dell'800, fu fatto costruire dal duca di Buckingham nel 1703 al posto di un lupanare.

two hundred and four • 204

16 If you keep your eyes peeled [15], you might just spot a real live royal. You never know your luck.

17 If you'd care to glance [16] over to your right, you can just about make out [17] another famous monument: Charing Cross.

18 London's always been a bit of a cosmopolitan place, to say the least: Charing Cross, the Elephant and Castle,

19 Marylebone, Rotten Row in Hyde Park – all those names were originally French or Spanish!

20 Later on, we'll take the Tube over to the Tower of London and take a peek at the Crown Jewels.

21 Keep a lookout for the Beefeaters and especially for the ravens that live in the tower.

Pronuncia
*19 **me**rilëbën ...*

[15] **peel**, *buccia*; **to peel**, *sbucciare*. L'immaginosa espressione **to keep one's eyes peeled** (lett. tenere gli occhi sbucciati) vuol dire *aguzzare la vista, tenere gli occhi bene aperti*, come se li si sbucciasse per vedere meglio. **Keep your eyes peeled for a service station: we're nearly out of petrol**, *Guarda bene se c'è un distributore: stiamo finendo la benzina*.

[16] **to glance**, *dare un'occhiata, buttare un occhio*. A differenza di **to glimpse/catch a glimpse of** (nota 13), **to glance** non richiede un complemento oggetto: **Murphy glanced behind him and realised that he was being followed**, *Murphy gettò un rapido sguardo alle sue spalle e si accorse di essere seguito*. Il sostantivo **glance** significa *occhiata*.

[17] Il verbo frasale **to make out** ha varie accezioni che dipendono dal contesto. Qui vuol dire *scorgere, intravedere* (ma può anche indicare una percezione uditiva da parte del soggetto: **I can't make out what he's saying**, *Non riesco a capire quello che dice*).

Venticinquesima lezione / 25

16 Se aguzzate la vista, forse riuscirete a scorgere un Reale in carne ed ossa, hai visto mai...
17 Se avete voglia di buttare un occhio alla vostra destra, potreste intravedere un altro monumento famoso: Charing Cross.
18 Londra è sempre stata una città leggermente cosmopolita, a dir poco: Charing Cross, Elephant and Castle,
19 Marylebone, Rotten Row in Hyde Park sono tutti nomi derivati da termini francesi o spagnoli!
20 Più tardi prenderemo la metro per arrivare alla Torre di Londra e dare una sbirciata ai Gioielli della Corona.
21 State all'occhio e vedrete i guardiani della Torre di Londra, ma soprattutto i corvi che la abitano.

22 They say that if the birds flew away, the tower would collapse and the monarchy would fall.
23 So no one's taking any chances: the poor things have had [18] their wings clipped, just in case they're republicans.

*22 ... mon*ëki ...

Note

18 Tradurre in inglese la struttura *fare* o *farsi* + verbo all'infinito è una questione piuttosto complessa. Vediamo una frase di questo tipo alla forma passiva: in questo caso ci si serve della costruzione **to have something**

***

Exercise 1 – Translate

❶ Being a tour guide is a difficult job. Mind you, it's well paid. ❷ We asked him for help but he just stared blankly. ❸ Investors had a rude awakening when the bank announced its results. ❹ He works as a stock broker in the City and he's coining it. ❺ I glanced behind me and realised that I was being followed.

***

Exercise 2 – Fill in the missing words

❶ Il caso sembra semplice, ma è più difficile di quanto si pensi.
The case seems simple, but .... it ....
..... the ....

❷ Tenete gli occhi bene aperti per cogliere le minime avvisaglie di tempesta.
.... any signs of a storm.

❸ Mi sono fatto tagliare i capelli ieri e poi mi hanno rubato l'auto!
I .... yesterday – and then I ... ...!

Venticinquesima lezione / 25

22 Si dice che, se gli uccelli volassero via, la torre cadrebbe e la monarchia pure.

23 Perciò nessuno vuol correre rischi: gli hanno tarpato le ali, poveretti, metti caso che fossero repubblicani...

+ participio passato. **I had my hair cut yesterday**, *Ieri mi sono fatto tagliare i capelli*. Questa costruzione traduce anche una frase con soggetto generico o impersonale: **They have had their car stolen**, *Gli hanno rubato l'auto*. Torneremo sull'argomento.

***

Soluzioni dell'esercizio 1

❶ Fare la guida turistica è un lavoro difficile. Sia chiaro, è ben pagato. ❷ Gli abbiamo chiesto una mano, ma lui si è limitato a fissarci senza espressione. ❸ Gli investitori hanno avuto un brusco risveglio quando la banca ha annunciato i suoi risultati d'esercizio. ❹ Lavora come agente di Borsa nella City e fa soldi a palate. ❺ Mi sono guardato un attimo alle spalle e mi sono accorto che qualcuno mi stava seguendo.

***

❹ Date un'occhiata a questa sua foto e ditemi chi vi ricorda.
 . . . . this photo of him and tell me . . . .

❺ Se i corvi volassero via, la torre cadrebbe e la monarchia pure.
 If the ravens . . . . , the tower . . . . and the monarchy . . . .

Soluzioni dell'esercizio 2

❶ – there's more to – than meets – eye ❷ Keep your eyes peeled for – ❸ – had my hair cut – had my car stolen ❹ Take a look at – who it reminds you of ❺ – flew away – would collapse – would fall

25 / Twenty-fifth lesson

*Il grande drammaturgo irlandese George Bernard Shaw diceva che un inglese non può aprire bocca senza che un altro inglese lo detesti: si riferiva al sistema classista che ha caratterizzato per secoli la società inglese (e non solo quella) e i cui effetti si fanno sentire ancora oggi, nonostante si parli tanto della **classless society**, società senza classi. Il modo di parlare, l'accento e il registro (elementi sui quali ci soffermeremo più a lungo in seguito) sono alcuni di questi effetti che fanno la differenza e che la scrittrice Nancy Milford ha trattato agli inizi degli anni '50 in un saggio nel quale distingueva tra il lessico **"U"** (che sta per **upper class**, l'alta società) e **"non-U"**. Per esempio, l'alta società dice **a drawing room** (salotto) mentre il volgo preferisce **a lounge** e parlerà di **a napkin** anziché di **a serviette** per indicare un tovagliolo. Tra persone di rango elevato non si deve mai usare il termine **toilet**, bensì **lavatory** (recentemente un giovane membro della famiglia reale avrebbe lasciato la fidanzata per via delle sue gaffe linguistiche, in particolare a proposito dei luoghi di decenza...). Cosa ancora più importante è non fare errori di grammatica, al contrario della nostra disgraziata guida turistica con la sua doppia negazione. Anche l'accento può tradire le origini sociali: ascoltate Doug e poi il narratore della 24ª lezione. Anche se non siete britannici, sentirete certamente una certa differenza di pronuncia tra i due. Potreste però incappare in qualche sorpresa, perché oggi l'alta borghesia adotta una parlata "popolare", con un vago accento londinese che è chiamato **Estuary English** (con riferimento all'estuario del Tamigi).*

Di solito uno straniero non coglie tutte queste sfumature perché non fa parte del Paese che lo ospita, ma è necessario capire l'importanza di queste differenze, se non altro perché su di esse si basa una parte non trascurabile dell'umorismo britannico.
Alcuni toponimi londinesi rivelano il passato cosmopolita di questa grande città che è multiculturale da sempre. Molti sono derivati dal francese, che è stato per secoli la lingua della corte: per esempio **Charing Cross** *è il luogo in cui, nel XIII secolo, il re Edoardo I fece erigere una croce monumentale in memoria della moglie defunta ("la croix de la chère reine", la croce della cara regina), ovvero Eleonora di Castiglia, che diede il nome al quartiere di* **Elephant and Castle**, *il quale non ha nulla a che vedere né con gli elefanti né con i castelli. Il suo nome deriva infatti della pronuncia all'inglese di "Infanta de Castilla". Dal canto suo, il quartiere di* **Marylebone**, *nel centro di Londra, prende il nome da una chiesa chiamata "Marie la Bonne". Quanto a* **Rotten Row**, *strada che si trova nella zona sud di Hyde Park e su cui possono transitare anche i cavalli, non sarebbe per nulla una "via marcia" (traduzione letterale del suo nome), bensì l'antica "route du roi", strada del re. Infine, cosa ancora più sorprendente, i famosi* **beefeaters** *(lett. mangiatori di manzo) che fanno da sempre la guardia alla Torre di Londra, non si chiamano così per le loro abitudini carnivore, ma perché, originariamente, questi soldati vigilavano sulle vettovaglie del re per impedire qualsiasi tentativo di avvelenamento e venivano detti "buffetiers", ovvero* guardiani del buffet. *Da buffetiers a* **beefeaters** *il passo è stato breve...*

26 Twenty-sixth lesson

Our ancestors?

1 One of the major problems facing our modern cities is the congestion [1] and pollution,
2 caused by what one great English politician once called "the infernal combustion engine" [2].
3 But don't go thinking [3] that the problem is recent: alas, it was ever thus [4]...
4 An anthropologist studying [5] an ancient American people discovered that they [6] had a strange ritual:

Pronuncia
4 ... ænTHrëpolëgist ... einshënt ...

Note

1 Una curiosità: all'inizio del nuovo millennio, per limitare il traffico nel centro della città, il Comune di Londra ha introdotto un pedaggio chiamato **congestion charging** (lett. tassa di congestione). Le zone che ne sono interessate sono indicate con la lettera "C" dipinta sulla carreggiata.

2 Questo, oltre a essere un altro riferimento culturale (ricordate la nota alla fine della lezione 24?), è anche un gioco di parole: in inglese il motore a combustione interna è **internal combustion engine**. In un celebre discorso, Winston Churchill deplorò i guai causati dalle automobili ricorrendo a un calembour (**infernal combustion engine**), che può essere mantenuto in italiano ricorrendo a un aggettivo dantesco.

3 La costruzione **don't go** seguita da un verbo in **-ing** è piuttosto colloquiale e si potrebbe tradurre *E non* + imperativo, anche se è preceduta da **but**: **Don't go singing that song again!**, *E non cantare di nuovo quella canzone!*

Ventiseiesima lezione

[Sono] i nostri antenati?

1 Uno dei problemi più gravi delle nostre città moderne è costituito dal traffico e dall'inquinamento,
2 causati da quello che un grande politico inglese definì una volta "il motore a combustione inferna".
3 E non pensate che questo sia un problema recente: ahimè, sotto il sole non c'è mai niente di nuovo *(è sempre stato così)*...
4 Un antropologo che studiava un'antica popolazione amerindia scoprì che i suoi membri praticavano uno strano rituale:

---

4 **thus**, *così*. Il termine inglese è più formale e letterario dei suoi sinonimi **this way** e **like this**: **You have to do it this way / like this**, *Devi fare così, Si fa così*. L'espressione **it was ever thus**, *è sempre stato così*, è piuttosto vecchiotta (un tempo **ever** significava *sempre*), ma alcuni giornalisti e scrittori la usano ancora con intenti umoristici per sottolineare che un fatto è tutt'altro che nuovo. In un contesto neutro si direbbe **It has always been this way** o **like this**.

5 Noi non diremmo mai "un antropologo studiante un'antica popolazione ecc.", ma l'inglese può servirsi della forma in -ing oppure scegliere **An anthropologist who studied**... (ovvero il pronome relativo seguito dal verbo al tempo appropriato) che suona più naturale per noi.

6 **people** è il plurale di **person**, ma può essere anche un nome singolare e in tal caso vuol dire *popolo* o *popolazione*: **The Spartans were a warlike people**, *Gli Spartani erano un popolo guerriero*. Con questo significato può prendere la **-s** al plurale (**peoples**): **the peoples of Africa**, *i popoli dell'Africa*, ma il verbo va in genere al plurale anche dopo **people**, che non a caso nella nostra frase è "rappresentato" dal pronome **they**.

26 / Twenty-sixth lesson

5 they worshipped an animal called the Rac, a peculiar [7] and dangerous creature that was a vital part of their everyday life.

6 – This highly advanced society devoted an inordinate amount of time to the feeding and care of the Rac,

7 a large beast not unlike [8] a fully grown bull in size, strength and temperament – but less intelligent.

8 Although the Rac could be used for practical purposes, it was chiefly a status symbol.

9 Most families owned at least one Rac, spending vast sums of money on its upkeep,

10 while some better-off members of the tribe kept whole herds in order to show off [9] to their neighbours.

11 Sadly, the Rac was not a sturdy animal: its average lifespan was just ten years or so.

12 It had to be fed frequently, and it often fell ill and had to be taken to a specialised – and highly expensive – medicine man.

Note

7 Attenzione a **peculiar**, termine che, oltre a *peculiare, particolare*, vuol dire anche *eccentrico, bizzarro, strano* ecc. Le accezioni di questa parola contengono insomma tutte le sfumature che caratterizzano ciò che, per un motivo o per l'altro, è fuori dal comune, tanto in senso positivo quanto in negativo: **a very peculiar history**, *una storia molto speciale*; **peculiar happenings**, *strani avvenimenti*.

8 **unlike**, composto dal prefisso negativo **un-** e da **like** *(come)*, può essere un aggettivo o una preposizione. Nel primo caso significa *diverso o*

Ventiseiesima lezione / 26

5   adoravano un animale chiamato Otua, una creatura bizzarra e pericolosa che costituiva parte integrante della loro vita quotidiana.
6 – Questa società molto avanzata dedicava una quantità esagerata di tempo al nutrimento e alla cura dell'Otua,
7   una grossa bestia che per dimensioni, forza e indole non era molto diversa da un toro adulto, ma meno intelligente.
8   Benché si potesse usare per scopi pratici, l'Otua era soprattutto uno status symbol.
9   La maggior parte delle famiglie ne possedeva uno, spendendo forti somme di denaro per la sua cura,
10 mentre alcuni membri più ricchi della tribù ne mantenevano delle mandrie intere per ostentarle davanti ai vicini.
11 Purtroppo l'Otua non era un animale robusto: la sua vita media era di appena una decina d'anni.
12 Andava nutrito di frequente, spesso si ammalava e doveva essere portato da uno stregone specializzato e molto costoso.

---

dissimile, nel secondo *a differenza di* (vedi frase 18) Attenti però a frasi come **This is unlike anything I've ever tasted**, *Non ho mai assaggiato niente di simile*: qui è il contesto e non il dizionario ad esservi di aiuto; **not unlike** (una volta tanto possiamo usare due negazioni anche in inglese...), *non dissimile*.

9 Il verbo frasale **to show off**, *ostentare* (quando regge un complemento oggetto) o *pavoneggiarsi*, ha chiaramente una connotazione negativa: **Don't encourage him, he's showing off**, *Non dargli corda, si sta pavoneggiando*.

26 / Twenty-sixth lesson

13 Furthermore, the Rac had some unusual habits [10] that other advanced cultures would have considered harmful.

14 For one thing [11], they bred [12] very quickly, and no real efforts were ever made to curb this problem.

15 As a result, more and more special paths had to be built so that the Racs could travel along them,

16 for they would race against each other at high speed, requiring that special areas be [13] set aside [14] just for them.

: Note

[10] **unusual habits** oppure, per ripassare un aggettivo un po' *peculiare* che abbiamo appena esaminato, **peculiar habits**, *abitudini singolari* o *strane abitudini*.

[11] Eccoci alle prese con un'altra frase fatta che contiene il termine **thing**: all'inizio o al termine di una frase, **for one thing** accompagna il primo di una serie di motivi che chi parla intende enumerare. **I love Norman Mailer. For one thing, he was a great writer**, *Mi piace tantissimo Norman Mailer. Prima di tutto perché era un grande scrittore.* Se proseguiamo con l'elenco, non diremo però "**for two things**", ma semplicemente **for another** (oppure **what's more**): **For another, he was an interesting man**, *Inoltre era un uomo interessante*.

[12] A proposito di **bred**, non farà male andare a rileggersi la nota 9 della lezione 6. Ricordiamo inoltre che alcuni verbi che finiscono in "-eed" sono irregolari: per esempio **to feed**, *nutrire, alimentare*, che abbiamo incontrato nella frase 12.

[13] Riecco il congiuntivo (lezione 21, § 1) preceduto da un verbo che esprime una richiesta o un'esortazione: **to require**, *richiedere, esigere*. **The Commission requires that corrective action be taken immediately**, *La Commissione esige che venga adottata immediatamente un'azione correttiva*. Come si è visto, però, si tende a evitare il congiuntivo, che suo-

Ventiseiesima lezione / 26

13 Inoltre l'Otua aveva delle abitudini singolari che altre culture avanzate avrebbero considerato nocive.
14 Per dirne una, si moltiplicava *(riproduceva)* molto in fretta e non si faceva alcuno sforzo concreto per limitare il problema.
15 Di conseguenza, occorreva costruire un numero sempre maggiore di strade speciali affinché gli Otua potessero percorrerle,
16 perché gareggiavano tra loro a grande velocità e per questo erano necessarie delle zone speciali riservate soltanto a loro.

na un po' formale, ricorrendo a **should**: **The Commission requires that corrective action should be taken immediately**. C'è inoltre una soluzione ancora migliore: sopprimere **that** e usare solo l'infinito del verbo: **The Commission requires corrective action to be taken immediately**.

14 Il verbo frasale **to set aside** ha svariate accezioni. Le più frequenti sono due: la prima è *spostare*, *mettere da parte*; la seconda, come abbiamo visto, *riservare*. **I set aside some cash**, *Ho messo da parte dei contanti*.

17 So high was the cost of building the facilities that a special levy had to be paid annually to the community.

18 Unlike cows and other beasts of burden, the excrement of the Rac could not be used as a fertiliser or fuel.

19 Worst of all, they would often run amok [15], killing any members of the tribe who happened to be nearby [16].

20 Though [17] we have no proof, the Rac could well have been responsible for the disappearance of the entire society.

21 – Far-fetched [18] as this may sound [19], just try reading the word Rac backwards…

19 … ëmok

Note

[15] L'inglese non disdegna di inglobare e far sue parole che appartengono a lingue extraeuropee; **amok** *ëmok* viene infatti dal malese e indica un accesso di follia omicida: **to run amok**, *infuriarsi, essere in preda al furore* oppure, in senso figurato, *scatenarsi*; **The gunman ran amok in a post office**, *Il rapinatore è stato colto da furia omicida in un ufficio postale*; **The children ran amok while their parents were out**, *I bambini si sono scatenati mentre i genitori erano fuori*. Curiosamente, **amok** è entrato nel vocabolario inglese attraverso il portoghese.

[16] Parente stretto di **near**, *vicino*, il termine **nearby**, *(qui) vicino, nei (o dei) dintorni*, può fungere anch'esso da avverbio o da aggettivo: **They live nearby**, *Abitano qui vicino*; **The ceremony was held in a nearby park**, *La cerimonia si è svolta in un parco dei dintorni*. È uno dei pochi aggettivi che possono seguire il sostantivo cui fanno riferimento: **The ceremony was held in a park nearby**. Notate inoltre che, a differenza di **near**, **nearby** non può reggere un complemento di luogo: per esempio si dice **He lives near the park** e non **nearby the park**.

Ventiseiesima lezione / 26

17 Costruire gli impianti appositi comportava spese tanto elevate che la comunità doveva pagare ogni anno una tassa speciale.

18 A differenza delle mucche e delle altre bestie da soma, gli escrementi dell'Otua non si potevano usare come fertilizzanti né come carburanti,

19 ma il peggio era che spesso questi animali si infuriavano uccidendo tutti i membri della tribù che si trovavano nelle vicinanze.

20 Anche se non abbiamo prove, l'Otua potrebbe essere stato il responsabile della scomparsa di questa civiltà.

21 – Per quanto possa sembrare bizzarro, provate a leggere la parola Otua al contrario…

---

17 **though** e **although** vogliono dire entrambi *benché, anche se* (**Though we have no proof** / **Although we have no proof**). In compenso, il rafforzativo **even** può precedere **though** ma non **although**: **Even though the wifi connection is working, I can't pick up my emails**, *Anche se la connessione WiFi funziona, non riesco a vedere le mie e-mail*. Inoltre nella lingua parlata si tende a usare **though** al posto di **although**, e il primo si può anche mettere alla fine di una frase: in tal caso acquista il senso di *però, tuttavia*. Attenti poi alla pronuncia: la **th** si legge <u>dh</u> (**dh**ou, o:l**dh**ou).

18 **to fetch**, *andare a prendere, portare*. **Fetch me a cup of tea, will you?**, *Mi puoi portare una tazza di tè?* Se si parla di un'idea, di una spiegazione ecc. e si dice che è **far-fetched**, s'intende che è *forzata, improbabile, bizzarra* o *inverosimile*. **I found the end of the movie totally far-fetched**, *Il finale del film mi è parso del tutto inverosimile.*

19 Notate ancora una volta come l'inversione permetta di sottolineare la parola o le parole più importanti di una frase: **Although this may sound far-fetched, it's true** → **Far-fetched as this may sound** ecc.

two hundred and eighteen • 218

Exercise 1 – Translate

❶ Don't go thinking that this is a new trend; it has always been this way. **❷** The damage had to be seen to be believed. **❸** For one thing, she was a great writer. For another, she was also a brilliant economist. **❹** You'll only throw fuel on the flames if you answer his e-mail. **❺** Although his excuse may sound far-fetched, it's absolutely true.

Exercise 2 – Fill in the missing words

❶ La Commissione esige che venga adottata immediatamente un'azione correttiva.
The Commission .... corrective action .... immediately.

❷ Il match è stato sospeso a causa della pioggia.
The match .... because it was raining.

❸ Un'auto costosa non è più lo status symbol che era una volta.
An expensive car .... the .... it ....

❹ Prova questo frutto. Non ho mai assaggiato nulla di simile.
Try this fruit. It's .... tasted.

❺ Andava nutrito di frequente, si ammalava spesso e bisognava portarlo all'ospedale.
It .... frequently, it often .... and .... to hospital.

Ventiseiesima lezione / 26

Soluzioni dell'esercizio 1

❶ Non stare a pensare che sia una nuova moda; è sempre stato così. ❷ Bisognava vedere il danno per crederci. ❸ Primo: era una grande scrittrice. Secondo, era anche una brillante economista. ❹ Se rispondi alla sua e-mail verserai solo benzina sul fuoco. ❺ Anche se la sua scusa può sembrare improbabile, è assolutamente vera.

Soluzioni dell'esercizio 2

❶ – requires – to be taken – ❷ – had to be stopped – ❸ – is no longer – status symbol – once was ❹ – unlike anything I've ever – ❺ – had to be fed – fell ill – had to be taken –

Avete notato che rivediamo puntualmente degli argomenti già affrontati nelle lezioni precedenti al fine di approfondire o consolidare le vostre conoscenze in merito? Per il momento ci soffermiamo sulla maggior parte di questi rimandi, ma procedendo con il vostro perfezionamento, ci limiteremo a segnalarveli con un semplice riferimento alla lezione e alla frase (o alla nota) in questione, lasciando che la vostra capacità di assimilazione faccia il resto.

27

Twenty-seventh lesson

Getting away from the city

1 – I love the city, I honestly do [1], but I also need to get out of it every now and then. Fancy a day trip on Saturday?

2 – I really ought to work this weekend, I've got a lot on my plate [2] at the office and I'm already way behind [3].

3 It'd probably do me good, though [4]: a change is as good as a rest [5], as they say. Where shall we go?

4 – What about [6] Hampton Court? There's a fabulous maze and we can picnic in Bushy Park afterwards if it's fine.

Note

1 Il verbo ausiliare **to do** può servire a sottolineare ciò che si è appena detto: **She does like to cook but she's too busy,** *Le piace davvero tanto cucinare, ma ha troppo da fare.* Se si mette l'avverbio **really** davanti all'ausiliare, la frase acquista un'enfasi ancora maggiore: **She really does like to cook.** Si può anche cambiare l'ordine delle parole ripetendo il pronome personale e spostando l'ausiliare in fondo alla frase: **She likes to cook, she really does.**

2 **a plate**, *un piatto*. L'espressione **to have a lot on one's plate** significa *avere molto da fare* o *avere molta carne al fuoco*. Ricordiamo che, nella lingua parlata, quando si usa la forma contratta di **have** si aggiunge spesso **got**, quasi a ribadire il concetto (anche se in realtà, con **got** o senza, il significato non cambia): **She has a lot on her plate right now,** *In questo momento ha un sacco di cose da fare* → **She's got a lot on her plate** ecc.

3 **behind**, *dietro*, ma anche *indietro*: **That new customer is behind with his payments,** *Quel nuovo cliente è indietro con i pagamenti;* **to be behind**, *essere in ritardo* (nel senso di *essere indietro* con un impe-

Ventisettesima lezione

In fuga dalla città

1 – Mi piace davvero tanto la città, ma di quando in quando ho anche bisogno di andarmene. Che ne diresti per sabato di una gita di un giorno?
2 – Questo fine settimana devo proprio lavorare. ho un sacco di cose da fare in ufficio e sono già molto indietro.
3 Probabilmente mi farebbe bene, però: come si suol dire, cambiare è come riposare. Dove andiamo?
4 – Che ne diresti di Hampton Court? C'è un labirinto favoloso e dopo possiamo fare un picnic a Bushy Park, se fa bello.

---

gno; *essere in ritardo* a un appuntamento si dice invece **to be late**): **I'm afraid I'm behind**, *Temo di essere indietro, Temo di essere in ritardo*.

4 Nella lezione scorsa abbiamo già parlato di **though** e **although**, *benché, anche se*, e abbiamo accennato al significato di **though** (*però, tuttavia*) quando si trova in fondo alla frase: **I've got to leave now. I'll be back tomorrow, though**, *Ora devo andare. Tornerò domani, però*. Ricordiamo che invece **although** <u>non può stare in fondo a una frase</u>.

5 to rest, *riposare*. Il sostantivo corrispondente è **rest**, *riposo*: **to need a rest**, *avere bisogno di riposo*. Il proverbio "**a change is as good as a rest**" (lett. un cambiamento è tanto buono quanto un riposo) significa che cambiare posto, abitudini ecc. può essere rilassante. Per citare un celebre slogan, *Meglio cambiare, neh?*

6 What about...?, come sappiamo e come abbiamo visto nella nota 15 della lezione 23, serve a chiedere un parere. Può anche introdurre un suggerimento o una proposta: **What about trying that new delicatessen on Smith Street?**, *Che ne diresti se provassimo quel nuovo negozio di gastronomia sulla Smith Street?* Al posto di **What** possiamo anche mettere **How** senza modificare il senso né la costruzione (vedi la frase 6 di questa stessa lezione).

27 / Twenty-seventh lesson

5 – You and your picnics! Give me a decent pub or a restaurant any day [7]. Any better ideas?

6 – How about Oxford? It's only a couple of hours away by car and there's loads to see and do.

7 The dreaming spires and whatnot [8]. I do believe they might even have an upmarket eatery or two.

8 I haven't been there for donkey's years. How about it?

9 – You want to drive? You're out of your mind [9]. We'll be stuck in a tailback [10] on the A40 for hours.

10 – You're such a wet blanket [11]! Why don't you come up with [12] a better idea, then?

11 Why not stay closer to home? Greenwich is easy to get to by boat and we can take the train back.

Note

7 La locuzione **any day** (spesso seguita da **now**) vuol dire *da un giorno all'altro, a giorni*: **The twenty-gigabyte version of the machine is being launched any day**, *La versione da 20 gigabyte della macchina uscirà a giorni*. Tuttavia la frase idiomatica **any day** (o **any day of the week**), usata nel parlato, equivale a **in any case**, *in ogni caso, comunque* (nel dialogo l'abbiamo tradotta liberamente) e si mette alla fine della frase: **I'd rather act in films than direct them any day**, *In ogni caso, preferirei recitare nei film anziché dirigerli*.

8 Può capitare di non conoscere il nome di un oggetto e limitarsi a chiamarlo *coso* o *aggeggio* per non stare a perdere tempo. L'equivalente inglese di questa "non parola" è **whatnot**, che tra l'altro vuol dire anche *inezia* o *scaffaletto* (che era il suo significato originario, benché oggi sia desueto): **Pass me that whatnot over there, please**, *Passami quel coso lì, per favore*. L'espressione **...and whatnot**, dopo uno o più sostantivi, si traduce con *e tutto il resto, e cose del genere*: **He loves online games, quizzes and whatnot**, *Gli piacciono tanto i giochi online, i quiz e cose del genere*. Un termine forse poco elegante ma molto utile, no?

9 Un tempo, con l'espressione **to be out of one's mind**, si definiva uno che aveva perso la ragione. Anche se mantiene questo significato anco-

Ventisettesima lezione / 27

5 – Tu e i tuoi picnic! Portami in un pub decente o in un ristorante e ci vengo quando vuoi. Non hai un'idea migliore?

6 – E Oxford? È a solo un paio d'ore d'auto e c'è un mare di cose da vedere e da fare.

7 Le "guglie sognanti" e tutto il resto... Credo che dovrebbero esserci pure un paio di ristorantini di classe.

8 Non ci vado da una vita. Cosa ne pensi?

9 – Che, vuoi andarci in macchina? Tu sei matto. Ci ritroveremo imbottigliati per ore in una coda sulla A40.

10 – Che guastafeste che sei! Perché non trovi un'idea migliore tu, allora?

11 Perché non andiamo in un posto più vicino a casa? Greenwich si raggiunge facilmente in battello e possiamo tornare in treno.

---

ra oggi, viene impiegata più spesso in senso figurato: **Maggie had not heard from her daughter and was out of her mind with worry**, *Maggie non aveva notizie di sua figlia ed era fuori di sé dall'angoscia* (oppure *terribilmente preoccupata*).

10 Sapete già cosa vuol dire **a traffic jam**, *un ingorgo* (**jammed**, *bloccato*). Al giorno d'oggi questo inconveniente si verifica molto spesso e può dar luogo a una *coda* (**tailback**): **There's a five-mile tailback on the M3**, *C'è una coda di 5 miglia* (8 km) *sull'autostrada M3*.

11 **a blanket**, *una coperta*; **a wet blanket** ha però tutt'altro significato e vuol dire *un guastafeste*: **Don't be a wet blanket. Come out for a drink with us**, *Non fare il guastafeste. Esci con noi a bere qualcosa*.

12 **to come up with** ha parecchie accezioni, tra cui *proporre, trovare, tirar fuori*: **The government refused to fund the project so the bank came up with the money**, *Poiché il governo si è rifiutato di finanziare il progetto, i soldi li ha tirati fuori la banca*; **The staff came up with several interesting ideas for improving the product**, *Il personale ha proposto alcune idee interessanti per migliorare il prodotto*.

27 / Twenty-seventh lesson

12 It's really quaint. We can potter around [13] the second-hand bookshops, go to the flea market...

13 – No way [14]. I have no intention of spending the day with a shopaholic [15]. Anyway, the place will be crawling with tourists.

14 – You needn't [16] be so rude. I daren't [17] open my mouth! Every time I do, you jump down my throat.

Pronuncia
13 ... shopëHolik.

Note

[13] La traduzione del verbo **to potter around** (o **about**), tipico della lingua colloquiale, dipende una volta di più dal contesto: *aggirarsi, gingillarsi, fare piccoli lavori* (piacevoli e non impegnativi, s'intende) sono alcune delle sue accezioni, tutte accomunate dal fatto di descrivere un'azione che si svolge in tutta tranquillità e a discrezione del soggetto: **Now that Tom's retired, he just potters around the house**, *Ora che è andato in pensione, Tom si limita a fare piccoli lavori in casa* (come potete intuire non c'entra nulla con **potter**, *vasaio*: l'etimologia del verbo è incerta).

[14] Con **no way** (lett. nessuna via o in nessun modo) si rifiuta categoricamente una richiesta o una proposta. Molto flessibile, può funzionare anche isolatamente come interiezione: – **Let's drive there.** – **No way!**, – *Andiamoci in macchina.* – *Neanche per sogno!* In questo caso si calca la voce su entrambe le parole (ve ne renderete conto ascoltando le registrazioni); **There's no way I'm driving to Oxford**, *Non ci penso nemmeno a andare a Oxford in macchina.* Possiamo esprimere un rifiuto ancor più categorico con l'inversione, uno degli argomenti chiave di questa settimana: **No way am I driving to Oxford.**

[15] Partendo da **alcoholic**, *alcolista* o *alcolico*, sono stati formati dei neologismi che suggeriscono la dipendenza o la passione per un'attività o per qualcosa in generale: **Tom never takes holidays; he's a workaholic**, *Tom non prende mai ferie; è uno stacanovista.* Chi va matto per il cioccolato è **a chocoholic**, chi adora il cibo è **a foodaholic** e via inventando (tra queste parole nuove non manca **sexaholic**). Insomma, il principio

Ventisettesima lezione / 27

12 È davvero pittoresco. Possiamo aggirarci per i negozi di libri usati, andare al mercato delle pulci...

13 – Non se ne parla nemmeno. Non ho intenzione di passare la giornata con un maniaco dello shopping. E poi il posto scoppierà di turisti.

14 – Non è il caso di essere così sgarbato. Basta, non parlo più! Tutte le volte che lo faccio mi salti addosso.

vi è chiaro; per cui, anche se una parola con il suffisso **-holic** non si trova sui dizionari, la capirete lo stesso!

16 Sappiamo già che in alcuni casi la forma negativa di **to need** si ottiene aggiungendo **not** (lezione 24, nota 17). Nella lingua parlata **needn't** (notate che si usa sempre la forma contratta) vuol dire *non è il caso, non vale la pena*: **You needn't be so angry. I didn't break the vase on purpose**, *Non è il caso che ti arrabbi così. Non ho mica rotto il vaso apposta.* Per formare il passato si ricorre all'ausiliare **to have** seguito dal participio passato: **You didn't do anything wrong so you needn't have apologised**, *Non hai fatto niente di male, perciò non era il caso che ti scusassi.*

17 La forma negativa di **to dare**, *osare*, come quella di **to need**, si ottiene aggiungendo **not** al verbo. Di fatto è la sola forma che ricorra con frequenza nell'inglese moderno: **After what I said about him, I daren't go to his party**, *Dopo quello che ho detto di lui, non oso andare alla sua festa.* Oltretutto si tratta di una forma invariabile (**he daren't go** ecc.), anche se, al passato, il verbo diventa nuovamente regolare: **I didn't dare go to his party.**

15 Can't you see that I'm racking my brains [18] to find something that will suit us both?

16 – I dare say you are, but we're getting nowhere fast. I suggest we ask Dave if he has any bright ideas.

17 Hey, Dave! What do you reckon? Should we go to Hampton Court, Greenwich or what?

18 – If you want my honest opinion, guys, you'd be much better off going to the movies.

19 Then I'd call the local takeaway, order a curry and get them to deliver it [19].

20 Then just come home and hang out. Bob's your uncle [20]. The perfect weekend!

21 – Now there's a man after my own heart.

Note

[18] **a rack** è principalmente *uno scaffale* o *una rastrelliera,* ma tra le sue accezioni figura anche un oggetto sinistro (la *ruota,* intesa come strumento di tortura). Ed è proprio quest'ultimo significato quello alla base di **to rack one's brains** (con **brain** sempre al plurale), lett. *tormentarsi il cervello.* **I racked my brains to find a good answer,** *Mi sono scervellato per trovare una buona risposta.*

[19] Ecco un altro modo (vedi lezione 25, nota 18) per tradurre in inglese *fare* + verbo all'infinito. Nel parlato ci si può servire sia della costruzione **to have** + complemento oggetto + participio passato sia di **to get** + complemento oggetto + verbo all'infinito. Possiamo quindi dire **I'll have the curry delivered** oppure **I'll get them to deliver the curry.** Spesso l'uso di **to get** sottintende l'idea di convincere una o più persone

Ventisettesima lezione / 27

15 Non ti rendi conto che mi sto lambiccando il cervello per trovare qualcosa che vada bene a tutti e due?
16 – Immagino di sì, ma non stiamo facendo un passo che è uno. Propongo di chiedere a Dave se ha qualche idea brillante.
17 Ehi, Dave! Cosa ne dici? Andiamo a Hampton Court, a Greenwich o dove?
18 – Se volete il mio onesto parere, ragazzi, sarebbe molto meglio se andaste al cinema.
19 Poi chiamerei il takeaway all'angolo, ordinerei un curry e me lo farei consegnare.
20 Dopo me ne tornerei a casa e mi rilasserei. Fatto. Il week-end ideale!
21 – Ecco finalmente uno che mi va a genio!

(il complemento oggetto) a fare qualcosa: **We can't get him to realise the gravity of the situation**, *Non riusciamo a fargli comprendere la gravità della situazione.*

20 L'esclamazione **Bob's your uncle!** (sempre con la forma contratta) corrisponde a *Il gioco è fatto!*, o semplicemente a *Fatto!* **Plug in the machine, press the switch, and Bob's your uncle!**, *Infila la spina della macchina, accendi l'interruttore e il gioco è fatto!* Quanto all'origine di quest'espressione, sembra che il **Bob** (diminutivo di **Robert**) in questione fosse il primo ministro britannico Robert Cecil, che aveva nominato il nipote Arthur Balfour a una carica importante. La stampa si buttò a pesce sulla notizia e non si lasciò sfuggire l'occasione per insinuare che, con uno zio come "il vecchio Bob", tutto era possibile. Tutto cambia affinché non cambi nulla...

27 / Twenty-seventh lesson

▶ Exercise 1 – Translate
❶ Plug in the machine, press the switch, and Bob's your uncle! ❷ Now that he's retired, he just potters around the house. ❸ The government refused to fund the project so the bank came up with the money. ❹ He said he would rather act in films than direct them any day. ❺ I'm afraid I'm behind with my repayments.

***

Exercise 2 – Fill in the missing words
❶ Non è il caso che ti arrabbi così. Non l'ho mica fatto apposta.
... ... so angry. I didn't do it ... .

❷ Cucinare le piace davvero tanto, ma è troppo occupata.
She ...., ..., but she's too busy.

❸ "Penny ha un sacco di cose da fare in questo momento", ha detto Bob.
"Penny's ... ... right now," Bob said.

❹ Sei pazzo, Jim. Non ci penso neppure ad andare fino a Oxford in macchina.
You're ... ..., Jim. .... driving to Oxford.

Alcune città britanniche sono note soprattutto per un'attività, un monumento, un fatto storico o una specialità gastronomica. Per esempio posti come Coventry e Canterbury vantano cattedrali di grande interesse architettonico. Inoltre Canterbury è sede della Chiesa anglicana. Nel nord, culla della rivoluzione industriale, diverse città sono sinonimo di un'attività manifatturiera storica: per esempio Sheffield (nota per l'acciaio), Durham (carbon fossile) o ancora Bradford (settore tessile), anche se ci troviamo già nell'era post-industriale. Per uno Stato marittimo come la Gran Bretagna, i porti hanno svolto un ruolo cruciale (Dover, Portsmouth, Liverpool…). Infine, Oxford e Cambridge

Ventisettesima lezione / 27

Soluzioni dell'esercizio 1
❶ Inserisci la spina della macchina, premi l'interruttore e il gioco è fatto! ❷ Ora che è andato in pensione, si limita a fare qualche lavoretto in casa. ❸ Il governo si è rifiutato di finanziare il progetto, per cui i soldi li ha tirati fuori la banca. ❹ Ha detto che avrebbe preferito comunque recitare nei film anziché dirigerli. ❺ Temo di essere in ritardo coi versamenti.

***

❺ E se provassimo qualcos'altro? Come si suol dire, cambiare è come riposare.
.... something different? A ...... is .. .. a ...., as they say.

Soluzioni dell'esercizio 2
❶ You need not be – on purpose ❷ – likes to cook, she really does – ❸ – got a lot on her plate – ❹ – out of your mind – No way am I – ❺ What about trying – change – as good as – rest –

sono rinomate a livello mondiale per le loro università, note collettivamente col nome di Oxbridge. D'altro canto, alcune di queste città hanno un soprannome: Birmingham è **the city of a thousand trades** *(la città dei mille mestieri), Edimburgo è* **the Athens of the North** *(in virtù del suo ruolo durante il Secolo dei Lumi) mentre Londra è detta* **the Smoke** *(il fumo) per via del suo inquinamento. Infine, Oxford porta il poetico titolo di* **city of the dreaming spires** *(città delle guglie sognanti), come l'ha chiamata un poeta del XIX secolo, Matthew Arnold, a causa dell'armoniosa architettura dei suoi edifici religiosi. Per finire,* **the City** *(con la C maiuscola) è il centro finanziario di Londra.*

Twenty-eighth lesson

Revision – Ripasso

1 L'inversione

Questa settimana abbiamo visto come sia possibile, invertendo l'ordine abituale delle parole di una frase, enfatizzare o mettere in evidenza uno dei suoi elementi. Nella maggior parte dei casi si ricorre all'aggiunta degli ausiliari **to do** e **to have**. Un paio di esempi:
She not only speaks Chinese, she also has a degree in chemical engineering.
Non solo parla cinese, ma ha anche una laurea in ingegneria chimica.
I have never been so insulted in my life.
Non sono stato mai insultato così in vita mia.
Queste due frasi si possono modificare come segue, acquistando una certa efficacia espressiva:
Not only does she speak Chinese, she also has a degree in chemical engineering.
Never in my life have I been so insulted.

Questo tipo di costruzione è tipica dopo alcuni avverbi di tempo, ma non solo (**never**, **rarely**, **scarcely** ecc.). Inoltre l'inversione si può fare a metà della frase:
He had been in prison but he rarely mentioned it.
È stato in prigione, ma ne ha parlato raramente.
→ **He had been in prison but rarely did he mention it.**
Ricordiamo che, se nella frase originaria non c'è l'ausiliare, per effettuare l'inversione si usa **to do** opportunamente coniugato.

Un'altra inversione frequente è quella con **so**, che viene così a trovarsi all'inizio della frase. Se il verbo principale è **to be** non c'è bisogno dell'ausiliare:
The fire was so fierce that it destroyed five hundred acres of forest.
L'incendio era così violento che ha distrutto duecento ettari di foresta.
→ **So fierce was the fire that it destroyed five hundred acres of forest.**

Ventottesima lezione

Anche se può capitare di incontrarla nel parlato (vedi lezione 23, frase 10), l'inversione con **so** è più frequente nella lingua scritta.
Infine, l'inversione con **only** ci permette di abbreviare una frase. Notate ancora una volta il ruolo e la posizione dell'ausiliare:

It was only after I left university that I became really interested in politics.
Solo dopo aver lasciato l'università mi sono davvero interessato alla politica.
→ **Only after I left university did I really become interested in politics.**

Così possiamo fare a meno dei vari **It is**, **It was** ecc., all'inizio della frase:

It was only with the rise of manufacturing that people started flocking to cities.
Solo con l'avvento dell'era industriale la gente ha cominciato a trasferirsi in massa nelle città.
→ **Only with the rise of manufacturing did people start flocking to cities.**

In questo caso lo scopo dell'inversione non è solo quello di sottolineare un elemento della frase, ma anche la concisione.

2 La costruzione *fare* + verbo all'infinito

Questa settimana abbiamo anche accennato alla costruzione *fare* + verbo all'infinito. Nella maggior parte dei casi, come si è visto, si usa l'ausiliare **to have** seguito dal complemento oggetto e dal participio passato:

I had my hair cut last Tuesday.
Mi sono fatto tagliare i capelli martedì scorso.

Nel parlato non si usa la forma contratta di **had** perché renderebbe la frase quasi incomprensibile. In compenso si tende a sostituire **had** con **got** senza che il significato cambi:

I got my hair cut.
Prendiamo ora una frase un po' più complessa:

two hundred and thirty-two • 232

Did you make the birthday cake yourself or did you have it made?
Hai fatto la torta di compleanno da solo o te la sei fatta preparare?
Sostituiamo **have** con **get** e avremo:
Did you make it yourself or did you get it made?
Se nella frase viene nominato l'autore dell'azione, si usa la stessa costruzione con **to have**, ma al posto del participio passato si mette l'infinito senza **to**:
We had them call the police.
Gli abbiamo fatto chiamare la polizia.
Tuttavia, se sostituiamo **to have** con **to get**, il secondo verbo va coniugato all'infinito col **to**:
We got them to call the police.
Gli abbiamo fatto chiamare la polizia.
Infine bisogna usare l'ausiliare **to have** (o **to get**) e non il verbo **to make** per tradurre *fare* nella prima parte della costruzione, altrimenti il senso della frase cambia:
We made them call the police, *Li abbiamo obbligati a chiamare la polizia.*

3 *need* e *dare*

• **to need**, *avere bisogno di*, alla forma negativa può comportarsi come un verbo modale. La differenza tra **do not need** e **need not** (attenzione: si usa quasi sempre la forma contratta **needn't**) è sottile ma importante:
quando non si parla di una necessità <u>immediata</u>, **to need** si comporta come un verbo modale:
You needn't turn off the computer; it will switch to standby automatically;
Non vale la pena di spegnere il computer; passerà alla modalità standby automaticamente;

– quando la necessità o l'obbligo è <u>abituale</u>, **to need** si comporta come un verbo regolare:
You don't need to do military service in Great Britain.
In Gran Bretagna il servizio militare non è obbligatorio.
Se qui avessimo usato **to need** come un verbo modale (**You needn't do military service** ecc.) avremmo commesso un errore.

Lo stesso discorso vale per la forma interrogativa:

Need I turn off the computer?
Do you need to do military service?

• Anche il verbo **to dare**, *osare*, può essere sia regolare che modale. Si incontra soprattutto alla forma negativa, ma la differenza tra **do not dare** e **daren't** è più lieve rispetto a quella tra **do not need** e **needn't**, al punto che, in pratica, le due forme sono intercambiabili:
I daren't tell him that I've lost the money.
I don't dare to tell him that I've lost the money.
Non oso dirgli che ho perso i soldi.
Con **don't dare** si può usare l'infinito senza **to**: **I don't dare tell him**.
Esiste inoltre una costruzione molto frequente con **dare** alla forma affermativa; si tratta dell'espressione invariabile **I dare say**, *suppongo, immagino*:
I dare say you want a shower after your long flight.
Immagino che tu voglia fare una doccia dopo il lungo viaggio in aereo che hai fatto.
Di fatto, anche se non c'è il punto interrogativo, questo tipo di frase è una domanda.

4 *ever*

Ecco un'altra parola multiuso che abbiamo visto in diversi contesti nelle ultime lezioni.

4.1 *ever* = sempre più

An ever growing number of refugees are applying for political asylum,
Un numero sempre maggiore di profughi sta chiedendo asilo politico.

4.2 *ever* = sempre

Fear is ever present in the region, *La paura è sempre presente nella regione.*
Ricordate la frase incontrata alla lezione 26?
It was ever thus.
È sempre stato così.

In entrambi i casi il registro è formale e sostenuto.
In questo contesto, **for ever** = *per sempre*
"I will love you for ever," she shouted as they drove her away.
"Ti amerò per sempre", gridò quando la portarono via.
Se si trova davanti al verbo, invece, **for ever** (o **forever**) corrisponde a *sempre* nel senso di *in continuazione*:
They are forever complaining about the weather.
Si lamentano sempre / in continuazione del tempo.
Nel linguaggio colloquiale, **for ever** (in genere accompagnato dal verbo **to take**), vuol dire *una vita*, *un secolo* in senso figurato.
We ordered two steaks, but it took forever to get served.
Abbiamo ordinato due bistecche, ma ci hanno messo una vita a servirci.

4.3 Altre traduzioni possibili di *ever*

Per concludere, due costruzioni idiomatiche con **ever**:

• **ever since** = *fin da (quando)*
Ever since he was young, Andrew has wanted to be an astronaut.
Fin da giovane Andrew voleva fare l'astronauta.

• **ever so** = *tanto, proprio*
Questa costruzione non è molto elegante e vi sconsigliamo di utilizzarla, ma ricorre spesso nel parlato ed è quindi bene che siate in grado di capirla.
It's ever so cold.
Fa proprio freddo.

Ventottesima lezione / 28

▶ Esercizio di ripasso

Sostituite i verbi in verde con i verbi frasali che abbiamo visto questa settimana:

Big cities **attract** millions of people and **engulf** the countryside around them. It's hard to escape from a city. City dwellers often **finish** by travelling for three hours a day just to **reach** work. And when the smog is bad they can't even **identify** the buildings around them. Scientists and city managers try to **find** ideas to improve urban life. The best idea, they say, is to build cities in the country.

Big cities d . . . . . millions of people and g . . . . the countryside around them. It's hard to g . . . . a city. City dwellers often e . . . . travelling for three hours a day just to g . . . . work. And when the smog is bad they can't even m . . . . . . the buildings around them. Scientists and city managers try to c . . . . ideas to improve urban life. The best idea, they say, is to build cities in the country.

Soluzioni dell'esercizio

attract = draw in
engulf = gobble up
escape from = get out of
finish by = end up
reach = get to
identify = make out
find = come up with

Cominciamo a renderci conto che non è sempre necessario capire ogni parola di un testo per coglierne non solo il senso, ma anche il registro. Le nostre traduzioni si allontanano sempre più dalla struttura della frase in inglese affinché non cerchiate di trovare ogni volta un equivalente univoco in italiano: è uno dei problemi che si affrontano quando si vuole passare da una buona conoscenza della lingua al suo perfezionamento. Nelle prossime lezioni, inoltre, incontrerete altri riferimenti culturali tipici dell'inglese.

Twenty-ninth lesson

Look how far we have come!

1 Here are two pieces about food and cookery in Britain, one written in the 1860s and the other last year.
2 – It has been asserted that English cookery is, nationally speaking, far from being the best in the world.
3 More than this, we have frequently been told [1] by brilliant foreign writers, half philosophers, half chefs, that we are the worst cooks on the face of the earth,
4 and that the proverb which alludes to the divine origins of food and the precisely opposite origin of its preparers is peculiarly applicable to us islanders.
5 Man, it has been said, is a dining animal. [...]

Pronuncia
*3 ... filo*së*fë, ...*

Note

[1] Anche se chi compie effettivamente l'azione è menzionato nella frase, è possibile servirsi della forma passiva laddove l'italiano utilizzerebbe quella attiva: **I have often been told by my children that I don't understand anything about music**, *I miei figli mi dicono spesso che non capisco niente di musica.*

Ventinovesima lezione

Guardate quanta strada abbiamo fatto!

1 Ecco due testi sul cibo e sulla cucina della Gran Bretagna, uno scritto negli anni '60 dell'800 e l'altro l'anno scorso.
2 – È stato detto che, a livello internazionale, la cucina inglese è alquanto lontana dall'essere la migliore del mondo.
3 Per giunta illustri scrittori stranieri, metà filosofi e metà chef, hanno affermato che siamo i peggiori cuochi sulla faccia della terra
4 e che il proverbio che allude alle origini divine del cibo e all'origine diametralmente opposta di chi lo prepara si adatta perfettamente *(è peculiarmente applicabile)* a noi isolani.
5 L'uomo, si dice, è un animale che cena. [...]

6 Creatures of the inferior [2] races eat and drink; only man dines [3].
7 The rank which a people [4] occupy in the grand scale [5] may be measured by their way of taking their meals,
8 as well as [6] by their way of treating their women.
9 The nation which knows how to dine [3] has learned the leading lesson of progress.
10 It implies both the will and the skill to reduce to order and surround with idealisms [7] and graces
11 the more material conditions of human existence;
12 and wherever that will and skill exist, life cannot be wholly ignoble [8].

*12 ... igh**nou**bël.*

Note

[2] In inglese l'aggettivo **inferior** ha quasi sempre una connotazione spregiativa: **The imported goods were cheaper but of inferior quality**, *Le merci importate erano meno care ma di qualità scadente*. In senso puramente spaziale, *inferiore* si dice **lower** o **bottom**: **You'll find canned foods on the lower shelves**, *Troverete i cibi in scatola sugli scaffali inferiori*; **He bit his bottom lip**, *Si morse il labbro inferiore*. Vedi anche il § 3 della lezione 35.

[3] **to dine** è *cenare* (e in senso transitivo *invitare a cena*) ma anche *stare a tavola*, non esaurendosi il suo significato nel semplice consumo di un pasto. Nella frase 9, come noterete, il contesto suggerisce una traduzione ancora diversa.

[4] Come ricorderete, al singolare **a people** è *un popolo* (lezione 26, frase 4): **the People's Republic of China**, *la Repubblica Popolare Cinese*.

[5] Si tratta di un uso desueto del termine **scale**, oggi più vicino al nostro *scala* (non in tutte le accezioni, però: per esempio indica anche il *piatto della bilancia*): **The emergency plan is being implemented on a national scale**, *Si sta attuando il piano di emergenza su scala nazio-*

Ventinovesima lezione / 29

6 Le creature delle razze inferiori mangiano e bevono; soltanto l'uomo cena.
7 Il posto che un popolo occupa nell'ordine mondiale si può misurare da come si comporta a tavola *(prende i pasti)*
8 e da come tratta le donne.
9 La nazione che sa come ci si comporta a tavola ha imparato la lezione principale del progresso.
10 Sono necessarie sia la volontà che la capacità di mettere ordine
11 negli aspetti più materiali dell'esistenza umana, e di colmarli di grazia e di ideali,
12 e dovunque ci siano questa volontà e questa capacità, la vita non può essere del tutto ignobile.

---

nale. L'autore del testo parla dell'ordine delle cose (o ordine mondiale) che in inglese oggi si dice **grand** (oppure **great**) **scheme of things**.

6 **as well as**, *così come*, *come pure*, *nonché* o più semplicemente *e*. Questa locuzione serve a legare due elementi di pari importanza. Se l'autore avesse scelto il sinonimo **and** avrebbe rischiato di far perdere il filo ai lettori a causa della lunghezza di tutto il periodo. Un altro esempio: **Kora's interested in politics and maths as well as fun things such as video games**, *Kora s'interessa di politica, di matematica e di cose più divertenti come i videogiochi*. Con **and** al posto di **as well as**, la frase suonerebbe assai meno elegante: **politics and maths and fun things**.

7 **idealism** non ha più il plurale (lo stesso vale per la maggior parte degli altri nomi astratti), né la frase in questione, con il complemento oggetto posto alla fine, possiede la struttura tipica dell'inglese moderno. Oggi, infatti, il complemento oggetto si trova più vicino al verbo: **...to reduce to order and surround the more material conditions of human existence with idealisms and graces.**

8 L'aggettivo **ignoble** vuol dire sì *ignobile*, ma appartiene a un registro molto ricercato e non si usa spesso nell'inglese moderno, nel quale *ignobile* corrisponde piuttosto a **disgusting**, **horrible** oppure **awful**: **His behaviour at the office party was awful**, *Alla festa dell'ufficio si è comportato in modo ignobile*.

13 – Forgive the pun [9], but we English have had a chip on our shoulder [10] about our food for far too long.

14 People used to say: "I cook for fun, but for food, I go out to a restaurant".

15 It's time to celebrate the rekindling of our interest in our culinary identity.

16 The big problem with our national dishes is not what they are; it's what they're called.

17 Let's face it [11], who in their right mind [12] would want to eat something called "black pudding" or "spotted dick"?

18 Does your mouth water at the thought of [13] "toad in the hole" or "bubble and squeak" [14]?

Note

9 a pun, *un gioco di parole, una freddura*, può essere anche un verbo: **Shakespeare loved punning**, *Shakespeare amava fare giochi di parole*. Oggi, però, si dice piuttosto **to make puns**. Il termine non va confuso con l'espressione **a word game**, un gioco enigmistico basato sulle parole o *un gioco con le parole*, per esempio lo Scarabeo®. Non tutti apprezzano i calembour: qualche tipo scorbutico, sentendoli, esclamerà **That's not punny** (che potremmo avventurosamente tradurre *Questa battuta non mi fa né caldo né freddura*), gioco di parole sull'espressione **That's not funny**, *Non è divertente*.

10 Eccolo, il gioco di parole annunciato nella nota precedente. Il verbo transitivo **to chip** presenta, tra le sue varie accezioni, quella di *sbeccare*: **Don't chip the plates when you put them in the dishwasher**, *Non sbeccare i piatti quando li metti nella lavastoviglie*. Come sostantivo, invece, **a chip** è *una scheggia* mentre al plurale significa *patatine fritte* (in inglese americano French fries). Veniamo ora all'espressione **to have a chip on one's shoulder** (di origine oscura), *avere un complesso d'inferiorità* o *avercela* (con qualcosa o qualcuno): **He has a chip on his shoulder about not going to university**, *Soffre di un complesso di inferiorità perché non è andato all'università*.

11 Con l'espressione **let's face it** si sgombra il campo dalle finzioni e,

13 – Perdonate il gioco di parole, ma è da fin troppo tempo che noi inglesi non riusciamo a digerire il problema costituito dalla **nostra cucina** *(abbiamo una patatina sulla spalla per quanto riguarda il nostro cibo)*.
14 Prima si diceva: "Cucino per divertimento, ma vado a mangiare al ristorante".
15 È ora di risvegliare il nostro interesse per la nostra identità gastronomica.
16 Il guaio dei nostri piatti nazionali non è ciò che sono; è come vengono chiamati.
17 Diciamoci la verità, quale individuo sano di mente vorrebbe mangiare una cosa chiamata "pasticcio nero di carne" o "Riccardo a chiazze"?
18 Vi viene forse l'acquolina in bocca al pensiero di un "rospo nella tana" o di un "gorgoglia e squittisci"?

come si dice da noi, si guarda in faccia la realtà: *Parliamoci chiaro, Diciamoci la verità* ecc. **Let's face it: you're a terrible cook**, *Diciamocela tutta: sei un pessimo cuoco*.

12 Qui, in combinazione con **mind**, *mente*, **right** acquista il senso di *sano*. Si usa soprattutto nelle frasi negative: **The patient was not in his right mind when he stole the car**, *Il paziente non era sano di mente quando ha rubato l'auto*. La frase fatta (e interrogativa) **Who in their** (o **his**) **mind would** + verbo non è propriamente una domanda vera e propria, bensì un'affermazione: **Who in his right mind would want to be a central banker in today's high-inflation environment**, *Nessuna persona sana di mente vorrebbe mai fare il governatore della Banca d'Inghilterra con l'inflazione che c'è oggi*.

13 **thought**, *pensiero, idea*: **The thought of bungee jumping scares me**, *La sola idea di di fare bungee jumping mi spaventa*; **Podcasting the meeting. Now there's a thought**, *Mettere su un podcast la riunione: questa sì che è una buona idea*. Ascoltate attentamente l'esercizio: l'accento della frase cade su **there's**. Anche calibrare l'intonazione e sapere su quali parole si deve calcare la voce fa parte del nostro lavoro di perfezionamento.

14 Fra un po', quando avrete preso un po' più di confidenza con la cucina inglese, vi spiegheremo nel dettaglio in cosa consistono queste delizie…

29 / Twenty-ninth lesson

19 Because of this inferiority complex, we tend to make a big palaver [15] about a subject that's [16] really straightforward:

20 cooking great ingredients simply and well, and not bothering about keeping up with the Joneses [17].

21 So if it's bangers and mash that rings your bell [18], then go for it. But if you want to nuke [19] a ready meal, that's fine too.

22 Just remember: follow your gut [20] instinct – literally – and cook whatever makes you feel good.

*19 ... pë**la**:vë ... 20 ... **gio**unziz. 21 ... njuk ...*

Note

15 **palaver** deriverebbe dal portoghese "palavra" (*parola*), ma oggi ha assunto il significato di *ciarle, storie* o peggio ancora *rumore, baccano*: **He made such a palaver about a simple medical examination**, *Ha fatto tante storie per una semplice visita medica.*

16 Vale la pena di confrontare la frase 4 (**the proverb which alludes to the divine origins**) con questa (**a subject that's really straightforward**). Il pronome relativo si può tradurre con **which** o **that**: la sostanza non cambia (**the proverb that alludes; a subject which is straightforward**). Tuttavia, è meglio usare **that** in entrambi i casi. Vi spiegheremo più avanti il perché (date un'occhiata anche alla frase 21).

17 **Jones** è uno dei due cognomi più diffusi in Gran Bretagna, soprattutto in Galles; l'altro è **Smith**, *fabbro*. Tutti i cognomi possono avere una forma plurale: **There are hundreds of Smiths in the phone book**, *Ci sono centinaia di Smith nell'elenco telefonico.*

Il verbo frasale **to keep up with** vuol dire *tener testa, stare al passo*: **He was running so fast that I couldn't keep up with him**, *Correva così veloce che non riuscivo a stargli dietro.* Si usa anche in senso figurato e nell'espressione **to keep up with the Joneses** significa *tener testa ai vicini* o *ai colleghi*. **He bought a new car just to keep up with the Joneses**, *Ha comprato un'auto nuova solo per non dimostrarsi da meno dei vicini.*

Ventinovesima lezione / 29

19 A causa di questo complesso di inferiorità facciamo tante **chiacchiere** *(tendiamo a fare un gran baccano)* su un argomento che è chiaro come il sole:

20 si tratta di cucinare bene e in modo semplice dei grandi ingredienti, senza preoccuparsi di tener testa ai colleghi stranieri.

21 Perciò, se andate pazzi per le salsicce col purè, che aspettate a mangiarle? Ma se volete un piatto pronto da passare nel microonde, va bene lo stesso.

22 E ricordate: seguite (letteralmente) l'**istinto della vostra pancia** *(ascoltate l'istinto delle vostre budella)* e cucinate tutto ciò che vi fa stare bene.

---

18 **to ring a bell** (lett. suonare una campana) non va confuso con **to ring the bell**. La prima frase idiomatica significa *ricordare qualcosa, suonare familiare*: **Her face rang a bell but I couldn't place it**, *La sua faccia mi ricordava qualcosa, ma non riuscivo a inquadrarla*. La seconda ha invece il senso (più gergale) di *piacere moltissimo, essere quello che ci vuole*: **Her latest album really rings my bell**, *Il suo ultimo album mi piace da matti*. Notate che l'articolo **the** può essere sostituito da un aggettivo possessivo. Come sempre è bene conoscere ed essere in grado di comprendere questo tipo di espressioni, ma è meglio non usarle.

19 Verbo anche questo colloquiale, di origine americana, **to nuke** è l'alterazione di **nuclear** *nju:klië*, *nucleare*, e un tempo significava *sferrare un attacco nucleare* o più semplicemente *distruggere*: **The candidate's slogan was "Nuke the Terrorists"**, *Lo slogan del candidato era "Sterminiamo i terroristi"*. Oggi il senso di questo verbo è meno apocalittico (*cuocere qualcosa in un forno a microonde*, che si chiama **microwave oven**). Un sinonimo di **to nuke** è il verbo **to microwave**.

20 L'ennesimo gioco di parole di questa lezione: **gut** è l'*intestino*, ma in certe costruzioni idiomatiche si usa come aggettivo nel senso di *istintivo*: **My gut reaction is to refuse his offer**, *La mia reazione istintiva è quella di rifiutare la sua offerta* (oppure *l'istinto mi dice di rifiutare la sua offerta*). Il calembour si basa dunque sul doppio senso istinto-pancia. Al plurale, **guts**, questo termine vuol dire anche *coraggio, fegato*: **It takes guts to refuse his offer**, *Ci vuole del fegato per rifiutare la sua offerta*.

two hundred and forty-four

Exercise 1 – Translate

❶ Does money really matter in the scheme of things? ❷ Podcasting the meeting. Now there's a thought. ❸ Nobody in their right mind would upgrade to the new operating system right now. ❹ Her name definitely rings a bell but I can't place it. ❺ The emergency plan is being implemented on a national scale.

***

Exercise 2 – Fill in the missing words

❶ È appassionato di *(affascinato da)* politica e matematica, ma anche di cose meno serie come il rap.
   He is fascinated by .... and .... by less serious things, like rap.

❷ Non le va giù il fatto di non essere mai andata all'università.
   She ... a real .... because she .... university.

❸ Diciamocelo: la sola idea di fare bungee jumping ti spaventa.
   ....: .... bungee jumping scares you.

❹ Cerca sempre di stare al passo coi vicini.
   He's always trying ....

❺ Dovresti studiare una materia che sia facile e che ti interessi.
   You should study a subject ....[1] is .... and ....[1] will interest you.

[1] *Potete mettere sia **that** che **which**.*

Ventinovesima lezione / 29

Soluzioni dell'esercizio 1
❶ I soldi sono davvero così importanti nell'ordine delle cose?
❷ Mettere su un podcast la riunione: questa sì che è una buona idea.
❸ Nessuno sano di mente aggiornerebbe il nuovo sistema operativo proprio adesso. ❹ Il suo nome mi ricorda certamente qualcosa, ma non riesco a inquadrarlo. ❺ Si sta attuando il piano d'emergenza su scala nazionale.

***

Soluzioni dell'esercizio 2
❶ – politics – maths as well as – ❷ – has – chip on her shoulder – never went to – ❸ Let's face it – the thought of – ❹ – to keep up with the Joneses ❺ – that – straightforward – that –

La prima parte della nostra lezione è tratta da uno dei libri "cult" della cucina inglese di epoca vittoriana: **The Book of Household Management** *di Isabella Beeton (libro oggi conosciuto semplicemente col nome di* **Mrs Beeton's***). È uno dei primi vademecum dell'epoca e oggi riveste un grande interesse sociologico, dal momento che costituisce una sorta di fotografia della vita quotidiana borghese alla fine del XIX secolo. Uno dei problemi dei testi antichi è rappresentato dall'evoluzione della lingua e soprattutto del lessico. Per questo un buon dizionario inglese monolingue sarà un aiuto prezioso.*

two hundred and forty-six • 246

30

Thirtieth lesson

Have you heard the one about...?

1 – Evening. I'm right [1] proud to be here at the world-famous Comedy Store.
2 Tonight I want to talk about a really depressing subject. No, not the government. Diets.
3 Actually I don't need to shed [2] any pounds. No, seriously, folks:
4 my doctor said [3] my weight was just fine – for a man who's eighteen foot [4] tall.
5 Anyway, so I agree to go on a diet, but to play my own rules, if you get my meaning.
6 First, if no one sees you eating something, it has no calories, right?

Pronuncia
2 ... **dai**ëts.

Note

1 In alcune regioni della Gran Bretagna si usa **right** nel senso di *very*. Un tempo era effettivamente un suo sinonimo, ma ai nostri giorni denota un modo di esprimersi colloquiale che non va imitato. C'è tuttavia un luogo in cui quest'uso è ancora valido: la Camera dei Comuni, dove i deputati si servono della formula **the right honourable gentleman** (o **lady**) quando si rivolgono a un membro dell'opposizione e di **my right honourable friend** se si riferiscono a un membro del loro partito.

2 Il verbo irregolare **to shed** (passato **shed**, participio passato **shed**) significa *perdere* o *disfarsi di qualcosa*, spesso parlando del corpo: **Last year, his alsatian shed hairs by the handful**, *L'anno scorso il suo pastore tedesco ha perso peli a manciate*. L'espressione **to shed weight**, *perdere peso*, è un sinonimo di **to lose weight**.

Trentesima lezione

La sai l'ultima su...?

1 – 'Sera. Sono molto fiero di essere qui al Comedy Store, che è noto in tutto il mondo.
2 Stasera voglio parlarvi di un argomento davvero deprimente. No, non del governo. Di diete.
3 A dir la verità io non ho bisogno di perdere peso. No, sul serio, ragazzi:
4 il medico mi ha detto che il mio peso va benissimo, per uno alto cinque metri e mezzo.
5 Ad ogni modo ho accettato di mettermi a dieta, ma secondo le mie regole, se capite cosa intendo.
6 Primo: se nessuno ti vede mangiare qualcosa, di calorie non se ne parla, giusto?

---

3 *that* può essere omesso quando introduce una proposizione subordinata, cosa che avviene soprattutto nel parlato. Una frase come **Her doctor told her that she had to lose weight**, *Il medico le ha detto che lei doveva perdere peso*, si può quindi dire anche **Her doctor told her she had to lose weight**. Il senso non cambia, ma l'omissione non è obbligatoria.

4 Ricordiamo che gli anglosassoni misurano la distanza e l'altezza con il **foot** (equivalente a 30,48 cm), che rappresenterebbe la lunghezza di un *piede* umano. Quest'unità di misura si suddivide in *pollici*, **inches**. Se la Gran Bretagna, a livello ufficiale, si serve sempre più del sistema metrico decimale, l'antico sistema di pesi e misure è ancora impiegato frequentemente nella vita quotidiana (vedi anche lezione 16, nota 19). Ovviamente il plurale di **foot** è **feet**, ma nel linguaggio corrente si usa spesso il singolare quando si parla di statura: **I'm six foot three**, *Sono alto 6 piedi e 3 pollici* (1,91 m).

30 / Thirtieth lesson

7 Second, foods eaten for medical purposes are okay. That includes chips and lager.
8 Third, if you eat from someone else's plate, you don't consume any calories; they do [5].
9 My wife told me the best way to get rid of half a stone [6] of ugly fat was to cut my head off.
10 But she was just pulling my leg [7]. Wasn't she? Of course she was!
11 In the end, though, I found that I could slim [8] by avoiding the four main food groups.
12 You all know what they are, don't you? Fast, frozen, instant and chocolate.

Note

[5] Grazie all'ausiliare si può evitare una ripetizione: **You don't consume calories, they consume calories → You don't consume calories, they do**. Per marcare il contrasto, la voce si appoggia sui due pronomi: **You don't consume calories, they do** (ascoltate attentamente le registrazioni). Vedi anche la frase 10.

[6] Ecco un'altra unità di misura, che stavolta riguarda il peso. I britannici (non gli americani, però) usano **a stone**, pari a 14 **pounds** o *libbre* (14 x 450 g = 6,35 chili). Nel Medio Evo si ricorreva a una pietra (**stone**) per stabilire il peso dei prodotti agricoli. Oggi quest'unità di misura serve soprattutto per parlare del peso di una persona: **He weighs eight stone ten**, *Pesa circa 55 chili*. Attenzione: **stone** è invariabile al plurale e **pounds** si omette. Un americano, per contro, direbbe **He weighs a hundred and twenty-two pounds**, anche se si parla sempre di uno che pesa 55 chili.

[7] L'espressione idiomatica **to pull someone's leg** (lett. tirare la gamba di qualcuno) vuol dire *prendere in giro qualcuno* e trae origine da una trista abitudine, ovvero lo sgambetto con cui, nel XVIII secolo, i criminali facevano cadere per terra i passanti per derubarli. Oggi questo modo di dire ha ormai perso ogni connotazione violenta, ma in compenso ha

Trentesima lezione / 30

7 Secondo: gli alimenti assunti per ragioni mediche vanno bene. Tra questi ci sono anche la birra e le patatine.

8 Terzo: se mangi dal piatto di un altro, non sei tu che introduci (*consumi*) calorie, ma l'altro.

9 Mia moglie mi ha detto che il miglior modo per farmi perdere tre chili di grasso ripugnante era tagliarmi via la testa.

10 Ma lei mi stava solo prendendo in giro. Che dite? Ma certo che sì!

11 Alla fine, però, ho scoperto che potevo dimagrire evitando i quattro principali tipi di alimenti.

12 Lo sapete tutti quali sono, vero? I cibi pronti, quelli surgelati, quelli istantanei e il cioccolato.

dato vita a un sostantivo: **That comedian is a specialist in false interviews and other types of leg-pulling**, *Quel comico è uno specialista in false interviste e altre prese in giro.*

8 Conoscete di sicuro l'aggettivo **slim**, *magro*. Vediamo ora come si possono formare altre parole da questa: **I need to slim a bit more before I can fit into my bikini**, *Devo dimagrire ancora un po' per poter entrare nel mio bikini*. Un altro esempio: **Sales of slimming aids soar after Christmas**, *Dopo Natale le vendite di prodotti dimagranti s'impennano.*

30 / Thirtieth lesson

13 In fact the reason I got this "comfortably plump" is that my wife's a rotten [9] cook.
14 Whatever she makes, the gravy's black and I have to use the smoke alarm as an oven timer.
15 For ten years she served me nothing but leftovers [10]. I never found the original meal.
16 So I became a junk [11] food junkie, not because I wanted to but because I had to – and because it was cheap.
17 I used to stand in line and read the sign: No notes [12] larger than ten pounds accepted.

*13 ... **kam**fëtëbli ... 14 ... **grei**viz ...*

Note

9 L'aggettivo **rotten**, *marcio*, si può impiegare in senso figurato, come in italiano, con il senso di *corrotto*: **Our criminal justice system is rotten to the core**, *Il nostro sistema giudiziario penale è marcio fin nelle midolla*. In un registro colloquiale, **rotten** indica anche qualcosa di profondamente sgradevole: **Humiliating his manager in public was a rotten thing to do**, *Ha fatto una mascalzonata a umiliare il suo direttore in pubblico*. Inoltre, come nel nostro esempio, può esprimere l'incapacità propria o altrui in una disciplina o in un'attività: **What's the square root of four? I'm rotten at maths**, *Qual è la radice quadrata di quattro? Sono una frana in matematica*.

10 Il verbo frasale **to be left over** vuol dire *avanzare* (nel senso di *restare*). **Don't be late for dinner or there'll be nothing left over**, *Non fare tardi per cena o non avanzerà più niente*. Da questo verbo è derivato l'aggettivo **leftover**: **How can I use the leftover turkey from the Christmas dinner?**, *Come posso riutilizzare gli avanzi del tacchino del cenone di Natale?* Un altro termine derivato da **to be left over** è il sostantivo **leftovers**, *avanzi*.

Trentesima lezione / 30

13 Infatti il motivo per cui sono diventato così bello paffuto è perché mia moglie in cucina è una frana.

14 Qualunque cosa prepari, il sugo è nero e devo usare il rilevatore di fumo come timer del forno.

15 Per dieci anni mi ha servito solo avanzi. Non ho mai trovato il piatto originale.

16 Così sono diventato un cibo tossico-dipendente, non perché lo volessi, ma per necessità e perché costava poco.

17 Una volta stavo facendo la coda e c'era un cartello che diceva "Non si accettano banconote superiori alle dieci sterline".

---

11 Nell'inglese di tutti i giorni il sostantivo **junk** significa *cianfrusaglie* e, per estensione, cose di qualità scadente. All'inizio del XX secolo il termine venne impiegato in senso figurato per far riferimento alla droga; da qui **junkie** nel senso di *drogato, tossicodipendente*. Verso la fine del secolo si comincia a usare **junk** come aggettivo (*cattivo, scadente*). Forse l'espressione più nota è **junk food**, il "cibo spazzatura": **There is an obvious link between junk food and obesity**, *C'è un nesso evidente tra il cibo spazzatura e l'obesità*. Qui, per mantenere in italiano il gioco di parole (**junk - junkie**) ci siamo serviti di un'espressione un po' gergale, ovvero "cibo tossico". Altre espressioni frequenti sono **junk bonds**, *titoli spazzatura* e **junk mail**, altrimenti noto come *spam* o *posta indesiderata*, ma non è facile star dietro a tutte le novità perché ogni giorno salta fuori qualche neologismo che contiene questo aggettivo.

12 Ricordate che, in un contesto simile, **note** è un'abbreviazione di **banknote**, *banconota*.

30 / Thirtieth lesson

18 And I'm like [13], if I had ten quid [14], I wouldn't be eating here, would I, you dimwit [15]?
19 Then I discovered ethnic foods: some people curry favour [16] but I favour curry.
20 Here's a thought for you: "Give a man a fish and he'll eat for a day.
21 Teach him how to fish, and he'll lounge around [17] in a boat all week and drink beer."
22 Thank you and good night. You've been a wonderful audience. □

*21 ... la*ung'

Note

[13] Abbiamo già spiegato nella lezione 13 alla nota 12 che molti giovani anglofoni dicono **to be like** anziché **to say** quando riferiscono una conversazione. Qui il comico racconta al pubblico quello che ha pensato leggendo il cartello. In buon inglese si dovrebbe dire ...**and I said to myself**.

[14] Il sostantivo invariabile **quid** è un termine gergale per parlare delle *sterline*, un po' come i "sacchi" a Roma per le *lire* o gli *euro*. La sua etimologia è controversa, ma potrebbe venire dal latino medievale **quid pro quo**. Inoltre non prende la **-s** al plurale (**one quid, ten quid**).

[15] Questo termine, che letteralmente vuol dire *debole di spirito* e di fatto significa *stupido, idiota*, è composto dall'aggettivo **dim**, *scarso, debole* e da **wit**, *spirito, intelligenza*. Come **slim** (appena visto alla nota 8), anche **dim** può fungere da verbo: **When everyone was seated, the theatre lights dimmed and the show began**, *Quando tutti erano seduti, le luci si sono abbassate e lo spettacolo è cominciato*.

Trentesima lezione / 30

18 E allora mi sono detto: ma pezzo d'idiota, se avessi un deca non starei a mangiare qua, non ti pare?
19 Poi ho scoperto la cucina etnica: c'è chi ama i suoi cari *(la gente cerca di ingraziarsi qualcuno)*, io invece amo il curry.
20 Ed ecco un pensiero per voi: "Dai a un uomo un pesce e mangerà per un giorno.
21 Insegnagli a pescare e se ne starà stravaccato a bere birra per tutta la settimana su una barca."
22 Grazie e buona sera. Siete un pubblico meraviglioso.

16 Oggi i giochi di parole abbondano, vero? Stavolta il comico inverte gli elementi dell'espressione **to curry favour**, *cercare di ingraziarsi qualcuno*. **The candidate was criticised for using his wife's illness to curry favour with voters**, *Il candidato è stato oggetto di critiche per aver usato la malattia della moglie come stratagemma per ingraziarsi gli elettori*. Tra l'altro il pollo al **curry** (dal tamil "kari", *salsa*), tipico dell'Asia meridionale, è divenuto il piatto nazionale britannico (come vedremo fra un paio di lezioni). Quanto a **to favour**, è facile intuire che, oltre a *favorire*, significa *preferire, prediligere*. Tornando al nostro comico, la sua battuta è stata resa in italiano con un bisticcio di parole (avremmo potuto anche dire *c'è chi ama i carri* ecc.).

17 Il senso più frequente di **lounge** (come sostantivo) è *salotto*, ma tra le sue accezioni c'è anche quella di *ozio*, per cui non sarà difficile capire perché il verbo **to lounge** vuol dire *poltrire, oziare*. Spesso è accompagnato da una preposizione (in genere **around** o **about**) e diventa così un verbo frasale: **I'm fed up lounging about the house, I'm going for a walk**, *Sono stufo di oziare in casa, esco a fare una passeggiata*.

two hundred and fifty-four • 254

30 / Thirtieth lesson

Exercise 1 – Translate
❶ New research has shed light on eating disorders. ❷ Even if you don't believe the story, they do. ❸ Stop pulling my leg and tell me the truth. ❹ I mustn't be late for dinner or there'll be nothing left over. ❺ He tried to curry favour with voters by promising tax cuts.

***

Exercise 2 – Fill in the missing words
❶ Ha accettato il lavoro non perché lo voleva, ma per necessità.
He took the job ... . he .... but because he ... ...

❷ Il dottore mi ha detto che dovevo dimagrire se volevo entrare nel mio bikini.
My doctor ... . to .... if I wanted to ... ... my bikini.

❸ Ha fatto una mascalzonata a umiliare sua moglie in pubblico.
.... his wife in public was a ....

❹ Ne ho abbastanza di poltrire in casa. Vado al cinema.
I'm ... . the house. I'm going to the movies.

❺ – Stava scherzando, vero? – [Ma] certo che sì.
She was joking, ...? – .. ..

Trentesima lezione / 30

Soluzioni dell'esercizio 1

❶ Nuovi studi hanno fatto luce sui disordini alimentari. ❷ Anche se tu non credi a questa storia, loro ci credono. ❸ Smettila di prendermi in giro e dimmi la verità. ❹ Non devo far tardi per cena, altrimenti non ci sarà più niente da mangiare. ❺ Ha cercato di ingraziarsi gli elettori promettendo sgravi fiscali.

***

Soluzioni dell'esercizio 2

❶ – not because – wanted to – had to ❷ – told me I had – slim – fit into – ❸ Humiliating – rotten thing to do ❹ – fed up lounging about – ❺ – wasn't she – Of course she was

Più vi addentrate in una lingua straniera, più vi rendete conto che gli autoctoni (soprattutto quando parlano) non obbediscono sempre alle regole di grammatica e d'uso che lo studente straniero è tenuto a rispettare. La morale è insomma "Fate quel che dico, ma non quel che faccio". Per abituarvi ai vari registri della lingua inglese, in questo corso vi presentiamo sia termini gergali che "errori" di grammatica che in Gran Bretagna s'incontrano frequentemente, soprattutto al cinema e in televisione. Non va sottovalutato l'influsso del piccolo schermo, che oltretutto espone i britannici alle insidie della lingua vernacolare di altri Paesi anglofoni. Per esempio, certi linguisti credono che gli sceneggiati australiani, che hanno spopolato in Gran Bretagna negli anni '80 e '90, abbiano influenzato il modo di parlare di un'intera generazione di giovani.

Tuttavia, se ci siamo permessi di includere esempi di questi registri non convenzionali, è solo per rendervi consapevoli di questo fenomeno: non ci stancheremo mai di sconsigliarvene l'uso, soprattutto per quanto riguarda lo slang, che serve a marcare l'appartenenza a un determinato gruppo sociale (abitanti di una regione, membri di una corporazione, gente della stessa età ecc.), dal quale lo straniero è chiaramente escluso. Solo dopo una lunga esperienza, preferibilmente acquisita vivendo nel Paese della lingua imparata, ci si può permettere di utilizzare queste espressioni idiomatiche. **So do as we say, not as we do!**

Thirty-first lesson

The celebrity chef

(From "Epicure Magazine")

1 James Rhodes, a leading light in the hospitality industry [1], has been hailed as the most exciting chef of his generation.
2 He is the man who is credited with putting British cooking back on the map almost single-handedly.
3 Jimmy was brought up in Worcester, surrounded by people with a love of good food and drink [2].
4 He fell into the catering profession by accident after waiting [3] tables to pay his way through [4] university.
5 He trained under several well known chefs, working his way up the ranks to become sous-chef, coincidentally, at the Worcestershire Hotel.

Pronuncia
*3 ... **wu**stë ... ... 5 ... **wu**stëshë*

Note

[1] Oltre che *industria*, **industry** traduce il termine *settore*, mentre il sostantivo non numerabile **hospitality**, *ospitalità*, acquista un significato più ampio nell'espressione **hospitality industry**, *settore alberghiero*.

[2] Anziché dire che uno è **a gastronome**, l'inglese preferisce usare termini anglosassoni (**he loves food and drink**). Tenete sempre presente questo fatto quando traducete un testo (vedi anche lezione 35, § 3).

[3] Nessun dubbio sul significato di **a waiter**, *un cameriere* (lett. uno che aspetta [i clienti]). Più complesso il verbo **to wait**, che può significare

Trentunesima lezione

Lo chef divo

(Brano tratto da "Epicure Magazine")

1. James Rhodes, personaggio di spicco del settore alberghiero, è stato proclamato il cuoco più bravo della sua generazione,
2. l'uomo cui è stato riconosciuto il merito di aver riportato in auge quasi da solo la cucina britannica.
3. Jimmy è cresciuto a Worcester, in un ambiente di buongustai.
4. Ha cominciato la professione di ristoratore per caso, dopo aver fatto il cameriere per pagarsi gli studi universitari.
5. Si è formato con diversi cuochi celebri, passando di grado in grado fino a diventare, per una serie di circostanze, chef in seconda del Worcestershire Hotel.

---

fare il cameriere e, per non essere confuso con **to wait for**, è quasi sempre seguito da **tables**, **on tables** o **at table**. Ancora diverso è il caso di **to wait on**, *servire, essere a disposizione di*. **He waited on his sister hand and foot while she was sick**, *Era a completa disposizione della sorella quando lei stava male*. Le preposizioni conferiscono ai verbi particolari sfumature che è bene conoscere se si vuole davvero perfezionare la propria conoscenza dell'inglese.

4 **to pay one's way** significa *pagare la propria parte*: **I'll pay my way, even if I have to borrow money**, *Pagherò la mia parte, anche se dovrò prendere dei soldi in prestito*. Quando è seguito da **through** (e da un sostantivo), però, assume il senso di *pagarsi, finanziarsi qualcosa*: **She paid her way through law school by teaching handicapped children**, *Si è pagata gli studi di giurisprudenza insegnando ai bambini disabili*.

6 His big break came when he was asked to take over the reins at Canon's, then London's top fine-dining venue.
7 It was there that he developed his trademark style and several of the signature dishes that have made him famous [5].
8 He is now the executive chef at two top-notch restaurants and a food consultant to several airlines.
9 *Epicure* caught up with him between two services at his latest venture, "Jimmy on the Strand".
10 – Q: How did you get into this business in the first place, Jimmy?
11 – A: Pure fluke, really. I was basically a meat and two veg [6] man until I got to know Rick David, who took me on as a pot-washer.
12 He was a self-taught [7] chef and a brilliant teacher – but a tough taskmaster and a hard man to get on with.

11 ... veg' ...

Note

5 Notate la scelta dei tempi in questo periodo: **he developed the dishes that have made him famous**. Notate la scelta del **present perfect** per l'azione i cui effetti durano ancora nel presente, mentre il **simple past** descrive un'azione che ormai è terminata da tempo.

6 **veg** è la contrazione colloquiale (e invariabile) di **vegetable/vegetables**, *verdura* (esiste anche **veggie**, che però possiede il plurale: **veggies**). L'espressione **meat and two veg**, letteralmente un piatto costituito da una porzione di carne e due di verdure, ha parecchi significati possibili e va interpretata (come sempre, d'altronde) in base al contesto. Può anche dar luogo a rischiosi doppi sensi, ma restando in ambito gastronomi-

Trentunesima lezione / 31

6 Ha avuto la sua grande occasione quando è stato chiamato a prendere le redini del Canon's, all'epoca il miglior ristorante di Londra.

7 È lì che ha sviluppato il suo stile inconfondibile e ha ideato molti dei piatti forti che lo hanno reso famoso.

8 Attualmente è l'executive chef di due ristoranti di prim'ordine e consulente gastronomico di diverse compagnie aeree.

9 *Epicure* lo ha incontrato tra un turno e l'altro al Jimmy on the Strand, l'ultimo locale che ha aperto in ordine di tempo.

10 – D: Innanzitutto come hai cominciato, Jimmy?

11 – R: Pura fortuna, davvero. Fondamentalmente ero una persona di gusti molto semplici finché non ho conosciuto Rick David, che mi ha assunto come lavapiatti.

12 Era un cuoco autodidatta e un ottimo insegnante, ma anche un capo severo con cui era difficile andare d'accordo.

---

co indica un pasto ordinario e tradizionale. **I have very conservative tastes because of my meat-and-two veg upbringing**, *Ho gusti molto tradizionali perché sono abituato da sempre alla cucina di una volta*. Ecco un esempio in cui quest'espressione viene impiegata in senso figurato: **He's a meat-and-two-veg kind of guy**, *È un tipo dai gusti molto semplici*.

7 Abbiamo qui un altro esempio in cui, a una parola di origine latina, viene preferito un vocabolo di provenienza anglosassone (vedi nota 2). Avremmo potuto infatti dire anche **an autodidact**, termine che si trova tranquillamente nei dizionari, ma suona piuttosto letterario e potrebbe non essere capito da tutti, tant'è vero che il suo equivalente anglo-sassone lo "spiega": **self-taught**, ovvero *uno che ha imparato da solo*. Questa parola può fungere sia da sostantivo sia da aggettivo: **He's a self-taught chef** o **He's completely self-taught**.

31 / Thirty-first lesson

13 One time, I was sitting in the back of the kitchen on my day off, sipping a nice cuppa [8],
14 when a huge crash [9] followed by a tinkling of broken glass announced David's arrival.
15 He had thrown an empty tray straight through a window!
16 His eyes were popping out [10] of his head and a few wisps of grey hair were peeping out [11] from under his toque.
17 – Why the hell has no one peeled the spuds [12], he yelled at me. And why aren't the stoves on?

Note

8 **a cuppa** è una spiritosa deformazione di **a cup of tea**. A dire il vero **tea** scompare, ma solo perché non c'è bisogno di precisare di quale bevanda si sta parlando, dal momento che si tratta di quella nazionale. Anche se in Gran Bretagna il consumo di caffè è in continuo aumento, il tè – che George Orwell definì **one of the mainstays of civilisation**, *uno dei pilastri della civiltà* – è sempre parte integrante della vita quotidiana.

9 L'inglese trabocca letteralmente di verbi, sostantivi e aggettivi che descrivono con particolare precisione rumori e movimenti e ricorrono con grande frequenza nei fumetti, cosa che non mancherà di facilitarci il compito. In questa lezione ne vedremo alcuni e avremo modo di ripassarli al termine della settimana. Qui **crash** indica un rumore fragoroso: per esempio **a car crash**, *uno scontro tra automobili*, descrive a un tempo la collisione e il rumore che ne consegue. Come avrete intuito, **crash** può anche essere un verbo (**The bowl crashed to the floor**, *La ciotola si è frantumata per terra*) e persino avverbio (**The ship went crash into an iceberg**, *La nave si è schiantata contro un iceberg*), ma in tutti i casi l'elemento che viene messo in maggiore evidenza è il fragore prodotto dall'azione.

10 Altra onomatopea, il sostantivo **pop** suggerisce un suono secco, uno *schiocco* o uno *scoppio*. Per estensione, il verbo **to pop** significa *schioccare/scoppiare* o *far schioccare/scoppiare*: **I popped the balloon with a pin**, *Ho fatto scoppiare il palloncino con uno spillo*. Sostanzialmente

Trentunesima lezione / 31

13 Una volta – era il mio giorno di riposo e me ne stavo seduto nel retrocucina a sorseggiare una buona tazza di tè –
14 ho sentito un fracasso infernale seguito da un rumore *(tintinnio)* di vetri rotti che annunciava l'arrivo di David.
15 Aveva lanciato un vassoio vuoto da una finestra!
16 Gli occhi gli schizzavano dalle orbite e gli spuntavano delle ciocche di capelli grigi da sotto il cappello.
17 – "Perché diavolo nessuno ha sbucciato le patate?" mi ha strillato, "E perché i fornelli non sono accesi?"

non c'è differenza rispetto a **crash**: il termine onomatopeico descrive contemporaneamente l'azione e il rumore. Notate, però, che **pop** indica anche un movimento rapidissimo: **His eyes popped out of his head when he saw the bill**, *Quando ha visto il conto gli sono schizzati gli occhi dalle orbite* (vedi lezione 18, nota 10).

11 Una delle accezioni principali di **to peep** è *dare uno sguardo furtivo*, ma questo verbo può anche avere un senso figurato, spesso con l'aggiunta di una preposizione, per descrivere un movimento breve e fugace: **The moon peeped out from behind the dark clouds**, *La luna spuntò da dietro le nuvole cupe*. Si può anche usare **peep** come sostantivo: **I had a peep at your blog and I was impressed**, *Ho dato una rapida occhiata al tuo blog e ne sono rimasto impressionato*.

12 **spud**, letteralmente *sarchio*, è termine colloquiale per *patata*.

31 / Thirty-first lesson

18 Then he grabbed a carving knife and hurled [13] it across the kitchen, but it clattered [14] harmlessly to the ground.

19 I darted [15] from behind the counter and headed quickly for the exit.

20 The door inched open [16] and one of the cleaners sidled into the kitchen.

21 He gaped [17] at the scene, then his mouth twitched [18] into a smile: – But chef, today's Sunday and we're closed today, he chuckled.

22 Like I say, brilliant but a bit of a nutter [19]. ☐

 *20 ... said*ëld *...*

 Note

13 **to throw** vuol dire *lanciare* o *gettare*; **to hurl** ha un significato simile, ma indica un'azione più violenta. **He hurled the book across the room**, *Ha scagliato il libro per la stanza*. Anche questo verbo ha un senso figurato: **The incident hurled relations between the two countries into disarray**, *L'incidente ha guastato i rapporti tra i due Paesi*. Naturalmente **to hurl** non c'entra niente col verbo *urlare* (**to scream, to shout**).

14 **a clatter** è il suono prodotto da un urto, ma meno forte rispetto a **crash**, mentre il verbo **to clatter** rende un movimento rumoroso: **The horse's hooves clattered across the cobbles**, *Gli zoccoli del cavallo risuonarono sull'acciottolato*. Mai come in questi casi la traduzione dipende dal contesto: bisogna trovare le parole che descrivono il suono e/o il movimento.

15 C'è ancora bisogno di dimostrare la flessibilità grammaticale dell'inglese? Il sostantivo **dart**, *freccia*, diventa verbo (**to dart**) per dare l'idea della velocità di un movimento. Questo verbo può essere transitivo o intransitivo e l'aggiunta di una preposizione indica la direzione in cui il movimento si svolge: **He darted his head around the door**, *Fece rapidamente capolino dalla porta*; **He darted into the kitchen**, *Irruppe nella cucina*.

16 Anche il sostantivo **inch**, *pollice* (2,5 cm), può diventare un verbo per significare un movimento graduale che si svolge nella direzione indicata dalla preposizione: **Commodity prices have been inching up for the past three months**, *I prezzi delle materie prime stanno lentamente aumentan-*

Trentunesima lezione / 31

18 Poi ha afferrato un coltello da macellaio e lo ha scagliato da un capo all'altro della cucina, mandandolo a sbattere per terra senza far danni.
19 Sono schizzato via da dietro il banco e ho infilato rapidamente l'uscita.
20 La porta si è aperta lentamente e uno degli addetti alle pulizie è entrato cauto in cucina.
21 Ha guardato la scena sbalordito, poi la bocca gli si è contratta in un sorriso e ha detto ridacchiando: "Ma chef, oggi è domenica e siamo chiusi".
22 Come vi dicevo, era molto in gamba ma un po' svitato.

---

do da tre mesi; **We inched our way across the snow-covered road**, *Ci siamo aperti piano piano un varco attraverso la neve che ricopriva la strada*.

17 **to gape**, *restare a bocca aperta, sbadigliare*. Nel primo caso è un'azione che può essere determinata da sorpresa, paura ecc. **She gaped at the sight of the huge crowd waiting in front of the bank**, *Guardò a bocca aperta* (oppure *Guardò sbalordita*) *la folla immensa che aspettava davanti alla banca*.

18 In questa lezione i verbi di moto si sprecano: **to twitch**, *contorcersi, contrarsi*, può anche far riferimento a un gesto convulsivo (**a twitch**, *un tic*) o a un movimento brusco: **He twitched the steering wheel to avoid the bump in the road**, *Sterzò bruscamente per evitare la buca*. Queste varie possibilità di traduzione possono aiutarci a individuare il senso preciso del verbo in altre frasi: **His eyes twitched open**, *I suoi occhi si spalancarono all'improvviso*. Un altro esempio: **Steve twitched his head around to see who was following him**, *Steve si voltò di scatto per vedere chi lo stava seguendo*. Come potete constatare, non c'è una traduzione fissa per un verbo come questo: bisogna capire qual è il movimento descritto e poi scegliere il termine o i termini più adatti per renderlo.

19 **a nut**, *una noce*. Da tempo, però, le parole **nuts** (nel caso in questione va sempre al plurale) e **nutty** sono termini colloquiali per *pazzo, svitato* ecc. e una volta tanto si possono usare senza controindicazioni perché sono innocui. Inoltre in inglese si può essere "pazzi" di qualcuno come in italiano: **She's nuts about him**, *È pazza di lui*. Attenti però al sostantivo **nutter** (*pazzo*, ma anche *squilibrato*) che, a differenza dei vocaboli appena incontrati, può risultare offensivo.

31 / Thirty-first lesson

Exercise 1 – Translate
① She's credited with putting British cooking back on the map all by herself. ② My dad worked his way up through the ranks to become an officer. ③ Steve was born in Worcester and, by pure fluke, ended up working at the Worcestershire Hotel. ④ I waited tables to pay my way through university. ⑤ He got his big break when he was asked to compose the music for John Ford's first film.

***

Exercise 2 – Fill in the missing words
① Era totalmente a disposizione della sorella quando lei stava male.
He .... sister ... ... she was sick.

② Negli ultimi sei mesi i prezzi del petrolio sono lentamente scesi.
Oil prices ... ... the ....[1] six months.

③ Ha fatto rapidamente capolino dalla porta ed è rimasto a guardare a bocca aperta la finestra rotta.
He ...... his head ...... the door and ..... at the broken window.

④ La luna spuntò da dietro le nuvole e allora diedi una sbirciata alla mia cella.
The moon .... the clouds, so I .... at my prison cell.

⑤ Lo chef scagliò il coltello attraverso la stanza e io gridai di dolore quando mi colpì a un piede.
The chef ...... the knife ...... the room and I .... in .... as it hit my foot.

[1] *Potreste scegliere anche last.*

Trentunesima lezione / 31

Soluzioni dell'esercizio 1
❶ Le è stato riconosciuto il merito di aver riportato da sola in auge la cucina britannica. ❷ Il mio papà è passato di grado in grado fino a diventare ufficiale. ❸ Steve è nato a Worcester e per puro caso ha finito per lavorare nel Worcestershire Hotel. ❹ Ho fatto il cameriere per pagarmi gli studi universitari. ❺ Ha avuto la sua grande occasione quando gli è stato chiesto di comporre la colonna sonora del primo film di John Ford.

***

Soluzioni dell'esercizio 2
❶ – waited on his – hand and foot while – ❷ – have been inching down for – past – ❸ – darted – around – gaped – ❹ – peeped out from behind – had a peek – ❺ – hurled – across – screamed – pain –

I nomi delle contee britanniche pongono spesso dei problemi di pronuncia agli stranieri (americani compresi, a volte). Abbiamo già visto come si pronuncia **-shire** *(15ª lezione, nota 12): se vi ricordate, questa parola non è accentata quando si usa come suffisso e si legge dunque shë. Più che* **-shire***, però, è il resto del toponimo a dare del filo da torcere e molto spesso è la posizione dell'accento tonico a determinare la pronuncia delle altre sillabe. Per esempio, in* **Worcestershire***, l'accento cade sulla prima sillaba e di conseguenza fa quasi "sparire" quelle seguenti (***wu***stëshë). Lo stesso vale per* **Gloucestershire** **glo***stëshë e* **Leicestershire** **le***stëshë. Tra le contee più "complicate" abbiamo* **Herefordshire** *(***here-*** *si pronuncia* **Heri***: -* **He***rifëdshë),* **Hertfordshire** *(***hert-*** *si pronuncia come* **heart***,* **ha:t***: -* **ha:t***fëdshë),* **Lincolnshire** *(la seconda* **l** *è muta:* **lin***kënshë) e* **Warwickshire** *(la* **a** *si legge "o" e la seconda* **w** *scompare:* **wo***rikshë). Ci sono delle regole? Beh, non proprio, ma in ogni caso* **-shire** *è sempre atona e, in generale, l'accento tonico va sulla prima sillaba (salvo eccezioni, ovviamente). Nella prossima lezione di ripasso potrete ascoltare la pronuncia di alcuni dei toponimi appena visti.*

32

Thirty-second lesson

A side order [1] of sarcasm

1 The High Court left a bad taste in the mouth of one food critic last month by finding him guilty of libel [2].
2 Jay Craddock had written a damning [3] review of a local eating place, so the owner sued [4] him for loss of earnings.
3 Should a reviewer be free to say what he or she [5] pleases, or should there be limits so that they don't go too far?
4 Imagine you were on the jury. Read Craddock's article and decide for yourself.

Pronuncia
*1 ... **lai**bël. 2 ... sju:d ...*

Note

1 Il sostantivo **a side**, *un lato, un fianco*, può essere usato come aggettivo col senso di *laterale* oppure *secondario, marginale*. Per esempio: **Let's take this side street to avoid the traffic on the main road**, *Prendiamo questa strada secondaria per evitare il traffico su quella principale*; **Church-state separation is not a side issue: it's vitally important**, *La separazione tra Chiesa e Stato non è una questione secondaria: è di vitale importanza*. Al ristorante, **a side order** (lett. *un ordine laterale*) è un contorno o uno stuzzichino, qui tradotto con un'altra parola frequente in ambito gastronomico.

2 Il diritto anglosassone fa distinzione tra la diffamazione scritta (**libel**) e quella orale (**slander**); il primo termine è chiaramente imparentato col nostro *libello*. Entrambi possono avere funzione di verbo: **He libelled his former employer**, *Ha diffamato il suo ex datore di lavoro a mezzo stampa*, **The president slandered his opponents**, *Il presidente ha pronunciato espressioni diffamatorie nei confronti dei suoi avversari*.

3 **to damn**, *dannare*. Rispetto al verbo, l'aggettivo **damning**, *schiacciante*

Trentaduesima lezione

Un pizzico (contorno) di sarcasmo

1 Il mese scorso la Corte suprema ha lasciato l'amaro in bocca a un critico gastronomico condannandolo per diffamazione.
2 Jay Craddock aveva scritto una recensione impietosa (condannante) su un ristorante locale, perciò il proprietario gli ha intentato causa per perdita di utili.
3 Chi fa una recensione dev'essere libero di potersi esprimere secondo il suo giudizio oppure ci devono essere dei limiti che non si possono oltrepassare?
4 Immaginate di far parte della giuria. Leggete l'articolo di Craddock e giudicate voi.

(detto per esempio di una prova) ha molti meno legami con le fiamme dell'inferno: **The report is a damning condemnation of the National Health Service**, *Il rapporto condanna senza appello il Servizio sanitario nazionale* (britannico). Vedi anche lezione 34, nota 6.

4 **to sue** *sju:*, *citare in giudizio, intentare causa*. **The company sued the journalist for slander and demanded one million pounds in compensation**, *L'azienda ha citato in giudizio il giornalista per diffamazione e ha chiesto un risarcimento di un milione di sterline.* Da **to sue** deriva il sostantivo **suit**, *azione legale*.

5 Poiché i nomi comuni inglesi non hanno genere, parole come **teacher**, *professore*, **engineer**, *ingegnere* ecc. possono anche significare rispettivamente *professoressa*, *ingegnere donna* ecc. Occorre però fare attenzione per quanto riguarda i pronomi personali **he** e **she**, gli aggettivi e i pronomi possessivi che fanno riferimento a questi nomi: per esempio, in ossequio al politicamente corretto, si evitano frasi come **A good engineer relies on his common sense**, *Un buon ingegnere si fida del proprio buonsenso* (perché equivarrebbe a dire che gli ingegneri sono tutti di sesso maschile) e si aggiunge l'aggettivo possessivo femminile di 3ª persona: **A good engineer relies on his or her common sense**.

32 / Thirty-second lesson

5 – The restaurant, which goes by the unbearably twee [6] name of Sir Loin's [7], prides itself on serving the traditional cookery of England.

6 If you eat there – and I can't think why you would – you will understand why our nation's favourite dish is chicken tikka masala.

7 It's not that the food is bad. It's truly, ridiculously, mind-bogglingly, gut-churningly [8] awful.

8 And, as a famous humorist might have added, the portions are so small!

9 The room has been decorated in mock Tudor [9] by someone with a serious good-taste bypass [10].

Note

[6] **to go by**, *passare accanto*, cambia completamente significato nella frase fatta **to go by the name**, *farsi chiamare, andare sotto il nome, essere noto col nome*. Quanto a **twee**, *affettato, lezioso* o *zuccheroso* è un aggettivo con un'evidente connotazione dispregiativa. La sua origine è la pronuncia infantile di **sweet**, *dolce*.

[7] In Gran Bretagna molti nomi di ristoranti sono ispirati a giochi di parole: **sirloin** vuol dire *lombata*, ma è fin troppo forte la tentazione di trasformarlo in un nobile dividendo la parola in due (**Sir Loin**, qui reso con **Sor Betto**). Il genitivo sassone che segue (**'s**), tipico di tanti negozi e locali ed equivalente al francese "chez" (per es. Chez Maxim) non costituisce di certo una sorpresa per voi.

[8] L'aggettivo **mind-boggling**, *inaudito, sbalorditivo*, viene dall'espressione **to boggle the mind**, *sorprendere, sbalordire*. **The prices they charge are mind-boggling**, *Praticano prezzi inauditi*. Il termine **gut** è invece una nostra conoscenza recente (vedi lezione 29, nota 20) mentre **to churn** vuol dire *agitare, scuotere*; **gut-churning** è dunque una cosa che rivolta

Trentaduesima lezione / 32

5 — Il ristorante, noto col nome insopportabilmente zuccheroso di "Sor Betto", si gloria di servire la cucina tradizionale inglese.
6 Se andate a mangiarci – e non vedo perché dovreste – capirete perché il nostro piatto nazionale *(della nostra nazione)* è il pollo tikka masala.
7 Non è che il cibo sia cattivo. È proprio pessimo, pessimo in modo smaccato e inaudito, roba da rivoltare le budella.
8 E poi, come avrebbe potuto chiosare un famoso comico, le porzioni sono così piccole!
9 La sala è stata decorata in uno stile simil-Tudor da uno che non sapeva neppure dove stesse di casa il buongusto.

---

le budella: **The new movie has some gut-churning murder scenes**, *Il nuovo film contiene delle scene di omicidio rivoltanti*. Il fatto di trasformare in avverbi due aggettivi già abbastanza eloquenti, per sottolineare un aggettivo così semplice come **awful**, aggiunge alla frase un tocco di umorismo feroce.

9 Derivato dal verbo **to mock**, *deridere, prendersi gioco di*, l'aggettivo **mock** seguito da un nome significa *simil-, finto* (non nel senso di *falso* o *falsificato*, in inglese **fake**) e indica che si sta parlando di un'imitazione: **I bought a mock leather wallet in Thailand**, *In Thailandia ho comprato un portafoglio in finta pelle.*

10 Tutto l'articolo fa sfoggio del sarcasmo (invero un po' acido) che è preannunciato dal titolo. In ambito medico, **a bypass** ha lo stesso significato che ha *by-pass* in italiano, mentre sui segnali stradali britannici indica *una tangenziale*. In senso figurato, però, un'espressione come **He's had a sense of humour bypass** vuol dire che la persona in questione è del tutto priva di senso dell'umorismo, come se gliel'avessero asportato.

32 / Thirty-second lesson

10 But while the décor was off-putting **¹¹**, we had not the faintest inkling **¹²** of what was in store.

11 I kicked off **¹³** with brown Windsor soup, "made to a time-honoured secret recipe," and my partner plumped **¹⁴** for prawn cocktail.

12 My soup turned out to be a bowl of lukewarm dishwater, clearly the "secret" in question,

13 while the cocktail had only a nodding acquaintance **¹⁵** with the crustacean family.

14 Having barely survived the starters, we braced ourselves for the mains.

15 Our waiter, a graduate of Rude Service Catering School, plonked **¹⁶** the plates on the table and stamped off.

12 ... lu:kwo:m ...

Note

11 Poiché uno dei significati principali di **to put someone off** è *disturbare, scoraggiare* o *tenere lontano* (**These new slimming pills really put you off food**, *Queste nuove pillole dimagranti vi tengono davvero lontano dal cibo*), l'aggettivo derivato **off-putting** vuol dire *indisponente, sgradevole*. Un altro significato di **put off** è *sbarazzarsi, liberarsi*.

12 inkling, *sentore, sospetto*, si usa solitamente nelle frasi negative: **When opening the letter, I had no inkling that my life was about to be transformed**, *Mentre aprivo la lettera non sospettavo affatto che la mia vita stesse per cambiare radicalmente*. Spesso la vaghezza del concetto è rafforzata da aggettivi come **slightest** o **faintest**.

13 to kick off, letteralmente *dare il calcio d'inizio*, è un sinonimo di **to start** e può essere un verbo transitivo o intransitivo: **The meeting kicked off with a presentation from the marketing manager** (oppure **The marketing manager kicked off with a presentation**), *La riunione è cominciata con una presentazione del direttore del marketing*.

14 L'aggettivo **plump**, *paffuto, grassottello* è già comparso nella lezione 30

Trentaduesima lezione / 32

10 Benché l'arredamento fosse indisponente, però, non avevamo il minimo sentore di quello che bolliva in pentola.
11 Ho cominciato con una Brown Windsor soup, "preparata secondo un'antica ricetta segreta", mentre la mia partner ha scelto un cocktail di gamberetti.
12 La mia zuppa è risultata essere una ciotola di brodaglia tiepida (chiaramente era questo il "segreto" in questione),
13 mentre [i gamberetti del] cocktail erano solo lontani parenti *(avevano una conoscenza superficiale)* della famiglia dei crostacei.
14 Essendo sopravvissuti a stento agli antipasti, ci siamo fatti forza in vista dei piatti forti.
15 Il nostro cameriere, diplomato presso la Scuola alberghiera della Scortesia, ha sbattuto i piatti sul tavolo e si è allontanato bruscamente.

alla frase 13; il verbo **to plump for** ha tutt'altro senso e si traduce *scegliere* o *votare*: **Surprisingly, lots of Conservative voters plumped for the Labour candidate in the end**, *Sorprendentemente, alla fine molti elettori conservatori hanno votato per il candidato laburista*.

15 to nod, *fare un cenno col capo*. **I'm on nodding terms with my new neighbour**, *Conosco il mio nuovo vicino di vista*, ovvero mi limito a salutarlo con un cenno del capo quando lo incontro. In senso figurato, **to have a nodding acquaintance with** è *conoscere superficialmente* qualcosa: **A nodding acquaintance with philosophy is very useful to impress people**, *Un'infarinatura di filosofia è molto utile per impressionare la gente.* Nel nostro testo l'espressione è palesemente sarcastica e suggerisce che i gamberetti ordinati dall'articolista erano più che altro dei surrogati dei pregiati crostacei.

16 L'elenco dei verbi onomatopeici visti nella scorsa lezione continua qui: **to plonk**, seguito in genere da **down**, indica allo stesso tempo un movimento e un suono: *posare bruscamente, sbattere*. Analogamente, **to plonk oneself down** vuol dire *lasciarsi cadere pesantemente*: **He plonked himself down on the sofa and turned on the TV**, *Si è lasciato cadere pesantemente sul divano e ha acceso la TV.*

two hundred and seventy-two

32 / Thirty-second lesson

16 I had ordered the "Trad Special", faggots and mushy peas, which was as awful as it sounds.
17 It was not even up to school dinner standard [17], while my partner's "classic shepherd's pie,"
18 which is such a tasty dish when cooked properly, made her feel sorry for the poor shepherd.
19 For pudding [18], we had the aptly named gooseberry fool [19] and a so-so sherry trifle.
20 The bill, with a bottle of the house wine and a cheeky "discretionary" service charge,
21 was slightly less than the down-payment on a new sports car. Or a bulldozer –
22 the only vehicle which I would ever dream of returning to Sir Loin's in.
23 – So, guilty or not guilty?

Note

17 **to be up to standard**, *essere all'altezza, essere al livello* di qualcosa: **Your work is not up to standard**, *Il vostro lavoro non è all'altezza*. In alcuni ambienti britannici il pranzo si chiama ancora **dinner** anziché **lunch**: un tempo usava così presso le classi popolari, per le quali il pasto principale si consumava a mezzogiorno. Oggi, per quanto l'abitudine si stia perdendo, ha lasciato tracce in espressioni come **Christmas dinner**, *pranzo di Natale*, e **school dinner**, *mensa scolastica*.

18 Un altro esempio del doppio vocabolario che forma gran parte della lingua inglese: alcuni britannici preferiscono il termine **pudding** (di origine germanica) al "cugino" **dessert**, di origine francese. Qui, com'è intuibile, **pudding** è più semplice e popolare, mentre **dessert** è ritenuto più sofisticato. **I want ice cream for pudding**, *Per dolce voglio un gelato*.

19 L'ennesimo gioco di parole del testo (qui reso con un commento sul termine "pasticcio") fa leva sul doppio significato di **fool**, *scemo* e *crema*.

Trentaduesima lezione / 32

16 Avevo ordinato il "Trad Special", polpette di carne con purè di piselli, che si è rivelato abominevole come il suo nome *(che era orribile come suona)*.
17 Non era neppure al livello di una mensa scolastica, mentre la "torta classica del pastore" ordinata dalla mia partner,
18 che è un piatto così gustoso quando è cucinato bene, le ha fatto provar pena per il povero pastore.
19 Per dolce abbiamo preso un pasticcio d'uva (pasticcio è proprio il nome giusto) *(torta di uva spina)* e una zuppa inglese mediocre.
20 Il conto, comprensivo di una bottiglia di vino della casa e di una mancia sfacciatamente "facoltativa",
21 era leggermente inferiore all'anticipo per un'auto sportiva nuova. O per un bulldozer,
22 il solo veicolo su cui avrei una gran voglia di tornare al Sor Betto, se mi dovesse mai ricapitare.
23 — Allora, colpevole o innocente?

32 / Thirty-second lesson

Exercise 1 – Translate
❶ The sales manager kicked off with a 20-minute slide presentation. **❷** What's in store for us next week? – I haven't the faintest inkling. **❸** The food was so-so, but it was the decor that really put me off. **❹** Poverty is not just a side issue: it's vitally important. **❺** We don't really know one another. We're just on nodding terms.

Exercise 2 – Fill in the missing words
❶ Un ingegnere davvero bravo deve fidarsi del proprio buonsenso.
A really good engineer .. .. common sense.

❷ Penso che si dovrebbero porre dei limiti per evitare che i giornalisti esagerino e incorrano nel reato di diffamazione.
I think there .... limits .. journalists don't go too far and commit ......

❸ Il suo lavoro non è certo all'altezza, ma mi dispiace per lui.
His work is certainly not .. .. but I .... him.

❹ Il ristorante era così cattivo come sembrava o stai solo facendo il difficile *(lo sfacciato)*?
... the restaurant .. .. or are you just being ......?

❺ Ho scelto la zuppa, ma era *(è risultata)* tiepida e insipida.
I .... the soup but it .... and tasteless.

È giunto il momento di conoscere meglio la cucina britannica e più da vicino i piatti che abbiamo incontrato nelle ultime lezioni. Ma prima di tutto un po' di storia: nei primi decenni dopo la Seconda guerra mondiale le tradizioni culinarie britanniche si sono un po' perse e, culturalmente, il cibo era considerato più una necessità che un'arte o una fonte di piacere. A partire dagli anni '80, però, in Gran Bretagna è avvenuta una specie di rivoluzione che ha sancito

Trentaduesima lezione / 32

Soluzioni dell'esercizio 1

❶ Il direttore delle vendite ha cominciato con una presentazione di diapositive lunga 20 minuti. ❷ – Cosa c'è in serbo per noi la prossima settimana? – Non ne ho la minima idea. ❸ Il cibo era così così, ma l'arredamento mi ha proprio sconcertato. ❹ La povertà non è una questione marginale: è una cosa importantissima. ❺ Non ci conosciamo affatto, se non di vista.

Soluzioni dell'esercizio 2

❶ – has to rely on his or her – ❷ – should be – so – libel ❸ – up to standard – feel sorry for – ❹ Was – as awful as it sounds – cheeky ❺ – plumped for – turned out to be lukewarm –

la rinascita delle cucine regionali e il rilancio dei prodotti artigianali, sia a livello di domanda che di offerta. Oggi i giornali e le riviste abbondano di articoli gastronomici e alcuni chef sono diventati delle vere e proprie star del piccolo schermo.

Facciamo però un passo indietro: gli anni del declino hanno visto l'ascesa della cucina straniera (specialmente indiana e cinese) al punto che, secondo i sondaggi, in Gran Bretagna il piatto più popolare è il **chicken tikka masala** *(o* **massala***), ovvero il pollo indiano allo yogurt e spezie. E le specialità regionali e i piatti tipici britannici? Ne abbiamo parlato proprio nelle ultime lezioni e al giorno d'oggi vengono riproposti in una versione rivisitata e più leggera. Come detto nella 29ª lezione, non sono tanto i piatti a suscitare diffidenza, quanto i loro nomi. Per esempio il* **toad in the hole**, *che letteralmente sarebbe il "rospo nella tana" (o nella buca), è una squisita salsiccia (o fila di salsicce) ricoperta di pastella, mentre il* **bubble and squeak**, *"gorgoglia e squittisci"(!) altro non è che un piatto a base di avanzi (carne e cavoli). C'è poi tutta una serie di* **pies** (**shepherd's pie**, *la torta del pastore, per esempio, è l'equivalente del nostro pasticcio di carne) e soprattutto di* **puddings**, *che possono essere dolci o salati e, in entrambi i casi, sono farciti con grasso di rognone (sembra una cosa orribile e invece è buonissima). Se volete evitare sorprese, comunque, è meglio informarsi sugli ingredienti prima di ordinare un* **pudding** *al ristorante. Altri esempi: lo* **spotted dick** *("Riccardo a chiazze") è un dolce che contiene dei pezzettini di frutta secca, in genere uva sultanina (da cui le "chiazze"), mentre il* **black pudding** *("pudding nero")* *ricorda nella forma una salsiccia ed è simile al sanguinaccio dolce. Il* **Brown Windsor soup** *è una minestra molto nutriente a base di carne e verdure (***soup** *vuol dire sia* zuppa *o* minestra *che* passato*), i* **mushy peas** *("pisellini in poltiglia") sono il purè di piselli, mentre* **a faggot** *(parola da evitare negli Stati Uniti perché è un termine dispregiativo per indicare un omosessuale) è una polpetta di car-*

Thirty-third lesson

Don't over-egg the pudding

In questa lezione abbiamo raggruppato un bel po' di modi di dire legati al cibo per aiutarvi ad assimilarli più facilmente. Per non appesantire eccessivamente le note, abbiamo deciso di inserire le relative spiegazioni nella prossima lezione di ripasso (35).

1 So [1] common are food-related idioms in English that an inexperienced writer can give the reader indigestion.
2 Many journalists think it is as easy as pie to use food-related idioms indiscriminately,
3 but they end up eating humble pie when their editor gives them a dressing down [2]!

Pronuncia
1 ... in**digest**shën.

Note

[1] Una delle funzioni più frequenti dell'avverbio **so** è quella intensiva (*così, talmente* ecc.). In questa frase troviamo l'ennesimo esempio di inversione allo scopo di mettere in evidenza gli elementi più importanti della frase. Per esempio, **The road was so dangerous that most drivers avoided it**, *La strada era così pericolosa che la maggior parte dei conducenti la evitavano*, diventa **So dangerous was the road that most drivers avoided it** (vedi anche la lezione 28, § 1).

ne. *Come dessert abbiamo visto il* **trifle** *(dolce di marzapane a strati e a base di crema pasticcera e frutta, spesso innaffiato con lo sherry: lo* **sherry trifle**, *appunto) e il* **gooseberry fool**, *dolce a base di uva spina e crema. Ci sono poi molte altre specialità inglesi, per non parlare di quelle del Galles e della Scozia: a voi il piacere di scoprirle durante il vostro prossimo viaggio...*

Trentatreesima lezione

Non bisogna strafare
(Non mettere troppe uova nel pudding)

1 In inglese i modi di dire legati alla cucina ricorrono così frequentemente che uno scrittore inesperto rischia di causare un'indigestione ai suoi lettori.

2 Molti giornalisti pensano che usare indiscriminatamente questo tipo di espressioni sia facile come bere un bicchiere d'acqua,

3 ma finiscono col recitare il mea culpa quando il loro editore dà loro una bella lavata di capo!

---

2 **to dress**, *vestire* o *vestirsi*. In ambito gastronomico, però, questo verbo significa *condire*: **Will you dress the salad please?**, *Vuoi condire l'insalata, per favore?* Il verbo frasale **to dress down** vuol dire invece *strigliare*, anche nel senso di *dare una strigliata, dare una lavata di capo, rimproverare.* Da questo verbo deriva il sostantivo **dressing down**: **The ambassador was given a dressing down by the Foreign Secretary for his remarks**, *L'ambasciatore ha ricevuto una lavata di capo dal Ministro degli Esteri a causa delle sue osservazioni.*

33 / Thirty-third lesson

4 Take the cautionary tale of a government official, humiliated by a corruption scandal,
5 who finally confessed everything in an autobiography that made him rich and famous.
6 – Health Minister Peter Hay was a bad apple [3], living on the gravy train and keeping a finger in many pies.
7 With a huge salary and an expense account, he didn't have to bring home the bacon.
8 His wife, who was a big cheese in the foreign office, egged him on to salt away [4] more and more money.
9 Even though she was as nutty as a fruit cake, she was the apple of his eye so he did not dare say no.
10 They were like chalk and cheese [5] but she had him eating out of her hand.
11 She looked like butter wouldn't melt in her mouth but she was a tough cookie.

11 ... táf ...

Note

3 **bad**, oltre che *cattivo*, può anche significare *andato a male, marcito* ecc. **The milk has gone bad**, *Il latte è andato a male*. Per estensione, quest'aggettivo indica tutto ciò che è scorretto, sfavorevole ecc. **The bank was weighed down by bad debts**, *La banca era gravata da crediti inesigibili*.

4 **to salt**, *salare*, acquista un altro senso con la preposizione **away**: *mettere da parte, accumulare*. Così come si sala la carne per conservarla e mangiarla in seguito, si "salano" i soldi per tenerli da parte. L'espressione non comporta necessariamente un fatto illecito: **Unless your parents have been salting away money for years, you'll have to pay your own way through university**, *A meno che i tuoi genitori non abbiano accumulato risparmi per anni, sarai tu a doverti pagare gli studi universitari*.

Trentatreesima lezione / 33

4 Prendiamo ad esempio la storia edificante di un membro del governo, umiliato per via di un caso di corruzione,
5 che finì per confessare tutto in un'autobiografia che lo rese ricco e famoso.
6 – Il Ministro della Sanità Peter Hay era una mela marcia che faceva la bella vita e aveva le mani in pasta dappertutto.
7 Col lauto stipendio e la nota spese che aveva, non aveva certo difficoltà a sbarcare il lunario.
8 Sua moglie, un pezzo grosso del Ministero degli Esteri, lo spingeva ad accumulare sempre più danaro.
9 Anche se era matta come un cavallo *(pazza come una torta di frutta)* era la pupilla dei suoi occhi, perciò lui non osava dirle di no.
10 Erano come il giorno e la notte, ma lei gli mangiava la pappa in testa.
11 Faceva tanto la santarellina, ma [in realtà] era un osso duro.

EVEN THROUGH THEY'RE BROTHER AND SISTER, THEY'RE AS DIFFERENT AS CHALK AND CHEESE

5 L'inglese ama le espressioni composte da due coppie di parole unite dalla congiunzione **and**. Le analizzeremo fra qualche settimana.

33 / Thirty-third lesson

12 Smelling something fishy [6], a reporter started sniffing around but could not find anything.
13 Finally, everything went pear-shaped when a junior clerk spilled the beans to the media.
14 Hay jumped out of the frying pan into the fire and ended up with egg on his face.
15 He should have kept as cool as a cucumber but he had a half-baked [7] idea that the storm would blow over [8].
16 For a while he hit the sauce but eventually realised that there was no use crying over spilt milk.
17 The prime minister urged him to keep his mouth shut, but Hay upset [9] the apple cart.
18 He published a frank and revealing memoir, which sold like hot cakes and made him a fortune.
19 So in the end, he had his cake and ate it. With icing on!
20 – Our advice to budding writers is not to put all their eggs in one basket – or all their expressions in one article.
21 In a nutshell, don't over-egg the pudding. □

 *13 ... pèësheipt ... 18 ...**me**mwa: ...*

 Note

6 **fishy**, lett. (*che sa*) *di pesce,* indica in senso figurato qualcosa di *losco* o *sospetto*: **The whole kidnapping story seems a bit fishy**, *Tutta questa storia del rapimento è alquanto sospetta.*

7 **to bake**, *cuocere al forno.* Di solito l'aggettivo **half-baked** (lett. mezzo cotto) fa riferimento a qualcosa di *mal riuscito* (come un dolce cotto male), *strampalato, che non sta in piedi*: **An opposition spokesperson criticised the government's half-baked plan for higher education funding**, *Un portavoce dell'opposizione ha criticato il piano raffazzonato del governo per finanziare l'istruzione superiore.*

Trentatreesima lezione / 33

12 Sentendo puzza d'imbroglio, un giornalista cominciò a fare indagini, ma non riuscì a scoprire nulla.
13 Alla fine tutto è andato a rotoli quando un semplice impiegato ha vuotato il sacco davanti ai media.
14 Hay è caduto dalla padella nella brace e ha finito col coprirsi di ridicolo.
15 Avrebbe dovuto rimanere imperturbabile, ma stranamente era convinto che la tempesta si sarebbe placata.
16 Per un po' si è rifugiato nell'alcool, ma alla fine si è reso conto che era inutile piangere sul latte versato.
17 Il Primo ministro gli ha raccomandato di tenere la bocca chiusa, ma Hay ha rotto le uova nel paniere
18 pubblicando un'autobiografia franca e rivelatrice che è andata a ruba e gli ha reso una fortuna.
19 Così, in definitiva, ha avuto la botte piena e la moglie ubriaca. E la ciliegina sulla torta, per giunta!
20 – Il consiglio che possiamo dare agli scrittori alle prime armi è di non puntare tutto su una carta sola, in altre parole di non usare tutte le espressioni che conoscono in un solo articolo.
21 In breve: non bisogna strafare.

---

8 **to blow**, *soffiare*. Letteralmente **to blow over** è *abbattere* (se impiegato transitivamente) e *passare, placarsi, sgonfiarsi* (intransitivamente): **The storm blew over all the trees in our garden**, *La tempesta ha abbattuto tutti gli alberi del nostro giardino*; **The scandal will blow over after a couple of weeks**, *Lo scandalo si sgonfierà nel giro di un paio di settimane*.

9 Il verbo irregolare **to upset** si usa molto spesso nel senso traslato di *turbare, sconvolgere*, ma il suo significato letterale è *rovesciare*: **The wake from the ferry upset three small boats**, *La scia del traghetto ha rovesciato tre piccole imbarcazioni*.

33 / Thirty-third lesson

▶ Exercise 1 – Translate
❶ Even though they're brother and sister, they're as different as chalk and cheese. ❷ He was the apple of her eye. – Yes, a bad apple! ❸ Jim's got the new supervisor eating out of the palm of his hand. ❹ When the bank refused to give us a loan, everything went pear-shaped. ❺ Don't panic. I'm sure the storm will eventually blow over.

***

Exercise 2 – Fill in the missing words
❶ La morale della storia è che non si può avere la botte piena e la moglie ubriaca.
The moral of the story is that ... .
and ....

❷ Avrebbe dovuto rimanere imperturbabile e invece ha vuotato il sacco.
She should have kept .... a .... but she
....

❸ Se vuoi un consiglio, non puntare tutto su una carta sola.
If you want my advice, ... the
....

❹ Pensava di essere una prima donna *(un pezzo grosso)*, ma ha finito col recitare il mea culpa quando la sua squadra ha perso.
He thought he was a ... . but he ended up
.... when his team lost.

Soluzioni dell'esercizio 1

❶ Anche se sono fratello e sorella, sono diversi come il giorno e la notte. ❷ – Era la pupilla dei suoi occhi *(la mela del suo occhio)*. – Sì, una pupilla strabica *(una mela marcia)*! ❸ Il nuovo supervisore fa tutto quello che vuole Jim. ❹ Quando la banca ha rifiutato di farci un prestito, tutto è andato a rotoli. ❺ Niente paura. Sono sicuro che alla fine la tempesta si placherà.

***

❺ Sono caduto dalla padella nella brace perché ho ignorato il problema.
I .... the .... the .... because I ignored the problem.

Soluzioni dell'esercizio 2

❶ – you can't have your cake – eat it too ❷ – as cool as – cucumber – spilled the beans ❸ – don't put all your eggs in – same basket ❹ – big cheese – eating humble pie – ❺ – jumped out of – frying pan into – fire –

Thirty-fourth lesson

Cooking or cuisine?

1 – I just met Tom and I gather [1] he's coming round for dinner tomorrow night. Is that right?
2 – Yes, I said I'd invite him one day, so I did [2]. What's wrong with that?
3 – He's such a bore! Listening to his stories is like watching paint dry [3], only not so much fun.
4 – I grant you [4] he's not the world's greatest conversationalist, but he's a nice enough guy.
5   Anyway, what's done is done. Now I've got to think up [5] a menu.

Note

1 **to gather**, *raccogliere*. In un contesto del genere, però, l'idea che il verbo sottintende è quella di *dedurre* o *immaginare* qualcosa (in seguito a quello che il soggetto e Tom si sono detti durante l'incontro appena avvenuto). Come avviene di solito con questi verbi dal significato molto ampio, l'equivalente italiano va ponderato e scelto di volta in volta: **We gather from your previous employer that you have experience in personnel management**, *Apprendiamo dal Suo ex datore di lavoro che Lei ha esperienza nella gestione del personale*. In breve, quando si arriva a una conclusione o si presuppone qualcosa dopo aver "raccolto" altri elementi, possiamo servirci di **to gather**.

2 Ormai il trucchetto vi è chiaro: il ricorso all'ausiliare vi permette di non dover ripetere il verbo principale. Naturalmente lo stesso discorso vale anche per le frasi negative: **He said he'd help me but he didn't**, *Ha detto che mi avrebbe aiutato, ma non l'ha fatto*. Meno intuitiva la scelta del **present conditional** per esprimere il futuro nel passato (**I said I'd invite him**), dal momento che in italiano, in questi casi, usiamo il condizionale passato.

Trentaquattresima lezione

Cucina o arte culinaria?

1 – Ho appena incontrato Tom e immagino che verrà domani sera per cena. Giusto?
2 – Sì, ho detto che un giorno l'avrei invitato e l'ho fatto. C'è qualcosa che non va?
3 – È così noioso! Ascoltare le sue storie è come guardare asciugare la vernice, solo non altrettanto divertente.
4 – Ammetto che non sia un conversatore brillante, ma è un tipo abbastanza simpatico.
5 Ad ogni modo, quel che è fatto è fatto. Ora devo inventarmi un menù.

---

3 **to watch paint dry**, *guardare la vernice asciugare*, attività noiosa come non ce ne sono altre, è un bel paragone che purtroppo in italiano non è divenuto proverbiale e che potrebbe rendersi col classico "far venire il latte alle ginocchia". Tornando all'inglese, l'espressione **It's like watching paint dry** è piuttosto colloquiale e descrive (non senza ironia) un'azione lunga e tediosa. **The documentary was so boring that it was like watching paint dry**, *Il documentario era così noioso da far venire il latte alle ginocchia*.

4 **to grant**, *ammettere*, *accordare* o *concedere*: **The bank has granted me a thirty-year mortgage**, *La banca mi ha accordato un mutuo trentennale*. Come si può intuire, la frase fatta **I grant you** vuol dire *Te lo concedo* oppure *Lo ammetto*.

5 Il senso del verbo frasale **to think up** va oltre l'idea di "pensare" ed è piuttosto quello di *escogitare*, *inventarsi* o *concepire*: **The plan was so complicated that he couldn't have thought it up by himself**, *Il piano era così complicato che non poteva averlo concepito da solo*.

6 – Also, he's a damn [6] food snob. Everything has to be line-caught, pan-fried and drizzled [7] with olive oil.

7 I can just hear him now: – That chocolate cake is to die for [8]. – Your apple crumble is so moreish [9].

8 I can't stand that kind of talk. It's one of my pet peeves [10].

Pronuncia
6 ... dæm ... **7** ... **mo**rish.

Note

[6] Nella lezione 32 (nota 3) abbiamo visto che l'aggettivo **damning** ha un significato che non è legato alla dannazione. Con **damn**, invece, la situazione è ben diversa, a prescindere dal ruolo svolto nella frase: come sostantivo e come interiezione ha più o meno il senso di *maledizione, dannazione* ecc. (**Damn, I forgot to save the file!**, *Maledizione, ho dimenticato di salvare il file!*), come aggettivo quello di *dannato, maledetto* (**I forgot to save the damn file**, *Ho dimenticato di salvare quel maledetto file*). In quest'ultimo caso è l'abbreviazione di **damned** *dæmd*. Anche se questo aggettivo è meno forte rispetto a **bloody** (lezione 20, nota 19) e l'interiezione è molto meno volgare rispetto ad altre imprecazioni, sconsigliamo comunque l'uso di tutti questi termini per ragioni che ormai vi sono ben note.

[7] La prima accezione di **to drizzle** è *piovigginare* (**drizzle** è un sostantivo non numerabile che vuol dire *pioggerella*). **Take an umbrella, it's starting to drizzle**, *Prendi un ombrello, comincia a piovigginare*. In ambito gastronomico, **to drizzle** equivale a *versare* o *condire (con un filo d'olio)*.

[8] Letteralmente **to die for** sarebbe *morire per* (delle idee, la patria ecc.). In un registro colloquiale, però, indica che il soggetto "muore" dalla voglia di qualcosa: **I was dying for a cigarette but I was surrounded by non-smokers**, *Morivo dalla voglia di una sigaretta, ma ero circondato da non fumatori*. Al condizionale, il senso di **to die for** si avvicina molto a quello di "fare pazzie per": **I know he would die for one of those new smart phones**, *So che farebbe pazzie per uno di quei nuovi smartphone*.

Trentaquattresima lezione / 34

6 – E poi è un maledetto snob in fatto di cibo. Tutto dev'esser pescato con la lenza, saltato in padella e condito con un filo d'olio d'oliva.

7 Già mi sembra di sentirlo: "Quella torta al cioccolato è una favola! Il tuo crumble alle mele è di un invitante...".

8 Non sopporto quel modo di parlare. È una delle cose che odio di più.

Per finire abbiamo anche **It's to die for!**, che in un contesto molto informale si riferisce a una cosa fantastica, strabiliante, *"da sballo"* ecc. Con un paio di trattini e la classica disinvoltura della lingua inglese, l'espressione diventa un aggettivo: **She makes a to-die-for chocolate cake!**, *Fa delle torte al cioccolato favolose!*

9 L'aggettivo **moreish** (o **morish**) è molto colloquiale e deriva da **more**, *più*; è difficile da tradurre perché descrive una cosa talmente buona da far venir voglia di mangiarla un'altra volta: **I can't help it, these cookies are so moreish**, *Non resisto, questi biscotti sono così buoni che uno tira l'altro!* Purtroppo l'espressione *"uno tira l'altro"* non può andar bene per tutti i cibi: per la nostra **apple crumble** (torta che non ha equivalente in italiano, anche se può ricordare vagamente la nostra "sbrisolona") abbiamo dovuto ripiegare su una traduzione diversa.

10 Questo modo di dire viene dall'aggettivo **peevish**, *stizzoso, arrabbiato*. **The webmaster gets peevish if you ask him to change the site content too often**, *L'amministratore del sito si arrabbia se gli si chiede di cambiare con troppa frequenza il contenuto del sito.* Da **peevish** si arriva a **peeve**, sostantivo che molto spesso è accompagnato da **pet**. L'espressione italiana più vicina a **pet peeve** è *bestia nera*, ma non è sempre adatta al contesto. Una digressione per quanto riguarda **pet**: letteralmente *animale domestico*, spesso acquista il senso di *preferito*: **Naval history is one of his pet topics**, *La storia navale è uno dei suoi argomenti preferiti,* o ancora *La storia navale è la sua passione.*

two hundred and eighty-eight • 288

9 – Don't be so crabby [11]. He's coming for dinner, and that's that [12].

10 – In that case, I'll give you the bill of fare [13]. Let's start with something wholesome, shall we?

11 A hearty winter soup followed by oven-baked [14] sea bass with sun-ripened vegetables.

12 For pudding, sorry, dessert, we'll have toothsome organic ice-cream made with free-range eggs.

13 And, to top it off, cellar-ripened cheese and bakery-fresh bread.

14 For crying out loud [15], why can't we just have food rather than cuisine?

15 – Okay. I give up. You win. I'll just make baked beans on toast followed by jelly and custard.

Note

[11] Dopo **fishy**, *losco, sospetto* (lezione 33, nota 6), aggettivo derivato da **fish** che abbiamo appena visto ieri, oggi è la volta di **crabby**, derivato da **crab**, *granchio*. A questo crostaceo pare venga attribuito un brutto carattere, perché il senso di **crabby** è *acido, irritabile*: **Our seven-year-old son always gets crabby when he's tired**, *Il nostro figlio di sette anni si arrabbia sempre quando è stanco.* Queste parole brevi e molto espressive compaiono spesso nei titoli dei giornali perché richiamano l'attenzione del lettore.

[12] **that's that** (quasi sempre in fondo alla frase e con la forma contratta) è un'espressione categorica che non ammette repliche: **You agreed to the terms of the contract, and that's that**, *Hai accettato i termini del contratto, punto e basta.*

[13] L'accezione principale del sostantivo **fare** è *tariffa*, in genere per una corsa sui mezzi pubblici, in taxi ecc. Il secondo significato, però, è quello di *vitto* e **standard fare** può essere il *vitto normale* (senso letterale)

Trentaquattresima lezione / 34

9 – Non essere così acido. Viene a cena, punto e basta.
10 – Allora il menù te lo faccio io. Cominciamo con qualcosa di sano, ok?
11 Una sostanziosa zuppa invernale seguita da una spigola al forno con verdure maturate al sole.
12 Per dolce, pardon, per dessert un appetitoso gelato biologico fatto con uova di gallina allevata a terra.
13 E per chiudere in bellezza, formaggio stagionato in cantina e pane appena sfornato.
14 Santo cielo, ma perché non possiamo mangiare del cibo normale, anziché roba d'alta cucina?
15 – Va bene, mi arrendo: hai vinto. Mi limiterò a preparare fagioli stufati su pane tostato, gelatina di frutta e crema pasticcera.

---

o qualcosa che è all'*ordine del giorno*, l'*ordinaria amministrazione* (senso figurato): **Chips are standard fare in most restaurants nowadays**, *Al giorno d'oggi la maggior parte dei ristoranti serve regolarmente patatine fritte;* **Complex decisions are standard fare at senior management level**, *Le decisioni complesse sono all'ordine del giorno a livello di vertici dirigenziali.* Nella nostra frase, **the bill of fare** è il termine arcaico per il *menù* (lett. l'elenco del vitto) di un ristorante. Oggi si usa più che altro a fini umoristici o per "fare tradizione".

14 Se ci avete fatto caso, **oven-baked** è un aggettivo ridondante: normalmente **baked** vuol dire già da solo *cotto al forno,* per cui l'aggiunta di **oven** è superflua. Nella frase 18 troverete altri esempi di questo modo arzigogolato di esprimersi.

15 **For crying out loud!** (lett. per gridare forte) è un'interiezione dal significato letterale un po' misterioso, che chiariremo nella nota culturale al termine di questa lezione.

two hundred and ninety • 290

16 – I'm serious. You can't beat plain, unfussy food like beef or pork, none of your fancy sauces, and a bottle of plonk [16].

17 – You have a point [17], I must admit. But I'd really like to serve something special.

18 – How about herb-infused loin of grass-reared Angus with a savoury jus and crispy Northern waffle?

19 – What's that, for heaven's sake ?

20 – Roast beef, gravy and Yorkshire pudding [18]. It's just so moreish!

Note

[16] Non confondete il verbo **to plonk**, incontrato nella lezione 32 e analizzato nella nota 16, con il sostantivo **plonk**, termine che indica il *vino* in genere e appartiene al gergo dei londinesi, i **Cockneys** (di cui abbiamo parlato nella lezione 17). Per ora sappiate che questa parola è la deformazione del francese *vin blanc*. Approfondiremo l'argomento nella prossima lezione di ripasso.

[17] In alcuni casi **point** ha lo stesso significato di *punto* in italiano (anche nel senso di "argomento"): **I'd like to come back to that point later**, *Vorrei tornare su questo punto più tardi*. Tuttavia **point** può anche equi-

***

Exercise 1 – Translate

❶ They're coming round for dinner tonight and that's that. ❷ I gather from your CV that you have experience in marketing. ❸ She knows I would die for one of those new smart phones. ❹ Complex decisions are standard fare at senior management level. ❺ I get your point. I admit I hadn't thought of that aspect.

Trentaquattresima lezione / 34

16 – Dico sul serio. Non c'è niente di meglio di un cibo semplice e genuino come la carne di manzo o di maiale, senza nessuna delle tue salse elaborate, e una bottiglia di vino.
17 – Non hai tutti i torti, devo ammetterlo, ma vorrei proprio cucinare qualcosa di speciale.
18 – Che ne diresti di una lombata d'Angus allevato all'aperto marinata negli aromi con una salsina saporita e una cialda nordica croccante?
19 – Per amor del cielo, che cos'è mai?
20 – Arrosto di manzo, sugo di carne e Yorkshire pudding. È talmente invitante!

---

valere al *succo*, al *nocciolo della questione*: **This book will teach you how to get your point across convincingly**, *Questo libro ti insegnerà a esprimere in modo convincente il succo di quello che vuoi dire*. Dunque una frase fatta come **I get/take your point** equivale a *Capisco cosa vuoi dire*. Un'altra frase fatta che può esservi utile è appunto **You have a point**, *Non hai tutti i torti*.

18 Una delle delizie della cucina inglese è lo **Yorkshire pudding**: non si tratta di un dolce, bensì di una pastella cotta al forno e preparata con farina, uova e latte, che accompagna tradizionalmente il roast beef.

***

Soluzioni dell'esercizio 1

❶ Stasera vengono a cena, punto e stop. ❷ Deduco dal Suo curriculum che ha esperienza nel marketing. ❸ Sa che farei pazzie per uno di quei nuovi smartphone. ❹ Le decisioni complesse sono all'ordine del giorno per i vertici dirigenziali. ❺ Capisco cosa vuoi dire. Ammetto che non avevo pensato a questo aspetto.

34 / Thirty-fourth lesson

Exercise 2 – Fill in the missing words

① È vero *(Te lo concedo)* che è un uomo molto occupato, ma diceva che mi avrebbe aiutato e non l'ha fatto.

.. .. he's a busy man, but he ... ... me and .. ..

② Quel che è fatto è fatto. Ora faresti meglio a inventarti una buona scusa.

.... Now you'd better .... a good excuse.

③ Per carità! Non sopporto questo modo di parlare.

... .! I .... that kind of .....

④ Ci abbiamo provato in tutti i modi, ma alla fine ci siamo dovuti arrendere.

We tried very hard but in the end ... ...

⑤ – Qual è il problema? – È uno snob. È una cosa che non sopporto.

....? – He's a snob. It's one of my ... .

---

*I britannici sono noti per il loro **understatement** e per il fatto di non parlare apertamente delle cose che possono infastidire (sesso, religione ecc.), ricorrendo piuttosto a eufemismi e allusioni. Lo stesso avviene con le imprecazioni: abbiamo infatti una sorta di "pseudo-bestemmie" in cui le parole vengono sostituite da altre che sono simili nel suono o cominciano allo stesso modo (non c'è bisogno di grandi sforzi di fantasia per rendersi conto che ne abbiamo parecchi esempi anche in italiano). Dopo aver incontrato **bloody** (20ª lezione, nota 19), oggi ci siamo imbattuti in un bell'elenco di interiezioni che, tradotte alla lettera, non significano niente, ma sono di fatto degli eufemismi che sostituiscono espressioni ben più crude. Per esempio si dice **For crying out loud!** per non dire **For Christ's sake!** (lett. Per l'amore di Cristo!), dove l'inizio di **crying** è ciò che rimane della parola sostituita. Altre espressioni frequenti come **My goodness!** (lett. mia bontà) stanno in realtà per **My God!**, mentre **Blimey!**, Accidenti!, Cavolo!, è una deformazione di **God blind me!**, Che Dio*

Soluzioni dell'esercizio 2

❶ I grant you – said he'd help – he didn't ❷ What's done is done – think up – ❸ For crying out loud – can't stand – talk ❹ – we had to give up ❺ What's wrong with that – pet peeves

COMPLEX DECISION ARE STANDARD FARE AT SENIOR MANAGEMENT LEVEL.

mi accechi!, *che equivale più o meno al nostro* Mi venisse un colpo! *Ogni giorno si inventano nuove espressioni di questo tenore, per cui, se sentite qualcuno prorompere in un'esclamazione (letteralmente) incomprensibile, è molto probabile che stia dicendo una pseudo-bestemmia. Un altro fenomeno sempre più frequente, soprattutto nella stampa, è il fatto di sottintendere una parolaccia o una parola tabù usandone la prima lettera. Per esempio:* **The US president used the "s" word on live television**, Il presidente degli Stati Uniti ha detto "m...." in diretta alla televisione. *Qui la parolaccia in questione è* **shit**, *merda. Questo espediente è spesso adottato a scopi umoristici:* **Despite the economic crisis, the president refuses to use the "r" word** (*o* **the R word**). *Qui il giornalista vuole scherzosamente fare intendere ai lettori che il termine* **recession**, *recessione, è tabù. Ovviamente bisogna conoscere il contesto dell'articolo, ma molto spesso, anche se tutti sanno qual è la parola proibita, nessuno vuole pronunciarla...*

two hundred and ninety-four

Thirty-fifth lesson

Revision – Ripasso

1 *which* e *that*

Tra le diverse funzioni svolte da **which** e **that**, una delle più importanti è quella di pronome relativo. Vediamola nel dettaglio.
Nella maggior parte dei casi in cui hanno questa funzione, i due termini sono intercambiabili; in altre parole, il senso della frase non cambia se al posto di **which** usiamo **that** e viceversa:
Here is the report which I promised you, *Ecco la relazione che ti avevo promesso.*
Here is the report that I promised you.
Eccezione: in un contesto informale, il pronome **who** può essere sostituito da **that**, ma non da **which**:
She is the woman who I spoke to you about, *Lei è la donna di cui ti ho parlato.*
She is the woman that I spoke to you about.
Ricordiamo che, in un registro molto formale, si dovrebbe usare **whom**: **She is the woman about whom I spoke to you**.

Quando **which**, **that** o **who** sono pronomi relativi con funzione di complemento (diretto o indiretto), spesso si omettono:
Here is the report which (complemento oggetto) **I promised you** → **Here's the report I promised you.**
Here is the report that (complemento oggetto) **I promised you** → **Here's the report I promised you.**
She's the woman who (complemento di argomento) **I spoke to you about** → **She's the woman I spoke to you about.**
Quest'omissione non è obbligatoria, ma è molto frequente soprattutto nella lingua parlata.

Altra eccezione: dopo i pronomi indefiniti **everything**, **something** e **all** si mette **that** (**which** è un errore):
He'll tell you everything that he knows, *Ti dirà tutto quello che sa.*
All that I can do is to try, *Tutto quello che posso fare è provare.*

Trentacinquesima lezione

In questi due esempi il pronome relativo **that** è complemento oggetto e quindi si può omettere: **He'll tell you everything he knows; all I can do is to try**.

Inoltre, l'uso di **that** è d'obbligo anche dopo un superlativo:
This is one of the most encouraging initiatives that we have seen for the last decade, *Questa è una delle iniziative più incoraggianti che abbiamo visto nell'ultimo decennio.*

Quando il pronome relativo si riferisce a tutta la frase precedente (e non a un solo termine), invece, bisogna usare **which**:
He hasn't phoned yet, which is quite worrying, *Non ha ancora telefonato, il che è piuttosto preoccupante.*
(**which** sostituisce la frase **He hasn't phoned yet**).

Questa regola si applica sempre, indipendentemente dalla lunghezza della frase "rappresentata" da **which**:
I urge the parties to the peace agreement to establish a constructive dialogue in order to reach a negotiated solution, which is the only way to overcome the current crisis.
Invito le parti interessate all'accordo di pace a stabilire un dialogo costruttivo al fine di raggiungere una soluzione negoziata: è l'unico modo per superare la crisi attuale.
Riassumendo, salvo eccezioni, **which** e **that** si possono usare indifferentemente quando hanno funzione di pronome relativo. Vi consigliamo però di usare **that** per ridurre il rischio di commettere errori (dopo un superlativo, per esempio).

2 L'uso dei verbi ausiliari

Gli ausiliari **to do**, **to have**, **will** e i verbi modali **can**, **could** ecc. svolgono un ruolo importantissimo perché ci permettono di evidenziare una frase (o di enfatizzarla senza aggiungere altre parole) oppure di evitare ripetizioni. Ricapitolando:

2.1 Per enfatizzare una frase

L'ausiliare **to do** rafforza il verbo che lo segue immediatamente:
I do like your suit. Where did you buy it?, *Il tuo abito mi piace proprio tanto. Dove l'hai comprato?*
He does look like his father, *Somiglia moltissimo a suo padre.*

Nel parlato, la voce si appoggia con maggiore intensità sull'ausiliare o sul verbo modale che si vuole mettere in evidenza:

I will leave tomorrow. You can't stop me, *Parto domani. Non potrai impedirmelo.*

Quest'enfasi non è indicata nella lingua scritta, ma a volte è possibile mettere l'ausiliare in corsivo o sottolinearlo (per esempio nei dialoghi di un romanzo) per ovviare al problema: **"He *does* look like his father"**, she said. **"I will leave tomorrow"**, he shouted.

2.2 Per evitare una ripetizione

Gli ausiliari servono inoltre a evitare di ripetere un verbo nella stessa frase o in una conversazione:
I promised my doctor to stop smoking, and I will, *Ho promesso al mio medico di smettere di fumare e lo farò.*
L'ausiliare sostituisce la frase **I will stop smoking**.
You don't consume any calories; they do, *Non consumi calorie tu, ma (le consumano) loro.*
L'ausiliare sostituisce la frase **they consume calories**.

Questo meccanismo ricorda un po' quello delle **question tags**, dove si ripete l'ausiliare utilizzato nella prima parte dell'enunciato (**You are not listening, are you?**) e ci permette di costruire una frase in cui lo stesso verbo è coniugato in tempi o modi diversi:
He said he would help me and I'm sure he will (anziché **I'm sure he will help me**), *Ha detto che mi avrebbe aiutato e sono certo che lo farà.*

In una conversazione, inoltre, con l'ausiliare si evita di ripetere, sottintendendolo, il verbo impiegato dal proprio interlocutore:

– I haven't been paid yet. – Neither have I, – *Non sono stato ancora pagato. – Nemmeno io.*
– It's late. Shouldn't we be leaving? – We should, – *È tardi. Non dovremmo andarcene? – Sì.*

2.3 Per enfatizzare una frase ed evitare ripetizioni

Infine, in alcuni casi, l'ausiliare ci permette di ottenere entrambi gli scopi: enfatizzare un enunciato senza dover ripetere delle parole:
– I'm not going to apologise! – Oh yes you are!,
– *Non voglio scusarmi! – Oh sì che lo farai!*
– Will you let me drive your car? – I most certainly won't!,
– *Mi lasceresti guidare la tua auto? – Non se ne parla nemmeno!*
Anche in questo caso l'accento della frase cade sempre sull'ausiliare.

Essendo brevi e incisivi, gli ausiliari ricorrono con grande frequenza nei titoli dei giornali. Per esempio un titolo come **Will He Or Won't He?** basta e avanza per avvertire i lettori che l'articolo riguarda una decisione che non è stata ancora presa e li invita a leggerne il testo per conoscere il seguito. Una volta, per esempio, un ex Primo ministro non aveva ancora deciso se ricandidarsi alle elezioni oppure no. Un giornale uscì con un articolo intitolato "**Will he stand or won't he?**" (**to stand**, *candidarsi*).

3 Origine anglosassone contro origine latina

Fin dalla prima lezione vi abbiamo parlato del doppio vocabolario dell'inglese. Uno dei suoi vantaggi è il fatto di avere a disposizione più parole (di registro diverso) per definire lo stesso concetto. Chi vuole perfezionare la conoscenza della lingua, però, deve sapere come scegliere il termine adeguato. Ecco alcuni esempi di parole frequenti (nella prima colonna) con i loro equivalenti di registro sostenuto nella seconda:

| **childish** | infantile | *infantile* |
| **colour-blind** | daltonian | *daltonico* |

35 / Thirty-fifth lesson

devilish	diabolical	*diabolico*
foe	enemy	*nemico*
friendly	amicable	*amichevole*
freeze-dried	lyophilised	*liofilizzato*
happiness	felicity	*felicità*
heaven	paradise	*paradiso*
inner	internal	*interno*
kingly	regal	*reale, regale*
long-sighted	hypermetropic	*ipermetrope*
lower	inferior	*inferiore*
lying	mendacious	*menzognero*
motherly/fatherly	maternal/paternal	*materno / paterno*
self-taught person, a	autodidact, an	*un autodidatta*
short-sighted	myopic	*miope*

In alcuni contesti la scelta è più semplice che in altri: per esempio, nel campo scientifico oppure in quello medico, il termine di origine anglosassone si preferisce nella conversazione quotidiana, mentre l'equivalente di origine greco-latina è più indicato per i testi specialistici; nel primo caso avremo dunque **short-sighted** (o il sostantivo **short-sightedness**), nel secondo **myopic** (o **myopia**). Il chimico parlerà al proprio collega di **lyophilisation**, ma al supermercato acquisterà del **freeze-dried instant coffee**. Di conseguenza il termine dotto suona per noi meno ostico e scientifico di quanto non sembri a un britannico o a un americano, mentre potremmo trovarci un po' disorientati di fronte al termine anglosassone, che è in genere di carattere esplicativo.

Per quanto concerne altre coppie di termini, invece, la scelta è più difficile. Di norma, la parola di origine anglosassone è più "familiare" di quella d'origine latina, destinata a contesti più formali. Per esempio, si dirà **a motherly hug**, *un abbraccio materno*, ma **maternal grandmother**, *nonna materna*, è un'espressione che potreste leggere in un atto notarile. Così **a friendly chat**, *una conversazione amichevole*, è certamente più legato alla vita quotidiana di **an amicable agreement**, *un accordo amichevole*, espressione giuridica.

In una poesia o in un'orazione, chi scrive o chi parla sceglierà logicamente la parola che "parla al cuore": **a foe** accende l'immaginazione e lo sdegno più di un semplice **enemy** e **kingly** è più "regale" di **royal**.

Questo fenomeno vale anche per i termini legati alle nuove tecnologie, data la tendenza dei termini anglosassoni a "spiegare" i concetti complessi: *uno stimolatore cardiaco* è **a cardiac stimulator** per il dottore, ma è **a pacemaker** per il paziente.

Bisogna quindi tenere sempre conto di questa doppia dimensione lessicale non solo quando si parla, ma soprattutto quando si scrive o si traduce: può accadere infatti che un britannico o un italiano utilizzino termini di tipo diverso anche in contesti identici: per esempio, per accendere il lettore DVD, un italiano usa un telecomando, mentre un britannico si serve di **a remote control**...!

4 *Rhyming slang*

Nella lezione 34 abbiamo imparato che **plonk** vuol dire *vino* (spesso nel senso di *vino qualunque*) ed è una deformazione del francese *vin blanc*. In realtà le cose sono un po' più complicate...

Uno dei meccanismi con cui l'inglese conia dei termini gergali è il **rhyming slang** ("slang in rima"), un tempo caratteristico dei Cockneys, ma oggi presente un po' ovunque in Inghilterra (meno in Scozia e in Galles). L'idea, di per sé, è molto semplice: prendete la parola che volete trasformare in un termine slang e trovatene un'altra con cui faccia rima: **stairs**, *scale* = **pears**, *pere*. Poi aggiungete un'altra parola che venga spontaneo associare a **pears**, per esempio **apples**, *mele*, e il gioco è fatto: **apples and pears** = **stairs**.

Il procedimento sarebbe già di per sé cervellotico, ma non è finita qui: spesso, anziché impiegare entrambe le parole insieme, si usa solo la prima, ovvero quella che non rima col termine originario, per cui **apples** = **stairs**! Tanto per complicare la faccenda, a volte quella prima parola viene anche modificata (vedi **pork pies** nella tabella della prossima pagina).

35 / Thirty-fifth lesson

Naturalmente lo slang è effimero e molte volte le parole che rimano appartengono all'attualità "popolare", perciò non è possibile fornirvi un elenco di quelle espressioni che dureranno più del proverbiale "spazio di un mattino". Non dimentichiamo poi che uno degli obiettivi dello slang è quello di escludere le persone che non appartengono al gruppo sociale che lo parla.

Tuttavia elenchiamo qui di seguito, per i più curiosi, alcune parole di uso frequente che fanno parte del **rhyming slang**:

Rhyming slang	English	Variante	Traduzione
pork pies	**lies**	**porkies**	*bugie*
plates of meat	**feet**	**plates**	*piedi*
bread and honey	**money**	**bread**	*denaro, soldi*
loaf of bread	**head**	**loaf**	*testa, cervello*
china plate	**mate**	**china**	*compagno*
adam and eve	**believe**		*credere*
sausage and mash	**cash**	**sausage**	*contanti*

Provate ora a immaginare la conversazione seguente:
– **You know that china of mine, Bill?**
– **The one with the big plates?**
– **Yeah. Well he's got loads of bread.**
– **Use your loaf. You can't adam and eve him. He's always telling porkies.**
– **You mean...?**
– **He hasn't got a sausage.**

Potremmo "tradurre" così questi scambi di battute:
– **Do you know my friend Bill?**
– **The person with the large feet?**
– **Yes. He has a lot of money.**
– **Use your intelligence. You can't believe him because he is always lying.**
– **Do you mean...?**
– **He does not have a penny.**

Ed ecco la traduzione in italiano:
– *Conosci il mio socio Bill?*
– *Quello con le fette grandi?*
– *Seh. È pieno di grana.*
– *Ma usa il cervello. Non puoi dargli retta: racconta solo balle.*
– *Cioè...?*
– *Non ha un ghello.*

Stiamo esagerando? Certamente, ma tutte queste espressioni sono tipiche del linguaggio popolare e di certe serie televisive. Inoltre, poiché Londra e altre grandi città diventano sempre più cosmopolite, i giovani di origine indiana, pakistana o giamaicana si servono di questo meccanismo dello "slang in rima" arricchendolo di termini urdu, bengali ecc. Non c'è dunque verso di sfuggire al **rhyming slang**; d'altronde alcune di queste espressioni sono entrate a far parte del linguaggio corrente e a volte chi le usa non ne conosce l'origine. Il Primo ministro che, durante un dibattito alla Camera dei Comuni, disse "**Let's get down to brass tacks**", *Veniamo al dunque*, sapeva che **brass tacks** fa rima con **facts**? Quanto a **plonk**, i soldati britannici che combatterono in Francia durante la Prima Guerra mondiale scoprirono il vino bianco, che pronunciavano *ven blonk*. Per **blonk** si è poi trovata la rima **plink plonk** (onomatopea che riproduce il suono di un pianoforte), espressione che si è ridotta al solo **plonk**, termine in uso ancora oggi.

5 Le espressioni da "buongustai"

Nella lezione 33 ci siamo particolarmente dilungati sui modi di dire legati al mondo della cucina perché in inglese sono molto numerosi.

Com'è giusto, le **pies**, *torte*, fanno la parte del leone: non è chiaro se siano così facili da preparare, ma l'espressione **as easy as pie** è entrata nel linguaggio corrente per indicare qualcosa che è *facile come bere un bicchier d'acqua* o *un gioco da ragazzi*. Così **to have a finger in many** o **several pies** ricorda molto da vicino il nostro *avere le mani in pasta dappertutto*. Quanto a **to eat humble pie**, il suo significato è *scusarsi* o *riconoscere i propri errori*, in genere molto a malincuore. L'origine di questo modo di dire è una focaccia fatta con *interiora* di animali (**umble** o **numble**), che veniva mangiata dai servi e dal popolino, gente umile e modesta. Da qui la confusione col termine francese *humble*. Passiamo ora al parente stretto della *pie*, vale a dire il **pudding**. Il titolo della lezione 33, **to over-egg the pudding**, non manca di una sfumatura umoristica: se mettete troppe uova nella preparazione, questo potrebbe risultare (più…) indigesto. Fuor di metafora, se raccontate una storia, non aggiungete troppi particolari e non divagate se non volete renderla troppo pesante (notate che, pur essendo un neologismo adatto soltanto a questo contesto, il verbo **to over-egg** è immediatamente comprensibile).

Per accompagnare le focacce e i pudding ci vuole la *salsa*, **sauce**, o del *sugo*, **gravy**, parola che abbiamo visto per la prima volta nella lezione 30 (frase 14). L'espressione **to be on** o **to get on the gravy train** significa *fare la bella vita*, *trovare l'America*. Proprio negli Stati Uniti, durante la Grande Depressione degli anni '30, i vagabondi salivano clandestinamente sui treni. Quello che permetteva loro di raggiungere una città in cui potevano trovare facilmente lavoro era chiamato **gravy train** (*gravy*, oltre a *sugo*, indica anche il denaro ottenuto facilmente e con mezzi non propriamente leciti).

Nell'espressione **to hit the sauce**, invece, per "sauce" s'intende in realtà l'alcool e il senso è *rifugiarsi nell'alcool*, *cominciare a bere*.

Un altro piatto tipico inglese è il **bacon and eggs**. **To bring home the bacon** vuol dire *sbarcare il lunario*, *portare a casa la pagnotta*, ovvero provvedere ai bisogni finanziari della propria famiglia. Questa frase idiomatica risale al Medio Evo, quando si frequentavano le fiere per cercare di vincere un maiale ingrassato.

Se mangiate troppo in fretta un uovo al tegamino, vi resteranno senz'altro tracce di tuorlo intorno alla bocca e gli altri vi prenderanno in giro. Da questa constatazione nasce l'espressione **to have or get egg on one's face** (lett. avere dell'uovo sulla propria faccia), ovvero *fare una figuraccia*, *coprirsi di ridicolo*. Infine, il verbo **to egg on** ha un senso che non ha nulla che vedere con le uova: viene dal norreno antico "eggja", *incitare*, e vuol dire *incoraggiare*, *esortare*.

Prendiamo ora alcuni prodotti caseari, cominciando naturalmente dal latte. **To cry over spilt milk**, una volta tanto, corrisponde anche letteralmente alla sua traduzione in italiano (*piangere sopra il latte versato*): notiamo di sfuggita che **to spill** è uno di quei verbi che possono essere sia regolari che irregolari (lezione 21, § 5).

Trentacinquesima lezione / 35

Passando al formaggio, abbiamo **a big cheese** che, in senso figurato, indica una persona molto importante, *un pezzo grosso, un pezzo da novanta*. L'origine dell'espressione è oscura, anche se nel caso in questione **cheese** non deriverebbe dal latino *caseus*, bensì dal termine hindi "chiz" (che in italiano vuol dire "cosa"), di cui **cheese** costituirebbe una deformazione. Quanto alla frase idiomatica **to be alike as chalk and cheese**, è evidente che il formaggio c'entra poco col *gesso*, **chalk**: da qui l'ironia dell'espressione, che significa *essere molto diversi*; si può dire anche, più "seriamente", **to be as different as chalk and cheese**, in cui non deve sfuggire l'allitterazione (**ch-**), fenomeno che abbiamo già riscontrato in altri modi di dire inglesi.

Per quanto riguarda il burro, ecco **he/she looks like butter wouldn't melt in his/her mouth**: una persona all'apparenza talmente dolce che il burro non le si fonderebbe in bocca; in altre parole, se si parla di un uomo diremo in italiano che *fa tanto l'ingenuo*; se si parla di una donna, che *fa la santarellina* o *la madonnina infilzata*.

E ora i dolci: cominciamo con **to sell like hot cakes**, *andare a ruba*; c'è poi **to have one's cake and eat it** (lett. avere il proprio dolce e mangiarselo), che pare piuttosto bizzarro, perché se si vuole avere un dolce tra le mani l'obiettivo è appunto quello di mangiarlo. In realtà, nel contesto in questione, il senso di **to have** è *conservare*, il che rende più chiaro il significato di un modo di dire che corrisponde al nostro *volere la botte piena e la moglie ubriaca*, anch'esso legato (più o meno) al mondo della gastronomia. Si può aggiungere **too** per insistere sull'incompatibilità delle due azioni: **He wants to have his cake and eat it, too**, *Vuole la botte piena e pure la moglie ubriaca*.

To be as nutty as a fruitcake, oppure **fruit cake** (lett. essere pieno di noci quanto una torta di frutta), vuol dire *essere matto come un cavallo*, ed è una frase idiomatica piuttosto graziosa, che deriva dall'accezione slang di **nutty** (lezione 31, nota 19) e restituisce a questo termine il suo senso letterale. Quanto a **fruitcake**, è un dolce a base di frutta secca e noci. Attenzione: l'espressione **to put something in a nutshell**, invece, non ha niente che fare con la pazzia e significa *riassumere brevemente qualcosa* (**a nutshell**, *un guscio di noce*).

Per finire l'argomento, **cookie** corrisponde, in inglese americano, a **biscuit**. Alcuni cuochi hanno difficoltà a preparare i biscotti e talvolta li fanno duri (**tough**) come sassi. Da qui l'espressione **a tough cookie** che, riferita a una persona, sta per *un osso duro* (**a tough biscuit**, per contro, vuol dire *un biscotto duro* e basta).

E la frutta? Siamo ben forniti anche in questo caso: partiamo con **to be the apple of someone's eye**, dove però le mele non c'entrano perché **apple** indica qui la pupilla dell'occhio: *essere la pupilla* (o *la luce degli occhi*) *di qualcuno* (notate che **eye** è al singolare).
Se vi capita di rovesciare un carretto (**cart**) pieno di mele, combinate un bel guaio, vero? **to upset the apple cart** (o **applecart**) equivale dunque a *rompere le uova nel paniere*.
Per associazione di idee (come abbiamo visto nel paragrafo sul **rhyming slang**), passiamo dalle mele alle pere e ci imbattiamo in un'espressione molto colloquiale e fantasiosa, di origine controversa: **to go pear-shaped** (lett. *prendere la forma di una pera*), ovvero *andare a rotoli*.

Un altro dei (pochi) modi di dire inglesi che corrispondono letteralmente alla traduzione italiana è **to jump out of the frying pan into the fire**, *saltare dalla padella alla brace*. A parte l'ultima parola, tutto coincide. Molto meno evidente il significato di **to spill the beans** (lett. *rovesciare i fagioli*), *vuotare il sacco*, che viene addirittura dall'Antica Grecia, dove gli adepti delle società segrete votavano a favore o contro l'ammissione di nuovi membri mettendo in un sacchetto dei legumi assimilabili ai fagioli (bianchi se erano a favore, neri se erano contro). Se il sacco veniva inavvertitamente rovesciato per terra prima del conteggio ufficiale, si conosceva in anticipo l'esito della votazione.

Per oggi abbiamo finito: speriamo che questo piccolo riassunto vi aiuti a ricordare queste espressioni che i britannici mettono veramente dappertutto, come il prezzemolo!

Trentacinquesima lezione / 35

▶ Esercizio di ripasso

Sostituite le parole sottolineate con un verbo o un nome più espressivo.

- **1** – I was drinking a beer very slowly (1) when a strong wind shook the house.
- **2** – The roof tiles fell noisily (2) to the floor.
- **3** – The beer glass slipped from my hand. There was a loud noise (3) followed by a sound (4) of broken glass.
- **4** – I quickly seized (5) a sponge and wiped the floor.
- **5** – The door opened slightly and my wife looked quickly (6) round the door.
- **6** – She looked at the broken glass with astonishment (7).
- **7** – Then her mouth made a sudden movement and became (8) a smile.

Ascoltate molto attentamente le ultime tre frasi.

- "What a strong wind. Must be a hurricane!"
- I said "In Hertfordshire, Herefordshire and Hampshire hurricanes hardly ever happen.
- Although Worcestershire, Leicestershire, Lincolnshire and Warwickshire are riskier".

Soluzioni dell'esercizio

- **1** – I was **sipping** (1) a beer when a strong wind shook the house.
- **2** – The roof tiles **clattered** (2) to the floor.
- **3** – The beer glass slipped from hand. There was a **crash** (3) followed by a **tinkle** (4) of broken glass.
- **4** – I **grabbed** (5) a sponge and wiped the floor.
- **5** – The door opened slightly and my wife **peeked** (6) round the door.
- **6** – She **gaped** (7) at the broken glass.
- **7** – Then her mouth **twitched** (8) into a smile.

Sono almeno cinque settimane che state perfezionando la vostra conoscenza dell'inglese. Finora abbiamo spiegato moltissime cose, commentando quasi ogni frase con le nostre note per aiutarvi passo passo nell'apprendimento. Tuttavia non è il caso di chiarire sempre tutto; anche nella vostra stessa lingua, d'altronde, non vi sono note necessariamente tutte le parole che incontrate, ma grazie alla vostra cultura e alle vostre conoscenze siete comunque in grado di capire il senso. Ormai, affinché non dipendiate totalmente dalle nostre spiegazioni, ridurremo un pochino il numero delle note per lasciare campo libero alla vostra capacità di assimilazione. Quando ce ne sarà bisogno, comunque, saremo pronti a darvi una mano!

three hundred and six

Thirty-sixth lesson

Work

1 The UK [1] economy has changed radically in the past thirty years or so.
2 State-owned [2] corporations [3] have been privatised and many public services have been placed in the private sector.
3 Manufacturing industry, once the backbone of the nation's wealth [4], has shrunk and output [5] has declined.
4 The service sector has expanded and now employs a large part of the workforce, particularly in business services.

Pronuncia
2 ... **prai**vĕtaizd ... 3 ... wel*th* ..

Note

[1] Il nome proprio **UK** *ju-kei* (the United Kingdom, *il Regno Unito*) si può usare come aggettivo: **the UK national debt**, *il debito pubblico del Regno Unito*.

[2] Per vedere altri esempi di questo tipo di nomi composti rileggete la frase 4 della lezione 9 e il § 2 della lezione 14. **A programme run by the government = a government-run programme**, *un programma gestito dal governo*. Ricordate che il trattino è obbligatorio.

[3] **a corporation** è *una società, un'azienda*, in genere di grandi dimensioni. In inglese britannico si preferisce usare il termine **company** perché **corporation** si usa soprattutto per *consiglio comunale*: **the mayor and corporation**, *il sindaco e il consiglio comunale*. L'aggettivo **corporate**, *sociale, aziendale*, di uso molto frequente sia in inglese americano che in inglese britannico, indica tutto ciò che riguarda le società o il mondo degli affari (vedi nota 8).

36

Trentaseiesima lezione

Il lavoro

1 Negli ultimi trent'anni circa l'economia del Regno Unito è radicalmente cambiata.
2 Le aziende pubbliche *(possedute dallo Stato)* sono state privatizzate e molti servizi pubblici sono stati trasferiti al settore privato.
3 L'industria manifatturiera, un tempo spina dorsale della ricchezza nazionale, ha perso terreno *(si è ridotta)* e la produzione ha subito un calo.
4 Il settore dei servizi si è espanso e ora occupa una gran parte della forza lavoro, soprattutto nell'ambito dei servizi alle imprese.

EVERY YEAR, NEW COMPANIES ARE SET UP, WHILE OTHERS EITHER CLOSE OR GO BANKRUPT.

4 **the wealth of the nation**, *la ricchezza nazionale*, oppure **the nation's wealth**. Questa settimana vedremo che il genitivo sassone (...'s), che in teoria dovrebbe essere riservato alle sole persone fisiche, in pratica segue regole molto più elastiche.

5 **output**, *produzione*, in ambito economico questo termine è spesso associato a **manufacturing** e vuol dire anche *rendimento*. **The output of this mine is about two million tonnes a year**, *Il rendimento di questa miniera è pari a circa due milioni di tonnellate all'anno.*

5 Wholesale and retail trade ⁶ are still important and account for a sizable percentage of gross domestic product, or GDP.

6 Small firms play a vitally important economic role. Some are sole proprietorships ⁷ and others have only a handful of employees,

7 but they provide employment for nearly half the active population.

8 Every year, new companies are set up, while others either close or go bankrupt ⁸.

9 Fortunately, large corporate failures are rare, but it is increasingly hard to survive in today's globalised economy.

10 New activities, especially hi-tech ⁹ industries, are thriving in some areas of the country, creating exciting, cutting-edge ¹⁰ products that are often world class.

Note

6 **trade**, *commercio*. **The trade deficit**, *il deficit commerciale*. **Wholesale**, termine composto da **whole**, *intero*, e **sale**, *vendita*, è il *commercio all'ingrosso*, mentre il contrario è **retail**, *commercio al dettaglio*.

7 Qui avrete riconosciuto una parola simile al nostro *proprietario*, che normalmente in inglese si traduce con **owner**. Nel mondo degli affari, **a proprietor** è il *titolare di una ditta*. **A sole proprietor** è il *titolare di una ditta individuale* e **a sole proprietorship** è *una ditta individuale*.

8 **to go bankrupt**, *fallire* o, più letteralmente, *andare in bancarotta*; **bankruptcy**, *fallimento, bancarotta*; questo sostantivo ha anche un sinonimo, **corporate failure** (vedi frase 9). Attenzione: **a bankrupt** non è una bancarotta, ma *un bancarottiere*.

Trentaseiesima lezione / 36

5 Il commercio all'ingrosso e al dettaglio è sempre rilevante e rappresenta una quota considerevole del prodotto interno lordo, o PIL.

6 Le piccole imprese svolgono un ruolo economico di importanza fondamentale. Alcune sono imprese individuali, mentre altre dispongono solo di un manipolo di dipendenti,

7 ma creano occupazione per circa la metà della popolazione attiva.

8 Ogni anno vengono fondate nuove aziende, mentre altre chiudono o falliscono.

9 Fortunatamente è raro che una grande azienda fallisca, ma è sempre più difficile sopravvivere nell'economia globalizzata di oggi.

10 Nuove attività, soprattutto le industrie di alta tecnologia, stanno fiorendo in alcune regioni del Paese, creando prodotti appetibili e all'avanguardia *(dal taglio affilato)* che sono spesso di altissimo livello *(di classe mondiale)*.

---

9 Nei nomi composti l'aggettivo **high** si abbrevia in **hi** (la pronuncia non cambia): **hi-tech**, *alta tecnologia*; **hi-res**, *alta risoluzione*. Anche **tech** (pron. *tek*) è un'abbreviazione di **technology**, che è evidentemente considerata una parola troppo lunga per il linguaggio corrente.

10 Quest'aggettivo composto ricorre con frequenza nei testi pubblicitari per esaltare le caratteristiche innovative di un prodotto o di un servizio. Letteralmente, **the cutting edge** è il *filo di una lama* (**edge**, *bordo*) e suggerisce l'idea di qualcosa che dà un taglio col passato. **Admire the cutting-edge design of the new theatre**, *Ammirate il design all'avanguardia del nuovo teatro*.

11 Of course, some people prefer to opt out of the corporate rat race [11]: they work for themselves or for not-for-profit organisations.

12 There are also those who are unable to find work: the jobless [12].

13 Unemployment is a major challenge for all economies, and governments try to tackle it in various ways,

14 with a combination of benefits, training and job incentive schemes.

15 Some unemployed people prefer to rely on their wits [13] to get work.

16 The personnel manager of a large catering [14] firm called a new employee into her office:

17 – "What's the meaning of this?" she demanded [15]. "On your CV, you said you had ten years' experience,

Note

[11] **the rat race** (lett. *la corsa dei topi*) è un'espressione idiomatica che si può rendere con *lotta accanita* o *corsa sfrenata al successo*; il concetto è quello di una gara o di una vita frenetica caratterizzata da tensione e aggressività. **To relieve stress, many people are opting out of the rat race**, *Per alleviare lo stress molta gente si ritira dalla vita frenetica.*

[12] Abbiamo già incontrato l'aggettivo **jobless** nell'ottava lezione: è la versione "colloquiale" di **unemployed**, parola che deriva dal latino ed è quindi più tecnica e dotta, ma anche meno usata. Per dire *un disoccupato* abbiamo quindi due possibilità: **a jobless person** oppure **an unemployed person**.

Trentaseiesima lezione / 36

11 Naturalmente alcuni preferiscono ritirarsi dalla corsa sfrenata al successo aziendale, lavorando in proprio o per organizzazioni senza scopo di lucro.

12 Ci sono poi quelli che non riescono a trovare lavoro: i disoccupati.

13 La disoccupazione è un grave problema per tutte le economie e i governi cercano di farvi fronte in vari modi,

14 combinando sussidi, formazione e programmi per incentivare il lavoro.

15 Alcuni disoccupati preferiscono affidarsi al proprio ingegno per trovare lavoro.

16 Il direttore del personale di una grande azienda di catering convocò un nuovo assunto nel suo ufficio:

17 – "Cosa significa questo?" gli chiese con malgarbo. "Sul Suo curriculum c'è scritto che Lei ha dieci anni di esperienza,

---

13 **wit**, *arguzia, spirito*, volto al plurale significa *ingegno, intelligenza*: **to sharpen one's wits**, *aguzzare l'ingegno*.

14 **to cater**, *servire cibi*. Molto più noto **catering**, entrato a vele spiegate nella lingua italiana; un suo sinonimo è **the catering industry**. **A catering firm** o **company**, *una società di catering*; **a caterer**, *un ristoratore o uno che fornisce servizi di ristorazione*.

15 Fate attenzione al falso amico **to demand**, che non vuol dire semplicemente domandare, bensì *esigere, pretendere* o *chiedere con malgarbo, in modo perentorio*.

18 but I've just found out that this is the first job you've ever had. Explain yourself."

19 – "It's true," he replied, "but in your ad, you said you were looking for someone with lots of imagination." ☐

***

Exercise 1 – Translate
❶ She opted out of the rat race by going to work for a not-for-profit organisation. ❷ The government is trying to tackle unemployment through incentive schemes. ❸ She works for a large State-owned catering firm. ❹ New companies are set up every year, but some quickly go bankrupt. ❺ She's just found out that this is my first job.

***

Exercise 2 – Fill in the missing words
❶ Ha dieci anni di esperienza nel commercio all'ingrosso.
He ... ... experience in the wholesale trade.

❷ L'industria manifatturiera ha perso terreno e la produzione ha subito un calo.
Manufacturing industry ... . and output ... .

❸ Sarah si è affidata al suo ingegno per trovare lavoro.
Sarah .... to find work.

❹ I servizi alle imprese rappresentano una quota considerevole della ricchezza nazionale.
Business services .... a .... percentage of ... .

❺ La direttrice del personale mi ha convocato nel suo ufficio.
The personnel manager .... office.

18 ma ho appena scoperto che questo è il Suo primo lavoro. Esigo una spiegazione."

19 – "È vero", rispose il neo assunto, "ma nel Suo annuncio Lei ha detto che cercava qualcuno con molta immaginazione".

***

Soluzioni dell'esercizio 1
❶ Si è ritirata dalla corsa sfrenata al successo andando a lavorare per un'organizzazione senza scopo di lucro. ❷ Il governo sta cercando di combattere la disoccupazione con dei programmi di incentivazione. ❸ Lavora per una grande azienda statale di catering. ❹ Ogni anno vengono fondate nuove aziende, ma alcune falliscono presto. ❺ Ha appena scoperto che questo è il mio primo lavoro.

***

Soluzioni dell'esercizio 2
❶ – has ten years' – ❷ – has shrunk – has declined ❸ – relied on her wits – ❹ – account for – sizeable – the nation's wealth ❺ – called me into her –

Thirty-seventh lesson

The big deal

(From "Newsnight" on the BBC)

1 – Bangers [1] to Beijing? Here's our business correspondent, Katie Hall, to explain.
2 – The Yorkshire-based firm Nosh [2] plc was in the news recently when it was the target of a takeover bid by a Chinese group, Chow Foods.
3 Nosh makes traditional British foods such as sausages, pork pies, pasties, jellies and other delicacies.
4 It is listed on [3] the London stock exchange and is highly profitable.
5 Yesterday, in a surprise move, the company announced that [4] it was turning the tables [5] and bidding for its Chinese rival.

Note

1 **banger** (lett. *petardo*), ha anche l'accezione colloquiale di *salsiccia* per via del crepitio che questa produce quando viene rosolata. Le *salsicce col purè*, **bangers and mash**, ovvero *salsicce alla griglia* e *purè di patate* (**mashed potato** o **potatoes**) sono una nostra vecchia conoscenza, ma non fatevi sfuggire l'allitterazione contenuta nel titolo del servizio, **Bangers to Beijing**, *Salsicce a* (verso) *Pechino*: i giornali e le trasmissioni pullulano di questi titoli pieni di rime e di "effetti sonori".

2 **nosh** è una delle tante parole slang per indicare il cibo (è giunta in inglese britannico tramite l'inglese americano, ma è di origine yiddish). Può anche essere un verbo: **Stop noshing on those snacks. It's almost dinner time**, *Smettila di mangiare quegli snack. È quasi ora di cena.*

Trentasettesima lezione

L'affare del secolo

(Dalla trasmissione "Newsnight" della BBC)

1 – Salsicce a Pechino? Ci spiega tutto la nostra corrispondente di economia Katie Hall.
2 – La Nosh, società pubblica a responsabilità limitata con sede nello Yorkshire, è salita recentemente agli onori della cronaca quando è stata oggetto di un'offerta pubblica di acquisto da parte di un gruppo cinese, la Chow Foods.
3 La Nosh produce cibi tradizionali britannici come salsicce, pasticci, tra cui quello di maiale *(pasticci di maiale, pasticci)*, gelatine e altre prelibatezze.
4 È quotata alla Borsa di Londra ed è estremamente redditizia.
5 Ieri, con una mossa a sorpresa, la società ha annunciato che stava ribaltando la situazione, lanciando un'offerta per acquistare l'azienda cinese concorrente.

---

3 **to be listed on the stock exchange** (o semplicemente **to be listed**), *essere quotato in Borsa*: infatti il nome di una società quotata in Borsa è riportato nel *listino*, **list**. Si dice anche **a quoted company**, espressione molto vicina a quella italiana corrispondente.

4 Ricordiamo che il pronome relativo **that**, quando è complemento, può essere omesso: **the company that we bought**, *la società che abbiamo acquistato* = **the company we bought**. L'omissione è facoltativa.

5 **to turn the tables** (lett. girare i tavoli), *ribaltare la situazione* (a proprio vantaggio), *invertire i ruoli*. **The Conservatives turned the tables on Labour and won the by-election**, *I conservatori hanno ribaltato la situazione nei confronti dei laburisti e hanno vinto le elezioni parziali.*

37 / Thirty-seventh lesson

6 Although Nosh is half as big as Chow, its management is confident it can close the deal ⁶.

7 When I spoke to Nosh's chief executive ⁷, Sir David Henson, earlier this morning, he was in a cheerful mood ⁸:

8 Sir David, if you'll pardon the expression, don't you think you're biting off more than you can chew ⁹?

9 – Not at all. China's a fast-growing country with loads of ¹⁰ people to feed.

10 It's ¹¹ got a growing middle class who are taking an interest in travel and foreign foods.

11 I reckon ¹² we'll be able to sell our products with no problem at all. People will think they're exotic.

12 – But Sir David, Chow is twice as big ¹³ as Nosh. How will you finance the takeover? And what will your shareholders say?

Note

6 **a deal**, *un affare*. Ovviamente è solo uno dei vari significati di **deal**, parola molto utile che avremo modo di incontrare altre volte in seguito. Per ora sappiate che **to close a deal** vuol dire *concludere un affare*.

7 Come vi avevamo anticipato, il genitivo sassone non segue soltanto i nomi di persona e le espressioni di tempo. Qui è infatti impiegato con il nome di un'azienda.

8 **mood**, *umore*. **To be in a good/bad mood**, *essere di buon/cattivo umore*. Attenzione: l'aggettivo **moody** ha una connotazione negativa: **He's a moody person**, *È una persona lunatica*.

9 **to bite off more than one can chew**, *fare il passo più lungo della gamba* (lett. staccare con un morso di più di quanto si possa masticare). **We've bitten off more than we can chew with this project**, *Con questo progetto abbiamo fatto il passo più lungo della gamba*; **off** ha qui funzione di rafforzativo e indica allontanamento dal punto in cui avviene l'azione:

Trentasettesima lezione / 37

6 Benché la Nosh sia grande la metà della Chow, la sua dirigenza è fiduciosa nella possibilità di concludere l'affare.
7 Stamattina presto, quando ho parlato con lui, l'amministratore delegato della Nosh, Sir David Henson, era di buon umore:
8 Sir David, se mi permette l'espressione, non starà facendo il passo più lungo della gamba?
9 – Niente affatto. La Cina è un Paese in rapida crescita con un sacco di gente da nutrire
10 e una classe media in espansione che si sta appassionando ai viaggi e alla cucina straniera.
11 Penso che riusciremo a vendere i nostri prodotti senza alcuna difficoltà. La gente li troverà esotici.
12 – Ma sir David, la Chow è grande il doppio della Nosh. Come finanzierete l'offerta? E cosa diranno i vostri azionisti?

---

to bite, *mordere*, ma **to bite off**, *staccare (via) con un morso*; torneremo in seguito a parlare di quest'uso di **off**. **To chew**, *masticare*, ci ricorda il **chewing gum**, *gomma da masticare*.

10 **a load**, *un carico*. L'espressione **loads of** (sempre al plurale) è piuttosto colloquiale, come il nostro *un sacco di, una marea di*. **I've got loads of things to do before lunchtime**, *Ho un sacco di cose da fare prima di pranzo*.

11 Ricordiamo che la forma contratta **-'s** può stare per **is** o **has**, a seconda della struttura della frase. Qui si tratta chiaramente di **has**: **It has got a growing middle class**.

12 Letteralmente **to reckon** è *calcolare, contare*, ma quando si riferisce un'opinione il suo significato è *pensare, credere*: **He reckons it'll cost twenty-thousand pounds**, *Secondo lui costerà ventimila sterline*.

13 In questa lezione abbiamo visto come si dice "essere la metà" ed "essere il doppio": **Nosh is half as big as Chow**, *la Nosh è grande la metà della Chow*; **Chow is twice as big as Nosh**, *la Chow è grande il doppio della Nosh*.

13 – It won't be easy, and we'll have to raise the money from investors. But we northerners love a challenge.
14 You mark my words, people in Beijing will be eating bangers and mash before the end of next year.
15 – Thank you, Sir David, I wish you the best of British luck [14]!

Note

[14] L'espressione **the best of British luck** (o più semplicemente **best of British**) non fa tanto leva su sentimenti patriottici, quanto sull'allitterazione delle due "b". Può anche avere una sfumatura ironica, insinuando che i britannici non siano molto fortunati...

***

Exercise 1 – Translate

❶ The Leeds-based firm is listed in New York and is highly profitable. ❷ I reckon it'll cost three thousand pounds, maybe more. ❸ You mark my words, they'll be able to sell their products easily. ❹ When I talked to her, she was in a cheerful mood. ❺ You're biting off more than you can chew.

***

Exercise 2 – Fill in the missing words

❶ Abbiamo un sacco di cose da fare nella casa che abbiamo comprato.
..... got .... to do in the house .. ..

❷ Ieri sera il governo ha ribaltato la situazione nei confronti dell'opposizione.
The government .... the opposition last night.

❸ Londra è grande due volte Parigi, ma è la metà di Los Angeles.
London is .... Paris but .... Los Angeles.

13 – Non sarà facile e dovremo raccogliere i fondi dagli investitori, ma noi settentrionali amiamo le sfide.
14 Vedrà, i pechinesi mangeranno salsicce e purè entro la fine dell'anno prossimo.
15 – Grazie, Sir David, Le auguro buona fortuna: credo che ne avrà bisogno!

***

Soluzioni dell'esercizio 1
❶ La società con sede a Leeds è quotata a New York ed è molto redditizia. ❷ Penso che costerà tremila sterline, forse anche di più. ❸ Vedrai, riusciranno a vendere facilmente i loro prodotti. ❹ Quando le ho parlato era di buon umore. ❺ Stai facendo il passo più lungo della gamba.

***

❹ La Cina ha una classe media in espansione che si sta appassionando alla cucina straniera.
.... got a .... middle class .... an .... in foreign food.

❺ La dirigenza è convinta di poter concludere l'affare in fretta.
.... confident that it can .... quickly.

Soluzioni dell'esercizio 2
❶ We've – loads of things – we bought ❷ – turned the tables on – ❸ – twice as big as – half as big as – ❹ China's – growing – who are taking – interest – ❺ Management is – close the deal –

L'ordinamento britannico prevede un **honours system**, *un sistema di onorificenze che vengono attribuite dalla Regina due volte all'anno per ricompensare quei cittadini che si sono distinti per particolari meriti o benemerenze di vario genere (funzionari, professori, medici, poliziotti, musicisti, scrittori, sportivi ecc.). La gerarchia delle onorificenze è molto rigida e comprende una decina di titoli, tra cui il* **Distinguished Service Order** *(***DSO***) o l'***Order of the British Empire** *(***OBE***): chi ne viene insignito ha il diritto di portare il titolo dopo il proprio nome (per es. Margaret Carter DSO). Le onorificenze più note sono tuttavia il* **peerage**, *la* parìa, *e il* **knighthood**, *il* cavalierato: *i pari, a seconda che siano uomini o donne, prendono rispettivamente il titolo di* **Lord** *o di* **Lady**, *che va davanti al cognome (per es. Lord Mountbatten); i cavalieri invece prendono il titolo di* **Sir**, *sempre se-*

Thirty-eighth lesson

Business news

1 The value of shares in London ended higher [1] after heavy trading just before the close.
2 The FTSE [2] index closed up sixty points at 5,980, the highest level for a fortnight.

Note

1 to end, *finire*. Nel linguaggio borsistico **to end higher / lower** vuol dire *chiudere in rialzo / in ribasso*.

2 L'indice principale della Borsa di Londra è il **FTSE 100** (**Financial Times/Stock Exchange**). La sigla FTSE è comune anche alla nostra Borsa (pensate al FTSE MIB), si pronuncia ***futsi*** e spesso si trova scritta anche **Footsie**, che si legge allo stesso modo.

guito dal nome e dal cognome (per es. Sir Richard Branson). Quando ci si rivolge a un Pari, bisogna sempre chiamarlo per titolo e cognome, mentre un cavaliere va chiamato per titolo e per nome (il cognome non va mai usato: perciò si dirà Sir Richard e mai Sir Branson). Inoltre il titolo di **knight** *viene conferito solo agli uomini; l'equivalente per le donne è* **Dame of the British Empire** *(DBE). La moglie di un* **peer** *o di un* **knight** *riceve automaticamente il titolo di* **Lady**. *Vi sembra complicato? Ogni anno i fautori delle riforme sostengono l'eliminazione del sistema di onorificenze, che considerano elitario e antiquato. Sembra però che ormai sia talmente radicato nell'ordinamento del Paese (risale al XIV secolo) che difficilmente potrà subire qualcosa di più d'un semplice ritocco di tanto in tanto.*

Trentottesima lezione

Notizie di economia

1 La Borsa di Londra ha chiuso in rialzo dopo un grande volume di scambi realizzatisi appena prima della chiusura.
2 L'indice FTSE ha terminato in progresso di sessanta punti ed è a quota 5.980, il livello più alto delle ultime due settimane.

3 The rise was triggered [3] by hopes that the Bank of England would cut interest rates again.

4 But a recent announcement by the Chancellor of the Exchequer suggests that the authorities fear a slowdown.

5 With exports dropping and employment stagnating, politicians' promises that economic growth will not be affected

6 can hardly [4] be heard amid [5] the warnings by prominent economists and business leaders.

7 But the markets yesterday shrugged off [6] the bearish [7] news and posted very strong rises throughout the day.

Pronuncia
*6 ... ë**mid** ... 7 ... **bè**ërish ...*

Note

3 a trigger, *un grilletto*. Il verbo to trigger vuol dire *premere il grilletto* o *innescare, causare, provocare*. **The prime minister's remarks triggered an angry reaction from the leader of the opposition**, *Le osservazioni del Primo ministro hanno provocato una reazione rabbiosa da parte del capo dell'opposizione*.

4 Sapete senz'altro che **hard**, *duro*, è sia aggettivo che avverbio, ma fate attenzione a non confonderlo con un altro avverbio, **hardly**, che si traduce con *appena* o *a stento*: **It's so hot that I can hardly breathe**, *Fa così caldo che riesco appena a respirare*. In alcuni casi, nelle frasi negative, **hardly** corrisponde a *quasi*: **She hardly ever eats meat**, *Non mangia quasi mai carne*.

5 **mid-** viene chiaramente da **middle**, *medio*; **mid-year**, *metà anno* (o, con funzione di aggettivo, *semestrale*: ne avete un esempio nella frase 9). La preposizione **amid** vuol dire *tra, in mezzo a*, ma si usa anche in senso figurato con il senso di *a causa di*: **The negotiations collapsed amid strong objections from union leaders**, *I negoziati si sono arenati*

Trentottesima lezione / 38

3 L'aumento è stato causato dalla speranza che la Banca d'Inghilterra tagli nuovamente i tassi di interesse.
4 Tuttavia, stando a una recente dichiarazione del Ministro delle Finanze, le autorità starebbero temendo un rallentamento [dell'economia].
5 Dato il calo delle esportazioni e il ristagno dell'occupazione, le promesse dei politici che dicono che la crescita economica non ne verrà toccata
6 si odono appena tra gli allarmi di grandi economisti e capitani d'impresa.
7 Ieri, però, i mercati non hanno dato peso alle notizie ribassiste e hanno registrato rialzi molto sostenuti per tutto il giorno.

---

a causa delle forti obiezioni dei dirigenti sindacali (le trattative sono state "sommerse" dalle proteste); questa parola è prediletta dai giornalisti per la sua brevità.

6 **to shrug**, *alzare le spalle*. Seguito da **off**, acquista il significato di *ignorare, non dare peso a* qualcosa: **The minister shrugged off concerns for his safety and attended a rally in Hyde Park**, *Il ministro ha ignorato le preoccupazioni per la sua sicurezza e ha partecipato a una manifestazione a Hyde Park*.

7 Due animali simboleggiano l'andamento dei mercati finanziari: **the bull**, *il toro*, e **the bear**, *l'orso*, che indicano rispettivamente il rialzo e il ribasso. Non solo: in ambito borsistico **a bull** è *un rialzista*, ovvero un investitore che compra dei titoli confidando nell'aumento del loro valore; **bull** e **bear** possono anche avere funzione di aggettivi (**a bear market**, *un mercato ribassista*), ma per evitare possibili confusioni ci si può servire dei due aggettivi derivati da **bull** e **bear**, ovvero **bullish** e **bearish**. L'origine di questa doppia metafora "zoologica" è oscura: forse (come afferma una delle varie teorie in circolazione) l'orso suggerisce un movimento verso il basso perché atterra i suoi nemici a zampate mentre il toro, mandandoli all'aria con le corna, richiama alla mente l'idea di un movimento verso l'alto.

8 Blue-chips [8] saw the biggest gains, especially banks and building societies [9].

9 Boyd rose on the back of [10] rumours of a merger with a German bank and ScotBank's [11] shares soared thanks to strong mid-year earnings.

10 Among the declines, shares in Nosh plc tumbled [12] ten per cent on news of its takeover bid for the Chinese food conglomerate Chow Foods.

11 The market was not convinced by Nosh's plans to finance the acquisition.

12 The company is expected to announce a rights issue [13] and an issue of convertible bonds shortly.

13 The stockbroker Pearson lowered its recommendation on Nosh from 'buy' to 'hold' [14].

Note

8 **a blue chip share**, o semplicemente **a blue chip** (espressione usata anche in italiano) è *un titolo guida*, ovvero un investimento che non comporta o non dovrebbe comportare troppi rischi perché emesso da un'azienda molto solida; nel contesto in esame, **a chip** è *un gettone, una fiche*; nel gioco del poker, le fiche più care (e quindi le più preziose) sono quelle blu: da qui il senso dell'espressione.

9 Non fatevi ingannare dalle apparenze: **a building society** non è un'impresa di costruzioni (che si dice **building firm**), bensì *una società di credito edilizio*, ovvero una banca che vi aiuta a "costruire" la vostra casa.

10 **to rise on the back off**, *salire sull'onda di, salire grazie a*. Questa frase idiomatica è tipica del linguaggio economico e finanziario e significa letteralmente "salire sulla schiena di". Un altro modo per dire la stessa cosa è **to rise because of**: the shares rose because of rumours.

Trentottesima lezione / 38

8 I titoli guida hanno segnato i maggiori guadagni, specialmente le banche e le società di credito edilizio.
9 La Boyd è salita sull'onda delle voci di una fusione con una banca tedesca e le azioni della ScotBank sono andate alle stelle grazie agli ottimi profitti semestrali.
10 Tra i ribassi, la Nosh plc è crollata del dieci per cento alla notizia della sua OPA sulla conglomerata cinese del settore alimentare Chow Foods.
11 I progetti della Nosh per finanziare l'acquisto non hanno convinto il mercato.
12 Si prevede che la società annunci a breve un'emissione di azioni con diritto di opzione e di obbligazioni convertibili.
13 L'agente di cambio Pearson ha ridimensionato da "comprare" a "tenere" il suo consiglio sulle azioni della Nosh.

---

11 Riecco il genitivo sassone applicato a società, banche, nazioni ecc. Di fatto è come se questi sostantivi venissero personificati, cosa che avviene anche con le auto e le navi (**the car's price**, *il prezzo dell'auto*; **the ship's speed**, *la velocità della nave*).

12 Ecco altri due verbi che s'incontrano spesso nel linguaggio finanziario: to **soar**, *andare alle stelle* e **to tumble**, *crollare*. Se si aggiunge anche la percentuale dell'aumento o del calo, non c'è bisogno di aggiungere **by**: **The shares tumbled eight per cent**, *Le azioni sono crollate dell'otto per cento*.

13 **a rights issue**, lett. un'emissione di diritti, è in genere *un'emissione di azioni con diritto di opzione* oppure *un aumento di capitale*.

14 I tre consigli più frequenti da parte degli esperti finanziari sono **buy**, *comprare*, **hold**, *tenere* e **sell**, *vendere*.

three hundred and twenty-six • 326

38 / Thirty-eighth lesson

14 When asked about the downgrade [15], Nosh's chief financial officer, Bob Worth, said that he was not surprised:

15 "A broker is a person you turn to for help with important investment decisions," he said,

16 "but have you noticed that the first five letters spell 'broke [16]'?"

17 Across the Atlantic, Wall Street [17] finished lower as the Fed announced that it was hiking [18] interest rates by another twenty-five basis points.

18 That's all the business news we have for you tonight. Join us again at the same time tomorrow for another edition.

: Note

[15] a grade, *un grado*. To downgrade, *declassare, retrocedere*; a downgrade, *un declassamento*. Il suo contrario to upgrade (col sostantivo corrispondente an upgrade) è molto più usato: **You need to upgrade your computer system**, *Devi aggiornare il tuo sistema informatico*; **The software upgrade is free**, *L'aggiornamento del software è gratuito*.

[16] Naturalmente a broker, *un mediatore, un intermediario*, non ha niente che vedere con to be broke, *essere al verde* (per quanto...). Il termine può essere usato sia come nome che come verbo, e in quest'ultimo caso vuol dire *fare da intermediario, mediare*: **The European Union brokered a peace deal between the two nations**, *L'Unione Europea ha mediato un accordo di pace tra le due nazioni*. In campo finanziario a stockbroker (o anche solo broker, vedi la frase 15) è *un agente di cambio*.

Trentottesima lezione / 38

14 Interpellato su questo declassamento, il direttore finanziario della Nosh, Bob Worth, ha detto di non esserne sorpreso:
15 "Un agente di cambio è una persona a cui ci si rivolge per avere un aiuto nelle decisioni di investimento importanti", ha dichiarato,
16 "ma non vi dice nulla la parola 'cambio'?" *(avete notato che le prime cinque lettere [di "broker"] formano le parole "al verde")*
17 Dall'altra parte dell'Atlantico, Wall Street ha chiuso in ribasso mentre la Fed annunciava che avrebbe alzato i tassi d'interesse di altri venticinque punti base.
18 E per stasera è tutto con le notizie di economia. L'appuntamento è per domani alla stessa ora con un'altra edizione.

---

17 La **New York Stock Exchange (NYSE)**, vale a dire *la Borsa di New York*, si trova all'angolo tra Wall Street e Broad Street a Manhattan. **Wall Street** è sinonimo di mercato azionario americano, anche se non è certo l'unica Borsa degli Stati Uniti.

18 a **hike**, *una gita, un'escursione*, **to hike**, *fare una gita*. Negli Stati Uniti, però, **to hike** vuol dire anche *aumentare* (i prezzi, i tassi di interesse ecc.) e il sostantivo **hike** può significare *un aumento*. Quest'accezione è arrivata in inglese britannico grazie ai media, come tante altre parole americane.

38 / Thirty-eighth lesson

▶ Exercise 1 – Translate

❶ Don't worry, he'll be back in a fortnight. ❷ The value of shares ended lower after heavy trading on Wall Street. ❸ The Chancellor of the Exchequer is responsible for the Treasury and presents the budget to Parliament. ❹ My computer is broken but I can't replace it because I'm broke. ❺ The Bank of England has announced another interest rate hike.

***

Exercise 2 – Fill in the missing words

❶ Abbiamo aggiornato il nostro sistema informatico, ma hanno comunque ridimensionato la loro raccomandazione.
We .... our .. system but they .... their ....

❷ Le azioni sono salite sull'onda delle voci di un'OPA.
The shares .... .. the .... .. rumours of a ....

❸ Interpellato sulle notizie, l'amministratore delegato ha detto di non esserne sorpreso.
.... the ...., the CEO .... he ...... surprised.

❹ Le sue osservazioni hanno innescato una reazione rabbiosa da parte degli azionisti.
His remarks .... an ..... reaction ....

❺ Si prevede che la società annunci un'emissione di obbligazioni convertibili.
The company .. .. an ..... of convertible bonds.

Soluzioni dell'esercizio 1

❶ Non preoccuparti, tornerà fra due settimane. ❷ A Wall Street la Borsa ha chiuso in ribasso dopo un grande volume di scambi. ❸ Il Ministro delle Finanze britannico è responsabile del Tesoro e presenta il bilancio al Parlamento. ❹ Il mio computer è rotto, ma non posso sostituirlo perché sono al verde. ❺ La Banca d'Inghilterra ha annunciato un nuovo aumento dei tassi d'interesse.

***

Soluzioni dell'esercizio 2

❶ – upgraded – IT – downgraded – recommendation ❷ – rose on – back of – takeover ❸ When asked about – news – said – wasn't – ❹ – triggered – angry – from shareholders ❺ – is expected to announce – issue –

The Bank of England *è la banca centrale della Gran Bretagna (la Scozia e il Galles non hanno un istituto di emissione specifico, anche se le banche scozzesi possono emettere banconote che hanno corso legale ovunque nel Regno Unito). Fondata nel 1694 e nazionalizzata nel 1946, la Banca d'Inghilterra è diventata indipendente nel 1997. Dal XVIII secolo si trova nel cuore della City, sulla Threadneedle Street, motivo per cui è chiamata affettuosamente* **the Old Lady of Threadneedle Street**. *Il suo* **Monetary Policy Committee** *si riunisce ogni mese per valutare la politica monetaria del Paese. Il suo omologo americano è la* **US Federal Reserve**, *nota semplicemente col nome di* **Fed**. *In realtà il suo vero nome è* **Federal Reserve system**: *si tratta infatti di un sistema a tutti gli effetti composto da un consiglio di governatori e da 12 banche federali.*

three hundred and thirty

Thirty-ninth lesson

What the papers say

1 Let's look at the press coverage of the Nosh deal. This story [1] appeared in the business section of a quality newspaper.
2 – Nosh plc [2] yesterday unveiled [3] plans to make a tender offer for China's Chow Foods.
3 The company, based in Keighley [4], Yorkshire, had been looking for an opportunity to expand overseas [5] for some time.
4 Said CEO [6] Sir David Henson: "We feel this is a great chance for us to raise the international profile [7] of British food".

Pronuncia
3 ... ki:thli: ... 4 ... si: i: o ...

Note

[1] **a story**, *una storia*, ma è evidente che nel contesto in questione si tratta di un *articolo*.

[2] **plc** o **PLC**, **public limited company**, ovvero *società pubblica a responsabilità limitata*, analoga alla nostra "S.p.A.": una **plc** può infatti emettere delle azioni per sottoscrizione pubblica, cosa che invece non può fare una **private limited company** (la cui sigla è **Ltd**), *società privata a responsabilità limitata*, simile alla nostra "S.r.l.".

[3] **to unveil**, *svelare, rendere noto, scoprire*, da **veil**, *velo* (inteso come indumento). *Svelare un segreto* si dice però **to reveal a secret**.

[4] La pronuncia dei toponimi che contengono il gruppo consonantico **-gh-** può essere problematica per i britannici stessi: vi forniremo delle indicazioni in merito nella prossima lezione di ripasso, ma per il momento ricordate che la città di **Keighley** si legge *ki:thli:*.

Trentanovesima lezione

Rassegna stampa

1   Diamo un'occhiata agli articoli sull'affare Nosh. Questo è apparso sulla pagina di economia di una grande testata.
2 — Ieri la Nosh plc ha reso noto il progetto di lanciare un'OPA sulla cinese Chow Foods.
3   La società, che ha sede a Keighley, nello Yorkshire, stava cercando da qualche tempo un'opportunità per espandersi all'estero *(oltremare)*.
4   Il suo amministratore delegato, Sir David Henson, ha dichiarato: "Pensiamo che questa sia una grande occasione per aumentare la diffusione del cibo britannico a livello internazionale".

---

5   **overseas**, *oltremare*, per il Regno Unito è semplicemente l'*estero*, dal momento che per andarvi è necessario attraversare il mare...

6   **CEO**, **chief executive officer**, *amministratore delegato*. Altre sigle simili che s'incontrano di frequente sono **CFO**, **chief financial officer**, *direttore finanziario*, e **CIO**, **chief information officer**, *direttore informatico* (ma può anche essere **chief investment officer**, *responsabile degli investimenti*). Tutte queste cariche, naturalmente, possono essere ricoperte da donne, nel qual caso in italiano si parlerà di *direttrici, amministratrici* ecc.

7   **to raise the profile** (lett. sollevare il profilo) significa *far conoscere meglio, aumentare la diffusione* o *dare maggior visibilità* a un prodotto, un progetto ecc. Una volta raggiunto questo obiettivo, si può usare l'espressione **to have a high profile**: The company has a high profile in the food industry, *La società è molto conosciuta nel settore alimentare*.

5   "What's more, I'm sure the deal will create value for our shareholders."
6   Nosh's share price rose sharply in early trading [8], though City analysts expressed doubt about the industrial logic of the takeover.
7   A spokesperson [9] from Chow said the company had no comment.
8 – The same story appeared as a front-page story in a popular paper under the headline CHINESE TAKEAWAY [10].
9   Plucky [11] Yorkshire food company Nosh set the cat among the pigeons [12] yesterday when it announced it was going to gobble up [13] its Chinese rival.
10   Nosh, which makes an array of lip-smacking [14] delicacies, wants to introduce the Middle Kingdom to pasties and brown sauce [15].

Note

8 **trading**, che abbiamo già visto nella lezione scorsa (frase 1), è chiaramente derivato da **to trade**, *commerciare*, e in ambito borsistico indica gli *scambi* o le *contrattazioni*. **Trading on the stock exchange was slow yesterday**, *ieri gli scambi in Borsa sono stati modesti*.

9 *Un portavoce* è **a spokesman**, ma *una portavoce* è **a spokeswoman**; per evitare controversie nel caso in cui non si sappia se si sta parlando di un uomo o di una donna, si ricorre al termine **spokesperson**, buono per entrambi i casi.

10 Ecco un altro gioco di parole: i dettagli nella nota culturale...

11 Il sostantivo **pluck**, *coraggio* e l'aggettivo **plucky**, *coraggioso, audace*, sono altre due parole brevi ed evocative, e conseguentemente molto amate dalla stampa.

Trentanovesima lezione / 39

5 "Inoltre sono certo che l'affare creerà valore per i nostri azionisti".
6 Le azioni della Nosh hanno registrato un forte rialzo all'inizio della seduta, anche se gli analisti finanziari della City hanno espresso dubbi sulla logica industriale dell'acquisizione.
7 Un portavoce della Chow non ha rilasciato commenti.
8 — Lo stesso articolo è apparso sulla prima pagina di un giornale popolare sotto il titolo "LA CU...CINA È VICINA" *(rosticceria cinese)*.
9 Ieri la Nosh, audace società agroalimentare con sede nello Yorkshire, ha gettato un sasso nello stagno annunciando di voler inglobare la sua concorrente cinese.
10 La Nosh, che produce un assortimento di prelibatezze da leccarsi i baffi, vuol far conoscere all'Impero di mezzo i pasticci e la salsa bruna.

---

12 to set (o put) the cat among the pigeons (lett. mettere il gatto tra i piccioni), ovvero *gettare un sasso nello stagno*. The CFO set the cat among the pigeons when he said the company would have to cut jobs, *Il direttore finanziario ha gettato un sasso nello stagno annunciando che l'azienda avrebbe dovuto tagliare dei posti di lavoro*.

13 Oltre ai significati visti nella lezione 22, nota 1, questo verbo può anche avere quello espressivo di *papparsi*, che potrebbe essere adatto al tenore del nostro articolo.

14 Altro tratto caratteristico della stampa popolare è la presenza (e la continua creazione) di aggettivi stravaganti: qui **lip**, *labbro* e **to smack**, *schioccare*, formano **lip-smacking**, *da leccarsi i baffi, delizioso*.

15 **brown sauce**, condimento a base d'aceto e spezie, da servire con la carne. Viene tradotto in genere con *salsa bruna* e somiglia alla salsa barbecue.

three hundred and thirty-four

39 / Thirty-ninth lesson

11 Although the prey is much bigger than the hunter, Nosh's boss is unafraid.

12 "Chinese food's not bad, but I know British grub [16] is better", he says, with typical Yorkshire bluntness.

13 For now, the firm has yet to raise the funding for its purchase, but Sir David is confident.

14 "Once the market sees our business plan, they'll be falling over each other [17] to lend us the money," he declares.

15 The banks could still scupper the deal, but for the time being, there's a feeling of confidence in the boardroom.

16 Everyone hopes that Nosh's eyes are not bigger than its belly.

Note

[16] Sono già tre le parole gergali che abbiamo imparato (e da lasciar usare ai britannici) che fanno riferimento al *cibo*: **nosh**, **chow** e adesso **grub**.

[17] **to fall over each other** (lett. inciampare uno sull'altro), *fare a gara*, rende molto bene l'idea di un'azione compiuta precipitosamente da più persone in competizione fra di loro.

***

Exercise 1 – Translate

❶ Northerners are plucky, blunt and unafraid. ❷ The firm is famous for its lip-smacking array of British delicacies. ❸ The prime minister unveiled her plans to tackle the crime problem. ❹ Despite confidence in the boardroom, the bank scuppered the deal. ❺ The three key people are the CEO, the CFO and the CIO.

Trentanovesima lezione / 39

11 Anche se la preda è molto più grossa del cacciatore, il capo della Nosh non ha paura.

12 "La cucina cinese non è male, ma sono certo (so) che il cibo britannico è meglio", afferma con la tipica franchezza della gente dello Yorkshire.

13 Per ora la ditta deve ancora raccogliere i fondi per l'acquisto, ma Sir David è fiducioso.

14 "Quando il mercato vedrà il nostro piano economico-finanziario" afferma "faranno a gara per prestarci i soldi".

15 Le banche potrebbero ancora mandare a monte l'affare, ma per il momento nel consiglio d'amministrazione aleggia una certa fiducia.

16 Tutti sperano che la Nosh non abbia gli occhi più grandi della pancia.

***

Soluzioni dell'esercizio 1

❶ La gente del nord è coraggiosa, schietta e non ha paura. ❷ La ditta è famosa per il suo assortimento di prelibatezze britanniche da leccarsi i baffi. ❸ Il Primo ministro ha reso noto il suo piano per contrastare il problema della criminalità. ❹ Nonostante la fiducia del consiglio d'amministrazione, la banca ha mandato a monte l'affare. ❺ I tre personaggi chiave sono l'amministratore delegato, il direttore finanziario e il direttore informatico.

Exercise 2 – Fill in the missing words

❶ La Nosh stava cercando da qualche tempo un'opportunità per espandersi.
Nosh ... ... for an opportunity to ...... for ... .

❷ Per ora la società deve ancora trovare i fondi per l'affare.
... ..., the firm ... ... to raise the financing for the deal.

❸ L'annuncio ha fatto l'effetto di *(ha gettato)* un sasso nello stagno.
The announcement has ... the ... ...

❹ Vogliamo aumentare la nostra visibilità all'estero, perciò abbiamo lanciato un'OPA.
We want to .... so we have launched a tender offer.

❺ Faranno a gara per prestarti dei soldi.
.... be .... to lend you money.

---

*Malgrado la forte crescita dei nuovi media, la stampa gioca sempre un ruolo importantissimo in Gran Bretagna: più della metà della popolazione legge ogni giorno un quotidiano. Quelli a tiratura nazionale attirano centinaia di migliaia di lettori (o, in certi casi, anche svariati milioni di lettori) al giorno, ma anche l'industria dei giornali a tiratura locale è fiorente (più di 1.500 testate). Per finire, ci sono moltissimi giornali gratuiti, riviste specializzate e pubblicazioni rivolte a minoranze etniche, per non parlare dei giornali online. Per quanto riguarda la stampa nazionale, si fa distinzione tra i **quality newspapers**, grandi testate, e i **popular newspapers**, giornali popolari. Un tempo questa distinzione dipendeva dalle dimensioni della pubblicazione: i **broadsheets**, giornali di grande formato, erano sinonimi di "giornali seri", mentre i **tabloids** (pubblicazioni di formato ridotto) erano piuttosto popolari e scandalistici. A partire dal nuovo millennio, però, molte grandi testate hanno ridotto il formato a fini di economia, per cui questa distinzione sta scomparendo. Occorre inoltre sapere che i giornali popolari sono chiamati **redtops** perché la maggior parte di essi ha la testata di colore rosso.*

Soluzioni dell'esercizio 2

❶ – had been looking – expand – some time ❷ For now – has yet – ❸ – set – cat among the pigeons ❹ – raise our profile overseas – ❺ They'll – falling over each other –

*Per abituarsi allo stile giornalistico britannico (soprattutto a quello dei **redtops**) occorre un certo tempo; nelle prossime settimane vi aiuteremo a prendere confidenza con questo linguaggio pieno di verve, ma spesso difficile da comprendere.*

*Cominciamo fin da oggi con i giochi di parole tanto amati dai giornali d'Oltremanica (oltre che con gli aggettivi insoliti che abbiamo incontrato): in questa lezione abbiamo visto il titolo **"Chinese takeaway"**, locuzione che indica quei negozi, in genere le rosticcerie, che vendono cibi cinesi pronti da asporto (**to take away** = asportare, ma anche portare via, togliere). Il lettore comprenderà fin da subito il senso generale dell'articolo - si parla di cucina cinese - e continuerà la lettura per avere maggiori dettagli. Scopo di questi giochi di parole è infatti far sorridere i lettori invogliandoli a saperne di più. Nella nostra traduzione, il calembour in oggetto perde il suo carattere gastronomico, puntando piuttosto sull'audacia della scalata all'acquisto intrapresa dalla Nosh.*

***The City of London**, o semplicemente **the City** (sempre con la "C" maiuscola), è il quartiere finanziario di Londra. Situato nell'area dell'antica città fortificata, ha una superficie di un miglio quadrato (da qui la metonimia **the Square Mile**) e gode di uno statuto molto particolare, con tanto di sindaco e consiglio municipale propri (tradizionalmente, il sindaco della City deve domandare il permesso al suo collega di Londra prima di lasciare il suo feudo).*

*Nel linguaggio corrente, **the City** designa la finanza britannica nel suo complesso. Si parla ad esempio di **a City analyst**, un analista finanziario londinese; il **City correspondent** di un giornale è il corrispondente specializzato in economia; l'epoca del **City gent**, il gentleman con bombetta e ombrello, è ormai tramontata perché il mondo della finanza è divenuto meno formalista da un pezzo.*

Fortieth lesson

Money matters

1 – I've just been over ¹ last quarter's figures with the accountants and they tell me we'll have to tighten our belts next year ².
2   Our turnover's ³ up three and a half per cent and our return on equity ⁴ is stable but our overheads ⁵ have also increased.
3   They've risen four and a quarter per cent.
4   The interest on our borrowings is also higher because of the latest rate hike ⁶ and investment in R&D is steep ⁷, but we can't cut back ⁸ on that, can we?
5 – So where can we cut expenditure? Obviously, we're not going to take a cut in salary, are we?

Note

1   **to go over** significa *esaminare, analizzare*. **I went over the information you gave me last week**, *Ho analizzato le informazioni che mi hai dato la settimana scorsa*.

2   **tight**, *teso, stretto*; **to tighten**, *stringere, serrare*. **To tighten one's belt**, *tirare la cinghia*.

3   **turnover**, *volume d'affari*. Questo termine suggerisce l'idea che il denaro guadagnato faccia "girare" l'impresa e l'economia. Al suo posto si può usare il sinonimo **sales** (lett. vendite). **Sales are up ten per cent**, *Il volume d'affari è in aumento del 10%*.

4   **equity** (o **shareholders' equity**) è il *capitale netto* di un'impresa: il fatto che tutti gli azionisti ne detengano una parte può essere visto come una sorta di *equità*... Quanto a **return**, nel linguaggio finanziario è il *rendimento* di un investimento, per cui **return on equity** (o **ROE**) è il *rendimento del capitale netto*.

Quarantesima lezione

Questioni di soldi

1 – Ho appena esaminato le cifre dell'ultimo trimestre con i contabili e loro mi dicono che l'anno prossimo dovremo tirare la cinghia.
2 Il nostro volume d'affari è salito del tre e mezzo per cento e il rendimento del capitale netto è stabile, ma sono aumentate anche le nostre spese generali,
3 che sono cresciute del quattro e venticinque per cento.
4 Anche l'interesse sui prestiti che abbiamo contratto è aumentato per l'impennata recente dei tassi e l'investimento nel settore "ricerca e sviluppo" è eccessivo, ma non possiamo mica ridurlo, vero?
5 – E allora dove possiamo tagliare la spesa? Ovviamente non ridurremo gli stipendi, no?

---

5 **overheads**, *spese generali*. Letteralmente "sopra la testa", gli **overheads** sono di fatto spese che si aggiungono (o, per avvicinarsi al senso letterale, si sovrappongono) ad altre spese più specifiche.

6 Vedi lezione 38, nota 18.

7 L'aggettivo **steep**, *ripido*, si traduce con *ragguardevole* o *eccessivo* se si parla di una spesa: **That hill is very steep**, *Quella collina è molto ripida*. – **It costs eighty pounds** – **That's steep!**, – *Costa ottanta sterline*. – *È un prezzo esagerato!*

8 Il verbo **to cut**, *tagliare*, con l'aggiunta di **back** diventa un verbo frasale che, in ambito agricolo, corrisponde al nostro *potare*. In un contesto più generale, **to cut back on** (un verbo frasale leggermente più complesso del precedente) equivale a *tagliare una spesa, risparmiare, ridurre*: **You should cut back on sugar**, *Dovresti ridurre lo zucchero.* Tuttavia, questo verbo frasale non si usa quando parliamo di ridurre prezzi o stipendi, come dimostra l'impiego di **to cut** nella frase successiva.

40 / Fortieth lesson

6 – No way! [9] Let's take a look at some of the staff bonuses, instead.

7 Look at this: twenty thousand to Khan. That's a hell [10] of a lot of money!

8 – Yeah, we're overpaying him but he's worth it.

9 Anyway, he's the project manager on the RX 214, and look how successful that's been.

10 – You think so? Have a look at the figures: a nought point [11] four per cent (0.4%) increase in sales.

11 Not exactly what you'd call record-breaking, is it? And what about this? Nine hundred to Wilson.

12 – I agree. Money's tight [12] so we'll just have to be less generous.

13 This used to [13] be a family business, but now we're in a multi-billion dollar industry and every penny counts.

14 When I started the firm, I was broke. I went to the bank to ask for a loan and they turned me down [14].

Note

9 Vedi lezione 27, nota 14.

10 Abbiamo già incontrato **hell**, l'*inferno*, in diverse occasioni; sappiate ora che, quando è preceduto dall'articolo determinativo **the** o dall'indeterminativo **a**, questa parola diabolica serve a conferire maggiore espressività a un concetto o a un'intera frase: **What the hell are you doing?**, *Che diavolo stai facendo?* **It's a hell of a lot of money!**, *Ma è una montagna di soldi!*, *È una somma spropositata!* Essendo sospetto di blasfemia, **hell** viene talvolta sostituito da **heck**: **It's a heck of a lot of money!**

11 In inglese britannico il numero *zero* si dice **nought** (nil in contesto sportivo), mentre in inglese americano si dice **zero**, ***zi:rou***. Al posto della virgola si mette il punto in entrambe le lingue (sia nel parlato che nello scritto): 0,4 % si scrive quindi 0.4% e si legge **nought point four per cent**.

Quarantesima lezione / 40

6 – Nemmeno per sogno! Diamo piuttosto un'occhiata ai bonus al personale.
7 Guardi qui: Khan prende ventimila. È una somma spropositata!
8 – Sì, lo strapaghiamo, ma se lo merita.
9 E poi è il project manager dell'RX 214, guardi che successo ha avuto.
10 – Lei dice? Dia un'occhiata alle cifre: un aumento dello zero virgola quattro per cento (0,4%) nelle vendite.
11 Non è propriamente quel che si dice un risultato da record, vero? E che dire di questo? Wilson prende novecento.
12 – Sono d'accordo. Il denaro scarseggia: non ci resta che essere meno generosi.
13 Una volta eravamo un'azienda familiare, ma ora siamo diventati un'azienda multimiliardaria e anche i centesimi contano.
14 Quando ho fondato la società ero al verde, sono andato in banca per chiedere un prestito e me l'hanno negato.

---

12 Nelle questioni di soldi, **tight** perde il senso che abbiamo analizzato nella nota 2 e ne acquista due: *scarso*, se è associato al denaro; *avaro*, se associato a una persona: **Money's tight**, *Il denaro scarseggia*; **He's very tight: he never pays for anything**, *È un taccagno, non offre mai niente*.

13 Come ricorderete, la costruzione **used to** + verbo all'infinito senza **to** esprime un'azione frequente nel passato: **We used to buy our raw materials from Japan**, *Acquistavamo le materie prime dal Giappone*.

14 **to turn down**, *ridurre*, *abbassare*, o ancora *piegare (l'angolo di una pagina)*. **You can turn down the corner of the page or mark it with a pen**, *Puoi piegare l'angolo della pagina o segnarla con una penna*. In senso figurato, però, **to turn down** vuol dire *respingere, negare*. **The personnel department turned down his application**, *L'ufficio del personale ha respinto la sua candidatura*.

15 When I left the building, I found a quid [15] lying on the ground, and I used it to buy an apple.
16 I sold that apple at a profit and bought two more, which I then sold for twice the price I'd paid for them.
17 I could have gone into the apple business, but then my uncle died shortly after and he left me ten million.
18 – Yeah, you were born with a silver spoon in your mouth [16].

Note

[15] Ricordate? **quid**, termine slang per *sterlina*, non ha il plurale: **a quid**, **ten quid** ecc. (vedi lezione 30, nota 14).

[16] **to be born with a silver spoon in one's mouth**, lett. essere nato con un cucchiaio d'argento in bocca, *nascere con la camicia*.

***

Exercise 1 – Translate

❶ Look how successful the project has been. ❷ It costs £300. – That's a hell of a lot of money! ❸ You'll have to tighten your belts next year. Every penny counts. ❹ We went over the figures carefully, but we didn't find any mistakes. ❺ Inflation rose by 0.4 per cent in the first quarter and 1.6 per cent in the second.

Quarantesima lezione / 40

15 Uscendo dall'edificio ho trovato una sterlina per terra e ci ho comprato una mela.
16 Ho venduto quella mela realizzando un profitto e ne ho comprate altre due, che poi ho venduto per il doppio del prezzo a cui le avevo acquistate.
17 Mi sarei potuto mettere nel mercato delle mele, ma poco dopo mio zio è morto e mi ha lasciato dieci milioni.
18 – Eh sì, Lei è nato con la camicia.

***

Soluzioni dell'esercizio 1
❶ Guarda com'è andato bene il progetto. ❷ – Costa 300 sterline. – È una somma spropositata! ❸ L'anno prossimo dovrete tirare la cinghia. Anche i centesimi contano. ❹ Abbiamo esaminato le cifre con attenzione, ma non abbiamo trovato nessun errore. ❺ L'inflazione è salita dello 0,4% nel primo trimestre e dell'1,6% nel secondo.

Exercise 2 – Fill in the missing words

❶ La figlia del milionario è nata con la camicia.
The millionaire's daughter was .... a ....
in ....

❷ Da' un'occhiata alle cifre: dovremo risparmiare sul settore "ricerca e sviluppo".
.... the figures: we will have to .... R&D.

❸ Ho chiesto un prestito a mio padre, ma me l'ha negato.
I asked my dad for a .... but he ....

❹ Non taglierò gli stipendi per nessuna ragione. Riduciamo piuttosto i bonus del personale.
.... I'm taking a .... Let's reduce staff bonuses ....

41

Forty-first lesson

Out of the blue

1 – Hey Dave. What's up? You look down in the dumps [1]. Someone died or something? [2]

2 – No, worse than that. I've got fired [3] this morning. Right out of the blue [4].

Note

[1] a dump, *una discarica*. To be down in the dumps, *essere giù di morale*. Questo modo di dire è l'ennesimo esempio di allitterazione (**d**own, **d**umps) in una frase idiomatica inglese; to be down in the mouth ha lo stesso significato, ma in questo caso la sua origine è più facile da spiegare, perché quando si è tristi gli angoli della bocca sono rivolti verso il basso... Vedi anche la nota 20.

[2] Nella lingua parlata si tende a tralasciare gli ausiliari, specie nelle frasi interrogative. Ovviamente la costruzione grammaticale corretta è **Has someone died?**

❺ Un tempo compravamo le materie prime da un'azienda a conduzione familiare, ma ora quella è un'azienda multimilionaria.
We .... our .... from a ....
firm, but now it's a .... dollar ....

Soluzioni dell'esercizio 2

❶ – born with – silver spoon – her mouth ❷ Take a look at – cut back on – ❸ – loan – turned me down ❹ There's no way – salary cut – instead ❺ – used to buy – raw materials – family-run – multi-million – business

Quarantunesima lezione

Un fulmine a ciel sereno

1 – Ciao, Dave. Che è successo? Mi sembri giù di morale. È morto qualcuno o che?
2 – No, peggio ancora. Stamattina mi hanno licenziato. Così, su due piedi.

3 **to fire**, *sparare*. L'espressione colloquiale **to fire someone** vuol dire però *licenziare qualcuno*. Nel dialogo abbiamo la forma passiva con **get**: **I got fired**, *Mi hanno licenziato*. Vedi anche lezione 42, § 2.

4 Ecco un modo di dire che ha diverse traduzioni in italiano (*all'improvviso, un fulmine a ciel sereno, su due piedi, di punto in bianco, a un tratto* ecc.) e che abbiamo reso in due modi diversi appunto per darvi un'idea di questa vasta scelta. L'espressione completa è **a bolt out of the blue**, *un fulmine a ciel sereno*: **We were talking quietly, when, out of the blue, she started crying**, *Stavamo parlando tranquillamente quando a un tratto lei si è messa a piangere*.

3 – Oh you poor thing. Tell me what happened. You weren't rude [5] to the boss, were you?

4 – No, nothing like that. I got called into the head [6] of personnel's office just after nine. I didn't know what to expect.

5 She said the company had had a bad year and that they [7] needed to downsize.

6 So even though I was brilliant and they loved me and so forth, they were letting me go [8].

7 She told me to clear my desk and be out of the building by noon. They don't beat about the bush [9], do they?

Note

5 **to be rude to someone**, lett. essere maleducato a qualcuno (attenti alla preposizione!), corrisponde a vari tipi di comportamenti scortesi: *essere maleducato con qualcuno, maltrattare, fare uno sgarbo, rispondere male a qualcuno* ecc.

6 A parte alcune rare eccezioni, in inglese nei nomi dei mestieri e delle professioni non viene specificato il genere: **director**, *amministratore/amministratrice*, **manager**, *direttore/direttrice*, **head**, *(il/la) responsabile*: **human resources manager**, *il direttore* o *la direttrice delle risorse umane*. Vedi anche la lezione 39, nota 6.

7 Anche se **company** è singolare (e il pronome personale corrispondente dovrebbe essere **it**), nel parlato si usa spesso il plurale **they**, dal momento che un'azienda è in genere formata da più persone.

8 In questa frase abbiamo un bell'esempio di eufemismo (mica tanto bello, a pensarci bene) per *licenziare*, che abbiamo reso con un altro eufemismo oggi molto in voga: **I'm afraid we'll have to let you go**, *Temo che Lei non rientri più nei nostri piani*. Normalmente **to let someone go** significa però *rilasciare / lasciare andare qualcuno*. **The kidnappers let the hostage go after twenty-four hours**, *I rapitori hanno rilasciato l'ostaggio dopo ventiquattro ore*. Vedi anche la prossima lezione, § 3.

Quarantunesima lezione / 41

3 – Poverino! Raccontami un po' cos'è successo. Non avrai risposto male al capo, vero?

4 – No, niente di simile. Mi hanno chiamato nell'ufficio della responsabile del personale appena dopo le nove. Non sapevo che cosa mi aspettava.

5 Lei mi ha detto che l'azienda aveva avuto un anno difficile e doveva essere ridimensionata.

6 Così, anche se sono stato bravo e mi volevano bene e così via, non rientro più nei loro piani.

7 Mi ha detto di sgomberare l'ufficio e di andarmene entro mezzogiorno. Senza tanti giri di parole, capito?

9 a bush, *un cespuglio*. To beat about the bush, *girare intorno, tergiversare, fare tanti giri di parole*: **Don't beat about the bush: tell me the truth**, *Non girarci intorno: dimmi la verità*. Qui l'allitterazione, già rilevata nella nota 1 per **to be down in the dumps**, è ancora più evidente (<u>b</u>eat - <u>a</u>bout - <u>b</u>ush).

8 They're axing [10] two hundred jobs in London and another fifty-five in Leicester.

9 – Don't worry. Someone with your skills will have no problem finding another job. You can take your pick [11]!

10 – But I don't want a McJob [12]. I want a proper job with a decent salary, a good pension and a company car.

11 – Yeah but beggars can't be choosers [13]. Anyway, too much ambition results in promotion to a job you can't do.

12 – I don't know the first thing [14] about looking for work. I've been with that bloody firm ever since I left uni [15].

13 – Well don't just [16] sit there complaining. Get off your bum [17] and do something!

Pronuncia
8 ... lestë

Note

10 Nella prossima lezione (§ 1) avremo modo di ripassare e approfondire il **present continuous** che esprime un'azione futura. Per il momento, però, occupiamoci delle questioni lessicali: **an axe**, *un'ascia*. Il verbo derivato **to axe**, *tagliare con l'ascia*, ma in senso figurato *fare dei tagli, licenziare, sopprimere*, è uno dei preferiti dai giornalisti per la sua brevità e la sua concisione: **The company is axing two thousand jobs in Wales**, *L'azienda licenzierà duemila persone in Galles* (o *taglierà duemila posti di lavoro in Galles*).

11 **to pick**, tra le sue varie accezioni, ha anche quella di *scegliere, selezionare*. **The manager picked ten people to interview for the job**, *Il direttore ha selezionato dieci persone per il colloquio di lavoro*. **To take one's pick**, *fare la propria scelta, scegliere*. **We've got beer, wine and fruit juice: take your pick**, *Abbiamo della birra, del vino e del succo di frutta: scegli quello che vuoi*. Vedi anche la nona lezione, nota 7.

Quarantunesima lezione / 41

8 Licenzieranno duecento persone a Londra e altre cinquantacinque a Leicester.
9 – Non ti preoccupare. Uno con le tue capacità non avrà problemi a trovare un altro lavoro. Sta a te scegliere!
10 – Ma io non voglio un lavoro purchessia, ne voglio uno come si deve, con uno stipendio decente, una buona pensione e l'auto aziendale.
11 – D'accordo, ma ci si deve accontentare di quello che passa il convento. Comunque, se sei troppo ambizioso rischi di trovare un lavoro che poi non sai fare.
12 – Non ho idea di dove cominciare per cercarne uno. Sono stato in quella maledetta ditta da quando ho lasciato l'uni.
13 – Beh, non startene lì a lamentarti. Muovi le chiappe e fa' qualcosa!

---

12 Di coniazione recente (1986), **McJob** è un termine spregiativo che indica un lavoro malpagato con scarse prospettive.

13 a beggar, *un mendicante*. Il proverbio inglese **Beggars can't be choosers** ("I mendicanti non hanno scelta") corrisponde più o meno a *Bisogna accontentarsi di quel che passa il convento*.

14 L'espressione **not to know the first thing about**... significa *non sapere nulla di...* o *non sapere da che parte / non avere idea di dove cominciare per...*: *Alistair doesn't know the first thing about economics*, *Alistair non sa nulla di economia*.

15 uni *juni:*, abbreviazione di **university**, tipica del linguaggio giovanile.

16 Don't just... è una costruzione enfatica con cui si esorta l'interlocutore a fare qualcosa che viene specificato subito dopo: **Don't just stand there. Call the police!**, *Non startene lì impalato. Chiama la polizia!*

17 **bum**, termine colloquiale per il *sedere*, si può rendere con *chiappe*. Non è volgare, ma trattandosi di slang è meglio fare molta attenzione al contesto in cui lo si usa. **Get off your bum**, *Muovi le chiappe*. Un sinonimo meno controverso è **backside**, *fondoschiena*. Inoltre, quando qualifica una persona, **bum** sta per *fannullone*, probabilmente perché è una forma abbreviata di **bummer**, che ha questo significato.

three hundred and fifty • 350

41 / Forty-first lesson

14 Go down to the job centre and check the vacancies. Get up on the web and start looking.
15 And don't forget to network [18]. You've got so many contacts in the business that someone is bound to know about an opening somewhere.
16 – Hi there. What's up with Dave? He seems to be in a black mood [19].
17 – He got fired this morning, so be nice to him, okay?
18 – Oh is that all? I thought it was something serious, like getting dumped [20] by his latest girlfriend.

Note

[18] Com'è noto, **a network** è *una rete*, ma l'inglese è così versatile che non ci mette nulla a trasformare un nome in un verbo, che in informatica significa *collegare in rete*: **We'll have to network our computers and printers**, *Dovremo collegare in rete i nostri computer e le stampanti*. Per estensione, **to network** vuol dire *creare una rete di conoscenze, di amicizie o di contatti*. **You need to network with as many people as possible in order to find a job**, *Per trovare un lavoro devi crearti dei contatti con più gente possibile*.

***

Exercise 1 – Translate

❶ He certainly doesn't beat about the bush, does he? ❷ You need to network with as many people as possible. ❸ I don't know the first thing about printers. ❹ He said they had had a bad year and needed to downsize. ❺ We've got beer, wine and fruit juice. Take your pick.

Quarantunesima lezione / 41

14 Vai al centro per l'impiego e guarda che offerte di lavoro ci sono. Fa' un salto in Internet e comincia a cercare.

15 E non dimenticare di crearti una rete di conoscenze. Hai tanti di quei contatti nel mondo del lavoro che qualcuno dovrà pur sapere se c'è un posto da qualche parte.

16 – Ciao. Cos'è successo a Dave? Sembra di pessimo umore.

17 – È stato licenziato stamattina, perciò sii gentile con lui, okay?

18 – Ah, è tutto qui? Pensavo che fosse qualcosa di serio, tipo che l'avesse mollato la ragazza.

---

19 **to be in a black mood**, *essere di pessimo umore, essere di umor nero*, indica uno stato d'animo peggiore rispetto a **to be in a bad mood** (vedi lezione 37, nota 8).

20 **to dump**, *scaricare, mollare* (anche nel senso di *lasciare qualcuno*): **Dump your bags on the bed and come into the kitchen**, *Molla le tue valigie sul letto e vieni in cucina*; **She dumped him two weeks after the wedding**, *Lo ha mollato due settimane dopo il matrimonio*. Qui abbiamo un'altra forma passiva con to **get** (vedi frase 2).

***

Soluzioni dell'esercizio 1

❶ Non usa certo tanti giri di parole, vero? ❷ Devi crearti dei contatti con più gente possibile. ❸ Non so niente di stampanti. ❹ Ha detto che l'azienda ha avuto un anno difficile e doveva essere ridimensionata. ❺ Abbiamo della birra, del vino e del succo di frutta. Scegli quello che vuoi.

Exercise 2 – Fill in the missing words

❶ Che giornata schifosa! Prima sono stata licenziata e poi il mio ragazzo mi ha mollata.
What a terrible day! First I ... ., then I ... . by my boyfriend.

❷ Bisogna accontentarsi di quel che passa il convento.
.... be ....

❸ Cos'è successo? Mi sembri giù.
What's up? You ... . the .....[1].

❹ L'azienda licenzierà duemila persone in Galles.
The company .... in Wales.

Forty-second lesson

Revision – Ripasso

1 La forma progressiva per esprimere un futuro prossimo o certo

Il **present continuous** corrisponde in primo luogo alla nostra costruzione "*stare* al presente indicativo + verbo al gerundio":
I'm learning English, *Sto imparando l'inglese*.

Come senz'altro ricorderete, però, può anche descrivere un'azione che si svolgerà in un futuro prossimo o che è già programmata e ritenuta certa:
The company's* axing fifty jobs in Leicester, *L'azienda taglierà cinquanta posti di lavoro a Leicester*.
* Ovviamente vi sarete accorti che si tratta di una forma contratta (**company is**) e non di un genitivo sassone. Vi ricordate, tra l'altro, come si pronuncia **Leicester**?
La frase indica che il taglio dei posti avverrà in un futuro prossimo. È possibile (anche se non obbligatorio) specificare il momento

❺ Stavamo parlando tranquillamente quando all'improvviso lei si è messa a piangere.
We were talking quietly when, ... , she
. . . .

[1] *Si può scegliere tra **dumps** o **mouth**.*

Soluzioni dell'esercizio 2
❶ – got fired – got dumped – ❷ Beggars can't – choosers ❸ – look down in – dumps ❹ – is axing two thousand jobs – ❺ – out of the blue – started crying

---

Quarantaduesima lezione

42

preciso in cui si compirà l'azione. In questo caso l'italiano usa spesso il presente indicativo:
Sue and Barry are getting married in April, *Sue e Barry si sposeranno/sposano ad aprile.*
Questo tipo di futuro si può esprimere anche in frasi interrogative e in frasi interrogative negative:
Are you doing anything after the match?, *Cosa fai dopo la partita?*
You're not doing anything after the match, are you?, *Non hai niente in programma dopo la partita, vero?*
Nel discorso indiretto, se si riporta il discorso al passato, il **present continuous** diventa logicamente **past continuous**:
The company said it was axing fifty jobs in Leicester, *L'azienda ha affermato che avrebbe tagliato cinquanta posti di lavoro a Leicester.*
Un altro esempio:
Sue and Barry announced that they were getting married in April, *Sue e Barry hanno annunciato che si sarebbero sposati ad aprile.*

2 La forma passiva con il verbo *to get*

Di norma il passivo si forma con il verbo **to be** seguito dal participio passato del verbo:
Adam Osborne invented the laptop computer
→ **The laptop computer was invented by Adam Osborne**
Adam Osborne ha inventato il computer portatile; Il computer portatile è stato inventato da Adam Osborne.

In quest'ultima frase il soggetto e l'agente (ovvero **Osborne** e **laptop computer**) hanno pari importanza. Tuttavia esiste un'altra forma passiva, meno frequente e più informale, in cui al posto di **to be** abbiamo **to get**. In questo caso l'enfasi si concentra sul soggetto e su quello che gli è accaduto:
I got fired this morning, *Sono stato licenziato stamattina*.
He got stopped for speeding, *È stato fermato per eccesso di velocità*.
In questi due esempi l'agente (ovvero la persona che ha disposto il licenziamento e quella che ha fermato il conducente) non è importante quanto l'azione in sé e le conseguenze che implica, per cui viene spesso tralasciato nella frase.

Ricapitolando, la forma passiva con **to get** è meno frequente di quella "classica" con **to be** ed è tipica della lingua parlata informale. In genere indica un cambiamento di stato del soggetto o un'azione che lo penalizza, come nei due esempi citati, senza indicare in genere chi la compie.
Gli impieghi di **to get**, come vedete, sono davvero molteplici: oltre al significato di *ottenere*, spesso assume quello di un verbo di moto o può fungere da ausiliare per il passivo. Un verbo poliedrico, dunque, al punto che, come qualcuno ha detto, l'inglese ha un milione di parole, la metà delle quali con **to get**...

3 Alcuni esempi di *understatement*

L'eufemismo e la perifrasi guadagnano terreno in tutti i campi, ma soprattutto in quello delle imprese e del lavoro (pensate al nostro "operatore ecologico" al posto di "spazzino")... L'inglese, più che mai in linea con l'**understatement** che caratterizza la sua cultura, ne presenta molti esempi, come abbiamo visto nella lezione scorsa.

Quarantaduesima lezione / 42

Il verbo **to fire**, *licenziare*, è molto più crudo del neologismo **to let someone go** (lett. lasciare andare qualcuno). Se l'azienda è troppo grande, urge correre ai ripari: **to downsize** (*ridimensionare*, che si usa in questo senso anche in italiano) o, più subdolamente ancora, **to rightsize** (*adeguare*). Quando i *livelli* (**layers**, letteralmente *strati*) dirigenziali sono troppi, è il caso di eliminarli, ma per esprimere il concetto si ricorre al verbo **to delayer**. Il prefisso **de-** è infatti molto utile, al punto da ricorrere in altri verbi di senso simile come **to dejob** (*tagliare dei posti di lavoro*) o **to decruit** (il contrario di **to recruit**, *assumere*). Ovviamente non è il caso di servirsi di questi neologismi, anche se, coi tempi che corrono, bisogna conoscerli e saperli riconoscere.

4 Gergo da iniziati

I giornalisti, inglesi, americani o italiani che siano, possiedono uno stile peculiare e sostituiscono spesso un termine d'uso corrente con un altro legato al primo da una relazione logica: si tratta della "metonimia" (un esempio nostrano: quando si parla della Farnesina si fa in genere riferimento al Ministero degli Esteri). Quando sarete in grado di riconoscere queste espressioni in inglese, avrete davvero un'ottima padronanza di questa lingua, ma ne conoscete già un bel po': provate ad esempio a trovare quali sono le "vere" parole sottintese dalle espressioni seguenti incontrate nella lezione 38:

a) **The Fed** _____

b) **The Chancellor** _____

c) **Wall Street** _____

d) **The Old Lady of Threadneedle Street** _____

e) **The Footsie** _____

• Soluzioni

(a) **The US Federal Reserve** (*la Banca centrale americana*); (b) **The Chancellor of the Exchequer** (*Ministro delle Finanze britannico*); (c) metonimia per la Borsa di New York; (d) metonimia per la Banca d'Inghilterra; (e) l'indice principale della Borsa di Londra, il FTSE 100 (**Financial Times/Stock Exchange**).

three hundred and fifty-six • 356

5 La pronuncia di *gh*

Se il gruppo consonantico **gh** pone dei problemi di pronuncia agli stessi nativi, non sarà certo semplice venirne a capo per noi stranieri! Infatti non ci sono delle regole vere e proprie, né ci è di aiuto l'ortografia delle parole; occorre dunque imparare dei gruppi di parole che si pronunciano allo stesso modo. Non disperate, però: considerate il piccolo esercizio che segue come una sfida. Divideremo i termini che finiscono in **-ough** in quattro gruppi:

1) -ough pronunciato *[ou]* (il gruppo **gh** è muto)
though / although *[**dh**ou / o:l**dh**ou]* benché
dough *[**dh**ou]* pasta, impasto

2) -ough pronunciato *[au]* (il gruppo **gh** è muto)
bough *[b**au**]* ramo d'albero
plough *[pl**au**]* aratro

3) -ough pronunciato *[áf]*
rough *[ráf]* ruvido
tough *[táf]* duro, coriaceo
enough *[ináf]* abbastanza, basta

4) -ough pronunciato *[of]*
cough *[kof]* tosse
trough *[trof]* trogolo

E ora ascoltate questa poesiola che, per quanto un po' forzata, dovrebbe aiutarvi a memorizzare la pronuncia di queste parole che finiscono in **-ough**:

> **I take it you already know**
> **Of rough and bough and cough and dough.**
> **And though you'll never use a plough or trough**
> **You'll find that English can be quite tough.**
> **So that's enough... for now!**

Quarantaduesima lezione / 42

Esercizio di ripasso

Sostituite le parole sottolineate con le espressioni e i modi di dire che abbiamo visto questa settimana.

1 – I'm feeling <u>miserable</u>.
2 – I have <u>no money at all</u> and I really will have to <u>reduce my expenditure</u> this year.
3 – The problem is I spend too much and I can't borrow any money. And I was not <u>born into a wealthy family</u>.
4 – My friends aren't exactly <u>making an enthusiastic effort</u> to lend to me.
5 – But <u>I have been too gluttonous</u> and this time, I'm afraid I've <u>taken on too much</u>.
6 – So I'll have to borrow from a bank: <u>people with no alternative cannot be selective</u>.
7 – Actually, I've got a better idea. I'll <u>leave this competitive society</u>.

Soluzioni

1 – I'm feeling down in the dumps.
2 – I'm totally broke and I really will have to tighten my belt this year.
3 – The problem is I spend too much and I can't borrow any money. And I wasn't born with a silver spoon in my mouth.
4 – My friends aren't exactly falling over themselves to lend to me.
5 – But my eyes are bigger than my belly and this time, I'm afraid I've bitten off more than I can chew.
6 – So I'll have to borrow from a bank: beggars can't be choosers.
7 – Actually, I've got a better idea. I'll opt out of the rat race.

Forty-third lesson

True or false? Parliamentary facts and trivia [1]

1 – The only time you were wrong is when you thought you were wrong. Right?
2   OK, clever clogs [2], put on your thinking cap [3] and answer the following questions:
3   MPs aren't allowed to die on the job. True or false?
4 – True. Westminster is a royal palace and mere [4] commoners [5] aren't entitled to die there!

Pronuncia
3 *em pi iz* ... 4 ... *mi*ë ...

Note

1   **trivia** è un sostantivo plurale che significa *curiosità* (in genere di carattere piuttosto futile). Attenti a non confondere l'aggettivo **trivial**, *frivolo*, con *triviale* (**vulgar, coarse**).

2   Una delle caratteristiche più degne di nota dell'inglese è la tendenza ad abbinare a nomi e aggettivi un'altra parola, in genere un sinonimo (l'equivalente di origine anglosassone di un termine che viene dal latino o viceversa) o una parola che comincia con la stessa lettera o con lo stesso gruppo di lettere. L'esempio che segue riguarda quest'ultimo caso: combinando **a clog**, *uno zoccolo*, con **clever**, *bravo, intelligente*, si ottiene **clever clogs**, che letteralmente non significa niente ("zoccoli intelligenti"), ma ha un suo fascino "musicale" grazie all'allitterazione tipica di molte espressioni inglesi. Dire a una persona che è un **clever clogs** non è un complimento: l'espressione vuol dire infatti *sapientone, saputello*.

3   Il modo di dire **to put on one's thinking cap** equivale al nostro "spremersi le meningi". Si può mettere la preposizione **on** dopo **cap**: I'll put my thinking cap on and see if I can come up with any suggestions for

Quarantatreesima lezione

Vero o falso? Fatti e curiosità sul Parlamento

1 – L'unica volta in cui ti sei sbagliato è stata quando hai pensato di avere torto, giusto?
2   Okay, sapientone, spremiti le meningi e rispondi alle domande seguenti:
3   I deputati non possono morire sul lavoro. Vero o falso?
4 – Vero. Westminster è un palazzo reale e i comuni mortali non hanno il diritto di morirvi!

---

a present, *Mi spremerò le meningi per vedere se riesco a farmi venire un'idea per un regalo.* Il berretto in questione è un elemento iconografico ed evoca l'immagine di uno Sherlock Holmes che sta rimuginando...

4 L'aggettivo **mere** (che si pronuncia come **here**) significa *mero, solo*: **The mere idea of visiting the dentist sends chills down my spine**, *La sola idea di andare dal dentista mi fa rabbrividire*. Può anche avere il senso di *comune*: **If Doctor Phelps can't understand the problem, what hope do we mere mortals have?**, *Se il dottor Phelps non riesce a venire a capo del problema, cosa potremo mai fare noi comuni mortali?* In alcuni casi **mere** si può tradurre con *solo* o *appena* inteso come avverbio: **A new plug costs a mere two pounds**, *Una nuova presa costa solo due sterline*; esiste inoltre una forma superlativa **merest *mi:rëst*** (mentre manca quella comparativa) che corrisponde a *minimo*: **A bloody dictator, he had his friends executed on the merest suspicion of disloyalty**, *Dittatore sanguinario, faceva giustiziare i suoi amici al minimo sospetto di tradimento*.

5 **commons** era la parola con cui un tempo si indicava il *popolo*, da cui **House of Commons**, *Camera dei Comuni*. Il sostantivo **commoner** significa *cittadino comune*, ovvero non di sangue nobile.

5 – MPs are permitted to give up their seats during a Parliament [6].

6 – False. They can't resign. Instead they have to apply for the stewardship [7] of the Chiltern Hundreds.

7 – MPs are not allowed to address each other directly during a debate.

8 – True, they have to go through the chair [8] and catch the Speaker's eye.

9 – The door of the House of Commons is slammed [9] in the monarch's face on the first day of a Parliament.

Note

[6] Nel gergo politico inglese, **Parliament** non è soltanto il *Parlamento*, ma anche una *sessione parlamentare*. **I trust that this House will have time to debate the issue at some stage during this Parliament**, *Spero che questa Camera abbia il tempo di dibattere prima o poi la questione nel corso di questa sessione parlamentare*.

[7] Il sostantivo astratto **stewardship**, *gestione*, ha in genere una connotazione positiva e indica una buona amministrazione: **The new manager is responsible for product stewardship and ensuring regulatory compliance**, *Il nuovo direttore è responsabile della gestione ottimale dei prodotti e dell'ottemperanza ai regolamenti*.

[8] Vi è già noto che **the chairman** è *il presidente* (di un organismo); logicamente **the chair** è *la presidenza*: **I am delighted to see that someone experienced in nano-technology has taken the chair of the Technical Committee**, *Sono lieto di vedere che qualcuno esperto nell'ambito della nanotecnologia ha assunto la presidenza della Commissione tecnica*. Durante un dibattito, **to go through the chair** vuol dire *rivolgersi al presidente* (o *alla presidente*). Più in generale, per evitare qualsiasi discriminazione imputabile all'uso di termini che finiscono per **-man**, **the chair** può indicare direttamente anche il presidente o la presidente.

5 – Ai deputati è permesso lasciare il loro seggio nel corso di una sessione parlamentare.
6 – Falso. Non possono dimettersi. Devono invece candidarsi alla gestione dei Chiltern Hundreds.
7 – I parlamentari non possono rivolgersi direttamente l'uno all'altro durante un dibattito.
8 – Vero, devono rivolgersi al presidente e chiedere la parola.
9 – La porta della Camera dei Comuni viene chiusa *(sbattuta)* in faccia al sovrano il primo giorno di una sessione parlamentare.

9 Ecco un altro verbo onomatopeico dopo quelli visti nella lezione 31 (nota 9): **to slam** rende l'idea di un movimento brusco o violento, in genere accompagnato da un forte rumore. Si può tradurre con *sbattere (violentemente)*: **He slammed the door**, *Sbatté la porta*. Il suo impiego si allarga però anche ad altri contesti: prendiamo per esempio la frase 15 della lezione 32: **The waiter plonked the plates on the table**. Se avessimo detto **The waiter slammed the plates on the table**, avremmo descritto un rumore di piatti sbattuti ancora più violento.

10 – True and false. It is true that the king or queen [10] is not allowed to enter the Commons chamber.

11 But the door is actually slammed on a senior official of the House of Lords called Black Rod.

12 He then hammers on the door with a staff and invites the MPs to come to "the other place".

13 – The reigning sovereign has the power to refuse to sign a bill into law [11].

14 – Technically true, but the Royal Assent is actually a formal stage of the lawmaking process.

15 – The leader of the House of Lords sits on a solid silver throne.

16 – False. The Lord Speaker sits on a big wool-stuffed cushion called the Woolsack.

17 – If MPs do not obey their party's instructions, they are whipped.

18 – False. A whip is a member of parliament whose [12] job is to maintain party discipline. But they generally use less brutal methods.

*13 ... rein**in**g sovrën ...*

Note

[10] Ci vuole l'iniziale maiuscola oppure no? La regola è semplice e si applica a tutti i titoli: se si parla della funzione si sceglie l'iniziale minuscola: **The king/queen always opens the new Parliament**, *È sempre il re/la regina a inaugurare la nuova legislatura*. Se invece viene citato il nome della persona insignita del titolo, si opta per la maiuscola: **In 1629, King Charles dissolved Parliament**, *Nel 1629 il re Carlo sciolse il Parlamento*. Lo stesso vale per **prime minister**, **president** ecc.

[11] In ambito giuridico, **a bill** è *un disegno di legge*: **The bill passed its first reading in the Commons**, *Il disegno di legge è stato approvato in prima lettura dalla Camera dei Comuni*. Quando è il Parlamento ad approvarlo, il disegno di legge diventa **an Act of Parliament**, o più semplicemen-

Quarantatreesima lezione / 43

10 – Vero e falso. È vero che il re o la regina non possono entrare nella Camera dei Comuni,

11 ma la porta viene in realtà chiusa in faccia a un alto funzionario della Camera dei Lord chiamato "Black Rod" *(Asta Nera)*,

12 che quindi picchia alla porta con un bastone e invita i deputati a recarsi nell'"altra camera" *(altro posto)*.

13 – Il sovrano in carica ha il potere di rifiutarsi di promulgare una legge.

14 – Tecnicamente è vero, ma in realtà il consenso regale è una pura formalità del processo legislativo.

15 – Il presidente della Camera dei Lord siede su un trono di argento massiccio.

16 – Falso. Siede su un grosso cuscino imbottito di lana che è chiamato "Woolsack" *(Sacco di lana)*.

17 – Se i deputati non obbediscono alle direttive del loro partito, vengono frustati.

18 – Falso. [In gergo] un "whip" *(frusta)* è un parlamentare che ha il compito di mantenere la disciplina del partito, ma in genere usa metodi meno brutali.

---

te **an act**. In tal caso si dice che **the bill is signed into law**. Non confondete **an act** con "un atto", che sempre in un contesto giuridico ha diverse traduzioni (**deed** se si parla di una scrittura pubblica, **certificate** nel caso di un atto di nascita ecc.).

12 Ricordiamo che **whose** si riferisce sempre a persone: **The MP whose phone was tapped has filed a complaint**, *Il deputato il cui telefono è stato intercettato ha sporto reclamo.* In inglese contemporaneo, tuttavia, capita di vederlo e sentirlo usare anche con le cose inanimate: **This is a new bill whose provisions are set out in the accompanying memo**, *Si tratta di un nuovo disegno di legge le cui disposizioni sono esposte nella nota in allegato.* Nonostante le lagnanze di alcuni puristi, oggi quest'uso è ampiamente accettato.

43 / Forty-third lesson

19 – The British Parliament is the oldest representative assembly in the world.
20 – False. That honour goes to the Isle of Man, but Westminster <u>is</u> [13] known as the Mother of Parliaments.

Note

[13] Abbiamo qui due enunciati opposti: "Westminster non è l'assemblea rappresentativa più antica al mondo, ma in compenso è detta la Madre di tutti i Parlamenti". Anziché ricorrere a una locuzione come in italiano ("in compenso"), in inglese per sottolineare questo contrasto si calca la voce su **is** (vedi anche la lezione 35, § 2, 2.1).

***

Exercise 1 – Translate

❶ You're an MP, right? – Right. ❷ The first couple of weeks on the job are always a nightmare. ❸ The new logo is really eye-catching, and it cost a mere two thousand. ❹ When a bill is signed into law, it becomes an Act of Parliament. ❺ All I said was "hello" and she slammed the door in my face.– You are divorced, remember!

***

Exercise 2 – Fill in the missing words

❶ Si spremerà le meningi per vedere se riesce a farsi venire un'idea per un regalo.
He'll .. .. and see if he ... .
.... any suggestions for a present.

❷ Nel mio nuovo lavoro sono responsabile della gestione ottimale dei prodotti e dell'ottemperanza ai regolamenti.
In my new job I'm responsible ... product ....
and ....

❸ Solo a sentire la parola "dentista" le vengono i brividi alla schiena.
The ...... mention of the word "dentist" is enough to
... .

19 – Il Parlamento britannico è l'assemblea rappresentativa più antica al mondo.
20 – Falso. Quest'onore spetta all'Isola di Man, ma in compenso Westminster è nota col nome di "Madre di tutti i Parlamenti".

***

Soluzioni dell'esercizio 1

❶ – Lei è un deputato, giusto? – Giusto. ❷ Il primo paio di settimane di lavoro sono sempre un incubo. ❸ Il nuovo logo è davvero accattivante ed è costato appena duemila sterline. ❹ Quando una legge viene promulgata diventa una legge nazionale. ❺ – Tutto quello che ho detto è stato "ciao" e lei mi ha sbattuto la porta in faccia. – Ricordati che avete divorziato!

***

❹ È una nuova nota le cui disposizioni si riferiscono al disegno di legge sulle intercettazioni telefoniche.
This is a new . . . . refer to the bill on phone-tapping.

❺ Il re non può sposare una cittadina non nobile, perciò Re Edoardo dovette abdicare.
The . . . . can't marry a commoner, so . . . . the throne.

Soluzioni dell'esercizio 2

❶ – put his thinking cap on – can come up with – ❷ – for – stewardship – ensuring regulatory compliance ❸ – merest – send chills down her spine ❹ – memo whose provisions – ❺ – king – King Edward had to give up –

43 / Forty-third lesson

Ricordiamo innanzitutto che il Palazzo di Westminster è la sede del Parlamento britannico – **the Parliament of the United Kingdom of Great Britain and Northern Ireland** *– e che, contrariamente agli scozzesi e ai gallesi, gli inglesi non hanno una loro assemblea parlamentare (lezione 15, nota 13). Composto da due Camere –* **the House of Lords** *e* **the House of Commons**, *questo Parlamento è quasi millenario: l'attuale edificio neogotico fu ricostruito a metà del XIX secolo dopo che un incendio l'aveva distrutto nel 1834, ma la parte più antica dell'edificio risale al 1097. In questa lezione abbiamo cercato di darvi qualche cenno degli usi e costumi parlamentari. Per prima cosa,* **the Palace of Westminster** *è un palazzo reale a tutti gli effetti e i non nobili non hanno diritto di morirvi! I pochi deputati che sono passati a miglior vita mentre si trovavano al suo interno sono stati trasportati fino all'ospedale più vicino, il* **St Thomas's**, *dove il decesso viene dichiarato ufficialmente. D'altronde, quando il parlamento è in seduta, in linea di principio un deputato non ha il diritto di dimettersi. Se vuole ritirarsi dalla vita pubblica deve candidarsi a un impiego onorifico, che il più delle volte è l'amministrazione di tre baliati reali sulle colline Chiltern, ovvero* **the Chiltern Hundreds**.

Un altro divieto riguarda i dibattiti che si svolgono nella Camera dei Comuni, durante i quali un deputato non può rivolgere direttamente la parola a un suo collega e deve indirizzare le sue osservazioni al presidente della Camera, **the Speaker**, *impiegando determinate formule di cortesia. Dagli anni '90 del XX secolo i governi che si sono succeduti promettono di modernizzare questa tradizione, ma nessuno ha osato farlo perché permette di evitare, almeno in parte, gli attacchi personali (vedi la 46ª lezione).*

Per assicurare l'organizzazione e la partecipazione ai dibattiti e soprattutto per garantire che i deputati seguano le norme ufficiali durante le votazioni, ogni partito nomina dei responsabili, chiamati **whips**, *che sorvegliano le operazioni di ordinaria amministrazione e servono da* trait d'union *tra la base e i leader. Letteralmente* **whip** *significa* frusta, *ma i* **whips** *non c'entrano con la violenza: il termine viene da* **whipper-in**, *ovvero il* bracchiere *(cacciatore che ha il compito di stanare la selvaggina). Il* **Whip** *(con la maiuscola) è anche il nome del bollettino settimanale, inviato dai* **whips** *a ciascun membro del partito, che riporta i progetti di legge da discutere e votare nella settimana seguente. Secondo i casi, ciascun progetto è sottolineato una, due o tre volte per indicare quanto sia importante la presenza del deputato in occasione dello scrutinio.*

Quarantatreesima lezione / 43

Al sovrano è proibito entrare nella Camera dei Comuni dal 1642, quando il re Carlo I vi irruppe con i suoi soldati per arrestare dei deputati. Questa tradizione è all'origine di una cerimonia piuttosto curiosa che si ripete ogni anno, quando il sovrano inaugura la sessione del Parlamento: **the State Opening of Parliament**. *Un rappresentante della Corona porta a Buckingham Palace un deputato come ostaggio per garantirsi il salvacondotto del sovrano (!). Quando questi arriva a Westminster, entra nella Camera dei Lord e ordina a un usciere di convocare gli eletti del popolo. Quando quest'usciere, il* **Black Rod**, *giunge sulla soglia della Camera dei Comuni, la porta gli viene chiusa in faccia, un gesto che ricorda il diritto dei deputati di riunirsi in seduta senza che un rappresentante della Corona sia presente. Il* **Black Rod** *bussa allora tre volte con un'asta nera (da cui prende il suo titolo); le porte si aprono e i deputati si recano in* **the other place** *("l'altro posto"), termine con cui ciascuna delle Camere chiama l'altra, e il sovrano legge un discorso. D'altronde, il ruolo che egli svolge nel processo legislativo è di carattere per lo più cerimoniale. Una volta dibattuto e sottoposto a votazione nelle due Camere, un progetto di legge viene inviato al sovrano per ricevere il suo consenso* (**Royal Assent**). *Questa fase è di fatto una formalità, perché da secoli nessun progetto è mai stato respinto. Se la Camera dei Comuni è presieduta dallo* **Speaker**, *quella dei Lord, logicamente, è presieduta dal* **Lord Speaker**. *I membri di quest'assemblea non vengono eletti, ma sono per la maggior parte nominati direttamente dal Primo ministro (c'è anche un certo numero di pari ereditari, ma una legge del 1999 ha posto termine a questo diritto di successione). Alcuni di questi pari sono degli ecclesiastici (vescovi e arcivescovi) che portano il nome collettivo di* **Lords Spiritual**, *in contrapposizione ai* **Lords Temporal** *(in inglese antico alcuni aggettivi vanno dopo il sostantivo che qualificano). Il* **Lord Speaker** *presiede ai dibattiti seduto su una specie di cuscino imbottito di lana,* **the Woolsack**. *Introdotto dal re Edoardo III nel XIV secolo, era in origine riempito con lana inglese, emblema della prima fonte di ricchezza della nazione. Ai nostri giorni, tuttavia, la lana proviene da diversi Paesi del Commonwealth, simboleggiando l'unità di questa confederazione. Sarebbe un errore credere che queste tradizioni, che a certuni possono parere antiquate, riducano la vita parlamentare britannica alla stregua di uno spettacolo pittoresco ma sterile: per la vivacità dei dibattiti e la rappresentatività degli eletti (un buon numero dei quali è composto da donne e da membri delle diverse etnie che costituiscono la popolazione della Gran Bretagna), quest'istituzione merita pienamente il suo soprannome di* **Mother of Parliaments** *("Madre di tutti i Parlamenti").*

Forty-fourth lesson

A prime minister remembers

(An extract from "The Wilderness Years, the Memoirs of a former PM")

1 After Prime Minister Mary Wilmot stepped down [1], the party leadership was up for grabs, and I intended to grab [2] it.
2 I had long been in a political wilderness because I had stood as a stalking horse against Wilmot in the previous elections.
3 It was the old story about giving a dog a bad name [3]. But I didn't care.
4 I really wanted to make my mark on the party, so I did a little fence-mending – and some arm-twisting [4], too.

Pronuncia
*2 ... **sto:**king ...*

Note

1 Dal sostantivo **step**, *passo,* abbiamo il verbo **to step**, *fare un passo* o *camminare,* ma sono le preposizioni che lo seguono a indicarci la direzione, la velocità e altre informazioni su questo movimento: **He stepped onto the bus**, *È salito sull'autobus*; **You'll have to step over the fence if you want to cross the field**, *Dovrai oltrepassare lo steccato se vuoi attraversare il campo.* A **to step** si può anche aggiungere un avverbio: **He stepped quickly onto the bus**, *È salito rapidamente sull'autobus.* Come avrete intuito, il senso letterale di **to step down** è chiaramente *scendere,* ma in senso figurato sta per *ritirarsi, dare le dimissioni*: **Khan stepped down as party chairman**, *Khan si è dimesso dalla presidenza del partito.*

2 **to grab**, *afferrare, agguantare.* **I grabbed Nigel's wrist before he could press the alarm button**, *Ho afferrato Nigel per il polso prima che potesse premere il pulsante d'allarme.* Anche questo verbo si può impiegare in senso figurato: **Do you want to grab a bite to eat?**, *Ti va un boccone?* Il modo di dire **to be up for grabs** (sempre con la **-s**) significa invece *essere disponibile*: **Four**

Quarantaquattresima lezione

Un Primo ministro ricorda

(Tratto da "La traversata del deserto: memorie di un ex Primo ministro")

1 Dopo le dimissioni del Primo ministro Mary Wilmot, la leadership del partito era vacante *(disponibile)* e avevo intenzione di prenderla io.

2 Da molto tempo mi trovavo in un deserto politico perché nelle elezioni precedenti mi avevano messo in lista come candidato civetta in competizione con Wilmot.

3 Era sempre la solita storia della cattiva fama che è dura a morire. Ma non me ne importava.

4 Volevo proprio lasciare il segno nel partito, per cui riannodai un po' i rapporti ed esercitai anche delle pressioni.

---

new mobile phone licences are up for grabs this year, *Quest'anno sono disponibili quattro nuove licenze di telefonia mobile*. Volendo giocare sulla vicinanza tra **grabs** e **grab**, avremmo potuto tradurre la nostra frase così: "La leadership del partito era disponibile e avevo intenzione di disporne io".

3 Give a dog a bad name è una "versione sbrigativa" del proverbio **Give a dog a bad name and hang him**, reso in italiano con *La cattiva fama è dura a morire* oppure *Niente uccide più della calunnia*. In questo caso **name** è sinonimo di **reputation**: The product was so badly made that it gave the company a bad name, *Il prodotto era così malfatto da nuocere alla reputazione dell'azienda*. La traduzione letterale sarà quindi "da' a un cane una cattiva reputazione e impiccalo". Oggi il proverbio viene impiegato da solo, a mo' di esclamazione, o dopo "incipit" consueti come **It's a case of...** o **It's a question of...**

4 to twist someone's arm, *torcere il braccio a qualcuno*, ma in senso figurato *fare pressioni su qualcuno* o *costringerlo*. I didn't want to go out for a drink, but Simon twisted my arm, *Non volevo uscire a bere qualcosa, ma Simon mi ha costretto*. Si usa anche ironicamente per una proposta che si ha proprio voglia di accettare, dicendo **Twist my arm!**, *Se proprio insisti tanto...* C'è anche il sostantivo corrispondente, **arm-twisting**, *costrizione, coercizione*.

5 Of course, the whips tried to warn me off, but their threats cut no ice [5] with me.

6 I pulled a few strings [6] here and there and persuaded a couple of the party's rising stars to back me.

7 I knew I was not the front-runner – Steve May was the golden boy – and the pundits had already written me off [7].

8 But my hopes lay in winning the swing vote, the Great Undecided.

9 You see, I wanted root-and-branch reform, which was something we badly [8] needed at the time.

10 Corruption was the elephant in the living room [9].

: Note

[5] L'espressione **to cut no ice** (lett. non tagliare alcun ghiaccio) segue in genere un nome o un pronome e vuol dire *non impressionare, non fare né caldo né freddo*: **Wilson's programme cut no ice with the men of power in his party**, *Il programma di Wilson non ha impressionato i membri influenti del suo partito*. Non confondete **to cut no ice** con **to break the ice**, *rompere il ghiaccio*, che (una volta tanto) corrisponde in tutto e per tutto all'equivalente modo di dire italiano.

[6] Anche **to pull the strings** traduce pari pari il nostro *tirare i fili*: **He has appointed his brother as president but he is still pulling the strings**, *Ha nominato suo fratello presidente, ma è lui che continua a tirare i fili*. Se leviamo l'articolo determinativo, però, abbiamo un'espressione dal significato un po' diverso: **to pull strings**, *brigare*. **The film star Brit Padd is pulling strings to save a historic monument near his home**, *La star del cinema Brit Padd sta brigando per salvare un monumento storico vicino a casa sua*. In un contesto di questo tipo è possibile aggiungere degli aggettivi indefiniti come **some**, **a few** ecc. (cosa che non si può fare con **to pull the strings**): **He had to pull a few strings, but he got the part in the movie**, *Ha dovuto brigare un po', ma ha ottenuto la parte nel film*.

Quarantaquattresima lezione / 44

5 Naturalmente i capigruppo cercarono di dissuadermi, ma le loro minacce non mi impressionarono.

6 Brigai qua e là e convinsi un paio di astri nascenti del partito a sostenermi.

7 Sapevo di non essere il favorito – tutti stravedevano per Steve May – e gli esperti mi avevano già dato per spacciato,

8 ma fondavo le mie speranze sul voto degli elettori fluttuanti, il grande Partito degli Indecisi.

9 Capirete, volevo una riforma radicale, cosa di cui all'epoca avevamo assolutamente bisogno.

10 La corruzione era un problema enorme che tutti fingevano di non vedere.

---

7 La presenza di **off** in un verbo frasale, come abbiamo visto, suggerisce spesso l'idea di allontanamento o, come in questo caso, di eliminazione: in ragioneria, per esempio, **to write off** ha il senso di *stralciare un credito*: **Banks have written off billions of dollars on subprime mortgages**, *Le banche hanno stralciato miliardi di dollari per i mutui subprime.* In senso figurato, però, **to write off** sta per *cancellare, eliminare* o *dare per spacciato*: **I've written off all hope of getting my money back**, *Ho perso ogni speranza di recuperare i miei soldi.* C'è anche il sostantivo corrispondente **write-off**: **It rained so much that the whole summer was a write-off**, *Ha piovuto così tanto che tutta l'estate è stata un disastro.*

8 L'avverbio **badly** vuol dire in genere *male* o *malamente*, ma in combinazione con **need** prende il significato di *assolutamente*, *urgentemente*: **I need it badly**, *Ne ho assolutamente bisogno.*

9 Ed ecco un modo di dire che letteralmente suona "l'elefante in salotto" e ha un vasto campo di applicazione, ben oltre la sfera politica. Vi si ricorre parlando di un problema evidentissimo, ma di cui tutti fanno finta di non accorgersi: **The elephant in the living room is the country's demand for independence**, *Il problema più grande, ma che tutti fingono di non vedere, è la voglia di indipendenza del Paese.* Quest'espressione ha parecchie varianti, anche più brevi di questa: **the elephant in the room**, per esempio.

11 The whole party was engulfed in sleaze [10] and the long-awaited changes were proceeding at a glacial pace, if at all.

12 True, Wilmot had once appointed a "reform czar", but her initiatives soon fell by the wayside.

13 So I ran a grass-roots campaign that targeted rank-and-file activists who were sick to the back teeth [11] with spin doctors.

14 No more smoke-filled rooms, I promised, no more gerrymandering, filibusters or underhand tricks.

15 No more baby-kissing, blarney [12] or pie in the sky [13]: I will fight a fair fight.

Note

[10] Dall'aggettivo **sleazy**, *sordido*, è stato recentemente formato il sostantivo **sleaze**, *marcio, corruzione*: **He lives in a really sleazy part of town**, *Abita in una zona davvero sordida della città*; **The Tory government was brought down by allegations of sleaze**, *Il governo conservatore è caduto per le accuse di corruzione*. Solo in inglese britannico, però, **sleaze** ha questo senso: per gli americani ha una connotazione sessuale e riguarda gli scandali privati con cui si affossano i politici. Con quella **s** sibilante, poi, il lungo suono vocalico che segue e la sua **z** insinuante, **sleaze** suona quasi come un'indovinata onomatopea...

[11] **to be sick to the back teeth**, lett. essere stanco fino ai denti posteriori, *essere stufo marcio, averne fin sopra i capelli*. Una variante molto simile è **to be fed up to the back teeth**. **I'm fed up to the back teeth with the political system in this country: it's so corrupt**, *Ne ho fin sopra i capelli del sistema politico di questo Paese: è marcio fino al midollo*.

Quarantaquattresima lezione / 44

11 Tutto il partito era immerso nel marcio e i cambiamenti tanto attesi procedevano a passo di lumaca, ammesso che procedessero.

12 È vero, una volta Wilmot aveva nominato un "responsabile per le riforme", ma le sue iniziative si rivelarono presto fallimentari.

13 Perciò condussi una campagna popolare rivolta ai militanti della base che erano stufi marci di ascoltare manipolatori di opinioni.

14 Niente più decisioni a porte chiuse, promisi, basta coi maneggi elettorali, con l'ostruzionismo parlamentare e le manovre sottobanco.

15 "È ora di finirla con i baci ai bambini, le lusinghe o le promesse da marinaio: la mia sarà una battaglia leale."

---

12 Secondo un'antica leggenda, chiunque baci una grossa pietra nera del castello di Blarney, in Irlanda, avrà per sempre il dono dell'eloquenza. L'origine di questa credenza risale all'epoca della regina Elisabetta I, quando un capoclan irlandese fu costretto a cedere il castello alla regina in segno di sottomissione. Ogni volta che si accingeva a farlo, però, l'ingegnoso capoclan trovava una scusa sempre più strampalata per non lasciare il castello alla regina, che di fatto non ne prese mai possesso! Ai nostri giorni si dice **He** (o **she**) **has kissed the Blarney Stone** per dire che una persona ha il dono dell'eloquenza. Dall'espressione è derivato anche il sostantivo **blarney** (senza maiuscola): **That's a load of blarney!**, *Son tutte chiacchiere!*

13 Se noi abbiamo le *promesse da marinaio*, gli anglofoni, per contro, hanno *la torta in cielo* (**pie in the sky**). All'origine di questa torta c'è il verso di una canzone satirica, scritta all'inizio del XX secolo (**You'll get pie in the sky when you die**): il testo criticava i preti che, anziché dare aiuti materiali ai poveri, promettevano loro il cibo celeste nell'aldilà. **That's just pie in the sky**, *Son solo promesse da marinaio* (o *utopie*). Con i trattini questa espressione si trasforma in aggettivo: **That's a pie-in-the-sky concept**, *È un'idea utopistica.*

16 I must admit, I had the gift of the gab [14] in those days. Quite [15] the orator I was.

17 Should I win, I shall make you proud and you can hold your heads high once again.

18 But if I should lose, I will accept my responsibilities and return to the wilderness whence I came.

19 Heady stuff. As you can imagine, I won by a landslide and the party gave me a blank cheque.

Note

[14] Anche questo modo di dire, come quello della nota 12, proviene dall'Irlanda (in gaelico **gab** vuol dire *bocca*): **to have the gift of the gab**, *avere la parlantina sciolta, avere il dono dell'eloquenza*. C'è anche il verbo **to gab** (*ciarlare, chiacchierare*): **My teenage daughter is always gabbing on the phone with her mates**, *La mia figlia adolescente è sempre lì che chiacchiera al telefono con i suoi compagni*.

[15] **quite**, a seconda dell'intonazione con cui si pronuncia (e non solo, vedi lezione 49), vuol dire *abbastanza* o *assolutamente*. Tuttavia le cose stanno diversamente per la costruzione **quite the**, che seguita da un nome assume tutt'altro significato: **She's quite the sophisticated Londoner,**

***

Exercise 1 – Translate

❶ Want to grab a drink? – Twist my arm! ❷ I'm fed up to the back teeth with the entire party leadership. ❸ The bank has written off billions of dollars on bad loans. ❹ I hardly see my children any more, if at all. ❺ Once the ice had been broken, the party went very well.

Quarantaquattresima lezione / 44

16 Devo ammetterlo, in quei giorni avevo la parola facile. Ero un oratore coi fiocchi.
17 Se vinco *(Dovessi vincere)*, vi renderò la vostra fierezza e potrete di nuovo camminare a testa alta.
18 Se perdo, però, mi assumerò le mie responsabilità e tornerò nel deserto da cui sono venuto.
19 Discorsi inebrianti. Come potete immaginare, vinsi a mani basse e il partito mi diede carta bianca.

È proprio la classica londinese raffinata. Quest'osservazione può essere ammirata o sarcastica, a seconda del contesto e del tono di voce. Nel nostro dialogo la traduzione è diversa e la frase inglese suona molto letteraria ed enfatica.

***

Soluzioni dell'esercizio 1
❶ – Ti va qualcosa da bere? – Se proprio insisti... ❷ Sono stufo marcio di tutta la dirigenza del partito. ❸ La banca ha stralciato miliardi di dollari di prestiti irrecuperabili. ❹ Non vedo quasi più i miei bambini, ammesso che riesca a vederli. ❺ Una volta rotto il ghiaccio, la festa andò a meraviglia.

three hundred and seventy-six • 376

Exercise 2 – Fill in the missing words

❶ Mi aspetto che il governo cada, con tutte queste accuse di corruzione.
I expect the government .... by all those .... of ....

❷ Ha dovuto brigare un po' per avere la parte, oltre a esercitare delle pressioni.
She had to .... to get the part, and she also did some ....

❸ Se dovessero perdersi, manderemo una squadra di soccorso.
...... they ... ., ... a search party.

❹ È un oratore coi fiocchi, o forse è soltanto un imbonitore.
He's .... orator – or maybe he's just full of ....

❺ Vuole una riforma radicale, cosa di cui il partito ha assolutamente bisogno.
He wants .... reform, ... the party ....

Tolti i termini specifici riguardanti le istituzioni, il voto o l'amministrazione, che si possono consultare in un testo specialistico o su un buon dizionario, spesso il linguaggio politico inglese è molto fantasioso e a volte anche poetico. Inoltre l'inglese americano ha contribuito ad arricchirlo con un certo numero di termini pittoreschi e dinamici (ne è un esempio il verbo **to run**, *correre, che ha anche l'accezione di "candidarsi", mentre i britannici, per contro, dicono* **to stand**, *lett. stare in piedi). Avrete modo di vedere e sentire questi termini ogni giorno leggendo i giornali o ascoltando le notizie alla radio. In questa lezione abbiamo scelto alcuni modi di dire tra i più diffusi: per comodità li abbiamo riuniti in questa nota culturale.*

Quando è in gioco la direzione di un partito o di un movimento, è normale che venga presentato un "candidato civetta" per valutare la forza di chi si oppone al leader in carica, prima che il suddetto candidato si eclissi lasciando il posto a quello vero. In inglese il candidato civetta si dice **stalking horse**, *che nel linguaggio venatorio indica il cavallo dietro al quale si nascondevano i cacciatori per attirare la preda. Il verbo* **to stalk**, *braccare, ha dato origine a* **stalking** *(molestie, atti persecutori). Per ogni elezione c'è sempre una quantità più o meno grande di indecisi, il cui*

Quarantaquattresima lezione / 44

Soluzioni dell'esercizio 2
❶ – will be brought down – allegations – sleaze ❷ – pull a few strings – arm-twisting ❸ Should – get lost, we'll send out – ❹ – quite the – blarney ❺ – root-and-branch – which is something – badly needs

---

*voto può oscillare (***to swing***) da un candidato all'altro: questi indecisi sono detti* **swing voters** *e il complesso dei loro voti è chiamato* **the swing vote**. *Chi riesce a convincere il* **Great Undecided** *("grande Partito degli Indecisi") potrebbe ottenere una vittoria schiacciante o a mani basse,* **a landslide victory** *(vincere a mani basse si dice* **to win by a landslide***). Letteralmente* **landslide** *è una frana (***land***, terra,* **to slide***, scivolare). Abbiamo poi altre due parole che si incontrano spesso in ambito politico e il cui senso si è un po' modificato:* **pundit**, *un esperto (da una parola hindi che vuol dire "dotto, colto") e* **csar** *(o* **czar***), di origine russa, che definisce un responsabile politico incaricato di risolvere un problema sociale (per esempio* **a drug csar** *è un responsabile per la lotta antidroga). Se l'italiano parla della "base" quando si riferisce ai militanti, l'inglese parla di "radici":* **grass-roots** *(***a grass-roots movement***, un movimento popolare) o* **root-and-branch reform**, *una riforma radicale, dal basso. Quando si fa riferimento alla base di un partito si può dire anche* **rank and file** *(lett. riga e colonna).*

Non mancano poi i modi di dire piuttosto suggestivi per descrivere alcune delle azioni tipiche di un candidato a contatto con i suoi (potenziali) elettori: **to press the flesh**, *(lett. premere la carne), fare un bagno di folla, o* **to kiss babies**, *baciare i bambini per ingraziarsi la simpatia del pubblico. Se sorgono controversie all'interno del partito, per esempio tra due correnti, è bene risolverle e in tal caso si ricorre all'espressione* **to mend fences**, *riannodare i rapporti, ricucire gli strappi, fare pace (lett. riparare gli steccati). Da queste locuzioni verbali l'inglese ha puntualmente ricavato i sostantivi* **baby-kissing**, **fence-mending** *e* **flesh-pressing**.

Per influenzare e talvolta manipolare l'opinione pubblica, o per risollevare l'immagine di un partito, di un candidato ecc., i politici si servono degli **spin doctors**, *esperti in comunicazione che hanno il compito di adattare le notizie alle aspettative e agli umori del pubblico. In genere sono i portavoce dei partiti, ma non solo. L'espressione viene dal gergo sportivo:* **to spin a ball**, *dare l'effetto alla palla.*

Nonostante tutte queste manovre di seduzione, però, capita a volte che le decisioni politiche importanti vengano prese non secondo la prassi parlamentare, bensì per mano dei ras o delle fazioni che si riuniscono in segreto per trattare. Un tempo, prima che entrasse in vigore il divieto

three hundred and seventy-eight

pressoché generale di fumare, questi personaggi influenti si abbandonavano liberamente al vizio del fumo. Ciò ha dato origine all'espressione **smoke-filled room**, *stanza piena di fumo, che si usa anche al plurale e indica una riunione a porte chiuse o, metaforicamente, il fatto di prendere decisioni politiche in gran segreto.*
Ecco infine un paio di termini piuttosto curiosi di origine americana. Il sostantivo **gerrymandering** *e il verbo* **to gerrymander** *si riferiscono alla pratica di modificare le circoscrizioni elettorali a vantaggio di un candidato o di un partito (i cosiddetti "brogli"). Nel XIX secolo un certo Elbridge Gerry ridisegnò i confini dei collegi elettorali del Massachusetts,*

Forty-fifth lesson

The secret of politics

(From "Parkinson's Law")

1 We are all familiar with the basic difference between English and continental [1] parliamentary institutions.
2 We all realise that this main difference has nothing to do with national temperament, but stems [2] from their seating plans.
3 The British, being brought up on team games, enter their House of Commons in the spirit of those who would rather [3] be doing something else.

Note

1 Avendo scritto questo testo nel 1958, Cyril Northcote Parkinson ha mostrato doti di chiaroveggenza: metteva già in evidenza la contrapposizione fra la Gran Bretagna e il resto d'Europa, una distinzione che persiste tuttora.

2 **stem**, *stelo*; **to stem from**, *derivare da, dipendere da, essere dovuto a*. *Social problems stem from high unemployment*, *I problemi sociali*

*al punto che una delle circoscrizioni finì per assumere la forma di una salamandra (**salamander**) e un giornalista prese da ciò lo spunto per coniare il termine **gerry** + **mander**. Quanto al **filibuster**, si tratta dell'ostruzionismo parlamentare (o di chi lo pratica), per esempio un discorso-fiume pronunciato apposta per ritardare o impedire il voto su un disegno di legge. Viene spontaneo associare **filibuster** al nostro filibustiere... Ovviamente questa scelta di espressioni è ben lungi dall'essere esaustiva, ma speriamo vi sia servita per farvi un'idea della creatività lessicale che caratterizza l'inglese anche in un ambito non sempre entusiasmante come quello politico.*

Quarantacinquesima lezione

Il segreto della politica

(Brano tratto da "La Legge di Parkinson")

1 Tutti conosciamo la differenza basilare tra le istituzioni parlamentari inglesi e quelle continentali
2 e tutti ci rendiamo conto che questa fondamentale *(principale)* differenza non ha nulla che fare con il temperamento nazionale, ma dipende dalla disposizione dei banchi in Parlamento.
3 I britannici, cresciuti come sono a pane e giochi di squadra, entrano nella loro Camera dei Comuni con lo spirito di chi preferirebbe fare qualcos'altro.

---

sono dovuti all'alto tasso di disoccupazione. Da solo, **to stem** significa *arginare* o *contrastare*. **The government is unable to stem sharply rising joblessness**, *Il governo non riesce ad arginare la forte crescita della disoccupazione*.

3 Vedi lezione 21, § 4.

4 If they cannot be playing golf or tennis, they can at least pretend [4] that politics [5] is a game with very similar rules.

5 But for this, Parliament would arouse even less interest than it does.

6 So the British instinct is to form two opposing teams, with referee and linesmen, and let them debate until they exhaust themselves.

7 The House of Commons is so [6] arranged that the individual Member is practically compelled to take one side or the other

8 before he knows what the arguments are, or even (in some cases) before he knows the subject of the dispute.

9 His training from birth has been to play for his side [7], and this saves him from any undue mental effort.

: Note

4 Nel linguaggio corrente **to pretend** non ha il senso di *pretendere*, per cui è un falso amico che significa *fare finta*: **Pretend to be working: here comes the supervisor**, *Fate finta di lavorare: sta arrivando il direttore*. In inglese *pretendere* si dice in genere **to claim** o to demand (vedi lezione 36, nota 15): **He claims to have invented the notebook**, *Pretende di essere l'inventore del computer portatile*. Può capitare tuttavia di trovare **to pretend** con il senso di *pretendere* nelle frasi negative: **I don't pretend to be an expert**, *Non pretendo di essere un esperto*.

5 Alcuni sostantivi, tra cui in particolare quelli che designano argomenti "intellettuali" (la politica, l'economia, la matematica ecc.) hanno la **-s** finale pur essendo nomi singolari: **Politics is my business**, *La politica è il mio mestiere* (*politica* nel senso di "strategia politica" si dice però **policy**);

Quarantacinquesima lezione / 45

4 Se non possono giocare a golf o a tennis, fanno almeno finta che la politica sia un gioco con regole molto simili.

5 Se non fosse per questo, il Parlamento desterebbe ancor meno interesse *(di quanto non faccia)*,

6 perciò l'istinto britannico fa sì che si formino due squadre contrapposte, con tanto d'arbitro e guardalinee, e che le si lasci discutere fino allo sfinimento.

7 La Camera dei Comuni è disposta in modo tale che il singolo membro è di fatto obbligato a stare da una parte o dall'altra

8 prima di conoscere di quali argomenti si tratti, o addirittura (in alcuni casi) prima di conoscere l'oggetto della disputa.

9 Educato fin dalla nascita a battersi per il suo schieramento, è dispensato per questo da qualsiasi soverchio sforzo mentale.

Economics is boring, *L'economia è noiosa*; **Mathematics is very elegant**, *La matematica è molto elegante*.

6 Vi sarete certamente accorti che questo testo è scritto in uno stile sobrio e sostenuto: ne è un esempio la disposizione delle parole **so that** (*in modo tale che, in modo da*), che nel linguaggio corrente non vengono separate: **I arranged the seating so that we had a good view of the stage**, *Ho sistemato i posti a sedere in modo tale da avere una buona visuale della scena*. In un registro letterario come questo, invece, i due elementi si possono separare: **I so arranged the seating that** ecc.

7 **side**, *parte, lato*, ma anche *squadra, schieramento, partito* ecc. **Which side do you support?**, *Per che squadra tifi?* **Are you on my side?**, *Sei dalla mia parte?* Nel nostro testo sono presenti molte di queste accezioni.

10 Sliding into a seat toward the end of a speech, he knows exactly how to take up the argument from the point it has reached.

11 If the speaker [8] is on his own side of the House, he will say "Hear, hear!" [9].

12 If he is on the opposite side, he can safely say "Shame!" or merely "Oh!".

13 At some later stage he may have time to ask his neighbour what the debate is supposed to be about.

14 Strictly speaking, however, there is no need for him to do this: he knows enough in any case not to kick into his own goal [10].

15 The men who sit opposite are entirely wrong and all their arguments are so much drivel [11].

Note

[8] Ricordiamo che **the Speaker** (con la **s** maiuscola) è *il presidente* della Camera (lezione 43, nota culturale), ma in questo caso è semplicemente *l'oratore*.

[9] **Hear, hear!** è un'esclamazione con cui si approva quello che è stato appena detto e che, da ben due secoli, si sente usare per lo più in occasione dei dibattiti parlamentari a Westminster. Si può tradurre con *Bravo!, Infatti!, Giusto!, Ha ragione!* ed è un'alterazione di **Hear him, hear him!**, *Ascoltatelo!* In altri contesti, quest'espressione viene impiegata (spesso ironicamente) in un registro sostenuto.

[10] **to kick into one's own goal** è una variante di **to score an own goal**, che nel gergo sportivo vuol dire segnare (**to score**) per sbaglio un goal nella propria porta, ovvero *fare un autogol*, espressione che usiamo anche noi in senso figurato: **He scored an own goal by making a joke about the health minister**, *Ha fatto un autogol prendendo in giro il ministro della sanità*. Un modo di dire equivalente è **to shoot oneself in the foot** (lett. spararsi nel piede), *darsi la zappa sui piedi*.

Quarantacinquesima lezione / 45

10 Prendendo posto di soppiatto verso la fine di un intervento, egli sa perfettamente come riprendere la discussione dal punto in cui si era fermata.

11 Dirà "Bravo, giusto!" se l'oratore si trova dalla stessa parte della Camera in cui si trova lui.

12 Se invece l'oratore si trova nell'altro schieramento, può dire tranquillamente "Vergogna!" o semplicemente "Oh!".

13 Più avanti avrà forse tempo di chiedere al suo vicino qual è l'argomento del dibattito.

14 A rigore, comunque, non è necessario che lo faccia: in ogni caso ne sa abbastanza da non fare un autogol.

15 Quelli seduti dalla parte opposta hanno torto marcio e tutti i loro argomenti sono un ammasso di sciocchezze.

11 **to dribble**, *sbavare, gocciolare*, ma in ambito sportivo (tanto per restare in argomento) il senso di questo verbo è *scartare* o semplicemente *dribblare*, entrato trionfalmente da tempo nel nostro gergo calcistico. Anche qui abbiamo una variante, **to drivel** (e il sostantivo **drivel**, più usato), ma solo nel senso di *sbavare*, che tuttavia significa anche *dire sciocchezze*, come se queste colassero lentamente dalla bocca...

16 The men on his own side are statesmanlike [12], by contrast, and their speeches a singular blend of wisdom, eloquence, and moderation.

17 Nor does it make the slightest difference whether he learned his politics at Harrow or in following the fortunes of Aston Villa [13].

18 In either school he will have learned when to cheer and when to groan.

19 But the British system depends entirely on its seating plan.

20 If the benches [14] did not face each other, no one could tell truth from falsehood [15] – wisdom from folly – unless indeed by listening to it all.

21 But to listen to it all would be ridiculous, for [16] half the speeches must of necessity be nonsense.

Note

12 Col suffisso **-like** si può trasformare qualsiasi nome in un aggettivo: **The centre-forward moved with cat-like grace**, *Il centravanti si è mosso con grazia felina*. I pareri dei grammatici sull'uso o meno del trattino sono discordi, ma vi consigliamo di metterlo: non avrete mai torto e per di più la parola formata sarà più comprensibile.

13 Fondata nel 1572, Harrow è una scuola privata della regione di Londra che, tradizionalmente, forma la classe dirigente della Gran Bretagna (vedi la nota culturale di questa lezione). Quanto all'Aston Villa, è una squadra di calcio originaria di Aston, località in periferia di Birmingham. L'autore, insistendo sulla metafora sportiva, pensa sarcasticamente che si possa fare politica pur avendo frequentato non una scuola prestigiosa, bensì gli spalti di uno stadio.

14 **bench**, *banco, panca*. Nella Camera dei Comuni i deputati che sostengono il governo sono seduti sui banchi disposti a destra dello Speaker,

Quarantacinquesima lezione / 45

16 Quelli seduti dalla sua stessa parte, per contro, possiedono doti da statista e i loro discorsi rappresentano una singolare fusione di saggezza, eloquenza e moderazione,

17 e non fa nessuna differenza se egli abbia appreso l'arte della politica a Harrow oppure seguendo le vicende dell'Aston Villa.

18 In entrambi i casi avrà imparato quando è il caso di applaudire e quando è il caso di lamentarsi.

19 Tuttavia il sistema britannico dipende interamente dalla disposizione dei banchi.

20 Se questi non fossero situati uno di fronte all'altro, nessuno saprebbe distinguere il vero dal falso né la saggezza dalla pazzia, se non ascoltando tutto, è chiaro,

21 ma ascoltare tutto sarebbe assurdo, perché metà dei discorsi sono per forza di cose privi di senso.

---

mentre quelli dell'opposizione si trovano esattamente di fronte, quindi a sinistra dello Speaker. In ambito politico si possono creare altre parole con **bench**, come vedremo domani.

15 Di norma il suffisso **-hood** serve a creare nomi astratti da nomi concreti, **brother**, *fratello* → **brotherhood**, *fratellanza*, ma si può usare anche per formare nomi astratti da aggettivi: **false**, *falso* → **falsehood**, *il falso*, *menzogna*. Purtroppo queste regole non sono sempre applicabili: ne riparleremo alla fine della settimana.

16 In uno stile formale la preposizione **for** può servire da congiunzione nel senso di *perché, poiché*: **He stood with his mouth open, for he had never seen anything so awesome**, *È rimasto a bocca aperta perché non aveva mai visto niente di così impressionante.* Nel linguaggio corrente **for** viene sostituito da **because**.

Exercise 1 – Translate

❶ Economics is known as the "dismal science" but politics is even more dismal! ❷ The government was unable to stem sharply rising unemployment. ❸ You really scored an own goal when you pretended not to understand him. ❹ His speech was just drivel. – Hear, hear! ❺ There's no need for you to do this exercise. Wouldn't you rather be doing something else?

Exercise 2 – Fill in the missing words

❶ L'oratore ha ripreso la discussione dal punto in cui era rimasta.
The speaker .... the argument .... it ... .

❷ Non ha detto niente perché non aveva mai visto nulla di così impressionante.
He said nothing, ... anything .. ..

❸ Hanno disposto i banchi in modo da avere una visuale ampia.
They .. .. the seating plan .... a great view.

❹ Essendo cresciuto a pane e giochi di squadra, è stato dispensato da qualsiasi sforzo intellettuale eccessivo.
.... team games, ... undue mental effort.

❺ Non fa alcuna differenza che voi siate inglesi o gallesi: siete comunque britannici.
... . the .... you are English or Welsh: you're still British.

---

*Benché nel secondo dopoguerra la società britannica si sia evoluta, allentando la stretta delle divisioni in classi, è innegabile il perdurare di un certo elitarismo, soprattutto nell'ambito dell'istruzione. La formazione di un membro dell'**establishment** comincia usualmente sui banchi di una di quelle scuole private che gli inglesi, per spirito di contraddizione, chiamano **public schools**: istituti scola-*

Quarantacinquesima lezione / 45

Soluzioni dell'esercizio 1
❶ L'economia è nota col nome di "scienza triste", ma la politica lo è ancora di più! ❷ Il governo non è riuscito ad arginare la forte crescita della disoccupazione. ❸ Hai proprio fatto un autogol quando hai fatto finta di non capirlo. ❹ – Il suo discorso era solo un mucchio di sciocchezze. – Bravo! ❺ Non è necessario che tu faccia quest'esercizio. Non preferiresti fare qualcos'altro?

Soluzioni dell'esercizio 2
❶ – took up – from the point – had reached ❷ – for he had never seen – so awesome ❸ – so arranged – that they had – ❹ Being brought up on – he was saved from any – ❺ Nor does it make – slightest difference whether –

stici come Harrow (vedi la nota 13 di questa stessa lezione), Eton (fondato nel 1440), Winchester (1387), o ancora il "giovane" Rugby (1567, culla del gioco omonimo) sono estremamente selettivi e i loro allievi provengono dall'alta borghesia o da famiglie molto agiate. Questa accezione di **public school** *è specifica dell'Inghilterra e originariamente indicava una scuola che non dipendeva dalla Chiesa e pertanto era pubblica. Negli Stati Uniti e negli altri Paesi anglofoni,* **a public school** *è una scuola statale. Come fanno dunque gli inglesi a distinguere una scuola pubblica da una scuola privata? Risposta: chiamano la prima* **state school**.
Una volta ottenuto il diploma, gli allievi possono proseguire i loro studi a Oxford, l'università più antica del mondo anglofono, o a Cambridge, che è più recente dal momento che è stata fondata nel 1209... Naturalmente in Gran Bretagna ci sono anche altre università e scuole di alto livello, ma la classe dirigente del Paese si forma sempre a **Oxbridge** *(ne avevamo parlato nella nota culturale della 27ª lezione, ricordate?). Studi recenti dimostrano che i tre quarti della magistratura, circa la metà dei giornalisti influenti e quasi un terzo dei deputati sono ex studenti di Oxford o di Cambridge. Queste istituzioni hanno tentato di aprire le porte a un numero maggiore di cittadini "comuni", ma con esiti altalenanti. Ad ogni modo è certo che, fino a quando le abbreviazioni latine* **Oxon** *(Oxford) e* **Cantab** *(Cambridge) avranno un peso determinante nelle alte sfere dopo il diploma, questo elitarismo continuerà a perdurare.*

Forty-sixth lesson

Cut and thrust [1]

1. Politicians rarely wear kid [2] gloves in the debating chamber: they prefer boxing gloves.
2. Here's a selection of choice political barbs culled from the pages of Hansard – before the era of photo-ops and soundbites [3]...
3. – The honourable member for Leeds Central would make a drum out of the skin of his mother in order to sing his own praises.
4. He's a modest little man with much to be modest about, and there's less to him than meets the eye [4].

Note

[1] L'inglese ama particolarmente le allitterazioni (ne abbiamo avuto una conferma nella lezione 43, alla nota 2), ma anche i "binomi" (coppie di nomi e aggettivi legate dalle congiunzioni **and** o **or**) sono un'altra delle sue passioni... Nel binomio **cut and thrust**, che viene dal mondo della scherma, il senso letterale (**cut**, *colpo di taglio*, **thrust**, *colpo di punta*) ci fa intuire vagamente il senso dell'espressione: una serie di botte e risposte (in un dibattito, ma non solo). **The PM used to love the cut and thrust of parliamentary debate**, *Il Primo ministro amava le schermaglie del dibattito parlamentare*.

[2] Da **kid**, *capretto*, abbiamo i **kid gloves**, letteralmente *guanti di capretto*, che con i verbi **to treat** o **to handle** formano una frase idiomatica, la cui traduzione italiana è molto simile (*trattare qualcuno o maneggiare qualcosa coi guanti*): **When you apply for extra funding, you'd better handle the minister with kid gloves**, *Quando chiede dei finanziamenti extra, Lei farebbe meglio a trattare il ministro coi guanti*. L'unica differenza tra l'italiano e l'inglese è che noi non specifichiamo di che pelle si tratta e al massimo diciamo che si tratta di guanti bianchi.

Quarantaseiesima lezione

Schermaglie

1 I politici usano raramente i guanti *(di capretto)* durante i dibattiti alla Camera: preferiscono i guantoni.

2 Ecco un'antologia di frecciate politiche pungenti spigolate dalle pagine dell'Hansard prima dell'era delle photo opportunity e delle frasi ad effetto...

3 – L'onorevole membro della circoscrizione di Leeds Centro farebbe un tamburo con la pelle di sua madre pur di tessere le proprie lodi.

4 È un ometto modesto che ha parecchie ragioni per esser tale, e lo è ancora più di quanto non appaia.

---

3 Ricco e fantasioso, il vocabolario politico-mediatico inglese presenta molti termini non semplici da rendere in italiano: **sound-bite** o **soundbite** (lett. morso di suono) è una frase (spesso di grande impatto) tratta da un discorso e destinata ad essere citata spesso dai giornali e dalla televisione: uno *slogan* o una *frase ad effetto*. **Most politicians tend to package their ideas in soundbites**, *La maggior parte dei politici tende a riassumere le proprie idee in slogan*; quanto a **photo op**, (abbreviazione di **photo opportunity**, che si usa anche in italiano), è un'occasione per fotografare un evento o un personaggio celebre e ha spesso una sfumatura peggiorativa per indicare una posa, un'operazione di facciata, in genere da parte di gente famosa a caccia di pubblicità e visibilità.

4 Per capire questo gioco di parole, ricordatevi l'espressione **there's more to it than meets the eye** (lezione 25, nota 2). In questa lezione vedremo altre frasi fatte modificate ad arte, un tipo di calembour molto frequente in inglese.

46 / Forty-sixth lesson

5 – I would remind the right honourable gentleman that, while it is a fine thing to be honest,
6 it's also important to be right, a fact he tends to overlook in favour of snide remarks.
7 In actual fact, being criticised by him is like being savaged by a dead sheep.
8 If I may pursue the animal metaphor, he's a sheep in wolf's clothing [5].
9 In a debate, he's forever [6] poised between a cliché and an indiscretion [7].
10 And in Cabinet, he's worth his weight in brass [8], as my honourable friends on this side of the House can confirm.
11 He has sat on the fence [9] so long that the iron has entered his soul.
12 They say he'll be prime minister one day – and one day will certainly be enough.
13 – Order, order. We'll have a little less back-biting please.

Pronuncia
*9 ... **kli:**shei ...*

Note

5 Questa inversione è un po' più facile da comprendere: **a wolf in sheep's clothing**, *un lupo vestito da agnello*. Come nella frase 4, si suggerisce sarcasticamente che la persona in questione nasconda la sua pochezza sotto un aspetto aggressivo.

6 **forever**, *sempre*, ma in combinazione con un gerundio o un participio passato, va tradotto piuttosto con *continuamente, in continuazione*: **My wife was forever telling me that I should change jobs**, *Mia moglie mi diceva continuamente di cambiare lavoro*.

7 Raramente **indiscretion** corrisponde a *indiscrezione*: il suo significato è piuttosto *sconsideratezza*: sicuramente nell'incapacità di mantenere

Quarantaseiesima lezione / 46

5 – Vorrei ricordare all'onorevole collega che, se è vero che essere onesti è una bella cosa,
6 è altrettanto importante essere nel giusto, cosa che lui tende a trascurare preferendo fare commenti sprezzanti.
7 Di fatto, essere attaccati *(criticati)* da lui è come essere aggrediti da una pecora morta.
8 Se posso insistere con la metafora zoologica, è un agnello *(una pecora)* vestito da lupo.
9 In un dibattito è continuamente in bilico tra una banalità e una grossolanità
10 e nel governo vale tanto ottone quanto pesa, come gli onorevoli colleghi di questo schieramento *(della Camera)* possono confermare.
11 A forza di fare il pesce in barile è diventato duro come un baccalà.
12 Si dice che un giorno sarà Primo ministro e un giorno sarà certamente fin troppo.
13 – Ordine, ordine! Sparliamo un po' meno alle spalle *(avremo un po' meno maldicenze)*, **per cortesia**.

---

un segreto o, come in questo caso, un'indelicatezza o una grossolanità.

8 Anche in questo caso la frase fatta originale non è lontana dalla sua traduzione italiana: **to be worth one's weight in gold**, *valere tanto oro quanto si pesa*.

9 Abbiamo già incontrato il sostantivo **fence**, *recinto*, alla lezione 44 (**to mend fences**), ma si trova anche nel modo di dire **to sit on the fence**, *non prendere posizione, restare neutrale*: **Wilson is sitting on the fence: he refuses to endorse either candidate**, *Wilson non prende posizione: si rifiuta di appoggiare sia l'uno che l'altro candidato.* Nel nostro esempio (la frase è attribuita al Primo ministro David Lloyd-George), l'oratore associa quest'espressione a un'altra di origine biblica, **the iron (has) entered one's soul**, *si è indurito, è diventato insensibile*; letteralmente: "A forza di star seduto su un recinto, il ferro (di cui è fatto il recinto) gli è entrato nell'anima". Va da sé che la nostra traduzione deve ricorrere a immagini diverse rispetto a quelle evocate dalle due espressioni inglesi.

46 / Forty-sixth lesson

14 – If you were to ask his colleagues on the back bench, they would tell you that he prefers stabbing to biting [10].

15 But let's get down to brass tacks [11] and discuss the basic issues, shall we?

16 As usual, my opponent is toeing the party line [12] and offering a mixture of sound and original ideas.

17 Unfortunately none of [13] the sound ideas is original and none of the original ideas is sound.

18 There are of course two sides to every issue – and his party takes both.

19 They have a problem; they won't get elected until things get worse.

20 But things won't get worse unless they're elected.

Note

10 to backbite (lett. *mordere la schiena*) significa *calunniare, denigrare, sparlare*, ma si può fare di peggio: to backstab (contrazione di to stab someone in the back), com'è intuibile, vuol dire *pugnalare alle spalle*. Da questi verbi sono stati tratti due sostantivi: **backbiting**, *calunnia, maldicenza*, e **backstabbing**, *pugnalata*.

11 Vedi lezione 35, § 4.

12 toe, *dito del piede* (big toe, *alluce*). Il verbo to toe compare soprattutto nella frase idiomatica to toe the line, ovvero mettersi sulla linea di partenza in occasione di una corsa o, metaforicamente, *allinearsi, rigare diritto, obbedire* ecc. **He's the black sheep of the family who refuses to toe the line**, *È la pecora nera della famiglia, si rifiuta di obbedire*. In politica, per **line** s'intende la *posizione*, la *linea* del partito, proprio come in italiano; **to toe the party line**, *seguire la linea del partito*. Vedi anche la nota culturale.

Quarantaseiesima lezione / 46

14 – Se Lei dovesse chiedere ai Suoi colleghi nei banchi delle retrovie, Le direbbero che per lui è meglio pugnalare che sparlare alle spalle.
15 Ma veniamo al dunque e discutiamo le questioni fondamentali, d'accordo?
16 Come al solito, il mio avversario segue la linea del suo partito e propone un misto di idee buone e originali.
17 Purtroppo nessuna delle idee buone è originale e nessuna delle idee originali è buona.
18 Com'è noto, per ogni questione ci sono due punti di vista e il suo partito li sostiene entrambi.
19 Il loro problema è questo: finché le cose non andranno peggio non verranno eletti,
20 ma le cose andranno peggio soltanto se saranno eletti.

13 Il pronome **none**, seguito da **of**, si traduce *nessuno di*. Quando precede un nome plurale il verbo va al singolare, come in italiano: **None of the company's employees is represented by a trade union**, *Nessuno dei dipendenti dell'azienda è rappresentato da un sindacato.* Nell'inglese attuale, tuttavia, è accettato anche il plurale (**None of the company's employees are represented** ecc.) perché la vicinanza di un verbo al singolare e di un sostantivo plurale è un po' una "stonatura".

21 – Madam Speaker, I beg [14] to move [15] that this House adjourn to next Wednesday.

Note

[14] Questa formula, impiegata da tutti i deputati quando propongono di aggiornare la seduta, è molto elaborata: si noti l'uso di **to beg**, che come primo significato ha quello di *mendicare*. In un registro molto educato questo verbo acquista il senso di *scusarsi*, *permettersi* (talvolta quello di *pregiarsi*). **I beg to point out that you are mistaken**, *Mi permetterei di farLe presente che Lei è nel torto*; o ancora **I beg to inform you that I have forwarded your letter to my lawyer**, *Mi pregio di informarLa che ho inoltrato la Sua lettera al mio avvocato*. Sempre educata, ma un po' più comune e abituale, è l'espressione **I beg your pardon**, che vuol dire *Mi scusi* oppure *Prego?* quando si vuol chiedere all'interlocutore di ripetere quello che ha detto.

***

Exercise 1 – Translate

❶ Good business analysts are worth their weight in gold. ❷ I trusted you and you stabbed me in the back. ❸ I beg your pardon? Could you say that again? ❹ Unfortunately, we're living in an era of soundbites and photo-ops. ❺ This is a delicate affair that needs to be handled with kid gloves.

***

Exercise 2 – Fill in the missing words

❶ È rimasto neutrale e ha rifiutato di appoggiare sia l'uno che l'altro candidato.

He .. .. and refused to endorse .. .. candidate.

❷ Nessuno dei loro dipendenti è rappresentato da un sindacato, cosa che Lei tende a dimenticare *(trascurare)*.

.. .. employees .. represented by a trade union, a fact .. ..

❸ Sua moglie gli dice in continuazione di *(che dovrebbe)* cambiare lavoro.

.. .. that he .. .. jobs.

21 – Signora Presidente, mi permetto di proporre di aggiornare la seduta a mercoledì prossimo.

15 In un dibattito, e segnatamente in quello parlamentare, **to move** (seguito da **that**) significa *proporre*: **She moved that the committee adopt the minutes of the last meeting**, *Ha proposto alla commissione di approvare il verbale dell'ultima riunione.* Notate l'impiego del congiuntivo. Come abbiamo già spiegato nella lezione 21 (§ 1), in un registro meno formale è possibile aggiungere l'ausiliare **should**: **She moved that the committee should adopt** ecc. Il fatto che **to move** si possa tradurre con *proporre* vi parrà meno sorprendente se considerate che uno dei sinonimi di *proposta* è *mozione*, **motion**: **The board rejected the motion**, *Il consiglio ha respinto la mozione.*

***

Soluzioni dell'esercizio 1

❶ I buoni analisti finanziari valgono tanto oro quanto pesano. ❷ Mi sono fidato di te e tu mi hai pugnalato alle spalle. ❸ Chiedo scusa, potrebbe ripetere? ❹ Purtroppo viviamo in un'epoca di frasi a effetto e di photo opportunity. ❺ È una questione delicata che va trattata coi guanti.

***

❹ Alla fine sono arrivati al dunque e hanno discusso le questioni fondamentali.
They .... to .... and discussed the ....

❺ Il deputato ha proposto alla commissione di approvare il verbale dell'ultima riunione.
The MP .... the .... of the last meeting.

Soluzioni dell'esercizio 2

❶ – sat on the fence – either – ❷ None of their – is – you tend to overlook ❸ His wife is forever telling him – should change – ❹ – finally got down – brass tacks – basic issues ❺ – moved that the committee should adopt – minutes –

*Eccovi qualche altra precisazione sul lessico della politica. I dibattiti delle due Camere, **Commons** e **Lords**, vengono trascritti interamente e pubblicati col nome di Hansard (l'editore che nel XVIII secolo pubblicò le prime trascrizioni). Lo stesso resoconto (disponibile oggi anche in formato elettronico) viene utilizzato in altri Paesi che hanno adottato il sistema parlamentare britannico (il Canada, l'Australia ecc.).*
*Nella scorsa lezione abbiamo visto che i deputati sono seduti sui banchi (**benches**) gli uni di fronte agli altri. I ministri (e i loro omologhi dello **shadow cabinet**, o governo ombra, dell'opposizione) occupano le prime file e sono dunque dei **front benchers**; gli altri deputati sono invece dei **back benchers**, parlamentari senza incarico. Benché i dibattiti siano spesso accesi se non violenti, i deputati hanno l'obbligo di mantenere un linguaggio decoroso e, come sapete, non possono neppure parlarsi direttamente e devono rivolgersi allo **Speaker**, cominciando il loro intervento con le parole **Mr Speaker** (o **Madam Speaker** se il presidente è una donna). Quando parlano di un*

Forty-seventh lesson

Oratory

1 – If my opponent is re-elected as prime minister [1] on Thursday, I warn you.
2 I warn you that you will have pain – when [2] healing and relief depend upon payment.

Pronuncia
2 ... ri:li:f ...

Note

1 Sull'uso dell'iniziale maiuscola oppure minuscola per i titoli e le cariche, vedi la lezione 43, nota 10.

altro deputato, usano l'espressione **right honourable friend** *o* **right honourable lady/gentleman** *(30ª lezione, nota 1). Ciò nonostante gli insulti fioccano, seppure in punta di fioretto, e il Presidente si vede spesso costretto a richiamare i deputati all'ordine gridando* **Order, order!** *(sempre due volte). Un tempo questa tradizione di ingaggiare schermaglie con gli avversari non si fermava alle parole: proprio davanti a ciascuna delle due file di banchi c'è una linea dipinta sul pavimento e la distanza tra le due linee equivale alla lunghezza di due spade impugnate senza che le lame si incrocino. I deputati non devono oltrepassare questi confini. Nei tempi in cui portavano la spada, questa regola impediva lo spargimento di sangue. Se un deputato usciva dai ranghi, lo Speaker gli ordinava di* **toe the line** *(tenere il piede dietro la linea). Oggi i deputati rimangono all'interno di queste* **sword lines** *per educazione. Grazie ai mezzi di comunicazione moderni potrete seguire facilmente un dibattito parlamentare e forse vi meraviglierete di quanto sia animato e talvolta chiassoso!*

Quarantasettesima lezione

Arte oratoria

1 – Se giovedì il mio avversario verrà rieletto Primo ministro, io vi avverto.

2 Vi avverto che ci sarà dolore, mentre la cura e la guarigione saranno a pagamento.

---

2 Dopo **when**, nelle subordinate temporali, non si può usare il futuro: **I will get back to you when I have an answer**, *Ti contatterò di nuovo quando avrò una risposta.* In questo tipo di costruzione **when** ha funzione di congiunzione.

47 / Forty-seventh lesson

3 I warn you that you will have ignorance – when talents are untended [3] and wits [4] are wasted.

4 I warn you that you will have poverty – when benefits [5] are whittled away [6] by a government that won't [7] pay in an economy that can't pay.

5 I warn you that you will be cold – when fuel charges are used as a tax system that the rich don't notice and the poor can't afford.

6 I warn you that you must not expect work – when many cannot spend, more will not be able to earn.

7 When they don't earn, they don't spend. When they don't spend, work dies.

*4 ... wit**ĕd** ...*

Note

3 **untended** è uno dei derivati dal verbo **to tend to**, *badare a, occuparsi di*: **Having retired, he now tends to his garden all day**, *Ora che è in pensione, si occupa del suo giardino tutto il giorno*. Tra gli altri derivati abbiamo gli aggettivi **well tended** (o **carefully tended**), *ben curato, ben tenuto*, e **untended**, *mal tenuto, non curato*; **to tend to** ha anche il senso di *tendere a* (**He tends to get angry if he loses an argument**, *Tende ad arrabbiarsi quando ha la peggio in una discussione*), ma è un'accezione secondaria rispetto alla precedente.

4 Nella lezione 36 (frase 15 e nota 13) abbiamo un altro esempio di **wit** al plurale e con questo senso (**wits** compare anche in frasi fatte come **to keep one's wits about one**, *stare all'erta*, **to be at one's wits' end**, *non sapere più cosa fare, non sapere più che pesci pigliare*, e **to be scared out of one's wits**, *spaventarsi a morte*).

5 Non è certamente la prima volta che incontriamo **benefits** (alla lezione 8, nota 14, corrispondeva a *benefici*, e nella lezione 36, frase 14, a *sussidi*, come qui). Parlando di chi beneficia di questi sussidi, si dirà

Quarantasettesima lezione / 47

3 Vi avverto che ci sarà ignoranza, mentre il talento sarà derelitto e l'ingegno sprecato.

4 Vi avverto che ci sarà povertà, mentre i sussidi saranno ridotti da un governo che si rifiuta di pagare con un'economia che non consente di pagare.

5 Vi avverto che ci sarà freddo, mentre il prezzo dei carburanti sarà usato come una tassa *(regime fiscale)* che i ricchi non avvertiranno e i poveri non potranno sopportare.

6 Vi avverto che non dovrete sperare nell'occupazione, mentre molti non potranno spendere e saranno ancor di più quelli che non potranno guadagnare.

7 Quando non si guadagna, non si spende. Quando non si spende, l'occupazione è morta.

---

he's o she's on benefits. Se occorre, è meglio precisare di che tipo: **My brother-in-law's on unemployment** o **sickness benefit**, *Mio cognato riceve il sussidio di disoccupazione o di malattia*.

6 to whittle, letteralmente *tagliuzzare*, viene spesso associato a una preposizione acquistando un senso figurato: **to whittle down**, *selezionare (riducendo), ridurre (di numero)*: **We've whittled the applicants down to three**, *Abbiamo selezionato tre candidati* oppure *Abbiamo ridotto a tre il numero dei candidati*; **to whittle away**, *erodere, ridurre pian piano*: **Our fundamental freedoms have been whittled away by this government**, *Le nostre libertà fondamentali sono state pian piano ridotte da questo governo*. Per volgere questo verbo alla forma attiva si aggiunge **at**: **This government has whittled away at our fundamental freedoms**.

7 Attenzione: **will not** non è soltanto la forma negativa dell'ausiliare **will**, ma anche un modo per dire *non volere, rifiutare*: **I will not pay!**, *Non voglio pagare!*

47 / Forty-seventh lesson

8 I warn you not to go into the streets alone after dark or into the streets in large crowds of protest in the light.

9 I warn you that you will be quiet – when the curfew [8] of fear and the gibbet [8] of unemployment make you obedient.

10 I warn you that you will be home-bound [9] – when fares and transport bills kill leisure and lock you up.

11 I warn you that you will borrow less – when credit, loans, mortgages and easy payments are refused to people on your melting income.

12 If my opponent wins on Thursday [10], I warn you not to be ordinary. I warn you not to be young.

13 I warn you not to fall ill. I warn you not to get old.

14 – Let us learn our lessons. Never, never, never believe any war will be smooth and easy,

Note

8 Sia **curfew** che **gibbet** derivano da parole francesi ("couvre-feu" e "gibet"). Benché sia stato pronunciato negli anni '80, in tempi dunque relativamente recenti, questo discorso fa sfoggio di una terminologia e di costruzioni piuttosto ricercate, talvolta quasi vittoriane, per rendere il suo messaggio più efficace.

9 bound, participio passato di **to bind**, *legare* e per estensione *costringere*. In alcuni aggettivi composti compare proprio con quest'ultimo senso: per esempio **The ship was icebound** (o **ice-bound**), *Le nave era incagliata tra i ghiacci*, o ancora **The ferry was strikebound**, *Il traghetto era fermo per sciopero*. Chi è costretto a restare tappato in casa è di conseguenza **homebound** (o **housebound**). Attenzione, però, il suffisso **-bound** può anche significare *in direzione di, verso*: **Southbound traffic is blocked by a car crash**, *Il traffico verso sud è bloccato per un incidente*. Perciò **homebound** può anche voler dire *verso casa*, che è ben diverso. Come sempre sarà il contesto a suggerirvi la soluzione giusta.

Quarantasettesima lezione / 47

8 Io vi avverto: non uscite da soli di notte o in corteo per protestare di giorno.
9 Vi avverto che starete zitti, mentre il coprifuoco della paura e il patibolo della disoccupazione vi ridurranno all'obbedienza.
10 Vi avverto che resterete tappati in casa, mentre i prezzi dei trasporti uccideranno il tempo libero e vi terranno chiusi in casa.
11 Vi avverto che avrete meno prestiti, mentre il credito, i finanziamenti, i mutui e le facilitazioni di pagamento vi saranno negati perché i vostri redditi sono allo sfacelo.
12 Se giovedì vincerà il mio avversario, vi avverto: non siate gente comune. Vi avverto: non siate giovani.
13 Vi avverto: non ammalatevi. Vi avverto: non invecchiate.
14 – Impariamo dai nostri errori. Mai, mai, mai credere che una guerra vada liscia e sia facile,

10 Dagli anni '30 in poi, le elezioni politiche in Gran Bretagna si sono svolte sempre di giovedì. La ragione è oscura, ma tra i tentativi di spiegare quella che è ormai divenuta una tradizione c'è il fatto che, all'epoca, la gente veniva pagata di venerdì, per cui il giovedì sarebbe stata probabilmente abbastanza sobria da votare a ragion veduta...

15 or that anyone who embarks on that strange voyage can measure the tides and hurricanes he will encounter.

16 The Statesman who yields [11] to war fever must realise that once the signal is given, he is no longer the master of policy [12]

17 but the slave of unforseeable and uncontrollable events.

18 Weak, incompetent or arrogant commanders, untrustworthy [13] allies, hostile neutrals, malignant fortune, ugly surprises, awful miscalculations:

19 all take their seat at the Council Board [14] on the morrow [15] of a declaration of war.

Note

[11] **to yield**, *cedere*, ma anche *dare la precedenza* (originariamente questo verbo voleva dire *pagare*). Con la preposizione **to** si trova in molte frasi fatte come **to yield to temptation**, *cedere alla tentazione*.

[12] Come abbiamo accennato nella lezione 45 alla nota 5, **policy** vuol dire *politica* nel senso di "strategia politica". Significa anche *polizza*, ma ovviamente in contesto assicurativo.

[13] L'aggettivo **worthy**, *degno*, entra nella formazione di alcuni aggettivi molto comodi per descrivere qualcosa di meritevole o idoneo: **Nothing newsworthy has happened this week**, *Questa settimana non è successo niente che sia degno di nota ("che valga la pena di pubblicare")* o ancora **The ferry was not seaworthy**, *Il traghetto non era idoneo alla navigazione* (lett. non era meritevole-del-mare). Aggiungendo il prefisso **un-** abbiamo aggettivi di senso contrario: **unseaworthy**, **unnewsworthy**, **untrustworthy** ecc.

15 o che chiunque s'imbarchi in quello strano viaggio possa valutare le maree e gli uragani in cui s'imbatterà.

16 Lo statista che cede alla febbre della guerra deve rendersi conto che, una volta che è stata dichiarata *(il segnale è dato)*, **non è più padrone della politica,**

17 ma schiavo di eventi imprevedibili e incontrollabili.

18 Comandanti deboli, incompetenti o arroganti, alleati infidi, forze neutrali ostili, sorte maligna, brutte sorprese, tragici errori di calcolo:

19 tutte queste cose prendono posto al tavolo del Consiglio all'indomani di una dichiarazione di guerra.

14 In genere **board** è un *consiglio*, un'*assemblea*, letteralmente *una tavola*. Quanto al **council**, nel caso in questione è il **council of war**, *consiglio di guerra*.

15 Anticamente **morrow** era il *mattino* o l'*indomani*. Per evitare la possibilità di equivoci, si è poi pensato di sostituirlo nella prima accezione con **morning**. Per quanto riguarda la seconda, è stato aggiunto il prefisso **to-** (**tomorrow**). Ormai **morrow** è di casa solo in letteratura: **The prince agreed to flee with his love on the morrow**, *Il principe acconsentì a fuggire l'indomani con l'amata*. Lo stesso fenomeno si riscontra in **the eve**, *la vigilia*, e in **the evening**, *la sera*.

20 Always remember, however [16] sure you are that you can easily win,

21 that there would not be a war if the other man did not think that he also had a chance.

Note

[16] Tra i vari significati di **however** abbiamo *però* (lezione 24, frase 2), *tuttavia* e naturalmente *comunque*, dal momento che fa parte di quelle parole che si formano aggiungendo *-ever* (equivalente del nostro *-unque*) a un avverbio (**when**, **where** ecc.): **However you choose to contact us, we'll give you a quick response**, *Comunque scegliate di contattarci, vi*

***

Exercise 1 – Translate

❶ She hasn't heard from her son for a month and she's at her wits' end. ❷ I finally yielded to reason and gave up skiing. ❸ However you choose to contact them, they'll give you a quick response. ❹ I can't pay and I won't pay! I'm on sickness benefit. ❺ When will you get back to me? – When I have the information.

***

Exercise 2 – Fill in the missing words

❶ Non ci sarebbero guerre se la parte avversa non pensasse di avere anch'essa una possibilità.
．．．．．．．．．．．． a war if the other side ．．．．．．．．．．．．．．[1] also had a chance.

❷ È bene stare all'erta quando si lavora per un'organizzazione umanitaria.
It's important ．．．．．．．．．．．．．．．． when you are ．．．．．．． worker.

❸ Questo governo sta erodendo a poco a poco le nostre libertà fondamentali.
Our fundamental freedoms ．．．．．．．．．．．．．．．．．． by this government.

Quarantasettesima lezione / 47

20 Ricordatevi sempre che, per quanto possiate essere sicuri di vincere facilmente,
21 non ci sarebbero guerre se il nemico non pensasse di avere anche lui una possibilità.

risponderemo rapidamente. Inoltre, quando è seguito da un aggettivo, **however** traduce *per quanto (sia)*: **A profit is a profit, however small**, *Per quanto piccolo, un profitto è sempre un profitto*. Niente di nuovo, in definitiva: il contesto e l'esperienza vi guideranno di volta in volta. Un altro esempio? **However hard I try, I can't forget her**, *Per quanto ci stia provando, non riesco a dimenticarla*.

***

Soluzioni dell'esercizio 1
❶ Non ha notizie di suo figlio da un mese e non sa più cosa fare. ❷ Alla fine ho ceduto alla ragione e ho smesso di sciare. ❸ Comunque sceglierai di contattarli, ti risponderanno in fretta. ❹ Non posso e non voglio pagare! Sono in malattia. ❺ – Quando mi contatterai? – Quando avrò le informazioni.

***

❹ Il prezzo dei carburanti è in aumento: la benzina e il gasolio sono saliti del dieci per cento, ma è la nafta quella che è aumentata di più.

.... are rising: ..... and ...... are up by ten per cent but .... has ....

❺ Questa settimana non è successo niente di interessante, a parte il naufragio di un traghetto che non era idoneo alla navigazione.

.... this week, apart from the sinking of an .... ferry.

[1] *Ricordiamo che in questo tipo di costruzioni il pronome relativo si può omettere.*

Soluzioni dell'esercizio 2
❶ There would not be – did not think they – ❷ – to keep your wits about you – a relief – ❸ – are being whittled away – ❹ Fuel prices – petrol – diesel – fuel oil – risen the most ❺ Nothing newsworthy has happened – unseaworthy –

In questa lezione abbiamo conosciuto due esempi di arte oratoria: il primo è tratto da un discorso pronunciato nel 1983 da James Callaghan, all'epoca Primo ministro, alla vigilia delle elezioni politiche; il secondo è del 1930 ed è un intervento del grande Winston Churchill, oratore impareggiabile. I due testi, nonostante il mezzo secolo di distanza che li separa, hanno molte cose in comune: le ripetizioni, un vocabolario ricercato – in alcuni casi un po' arcaico – e un ritmo quasi musicale (ascoltate la cadenza inconfondibile di Churchill). Nel suo discorso, Callaghan usa frasi brevi e ad effetto, mentre quelle di Churchill sono più lunghe e elaborate, ma

Forty-eighth lesson

On the hustings

1 – I'm the Alternative Party candidate for the borough [1] council elections. May I come in for a chat?
2 – By all means. Go through into the front room and meet my flatmates.
3 – I'm standing [2] so that we can have a say in who runs our city, and your vote really counts.

Pronuncia
*1 ... **bárë** ... cèt*

Note

[1] Avete presente quello che abbiamo detto nella lezione 42 a proposito dei gruppi di parole che finiscono in **-ough** e della loro pronuncia? Qui siamo alle prese con un caso che non rientra in nessuno di quei gruppi perché nel passaggio dallo scritto al parlato tutto si riduce al suono **ë**. Lo stesso avviene nei composti con **-borough** o con la sua contrazione **-brough**: Middlesbrough **midëlzbrë**, Scarborough **ska:brë**.

[2] Nella lezione 44 abbiamo già analizzato il significato di **to stand** in ambito politico, ovvero *candidarsi*, e l'uso di **to run** in inglese americano per esprimere lo stesso concetto: **Dyson stood as candidate for General Secretary of the Workers' Union**, *Dyson si è candidato alla segrete-*

*entrambi si servono di termini anglosassoni molto evocativi (**kill, whittle, gibbet, yield, untrustworthy**).*
*Sembra che da qualche anno il livello oratorio dei dibattiti parlamentari sia molto scaduto a causa dell'installazione delle telecamere nel palazzo di Westminster; i deputati cercano di farsi ricordare per i loro **soundbites** anziché pronunciare dei bei discorsi. Vi consigliamo di ascoltare voi stessi i due interventi per farvi un'idea. In ogni caso, a prescindere dalla loro bellezza, non sono stati abbastanza convincenti perché Callaghan ha perso le elezioni del 1983 contro una certa Margaret Thatcher e nel 1939 la Gran Bretagna è entrata in guerra.*

Quarantottesima lezione

Campagna elettorale

1 – Sono il candidato del Partito Alternativo alle elezioni del consiglio comunale. Posso entrare per fare due chiacchiere?
2 – Certo. Venga *(Passi)* in salotto che Le presento i miei coinquilini.
3 – Mi sono candidato affinché possiamo avere voce in capitolo nell'amministrazione della nostra città e il vostro voto è davvero importante.

ria generale del Sindacato dei lavoratori; **Abraham Lincoln first ran for president in 1860,** *Abramo Lincoln si è candidato per la prima volta alla presidenza nel 1860.*

4 My party, which [3] I joined two years ago, wants to lower taxes and cut back spending on education and healthcare.

5 – Forget it. A policy [4] like that hasn't got a snowball's chance in hell [5] of being adopted.

6 – But the party that [6] I represent will put more money back into your pocket and let you choose how to spend it.

7 You'll have noticed that Tory activists are thin on the ground [7] because they reckon they've got this thing sewn up [8].

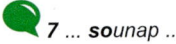

7 ... *so*unap ..

Note

3 Ecco uno dei pochi casi in cui bisogna usare **which** e non **that** (vedi anche la lezione 35, § 1): in una costruzione come quella della frase 4, la subordinata **which I joined two years ago** ci fornisce un'informazione in più che non è indispensabile. Questi incisi, separati dalla principale dalle virgole, cominciano con **which** (e non con **that**). Provate a dare un'occhiata alla frase 9 della lezione 44 e confrontatela con la frase 6 di questa lezione.

4 Un'altra possibile traduzione di **policy** è *programma (politico)*; ricordiamo la differenza tra **politics** (sostantivo non numerabile e singolare, nonostante la **-s**), ovvero la politica in senso lato, e **policy**, il modo di esercitarla, la strategia politica o uno dei suoi settori: **What interests me most about politics is foreign policy**, *Quello che mi interessa di più della politica è la politica estera*.

5 Un'immagine fantasiosa, no? **He/she/it hasn't got a snowball's chance in hell**, *Non ha nessuna possibilità* oppure *non ha una possibilità su un milione* (lett. non ha la possibilità di una palla di neve all'inferno). Come molti altri modi di dire colloquiali, anche questo viene spesso accorciato: **He doesn't have a snowball's chance of winning the election**, *Non ha la minima possibilità di vincere le elezioni*.

Quarantottesima lezione / 48

4   Il mio partito, al quale ho aderito due anni fa, vuole abbassare le tasse e tagliare le spese per l'istruzione e la sanità.
5 – Lasci perdere. Un programma del genere non ha nessuna possibilità di passare.
6 – Ma il partito che rappresento Le lascerà più soldi in tasca e Le permetterà di scegliere come spenderli.
7   Avrà notato che ci sono pochi attivisti del Partito conservatore in circolazione perché su questo punto pensano già di avercela fatta.

6 In questa costruzione, **the party that I represent**, la proposizione **that I represent** definisce in un modo o nell'altro il sostantivo **the party**, altrimenti non si saprebbe di che partito si stia parlando. In altre parole è un'informazione essenziale per la frase (mentre nella frase 4 **which I joined** è un inciso). Nel primo caso avremmo potuto usare sia **which** che **that** (o anche omettere il pronome relativo, come abbiamo spiegato nella lezione 35, § 1). Per evitare confusioni, scegliete sempre **that** quando l'informazione che state aggiungendo è indispensabile per la comprensione della frase.

7 In quest'espressione idiomatica (ma non colloquiale) **thin** non vuol dire *magro*, ma *scarso* o *raro*, come degli esili ciuffi d'erba che crescono a stento sul terreno (**ground**): **Honest politicians are thin on the ground**, *I politici onesti sono ben pochi.*

8 **to sew** sou, *cucire* (da non confondere con il suo omofono **to sow**, *seminare*), verbo irregolare. L'aggiunta di **up**, come avviene spesso nei verbi frasali, indica un'azione completata o svolta a fondo: **The doctors cleaned the wound and sewed it up**, *I medici hanno pulito e ricucito la ferita*. In senso figurato **to sew up** sta per *portare a termine* o *assicurarsi*: **Nixon sewed up the nomination at the party convention**, *Nixon si assicurò la nomina al congresso del partito*. Attenzione: **to sew** appartiene a quei verbi che sono sia regolari che irregolari (lezione 21, § 5): **to sew, sewed, sewed** oppure **sewn**.

four hundred and ten • 410

48 / Forty-eighth lesson

8 Borough elections are usually fought on local issues like rubbish collection, street lighting and what have you [9].

9 But, if we do our damnedest [10], we can turn this one into a confidence vote in the whole government.

10 And, with a bit of luck, we'll force the prime minister to go to the country [11].

11 Of course, everything will depend on getting a good turnout, which is why I am here.

12 – But your last term of office was – and I mean this in the nicest possible way – a total disaster.

13 – Hang on [12], that's unfair. I assure you we did everything we could to ensure that all went well.

14 But it was the bureaucracy that was our undoing: we got tied up in Westminster red tape [13].

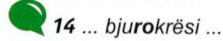

14 ... bjurokrësi ...

Note

9 **and what have you** equivale al nostro *e quant'altro* o *eccetera*. Ricordiamo anche **...and whatnot** (lezione 27, nota 8), *e cose del genere, e simili*, altra espressione utile per lasciare un elenco in sospeso.

10 Ormai stiamo diventando degli esperti per quanto riguarda **damn** (vedi la lezione 32, nota 3, e 34, nota 6). Non si usa solo perché è meno volgare di altre parole, ma anche per la sua sonorità, con la **d** iniziale che risalta particolarmente nella pronuncia; in **to do one's damnedest** (notate la vocale aggiuntiva dopo la **n**), *mettercela tutta, impegnarsi alla morte, fare il possibile* o anche, restando più fedeli al senso letterale, *dannarsi l'anima*, le due **d** a distanza ravvicinata rendono più espressiva la frase. Meno efficace l'espressione equivalente **to do one's best**. *I doubt we can find tickets, but I'll do my damnedest*, Dubito che riusciremo a trovare i biglietti, ma farò il possibile.

Quarantottesima lezione / 48

8 Le elezioni comunali si giocano in genere su questioni locali come la raccolta dei rifiuti, l'illuminazione stradale e cose simili.
9 ma se ci impegniamo alla morte possiamo trasformarle in un voto di consenso *(fiducia)* [per noi] contro la compagine governativa *(sull'intero governo)*
10 e con un pizzico di fortuna obbligheremo il Premier a richiamare gli elettori alle urne.
11 Naturalmente tutto dipenderà da una buona affluenza al voto, ed è per questo che sono qui.
12 – Ma il Suo ultimo mandato si è risolto – per dirla molto gentilmente – in un disastro completo.
13 – Aspetti, non è esatto. Le assicuro che abbiamo fatto tutto il possibile per garantire che tutto andasse bene,
14 ma la burocrazia ci ha bloccato *(è stata la nostra rovina)*: ci siamo impantanati nelle scartoffie di Westminster.

11 **to go to the country**: qui invece la traduzione letterale non c'entra niente con l'effettivo significato. Il candidato non sta dicendo che il Primo ministro andrà in villeggiatura in campagna, bensì che indirà nuove elezioni o, in altre parole, richiamerà gli elettori alle urne. **Prime Minister Smith still hasn't decided whether he will go to the country next June**, *Il Primo ministro Smith non ha ancora deciso se indire le elezioni nel prossimo giugno.*

12 L'interiezione **Hang on!**, in genere all'inizio della frase, vuol dire *Aspetta!, Aspetti!* **Hang on! Those figures have been doctored**, *Aspetti! Queste cifre sono state truccate.* Abbassando il tono e levando il punto esclamativo, **hang on** è tipica frase da conversazioni telefoniche: **Hang on a minute, I'll get him for you**, *Attenda un minuto, vado a vedere se c'è.*

13 **red tape**, *nastro rosso*, è un'espressione inventata dal grande scrittore Charles Dickens per descrivere le scartoffie che abbondano negli uffici e, per estensione, la burocrazia. Questo perché i funzionari legavano i documenti con del nastro rosso prima di metterli nell'archivio. **The local council wants to reduce the red tape involved in starting a business**, *Il consiglio comunale vuole ridurre le lungaggini burocratiche che comporta la creazione di un'azienda.*

15 – You're missing the point. Your lot [14] had your chance and you blew [15] it. End of story.

16 – If you don't mind my saying so [16], I think you're making a mountain out of a molehill [17].

17 I'll admit we had a few setbacks, but all in all we didn't do too badly.

18 – No offence intended [18], but you're like all politicians: someone who promises to build a bridge even when there's no river.

19 – What ever [19] makes you say such a thing? I think I'd better leave, don't you?

Note

14 Il sostantivo **lot**, tra le sue tante accezioni, ha anche quella di *lotto* o *gruppo* di elementi. **The two lots of figures are different**, *I due gruppi di cifre sono diversi.* In un registro colloquiale questo termine può indicare un gruppo di persone: **Your team is terrible but our lot isn't much better**, *La vostra squadra è pessima, ma la nostra non è molto migliore.*

15 **to blow**, *soffiare*, ma anche *sprecare* o *giocarsi* (nel senso di *perdere*) un'occasione: **You blew your only chance**, *Hai perso l'unica occasione che avevi.* Il concetto è più o meno questo in una frase come **He was driving at 100 miles an hour when he blew a tire**, *Stava viaggiando a 160 km all'ora quando gli è scoppiata una gomma.*

16 La frase fatta **if you don't mind me saying so**, all'inizio o alla fine di una frase, è l'equivalente dell'italiano *se posso permettermi.* Nel nostro esempio il registro è un po' più sostenuto, come si può notare dalla traduzione, perché viene impiegato l'aggettivo possessivo **my**. Il complemento oggetto (in questo caso **saying**, *il fatto di dire qualcosa*) è un sostantivo e pertanto può essere "posseduto". Nella domanda standard **Do you mind...?** la logica è la stessa: **Do you mind my smoking?**, *Le dispiace se fumo?* Si può dire anche, meno elegantemente, **Do you mind me smoking?**

Quarantottesima lezione / 48

15 – No, non ci siamo capiti. Avete avuto la vostra occasione e l'avete sprecata. Punto.

16 – Mi perdoni l'ardire, ma penso che stia facendo di una mosca un elefante.

17 Ammetto che abbiamo avuto qualche battuta d'arresto, ma nel complesso non siamo andati poi così male.

18 – Senza offesa, ma Lei è come tutti i politici: promettete di costruire un ponte anche se non c'è il fiume.

19 – Ma che cosa Le fa dire questo? Ho l'impressione che sia meglio che me ne vada, non Le pare?

---

17 **a mole**, *una talpa*; **a molehill**, *un monticello* (in genere su una tana di talpa). Per l'ennesima volta abbiamo un modo di dire inglese con un'allitterazione, nel caso specifico con tre **m-**: **make a mountain out of a molehill**, *fare di una mosca un elefante.* La costruzione **to make X out of Y**, *fare di una cosa un'altra, trasformare una cosa in un'altra,* è particolarmente utile, sia in senso proprio che in senso figurato: **He made a tent out of a sheet and a few sticks**, *Ha fatto una tenda con un lenzuolo e qualche bastoncino*; **This war has made a martyr out of a tyrant**, *Questa guerra ha fatto di un tiranno un martire.*

18 **offence** non è solo *offesa* come in questo caso, ma anche un *reato*, un'*infrazione*. **No offence intended**, *Senza offesa*, introduce educatamente una contraddizione o una frase che potrebbe urtare l'interlocutore: **No offence intended but you are useless with computers**, *Senza offesa, ma sei una frana col computer.* Il senso è lo stesso di **if you don't mind me saying so**. Per rispondere altrettanto educatamente diremo **No offence taken**, *Nessuna offesa*.

19 **ever** può essere un rafforzativo nelle domande: **Why ever did you buy that dress?**, *Ma perché (mai) non hai comprato quell'abito?* Se posto subito dopo l'avverbio interrogativo, non ha un senso proprio, ma esprime incomprensione o stupore: **Where ever did you find that hat?**, *Ma dove (diavolo) hai trovato quel cappello?*

48 / Forty-eighth lesson

Exercise 1 – Translate
❶ The bankers thought that the deal was sewed up, but they were badly mistaken. ❷ I hate expressions like "and what have you" and "etcetera etcetera": they're so vague! ❸ The embarrassingly low levels of voter turnout are a cause of concern. ❹ It's just a minor offence: don't make a mountain out of a molehill. ❺ Forget it: she hasn't got a snowball's chance of being elected president.

***

Exercise 2 – Fill in the missing words
❶ La politica è l'arte di sviluppare e mettere in pratica strategie efficaci.

.... of .... and implementing effective ....

❷ Senza offesa, ma i Suoi sostenitori sono un po' pochi, non Le pare?

.. .. but your supporters are ...., aren't they.

❸ Se posso permettermi, non si può obbligare il Primo ministro a indire le elezioni.

.. ..¹, you can't force the prime minister to .. ..

❹ Il partito che lei rappresenta si giocherà le elezioni su questioni locali.

The .... she .... will fight the election on ....

❺ Il partito al quale mi sono iscritto l'anno scorso non taglierà la spesa per la sanità e l'istruzione.

The party, ... last year, will not ... . on healthcare and education.

¹ *Si può usare anche **me**, ma è meno elegante di **my**.*

Quarantottesima lezione / 48

Soluzioni dell'esercizio 1

❶ I banchieri pensavano che l'affare fosse fatto, ma si sbagliavano di grosso. ❷ Odio le espressioni come "e quant'altro" o "eccetera eccetera": sono talmente vaghe! ❸ Il livello penosamente basso di affluenza dei votanti è preoccupante. ❹ È solo un reato minore: non fare di una mosca un elefante. ❺ Lascia perdere: non ha nessuna possibilità di essere eletta presidente.

***

Soluzioni dell'esercizio 2

❶ Politics is the art – developing – policies ❷ No offence intended – thin on the ground – ❸ If you don't mind my saying so – go to the country ❹ – party that – represents – local issues ❺ – which I joined – cut back spending –

Oggi avete visto un certo numero di frasi fatte per contraddire o contestare educatamente il punto di vista dell'interlocutore. Perfezionare la conoscenza della lingua vuol dire anche padroneggiare questo tipo di espressioni e saper riconoscere il registro al quale appartengono.
Una delle difficoltà del perfezionamento dell'inglese è costituita dai tanti significati che possono assumere parole di uso molto frequente e, in particolare, i verbi frasali. Il nostro obiettivo è quello di presentarveli nelle situazioni in cui il loro significato idiomatico risulta più chiaro. Non insisteremo mai abbastanza su quanto sia importante prendere confidenza con le formule fisse per poterne scoprire tutte le sottigliezze e gli usi inaspettati. Vi consigliamo di annotare le cose nuove che imparate leggendo e ascoltando l'inglese, poiché lo scopo di questo corso è darvi l'opportunità di una vera e propria full immersion *linguistica (libri, giornali, blog, film ecc.). Per finire, ricordate che la pratica di una lingua ha due cose in comune con la pratica di uno sport: un allenamento regolare e il divertimento!*

Forty-ninth lesson

Revision – Ripasso

1 *which* e *that*

Di norma le proposizioni relative sono di due tipi: quelle cosiddette "restrittive", che sono indispensabili per la comprensione dell'informazione, e quelle "non restrittive" (o incidentali), che apportano informazioni supplementari ma non indispensabili e pertanto si possono anche omettere. Spieghiamo la differenza con un paio di esempi:
The party that I joined in 2002 has changed radically.
Il partito cui ho aderito nel 2002 è cambiato radicalmente.

Senza questa precisazione (**that I joined**), non si saprebbe di quale partito si stia parlando, per cui questa proposizione è restrittiva e non si può omettere né separare da **the party**. Se invece diciamo:
The Liberal Party, which I joined in 2002, has won three consecutive elections.
Il Partito Liberale, a cui ho aderito nel 2002, ha vinto tre elezioni di fila.

In questo secondo esempio l'informazione che conta è **The Liberal Party has won three consecutive elections**, mentre **which I joined in 2002** è solo una precisazione in più, un inciso che si potrebbe tralasciare senza cambiare il senso della frase, cosa che invece non è possibile nell'esempio precedente.

Le proposizioni non restrittive, a differenza di quelle restrittive, si fanno precedere e seguire da una virgola; inoltre sono introdotte dal pronome relativo **which**, che non si può omettere né sostituire:
The party, which had just a few members at the beginning, was joined by thousands of people later on.
Per quanto riguarda le proposizioni restrittive, invece, è possibile usare **that** o **which**:
The party that / which I joined in 2002 has changed radically.
Tuttavia vi consigliamo, per non rischiare di fare confusione, di usare **that** con le proposizioni restrittive (mentre dovrete usare **which** con le non restrittive).

Quarantanovesima lezione

Per finire, come vi abbiamo spiegato alla lezione 35, § 1, **that**, **which** e **who** si possono omettere quando svolgono la funzione di pronome relativo complemento: **The party I joined in 2002 has changed radically.**
Non si può mai tralasciare **which** in una proposizione non restrittiva.

2 Singolare o plurale?

Abbiamo incontrato un certo numero di parole che, pur finendo per **-s**, sono singolari. Si tratta in particolare di:
- scienze e discipline scolastiche: **politics**, **economics**, **physics**, **mathematics, statistics** (ma anche **athletics** e **gymnastics**),
- giochi: **billiards**, **dominoes**, **darts**, *freccette*,
- Stati preceduti dall'articolo determinativo: **the Netherlands, the United States, the Philippines**,
- "finti plurali": **news**, *notizia, novità*, **series**, *serie*, **species**, *specie*...
Un buon sistema per ricordarsi questi "plurali apparenti" è quello di creare delle frasi-esempio che ne contengano tanti e vi servano così da promemoria: **The news is bad. A series of disasters has struck the United States and the Netherlands.**

Come vedete, con questi sostantivi il verbo si coniuga al singolare. Per i sostantivi come **government**, **team** o **staff** (*personale*), invece, è più difficile stabilire delle norme. Si deve dire **the government is** o **the government are**? Non c'è una regola assoluta: il numero del verbo dipende infatti da come intendiamo il sostantivo. Se parliamo del governo nel suo complesso diremo **The government is determined to win the election**, se invece ne parliamo facendo riferimento a chi lo compone diremo **The government disagree on policy**: *i membri del governo* (presi singolarmente) *non sono d'accordo sulla strategia politica.* Per fare un altro esempio restando nello stesso ambito, si dirà **The council has voted to support the plan**, ma **The council** (ossia

i membri che compongono il consiglio) **are undecided about the plan**.
Si tratta comunque di un uso, non di una norma.
Considerato questo "vuoto grammaticale", è bene regolarsi secondo il proprio istinto. Per esempio la frase **A series of disasters has struck the United States** è grammaticalmente corretta, ma la vicinanza di un nome plurale, **disasters**, con un verbo al singolare (**has**) può suonare sgradevole per certi anglosassoni, che diranno invece **A series of disasters have struck** senza farsi tanti problemi, tanto più che solo i puristi storcerebbero il naso davanti a una frase di questo tipo. Un altro esempio: si dovrebbe dire **The couple has had another baby**, *La coppia ha avuto un altro bambino*, ma poiché una coppia è composta da due persone, la maggior parte degli anglofoni dirà piuttosto **The couple have had another baby**.
Perciò non coniugate ad ogni costo il verbo al singolare dopo un nome collettivo: lasciatevi guidare dall'uso, senza preoccuparvi degli eventuali rimproveri dei puristi di cui sopra...

3 quite

Questo avverbio merita una certa attenzione perché può causare qualche problema, se non altro perché i britannici e gli statunitensi non lo usano sempre allo stesso modo. In inglese britannico **quite** può essere un rafforzativo, ma anche attenuare il senso di una frase: può significare *abbastanza, piuttosto, molto* oppure *assolutamente*, e il senso dipenderà dall'aggettivo o dal verbo che lo segue:
It's quite cold for this time of year, *Fa piuttosto freddo per questo periodo dell'anno*.
I quite like her novels, *I suoi romanzi mi piacciono abbastanza*.
Con aggettivi come **finished**, **determined**, **right**, prende il significato di *assolutamente, completamente* ecc.:
He's quite mad, *È completamente pazzo*.
I've quite finished. You can take away my plate, *Ho finito tutto. Puoi portare via il mio piatto*.
I quite agree with you, *Sono assolutamente d'accordo con te*.
Come fare a capire di volta in volta qual è l'esatto significato di quest'avverbio? Innanzitutto bisogna considerare il contesto e il tono di voce. Se si insiste sulla completezza di un'azione o di una qualità, **quite** sta per *assolutamente, completamente, del tutto*; per esempio, se siete assolutamente d'accordo con il vostro interlocutore, potete dire anche semplicemente **quite!**, *infatti!*

Per contro, se si esprime una riserva, **quite** vuol dire *abbastanza*: **The documentary was quite interesting, but I've seen better**, *Il documentario era abbastanza interessante, ma ho visto di meglio.* Come detto, però, anche il tono di voce ha la sua importanza: meno si accentua **quite**, più si mette in evidenza la parola che segue. Per esempio, nella frase **It's quite good**, se **quite** e **good** vengono pronunciati con la stessa intensità, allora ciò di cui si sta parlando è ottimo, ma se si mette l'accento su **quite** (**It's QUITE good**) si esprime un minor entusiasmo. Del resto, nel senso di *abbastanza*, **quite** è spesso seguito da un articolo indeterminativo: **It's quite an interesting documentary** (tra l'altro gli statunitensi usano di rado **quite** nel senso di *abbastanza*). Infine, **quite** può esprimere ammirazione o mettere un fatto in risalto, come abbiamo visto alla lezione 44, nota 15. A differenza dell'esempio che vi abbiamo dato in quella lezione, però, si usa l'articolo indeterminativo anziché quello determinativo, più ricercato:
She's quite a singer!, *È una cantante coi fiocchi!*
That's quite a bruise you've got!, *Che livido ti sei fatto!*

In conclusione:
The word "quite" is quite difficult to use properly, and I'm afraid this explanation is quite finished, *La parola* **quite** *è molto difficile da usare correttamente, e purtroppo questa spiegazione è bell'e che finita.*

4 *ever*

Possiamo aggiungere **ever**, come suffisso, a un certo numero di avverbi per formare dei composti che corrispondono più o meno ai nostri *qualunque, comunque, chiunque* ecc.
The police will hunt him down, wherever he hides, *La polizia lo scoverà dovunque si nasconda.*
Whatever you make for dinner, I'm sure he'll like it, *Qualunque cosa tu faccia per cena, sono certo che gli piacerà.*

Non sempre, però, il contesto ci permette di tradurli così:
Call me whenever you're in town, *Chiamami quando capiti in città.*
Whoever gets home first puts the kettle on, *Il primo che arriva a casa metterà a bollire l'acqua.*

Infine **however**, di cui abbiamo parlato nella lezione 47, nota 16, non corrisponde sempre al suo significato letterale:
I want a job, however boring, *Voglio un lavoro, per quanto noioso sia.*
Per enfatizzare questa incertezza, resa in italiano col congiuntivo, si può aggiungere **may**:
However intelligent he may be, he's not a specialist,
Per quanto possa essere intelligente, non è uno specialista.

Concludiamo con un'avvertenza: come sapete (lezione 48, nota 19), **ever** può avere una funzione rafforzativa in una domanda quando segue l'avverbio interrogativo. In tal caso, però, l'avverbio ed **ever** sono separati da uno spazio. Non confondete quindi **however** con **how ever...?**
However much you earn, you'll never be satisfied, *Per tanto che tu possa guadagnare, non sarai mai soddisfatto.*
How ever did you find me?, *Come diavolo hai fatto a trovarmi?*
Lo stesso discorso vale per **whatever** e **what ever...?**, **wherever** e **where ever...?** ecc.

5 Altri suffissi

Oltre a **ever**, questa settimana abbiamo incontrato un bel po' di suffissi che ci permettono di modificare la categoria grammaticale di un nome, trasformandolo il più delle volte in un aggettivo:

• **-ful** e **-less**

Pensate a **full**, *pieno*, e a **less**, *meno*: il senso di questi due suffissi è grosso modo quello. Così **beautiful** vuol dire letteralmente "pieno di bellezza", perciò *bello, splendido* (anche se il suffisso ha una **l** sola). Analogamente, **penniless** significa letteralmente "meno penny" (ma di fatto "senza penny") per cui il senso è *al verde, spiantato*. Qualche altro esempio:
I'm hopeful that they'll publish my novel, *Spero proprio che mi pubblicheranno il romanzo.*
It's a hopeless case, *È un caso disperato (senza speranza).*
Il suffisso **-ful** può anche indicare una quantità: **a mouthful**, *un boccone*, **a handful**, *una manciata* ecc.

Quarantanovesima lezione / 49

Inoltre possiamo formare dei nomi astratti partendo da nomi concreti. Abbiamo a disposizione diversi suffissi:

- **-ship**, **-hood** e **-dom**

a **leader**, *un leader* → **leadership**, *leadership, guida*
a **brother**, *un fratello* → **brotherhood**, *fratellanza*
a **king**, *un re* → **kingdom**, *regno, reame*

Attenzione: **-dom** e **-hood** si possono aggiungere ad alcuni aggettivi formando dei nomi astratti:
free, *libero* → **freedom**, *libertà,*
wise, *saggio* → **wisdom**, *saggezza,*
false, *falso* → **falsehood**, *il falso, menzogna,*
likely, *probabile* → **likelihood**, *probabilità*

In ogni caso questi tre suffissi descrivono lo stato o la condizione indicata dall'aggettivo al quale vengono aggiunti.

Possiamo formare dei nomi astratti da aggettivi anche con l'aiuto del suffisso **-ness**
ugly, *brutto* → **ugliness**, *bruttezza,*
sick, *malato* → **sickness**, *malattia* ecc.

A parte questi suffissi "convenzionali", possiamo usarne altri un po' meno frequenti. Così **worthy** (lezione 47, nota 13) sta per *degno, meritevole* (**praiseworthy**, *lodevole*) o, per estensione, *idoneo*: **roadworthy**, *efficiente su strada, idoneo alla circolazione.*

Abbiamo visto anche **-like**, che si può unire a nomi comuni (**cat-like**, vedi lezione 45, nota 12) o a nomi propri: **His paintings have a Dalí-like quality**, *I suoi quadri ricordano quelli di Dalí / hanno caratteristiche simili a quelli di Dalí.*

Infine ricordiamo il doppio significato di **-bound**: *bloccato, fermo* ecc. (**housebound**, *tappato in casa, chiuso in casa*) e *verso, in direzione di* (**southbound**, *verso sud*). Ci sono ancora altri suffissi, ma non è il caso di allungare l'elenco: ormai avete capito il meccanismo.

Esercizio di ripasso

Sostituite il verbo o la costruzione sottolineati con un verbo frasale o un'espressione idiomatica.

1 The job was <u>available</u> but Wilson's supporters were <u>not very numerous</u>. **2** His usual arguments <u>had no impact on</u> the voters so he decided to <u>address the facts</u>. **3** But he had been <u>refusing to take decisions</u> too long. **4** By refusing to <u>follow the party's policies</u>, he <u>harmed his own interest</u>. **5** He should have <u>treated</u> his colleagues <u>delicately</u> but he ignored the whips' advice. **6** It was only a minor mistake but they <u>made it seem very important</u>, **7** so Wilson returned to the wilderness of the back benches, where he quickly became <u>exasperated</u> with politics.

Soluzioni dell'esercizio

1 The job was up for grabs but Wilson's supporters were thin on the ground. **2** His usual arguments cut no ice with the voters so he decided to get down to brass tacks. **3** But he had been sitting on the fence too long. **4** By refusing to toe the party line, he scored an own goal. **5** He should have handled the whips with kid gloves but he ignored their advice. **6** It was only a minor mistake but they made a mountain out of a molehill, **7** so Wilson returned to the wilderness of the back benches, where he quickly became sick to the back teeth with politics.

Quarantanovesima lezione / 49

Traduzione

1 Il posto era vacante, ma i sostenitori di Wilson erano ben pochi. **2** I suoi argomenti abituali non impressionavano gli elettori, perciò ha deciso di andare al sodo. **3** Tuttavia, per troppo tempo non aveva preso posizione. **4** Rifiutandosi di seguire la linea del partito, si è dato la zappa sui piedi. **5** Avrebbe dovuto trattare i capigruppo coi guanti bianchi e invece ha ignorato i loro consigli. **6** È stato solo un piccolo errore, ma loro hanno fatto di una mosca un elefante, **7** per cui Wilson è tornato nella desolazione dei banchi posteriori, dove si è rapidamente disgustato della politica.

Quando si traducono frasi idiomatiche e modi di dire, è raro che si trovi un equivalente esatto: anche quando un'espressione inglese e quella italiana corrispondente si somigliano, ci sono spesso piccole differenze o sfumature di significato. Ecco perché può capitare che la stessa espressione venga tradotta diversamente da una lezione all'altra: ci sono modi diversi di dire la stessa cosa e il senso di una locuzione può cambiare a seconda del contesto; questa "libertà di traduzione" è una necessità e una conseguenza quando si perfeziona la conoscenza di una lingua straniera. La cultura di un Paese vi permette di apprendere le sottigliezze della sua lingua: è per questo che speriamo che il nostro approccio tematico vi aiuti ad acquisire una padronanza ancora maggiore dell'inglese e vi invogli inoltre a proseguire da soli il vostro studio.

Fiftieth lesson

Art versus sport

(From our Arts Correspondent)

1 When my column on the art-versus-sport debate got out into the blogosphere last week, I was accused of jumping on the culture bandwagon [1].
2 Well, guess what, guys? I'm going to climb right back up there with this week's rant.
3 Get this [2]: the Department for Culture and Sport is building fifteen – that's right, fifteen – new football stadia [3] over the next decade,
4 while funding [4] for the "Passers-By" street theatre projects, amateur arts groups and even the new Shakespeare theatre has dried up.

Pronuncia
*3 ... stei*djë ...

Note

1 Nel XIX secolo il **bandwagon** era il carrozzone che trasportava l'orchestrina del circo (**band**). La musica attirava una folla di curiosi che seguivano il carrozzone e, a volte, vi salivano sopra. Oggi la parola è usata più che altro in questo modo di dire che corrisponde a *salire sul carro del vincitore, seguire la corrente* ecc. e può accompagnarsi con altri verbi di moto: **to climb**, *arrampicarsi*, **to hop**, *saltare* ecc. **Politicians from all parties are climbing on the environmental bandwagon**, *I politici di tutti i partiti stanno cavalcando la moda dell'ecologia*.

2 Oggi vedremo **to get** in parecchie frasi e con diverse accezioni, che non commenteremo sempre perché questo verbo è proteiforme e vorremmo che ne assimilaste naturalmente le caratteristiche basandovi come

Cinquantesima lezione

Arte contro sport

(Dal nostro corrispondente culturale)

1 Quando la settimana scorsa la mia rubrica sulla diatriba fra arte e sport è sbarcata nella blogosfera, sono stato accusato di salire sul carro della cultura.
2 Beh, sapete una cosa, ragazzi? Voglio riarrampicarmici subito con la filippica di questa settimana.
3 Guardate qua: il Ministero della Cultura e dello Sport costruirà quindici – avete letto bene, quindici – nuovi stadi di calcio nei prossimi dieci anni,
4 mentre sono finiti i finanziamenti per i progetti del teatro di strada "I Passanti", dei gruppi artistici amatoriali e persino del nuovo Teatro Shakespeare.

---

sempre sul contesto. Tuttavia vale la pena di soffermarsi su **Get this!**, interiezione più o meno colloquiale che serve ad attirare l'attenzione dell'interlocutore, un po' come *Senti questa!, Guarda qui!* Una variante più gergale è **Get a load of this!**

3 Alcuni sostantivi, in genere di origine latina o greca, possono formare il plurale in modo irregolare. Ne parleremo nella prossima lezione di ripasso.

4 Anche se entrambi significano *finanziamento*, tra **funding** e **financing** ci sono delle differenze di carattere tecnico. Nel caso di **funding** si tratta infatti di fondi pubblici, mentre in quello di **financing** i capitali sono privati. Dunque **funding of the arts** è il *finanziamento (pubblico) della cultura*.

50 / Fiftieth lesson

5 So what? you might ask. The Beautiful Game [5] earns billions for the nation in ticket sales, rights sales, and sundry [6] other sales.

6 And you've got a point [7]. There's no getting away from it: soccer is a serious money-spinner.

7 But, hey, the Bard [8] earns us big bucks [9], too. Megabucks, in fact.

8 The turnover of the Shakespeare industry is a cool twenty-billion a year. Not to be sneezed at, eh? [10]

Note

5 **The Beautiful Game** è un modo di chiamare il gioco del *calcio* che s'incontra spesso sui giornali, un po' come da noi il *gioco più bello del mondo*, ma il nome di questo sport, popolarissimo anche in Gran Bretagna, è **soccer** (frase 6), ellissi di **asso**ciation football (si prende solo **soc** e si aggiunge il suffisso **-er**, che determina il raddoppiamento della **c**). Negli Stati Uniti, invece, **soccer** e **football** non indicano lo stesso sport: il primo è il *calcio*, il secondo il *football americano*.

6 L'aggettivo **sundry**, letteralmente *vario*, è piuttosto formale e adatto a contesti letterari, giuridici ecc..: **Personal care and sundry items can be purchased from our website**, *Sul nostro sito si possono acquistare prodotti per la cura del corpo e articoli vari*; **sundry** compare anche nell'espressione **all and sundry**, *tutti indistintamente*: **The author specifically grants the right to distribute the software, either to all and sundry or to a specific group**, *L'autore accorda espressamente il diritto di distribuire il software a tutti indistintamente o a un gruppo specifico*. Nei testi informali, invece, questo termine si usa per creare un effetto di stile.

7 Conosciamo già il modo di dire **You have a point**, *Non hai tutti i torti* (lezione 34, nota 17). Nel parlato l'aggiunta di **got**, con la sua **g** gutturale, serve ad evitare che la forma contratta di **to have** si perda senza es-

Cinquantesima lezione / 50

5 E allora? mi domanderete. Il gioco più bello del mondo porta miliardi allo Stato grazie alla vendita dei biglietti, dei diritti e di chissà quant'altro.

6 E avete ragione. Non se ne esce: il calcio è una vera miniera d'oro.

7 Ma attenzione, anche il Bardo ci fa guadagnare dei bei soldi. Anzi, vagonate di soldi.

8 Il volume d'affari dell'industria shakespeariana è pari alla bellezza di venti miliardi all'anno. Buttali via, eh?

sere udita (la frase suonerebbe infatti **You've a point**, mentre **You've got a point** si percepisce meglio). Il nostro autore sta scrivendo come se facesse una chiacchierata coi lettori, dunque non c'è da meravigliarsi se si esprime così.

8 a bard, *un bardo*, ma in inglese ce n'è uno per antonomasia, vale a dire **the Bard of Avon** o semplicemente **the Bard**: William Shakespeare, nato per l'appunto a **Stratford-upon-Avon**. Un altro soprannome di questo immenso autore è **the Swan**, *il cigno*, **of Avon**, che dobbiamo a un altro poeta quasi altrettanto grande, Ben Jonson.

9 Il senso letterale di **buck** è *maschio del cervo* (ma può indicare anche altri animali di sesso maschile). In gergo, però, è il dollaro americano perché le *pelli di cervo*, **buckskins**, fungevano da moneta di scambio tra gli Europei e gli Indiani del Nord America nel XVII secolo. L'inglese britannico ha adottato questo termine soprattutto in modi di dire come **big bucks** o **megabucks**, *parecchi soldi, vagonate di soldi*. (Notate che **buck** prende la -s al plurale, **ten bucks**, mentre l'equivalente britannico, **quid**, è invariabile: vedi lezione 30, nota 14.)

10 to sneeze, *starnutire*. L'espressione idiomatica **It's not to be sneezed at** ci ricorda le nostre "Non ci sputo sopra" o "Buttalo via!": **Two hundred quid is not to be sneezed at**, *Duecento sterline? Buttale via!*

four hundred and twenty-eight • 428

50 / Fiftieth lesson

9 What I'm getting at is that this blessed [11] plot of earth needs bandstands [12] just as much as it needs grandstands [12] – if not more so.
10 I'm not going to get into a debate about whether art is more necessary than sport. Heaven forbid.
11 The argument I'm trying to get across is that, through short-sightedness and sheer bloody-mindedness [13],
12 our beloved Arts Secretary is getting us into a situation where we may have to choose between one or the other.
13 When the going gets tough, she repeats the mantra about "getting value for the taxpayer's money".
14 Obviously, we can get by [14] without another orchestra, another dance troupe or even another rock band

11 ... shië ...

Note

11 Un certo numero di participi passati sono anche aggettivi. Se si tratta di verbi regolari che terminano in -ed, c'è il rischio di confondere le due forme. Per ovviare all'inconveniente, l'ultima sillaba si pronuncia *-ed* (anziché *ëd*) quando il participio passato svolge funzione di aggettivo. Ne abbiamo tre esempi in questa lezione: **blessed**, **beloved** e **learned** *(colto)*, che potrete ascoltare tutti nella frase 1 dell'esercizio, ma sappiate che queste pronunce possono cambiare da una regione all'altra.

12 Un altro esempio della predilezione per le rime e le assonanze che caratterizza la lingua inglese: **bandstand**, *palco per orchestra*; **grandstand**, *tribuna di uno stadio*. Naturalmente il giornalista usa i due termini come sinonimi di "musica" e "sport" rispettivamente.

Cinquantesima lezione / 50

9 Quello che voglio dire è che questa benedetta zolla di terra ha bisogno tanto di platee teatrali quanto di platee calcistiche, se non di più.

10 Non intendo entrare in un dibattito per stabilire se l'arte sia più necessaria dello sport. Il Signore ce ne scampi.

11 Quello che sto cercando di spiegare *(comunicare)* è che, a causa della sua ristrettezza di vedute e del suo spirito da puro bastian contrario,

12 la nostra amata Segretaria alla cultura ci sta portando in una situazione in cui rischiamo di dover scegliere tra arte e sport.

13 Quando il gioco si fa duro, lei ripete che bisogna "spendere bene i soldi dei contribuenti" come fosse un mantra.

14 Ovviamente possiamo fare a meno di altre orchestre, di altri corpi di ballo o anche di altri gruppi rock

---

13 **bloody-minded** è più o meno l'equivalente del nostro *bastian contrario*, una persona dispettosa e scorbutica che si ostina a contrariare il prossimo per il puro gusto di farlo. **He refused to help us; he was being really bloody-minded**, *Si è rifiutato di aiutarci; è stato proprio scorbutico*. Con l'aiuto di un suffisso, da **short-sighted** si forma **short-sightedness** (vedi lezione 35, § 3), trasformando un aggettivo in un sostantivo.

14 Molti verbi frasali hanno un senso figurato che si allontana sensibilmente dal senso letterale. Per esempio **to get by** significa *passare* (con un mezzo di trasporto): **I can't get by because that white van is badly parked**, *Non riesco a passare perché quel furgone bianco è parcheggiato male*. In senso figurato, però, vuol dire *cavarsela*: **He gets by on just two hundred quid a month**, *Se la cava con appena duecento sterline al mese*.

15 (anyway, most of today's top bands are billion-dollar multinational companies).

16 But that's neither here nor there [15]: a healthy society needs to strike a balance between the two cultures.

17 It's not as if half the country likes soccer, the other half likes the Proms [16] and never the twain shall meet.

18 The big problem, truth be told [17], is getting the money to the right place at the right time.

19 As the old saying goes: "art for art's sake but money for heavens' sake!"

Note

[15] **It's (o That's) neither here nor there**, ovvero *Non è questo il punto*: – I'm sorry I sold your camera. I didn't realise how valuable it was – That's neither here nor there; you should have asked first, – *Mi dispiace di aver venduto la tua macchina fotografica. Non mi sono reso conto di quanto valesse. – Non è questo il punto: avresti dovuto chiedermelo prima di farlo.*

[16] Vedi la nota culturale della lezione 24.

[17] In questa espressione abbiamo un congiuntivo: **if truth be told** oppure, più forte, **truth be told**, *a dire il vero*. Si può sostituire **be** con **were** senza che il significato cambi: **if truth were told**.

***

Exercise 1 – Translate

❶ The students all shouted: "Blessed be our beloved and learned professor!". ❷ I want you to make up your mind right now. ❸ God forbid that anything should happen to them while I'm away. ❹ Get this: he gets by on just three hundred quid a month. – So what? ❺ The funding has dried up but, truth be told, I really don't care!

Cinquantesima lezione / 50

15 (ad ogni buon conto, la maggior parte dei grandi gruppi attuali sono aziende multinazionali con volumi d'affari da miliardi di dollari).

16 Ma non è questo il punto: una società sana deve trovare un compromesso tra le due culture.

17 Non è che metà del Paese ami il calcio, l'altra ami i concerti di musica classica e i due gruppi non troveranno mai un punto d'incontro.

18 Il vero problema, in realtà *(a dire il vero)*, è mettere i soldi al posto giusto nel momento giusto.

19 Come dice il vecchio detto: "L'arte per l'arte, ma il denaro per prima cosa *(per l'amor del Cielo)*!"

***

Soluzioni dell'esercizio 1

❶ Gli studenti gridarono tutti insieme: "Sia benedetto il nostro amato e colto professore!". ❷ Voglio che tu prenda una decisione subito. ❸ Dio non voglia che succeda loro qualcosa durante la mia assenza. ❹ – Senti qua: lui tira avanti con appena trecento sterline al mese. – E con questo? ❺ I finanziamenti sono finiti ma, a dire il vero, non me ne frega proprio niente!

50 / Fiftieth lesson

Exercise 2 – Fill in the missing words

① Il calcio mi piace quanto il teatro, se non di più.
I like .... the theatre, ...

② Non sarà una cifra astronomica, ma non è da buttar via comunque.
It may not be .... but it's .... all the same.

③ L'autore accorda il diritto di distribuire il software a tutti indistintamente.
The author ...... the ..... to distribute the .... to ....

④ Non è questo il punto; non avresti dovuto vendere la sua macchina fotografica.
That's ....; you .... her camera.

⑤ Quello che sto cercando di dire è che l'arte è più importante del denaro, e le due cose non troveranno mai un punto d'incontro.
What I'm trying .... is that art is more important than money, and ....

Soluzioni dell'esercizio 2

❶ – soccer as much as – if not more so ❷ – megabucks – not to be sneezed at – ❸ – grants – right – software – all and sundry ❹ – neither here nor there – shouldn't have sold – ❺ – to get across – never the twain shall meet

Nella nota culturale della 24ª lezione vi abbiamo spiegato quanto è importante cogliere i riferimenti culturali di un'altra lingua, per quanto uno straniero possa trovare difficoltà a riconoscerli. Un consiglio utile: tra gli autori più citati ci sono William Shakespeare, ovviamente, ma anche due grandi scrittori, Alexander Pope (1688 - 1744) e Rudyard Kipling (1865 - 1936). Nel testo di oggi abbiamo visto una frase di Kipling sul mondo orientale e quello occidentale che viene citata spesso: **East is East and West is West / And never the twain shall meet**, *"L'Oriente è l'Oriente e l'Occidente è l'Occidente / E mai troveranno un punto di incontro".*
Tranquillizzatevi, però: molti anglofoni usano queste citazioni senza conoscerne l'origine, come quel tizio che, assistendo a una rappresentazione dell'Amleto per la prima volta, criticò il testo perché "zeppo di citazioni"...
Torneremo sull'argomento nella 57ª lezione.

Fifty-first lesson

Hants v. Lancs [1]

1 – The two teams are coming out onto the pitch for this gripping match between the top two county sides.
2 – The captains are tossing to decide who will bat and who will bowl, and the umpire is picking up the coin.
3 – It's going to be a great game. Even the weather's picking up [2].
4 – Murray steps up to the wicket, takes the first ball. And he's out [3]!
5 – They'll certainly have to step up [4] the pace if they want to win this match, Jim.

Note

[1] Come sappiamo, la maggior parte dei nomi delle contee britanniche presentano il suffisso **-shire** (lezione 15, nota 12). Spesso vengono abbreviati, soprattutto negli indirizzi, ma anche quando si parla delle squadre di **cricket** (vedi la nota culturale alla fine della lezione). Nel caso in questione, naturalmente, si tratta dell'**Hampshire** e del **Lancashire**. Un'altra abbreviazione importante in ambito sportivo è quella di **versus**, che si riduce a **vs** o alla sola **v** (pron. *vi:*).

[2] In questa lezione vedremo alcuni esempi di verbi frasali con due o più accezioni (sia letterali che figurate). Per esempio **to pick up** vuol dire sia *raccogliere* che *rimettersi* (in quest'ultimo caso il soggetto può essere il tempo o la salute). Questo verbo ha anche altri significati importanti: **I'll pick you up in front of the office at nine**, *Ti vengo a prendere davanti all'ufficio alle nove*; qui il senso di *prendere* somiglia un po' a quello di *raccogliere*; o ancora: **Once on the motorway, the car picked up speed**, *Una volta in autostrada, l'auto ha preso velocità*.

Cinquantunesima lezione

Hampshire contro Lancashire

1 – Le due formazioni stanno scendendo in campo per questo incontro avvincente tra le due più forti squadre di contea.
2 – I capitani stanno procedendo al sorteggio per decidere chi batterà e chi lancerà, e l'arbitro sta raccogliendo la monetina.
3 – Sarà una grande partita. Anche il tempo si sta rimettendo al bello.
4 – Murray s'incarica della battuta *(avanza verso il wicket)*, colpisce la prima palla ed è eliminato!
5 – Dovranno certamente aumentare il ritmo se vogliono vincere questo incontro, Jim.

---

3 **out**, *fuori*, si incontra molto spesso nel linguaggio sportivo, per esempio nel tennis (**The ball is out**, *La palla è fuori*) ma anche nel cricket, quando si parla di un giocatore eliminato. **Kamran was out for a century**, *Kamran è stato eliminato dopo aver segnato 100 punti.* Nel cricket un punteggio di 100 **runs** è detto **a century** (lett. un secolo), mentre 50 punti sono detti **a half-century**.

4 Come **to pick up**, anche **to step up** vuol dire *accelerare* e ha più di un significato (tra questi *avanzare, farsi avanti* oppure *aumentare*): **We'd better step up our efforts or we may lose the contract**, *È meglio che aumentiamo i nostri sforzi o rischiamo che ci annullino il contratto.*

51 / Fifty-first lesson

6 – Murray goes back into the pavilion and out comes [5] the next player, the young superstar Sean O'Hagen.
7 – The captain's obviously gone back [6] on his word: he said that O'Hagen wouldn't be playing today.
8 – The bowler's put his sweater down on the pitch: he's obviously getting ready for some fast action.
9 – He's played very badly in the last three matches. I'm sure you can put it down [7] to a lack of experience.
10 – O'Hagen's signalling to the umpire. I think he wants someone to put up a sightscreen [8] at the pavilion end.
11 – I know the guy's a brilliant player, but he's so demanding. I wonder why the umpires put up [9] with it.

Pronuncia
6 ... pëviljën ... 8 ... swetë ..

Note

[5] Normalmente si dovrebbe dire **The next player comes out**, ma un cronista sportivo (o un giornalista che stia commentando un avvenimento in diretta) può invertire l'ordine delle parole con verbi di moto quali **to come** o **to go** per descrivere con maggior vivacità quello che sta accadendo: **Up goes the balloon**, *Ed ecco che il pallone (aerostatico) sale*.

[6] In inglese si torna sulla parola, invece di rimangiarsela come in italiano: **You promised! You can't go back on it now**, *Hai promesso! Non puoi rimangiarti la parola ora*. Al posto del verbo frasale si può utilizzare **to break**: **You can't break your promise / word now**.

[7] Ecco un altro verbo frasale con più significati: **to put (something) down** vuol dire sia *posare* (senso letterale) che *attribuire* o *imputare*

437 • four hundred and thirty-seven

Cinquantunesima lezione / 51

6 – Murray torna negli spogliatoi ed ecco che entra il prossimo giocatore, il giovane fuoriclasse Sean O'Hagen.
7 – Naturalmente il capitano si è rimangiato la parola: aveva detto che oggi O'Hagen non avrebbe giocato.
8 – Il lanciatore ha posato il maglione sul pitch: è chiaro che si sta preparando per un'azione rapida.
9 – Ha giocato molto male nelle ultime tre partite. Sono certo che questo può essere dovuto alla sua poca esperienza.
10 – O'Hagen sta facendo segno all'arbitro, penso che voglia che qualcuno sistemi uno schermo parasole dalla parte degli spogliatoi.
11 – So che è un ottimo giocatore, ma è troppo *(così)* petulante. Mi chiedo come mai l'arbitro lo tolleri.

(senso figurato): **The police put the incident down to stress**, *La polizia ha attribuito l'incidente alla tensione*.

8 Un **sightscreen** è un grosso pannello che può essere installato a bordo campo per riparare i giocatori dal sole.

9 Continua la rassegna dei verbi frasali "multiuso": da solo, **to put up** vuol dire *sollevare*, *installare* o *sistemare* (come nella frase 10) oppure *ospitare*: **Can you put me up for a couple of days?**, *Puoi ospitarmi per un paio di giorni?* Seguito da **with**, invece, questo verbo assume il senso di *tollerare*, *sopportare*: **I can't put up with him for more than a day**, *Non riesco a sopportarlo per più di un giorno*. Fate dunque attenzione ai malintesi: tra *ospitare* e *sopportare* la sola differenza sta in quel **with**...

four hundred and thirty-eight • 438

51 / Fifty-first lesson

12 – Here comes Kamram. He's going around the wicket [10]... and he bowls O'Hagen out for a duck [11].

13 – The coach [12] must take the blame for this disappointing performance: there's certainly enough to go around.

14 – Too right, but all the players in the team really look up [13] to him, so no one dares [14] criticise him.

15 – Meanwhile, look up there at that big black cloud! It's starting to rain. On go [15] the covers. *(Twenty minutes later.)*

16 – The groundsmen are pulling off the covers and play can resume. But it looks as if Hampshire are in dire trouble.

17 – You never know, they might be able to pull off [16] a miracle. They've done it before.

16 ... daië ..

Note

10 Ed eccoci nel vivo del gioco: oltre a vedere, nelle frasi 12 e 13, un paio di utilizzi del verbo frasale **to go around** (*girare intorno*, ma anche *essercene per tutti*), abbiamo quest'espressione, **around the wicket**, che descrive la posizione del lanciatore e in questo caso può essere interpretata come il fatto di apprestarsi al lancio.

11 Altro termine del cricket, **duck** sta per *zero punti*. Questo perché lo zero, di forma chiaramente ovale, somiglia a *un uovo d'anatra*, **a duck's egg**. Da qui il suo significato in ambito sportivo: **He was out for a duck**, *È stato eliminato senza fare un punto*.

12 coach, *autobus*, ma anche *allenatore*. A proposito di quest'ultimo termine, è bene sapere che in inglese non si traduce con mister, contrariamente a quello che potremmo pensare...

Cinquantunesima lezione / 51

12 – Ed ecco Kamran che si prepara al lancio *(Gira intorno al wicket)*... ed elimina O'Hagen lasciandolo a zero punti.
13 – È l'allenatore a doversi prendere la colpa per questa deludente prestazione, anche se certamente un po' tutti sono responsabili *(ce n'è per tutti)*.
14 – Assolutamente, ma tutti i giocatori della squadra lo ammirano molto, perciò nessuno osa criticarlo.
15 – Nel frattempo guardate quella grossa nuvola nera lassù! Comincia a piovere. Sotto con i teloni. *(Venti minuti dopo.)*
16 – I responsabili del campo stanno togliendo i teloni e il gioco può riprendere, ma sembra che le cose si siano messe molto male per l'Hampshire.
17 – Non si sa mai, potrebbero compiere un miracolo. L'hanno già fatto in passato.

13 to look up to someone, *rispettare* o *ammirare qualcuno*: **I really look up to my economics professor**, *Ho una grande ammirazione per il mio professore di economia*.
14 Vedi lezione 27, nota 17.
15 Vedi la nota 5 di questa lezione.
16 In senso figurato, il verbo frasale **to pull off** vuol dire *farcela, riuscire a ottenere* ecc.: **The team pulled off a surprise win**, *La squadra è riuscita a ottenere una sorprendente vittoria*.

51 / Fifty-first lesson

18 – You're dead [17] right. Anyway, it's another hour or so before they go in for tea [18]. Who do you reckon will win?

19 – You know I don't go in for [19] forecasts. But given the way the match is going, I'd put my money on Lancashire.

Note

[17] **dead** non c'entra sempre con la morte e significa anche *perfettamente, totalmente, completamente*. Si può anche incontrare in testi tecnici o molto colloquiali: **Here is an easy method for accurately determining the top dead centre position of a piston**, *Ecco un metodo semplice per determinare con esattezza il punto morto superiore di un pistone*; **Are you dead certain that she'll come?**, *Sei proprio sicuro che verrà?* In quest'ultimo caso **dead** si traduce anche con *assolutamente, del tutto* ecc.

***

Exercise 1 – Translate

❶ A typical British summer: down comes the rain and up go the umbrellas! ❷ He's trying for the world record. Do you think he can pull it off? ❸ How much do you reckon those golf clubs cost? ❹ We've got nowhere to go. Could you put us up for a few days? ❺ You promised! You can't go back on your word now.

***

Exercise 2 – Fill in the missing words

❶ Non potresti sopportarli per più di un giorno.
I . . . . for more than a day.

❷ Non so con certezza che cos'abbia provocato il litigio, ma lo attribuirei allo stress.
I'm not sure what caused the argument but . . . . stress.

❸ Invitali a cena; c'è da mangiare per tutti.
. . . . to dinner; there's . . . . food . . . .

Cinquantunesima lezione / 51

18 – Hai perfettamente ragione. Comunque, c'è ancora un'ora circa da giocare prima dell'intervallo per il tè. Chi pensi che vincerà?
19 – Sai che non vado matto per i pronostici, ma con la piega che sta prendendo la partita punterei sul Lancashire.

---

18 Nel cricket gli intervalli sono talmente importanti che c'è un intero capitolo del regolamento in merito, con tanto di paragrafo sull'intervallo per il tè.
19 In senso figurato, **to go in for** può servire a descrivere i gusti e le abitudini del soggetto: **Today's young architects go in for wood**, *Ai giovani architetti di oggi piace il legno*.

***

Soluzioni dell'esercizio 1
❶ Una tipica estate britannica: ecco che si mette a piovere e gli ombrelli si aprono! ❷ Sta cercando di battere il record mondiale. Pensi che ce la farà? ❸ Quanto pensi che costino queste mazze da golf? ❹ Non abbiamo nessun posto dove andare. Potresti ospitarci per qualche giorno? ❺ Hai promesso! Ora non puoi rimangiarti la parola.

***

❹ Mi è venuto a prendere alle nove. All'inizio andavamo piano, ma poi abbiamo recuperato *(preso velocità)* sull'autostrada.
He . . . . at 9 o'clock. We drove slowly at first but . . . . on the motorway.

❺ Di solito non va matta per i pronostici, ma ha scommesso sul Lancashire.
She doesn't usually . . . . forecasts but she's . . . . Lancashire.

Soluzioni dell'esercizio 2
❶ – couldn't put up with them – ❷ – I'll put it down to – ❸ Invite them – plenty of – to go around ❹ – picked me up – picked up speed – ❺ – go in for – putting her money on –

Se volessimo spiegare per esteso le regole del **cricket**, *dovremmo aumentare di un bel po' le pagine di questo manuale, per cui ci limiteremo alle caratteristiche principali di un gioco che riveste un'importanza fondamentale per la cultura anglosassone e anche per la lingua inglese. Questo sport, per quanto sia considerato noioso (le partite possono durare cinque giorni e finire tuttavia in parità), può rivelarsi affascinante. Il cricket si gioca con delle mazze di legno e una palla. Due squadre di 11 giocatori ciascuna si affrontano su un campo erboso al centro del quale si trova il* **pitch**, *un rettangolo largo tre metri e lungo venti. Un po' come avviene nel baseball, il gioco si suddivide in* **innings** *(tempi: il termine inglese conserva la* **-s** *anche al singolare), durante i quali una delle due squadre va alla battuta,* **batting**, *e l'altra al lancio,* **bowling**. *A ciascuna estremità del* **pitch** *si trovano tre picchetti di legno (***stumps***) sopra i quali sono posizionati due bastoncini, pure di legno (***bails***). L'insieme degli* **stumps** *e dei* **bails** *formano il* **wicket**, *o porta. I* **wicket** *sono difesi dai due battitori (***batsmen***), che segnano i punti (***runs***) raggiungendo entrambi il* **wicket** *opposto o mandando con la mazza la palla fuori dal campo. I lanciatori (***bowlers***), per contro, cercano di eliminare gli avversari colpendo il* **wicket** *con la palla. Quando dieci degli undici battitori sono stati eliminati, la squadra che ha lanciato passa alla battuta e viceversa. Di norma chi segna più* **runs** *vince l'incontro.*

Fifty-second lesson

It's not cricket!

1 – The broadcasting rights to the World Cup are up for renegotiation, and Soccer TV wants to hold onto them.
2 But it's not going to be plain sailing all the way...

Pronuncia
1 ... ri:nëgoushieshën ...

Al di là delle regole, però, è soprattutto lo spirito del gioco (ovvero la correttezza) che conta, al punto che l'espressione **It's** *(o* **That's)** **not cricket!** *vuol dire "Non è giusto!" o "Non si fa!". I principi alla base dello* **spirit of cricket** *sono codificati e descritti nel preambolo del regolamento ufficiale.*

Questo sport molto sottile richiede numerose qualità: destrezza, self-control, astuzia, pazienza e naturalmente flemma, pregi che secondo alcuni caratterizzano gli inglesi (naturalmente anche gli scozzesi, gli irlandesi e i gallesi possiedono queste qualità, ma le esprimono in altri modi e in altri giochi). Per questo certi tecnicismi del cricket rappresentano anche delle metafore e sono entrati a far parte della lingua comune (ne vedremo alcuni domani). A differenza di quanto avviene nel calcio, la maggior parte delle squadre professionistiche di cricket inglesi non rappresentano delle città, bensì delle contee. Inoltre è interessante osservare che questo sport, in origine tipicamente inglese, si è esteso al di là della comunità che l'ha visto nascere ed è divenuto popolare nei Paesi del Commonwealth. Così, negli Stati Uniti, gli immigrati venuti dall'India, dallo Sri Lanka, dal Bangladesh ecc. hanno portato con sé il loro passatempo preferito e in molte grandi città si vedono spuntare come funghi campi di cricket improvvisati. Di questo passo, dunque, le metafore del cricket sostituiranno quelle del baseball...

Cinquantaduesima lezione

Non è giusto!

1 – I diritti televisivi della Coppa del Mondo devono essere riassegnati e Soccer TV vuole conservarli,
2 ma non andrà tutto liscio come l'olio...

3 – We got off to a flying start [1]: we can't just throw in the towel [2] now. We'd be a laughing-stock.

4 But we're on a sticky wicket [3]. We're up against Media Group, and they're heavy hitters [4].

5 They threw their hat into the ring [5] only last week and they're already firm favourites.

6 – I must admit I was caught out [6] by their announcement. It really did come out of left field [7].

Note

[1] **flying start**, *partenza a razzo*; **to get** (o più raramente **to be**) **off to a flying start**, *partire alla grande* o *a razzo*.

[2] Da noi si getta la spugna, ma in inglese si getta l'*asciugamano* (**towel**): **Investors have thrown in the towel on tech stocks**, *Gli investitori hanno gettato la spugna per quanto riguarda i titoli tecnologici*. Chiaramente entrambi i modi di dire vengono dalla boxe.

[3] Ecco una delle tante espressioni del cricket: **to be on a sticky wicket** (o, più precisamente ma meno spesso, **to bat on a sticky wicket**), *trovarsi nei guai* o *nei pasticci*: quando piove il terreno di gioco diventa fangoso e complica parecchio la vita ai battitori. **This is a sticky wicket for the company because it has to cut costs without firing anyone**, *L'azienda è nei guai perché deve tagliare le spese senza licenziare nessuno*. Se la situazione è particolarmente compromessa, si può dire **to be on a losing wicket**.

[4] Qui invece abbiamo che fare con la terminologia del baseball: a **heavy hitter**, ovvero un battitore che colpisce molto forte, in senso translato è un personaggio molto influente o, in una competizione, *un osso duro, un brutto cliente*.

[5] Sia **to throw in the towel** (nota 2) che **to throw one's hat into the ring** vengono dalla boxe, ma si tratta di due frasi fatte dal senso diametralmente opposto. La seconda equivale infatti a *lanciare il guanto di sfida, mettersi in lizza* o *scendere in campo*: **Kennedy has thrown his hat into the ring and will challenge the Conservative candidate at the next election**, *Kennedy è sceso in campo e alle prossime elezioni sfiderà il candidato dei Conservatori*.

Cinquantaduesima lezione / 52

3 – Siamo partiti alla grande: non possiamo gettare la spugna proprio ora. Ci riderebbero dietro.
4 Però siamo nei pasticci. Ci troviamo contro Media Group, e quelli sono un osso duro.
5 Si sono messi in lizza solo la settimana scorsa e sono già i grandi favoriti.
6 – Devo ammettere che mi sono fatto prendere in contropiede dal loro annuncio. È proprio saltato fuori in modo inaspettato,

6 Nel cricket uno dei modi per eliminare il battitore è *acchiappare*, **to catch**, la palla appena colpita prima che tocchi terra. In questo caso si dice che il battitore è **caught out**. In senso figurato il significato è però un po' diverso, ovvero *farsi prendere alla sprovvista* (ma anche *essere scoperto*). Volendo mantenere la metafora sportiva, diremo *farsi prendere in contropiede*. **The bigamist was caught out when he invited the same guest to both of his weddings!**, *La sua bigamia è stata scoperta quando ha invitato ai suoi due matrimoni la stessa persona!*

7 Altra frase fatta presa in prestito dal baseball (e impiegata anche in inglese britannico), **out of left field** (senza articolo) vuol dire *all'improvviso* o *inaspettatamente*. **The announcement came way out of left field**, *L'annuncio è giunto assolutamente inatteso.*

four hundred and forty-six • 446

52 / Fifty-second lesson

7 But we mustn't let them queer our pitch [8]. I'm sure we can hit them for six [9] because we've got the best offer.

8 – Maybe so, but have you read their brief [10]? It's really below the belt:

9 They say we've had a good innings [11] but that it's time to make way for a company with new ideas.

10 – Why did they have to stick their oar in [12]? Everything was going swimmingly before they came along.

11 – Whatever, we can't take this lying down. We've got to come out fighting, to hit them where it hurts.

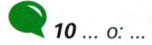

10 ... o: ...

Note

8 queer, *strano*. Un tempo **to queer** voleva dire *guastare, sciupare*, ma il **pitch** in questione, per una volta, non è un campo sportivo, bensì il luogo in cui lavora un commerciante: **to queer his pitch** equivaleva dunque al nostro *rovinare la piazza* e oggi ha un senso un po' differente (*mandare tutto all'aria*).

9 Nel cricket, se il battitore manda la palla fuori dal campo senza farle prima toccar terra, segna sei **runs**, *punti*, e si dice che la palla è **hit for six**. In senso figurato, **to hit** (o **knock**) **someone for six** è *conciare qualcuno per le feste, sistemare per bene* oppure *sconvolgere, sconcertare*: **We were knocked for six when Bill died suddenly**, *La morte improvvisa di Bill ci ha sconvolto*.

10 Un **brief** è, in questo caso, una serie di istruzioni o direttive, riguardanti in genere la strategia di un'azienda. Per una volta lo sport non c'entra: si tratta infatti di un termine legato al marketing e strettamente collegato con **briefing**, la riunione in cui si impartiscono delle istruzioni ai partecipanti. Naturalmente stiamo parlando di **brief** sostantivo e non dell'aggettivo **brief**, *corto*.

Cinquantaduesima lezione / 52

7 ma non dobbiamo permettere che ci mandino tutto all'aria. Sono certo che possiamo sistemarli per bene perché abbiamo fatto l'offerta migliore.

8 – Può darsi, ma hai letto il loro brief? È un vero e proprio colpo basso.

9 Dicono che abbiamo avuto molto successo, ma è ora che si faccia largo a un'azienda con idee nuove.

10 – Ma dovevano proprio metterci becco? Stava andando tutto liscio prima che arrivassero loro.

11 – In ogni caso non possiamo starcene con le mani in mano. Dobbiamo affrontarli e colpirli nei loro punti deboli.

---

11 Sapete già che un incontro di cricket si divide in **innings**, o "turni di battuta". La frase idiomatica **to have a good innings** significa *avere successo* o, se si parla di una persona che non è più in vita, *aver vissuto molto bene (e a lungo)*. **Sally was ninety when she died. She had a good innings**, *Sally è morta a 90 anni. La sua è stata una vita ricca di soddisfazioni*. Ricordiamo che in inglese britannico **innings** è invariabile, mentre in inglese americano un turno di battuta nel baseball è, com'è logico, **an inning**.

12 **oar**, *remo*, ma nel linguaggio colloquiale **to stick one's oar in** è *metterci becco, impicciarsi*. Il verbo **to stick** può essere sostituito da altri: **He's always shoving his oar in**, *S'impiccia sempre di tutto*. La preposizione **in** va in fondo alla locuzione.

12 – Let's not jump the gun [13]. We need to think things over carefully and, if necessary, start again from scratch [14].

13 – The gloves are off and it's no holds barred [15]. I'm going to get the ball rolling straight away.

14 But we're out of our league. Media Group can out-spend us three to one. We don't make the cut [16].

15 So what should we do? Just roll over and let them walk over us?

16 – Actually, I'm stumped [17] but I'll come up with something soon. We're not out for the count just yet.

17 Don't forget that Media has moved the goalposts [18] and we're no longer on a level playing field [19].

Note

[13] La pistola, **the gun** in questione è the **starting gun**, *la pistola dello starter*. In atletica leggera **to jump the gun** vuol dire *partire prima del via* e, per traslato, *far le cose troppo in fretta, essere troppo precipitoso*: **I jumped the gun and installed the printer without reading the manual first**, *Ho fatto le cose troppo in fretta e ho installato la stampante senza leggere prima il manuale*.

[14] **to scratch**, *graffiare* o *tracciare*. Rieccoci nel mondo della boxe, precisamente in quello del pugilato di una volta, quando si tracciavano due segni a terra per indicare la posizione di partenza da cui i contendenti dovevano riprendere ogni round. Da qui l'espressione **to start (again) from scratch**, *(ri)partire da zero, daccapo*.

[15] Quest'espressione proviene dalla lotta ed è composta dal sostantivo **hold**, *presa*, e dal verbo **to bar**, *vietare, escludere*: **Two athletes have been barred from the Olympics after testing positive for drugs**, *Due atleti sono stati esclusi dalle Olimpiadi dopo essere risultati positivi al controllo antidoping.* In un combattimento in cui **no holds are barred**, ogni colpo è permesso; in altre parole si lotta *senza esclusione di colpi*.

[16] In questo caso il modo di dire trae la sua origine dal gergo del golf, nel

Cinquantaduesima lezione / 52

12 – Non siamo troppo precipitosi. Dobbiamo pensarci bene e, se necessario, ricominciare daccapo.
13 – Sarà una lotta dura e senza esclusione di colpi. Farò subito la prima mossa,
14 anche se l'impresa è al di fuori dalla nostra portata. Media Group può spendere una cifra tripla rispetto alla nostra. Resteremo tagliati fuori.
15 Cosa possiamo fare, allora? Voltarci da un'altra parte e lasciare che ci sbaraglino?
16 – In effetti sono perplesso, ma troverò presto una soluzione. Non siamo ancora fuori combattimento.
17 Non dimenticare che Media ha cambiato le carte in tavola e non giochiamo più ad armi pari.

---

quale **the cut** è il punteggio che bisogna superare per qualificarsi alla fase successiva di un torneo. Quindi **to make the cut** si può tradurre con *essere all'altezza della situazione, farcela* ecc. **To make the grade** vuol dire la stessa cosa, ma non c'entra con lo sport: **He'll never make the grade as a journalist**, *Non diventerà mai un buon giornalista*.

17 Oltre al **catch** (nota 6), un altro modo per eliminare il battitore è distruggere il suo **wicket** che è composto da tre picchetti di legno (**stumps**, vedi la nota culturale della lezione 51). In questo caso si dice che il battitore è **stumped**. Il termine trova riscontro anche nel linguaggio corrente: **to be stumped**, *essere perplesso, disorientato*, ma anche *non sapere cosa fare* (di fronte a un problema). **I can't access the network and I'm completely stumped**, *Non riesco ad accedere alla rete e non so proprio cosa fare*. L'espressione **completely stumped** è tipica di quegli internauti che chiedono un aiuto tecnico in rete.

18 Letteralmente **to move the goalposts** vuol dire "spostare i pali delle porte": l'equivalente italiano è *cambiare le regole* o *le carte in tavola*. Anziché **to move** si può usare **to shift**: **The country will never qualify for accession because Europe keeps shifting the goalposts**, *Il Paese non potrà mai aderire perché l'Unione Europea cambia continuamente le regole*.

19 **a level playing field**, lett. *un campo di gioco livellato*, è un'espressione che fa parte del lessico politico-economico e indica una concorrenza in condizioni di parità: **We're all competing on a level playing field**, *Stiamo giocando tutti ad armi pari*.

four hundred and fifty • 450

18 – I know. It's going to be a close-run race, but I reckon we can win by a nose, if not hands down.
19 You see, my wife heads the selection committee. Game, set and match!

***

Exercise 1 – Translate
❶ The conference is off to a flying start, so let's keep the ball rolling. ❷ I know I'm on a losing wicket but I'm going to try anyway. ❸ We were knocked for six when we heard the news about Bill. ❹ I know he's had a good innings but that was a below-the-belt remark. ❺ Don't jump the gun. Read the instruction manual first.

***

Exercise 2 – Fill in the missing words
❶ Mike è diventato lo zimbello dell'ufficio perché ha incassato l'insulto senza batter ciglio.
Mike became the .... the department because he .... the insult ....

❷ Non puoi coglierla di sorpresa: ha dieci anni di esperienza alle spalle.
You can't ....; she has ten years' experience ....

❸ Era totalmente disorientato perché non riusciva ad accedere alla rete.
He was .... because he couldn't ....

Cinquantaduesima lezione / 52

18 – Lo so. Sarà una corsa gomito a gomito, ma penso che vinceremo per un soffio, se non a mani basse.
19 Fatti conto che mia moglie presiede la commissione selezionatrice. Dai che è fatta!

***

Soluzioni dell'esercizio 1
❶ Il convegno è cominciato benissimo, continuiamo così. ❷ So di essere spacciato, ma ci proverò lo stesso. ❸ Siamo rimasti sconcertati quando abbiamo saputo la novità su Bill. ❹ So che ha avuto successo, ma quel commento è stato un colpo basso. ❺ Non essere troppo precipitoso. Leggi prima il manuale di istruzioni.

***

❹ D'ora in poi filerà tutto liscio perché stiamo concorrendo tutti alla pari.
From now on ... ... because we're all competing .. ..

❺ Se gettiamo la spugna ora, dovremo ripartire da zero.
If we .... now, we'll have to ..... again ....

Soluzioni dell'esercizio 2
❶ – laughing-stock of – took – lying down ❷ – catch her out – under her belt ❸ – completely stumped – access the network ❹ – it's plain sailing – on a level playing field ❺ – throw in the towel – start – from scratch

four hundred and fifty-two • 452

*I britannici amano lo sport (e gli sport) almeno quanto noi. Li praticano, li seguono costantemente e scommettono su tutti gli eventi sportivi possibili (dagli incontri della **Premier League** fino alle corse dei levrieri), ma soprattutto ne parlano. Così avviene spesso che la terminologia e le frasi caratteristiche di uno sport entrino a far parte della lingua comune, in genere in senso metaforico, grazie alla loro icasticità e ai media che le diffondono (ma anche perché molti giornalisti preferiscono usare frasi fatte invece di crearne di nuove...). Anche se alcune di queste espressioni sono facili da com-*

Fifty-third lesson

"Sports Round-Up"

(Hosted by Stella Davis)

1 – Here to discuss the day's sporting events are Rod Mottram, the former Chelsea United striker, and one-time [1] Welsh champion boxer David Jones.

2 Evening lads [2]. Let's start with the tennis and that straight-sets [3] victory by Ivovna, the number-ten seed [4], in the women's semi-final. Rod?

Note

1 Sia **former** (come aggettivo) che **one-time** vogliono dire *ex*; **former** può inoltre indicare il primo di due sostantivi appena menzionati, mentre il secondo viene indicato con **latter**: They are two great musicians: the **former** is Italian and the **latter** is English, *Sono due grandi musicisti: il primo è italiano e il secondo è inglese.*

2 Questa conversazione molto rilassata contiene parecchi termini di registro quasi popolare ed è tipica delle trasmissioni sportive. Il linguaggio utilizzato è confidenziale ma non volgare e spesso avviene che chi lo parla si "mangi" qualche parola: **Evening**, per esempio, basta e avanza al posto di **Good evening** (così come **Morning** et **Night** sostituiscono rispettivamente **Good morning** e **Good night**). Nello scritto si può ag-

prendere perché fanno riferimento a sport popolari in tutto il mondo (conosciamo già **to score an own goal***, per esempio), altre sono un po' meno semplici, specialmente quelle che derivano dal cricket (ma sappiamo già che* **It's not cricket** *equivale a dire "Non è giusto" o "Non si fa") o dallo* **snooker***, il biliardo.*
E quelli che detestano lo sport? Anche loro devono adeguarsi comunque perché, volenti o nolenti, per leggere e capire i giornali (o anche solo per seguire una conversazione quotidiana in inglese) è necessario conoscere bene queste frasi idiomatiche sportive.

Cinquantatreesima lezione

"La giornata sportiva" *(Rassegna degli sport)*

(Conduce in studio Stella Davis)

1 – A commentare gli eventi sportivi di oggi abbiamo in studio Rod Mottram, ex attaccante del Chelsea United, e David Jones, che è stato campione gallese di boxe.
2 'Sera, amici. Allora, Rod, partiamo col tennis e con la vittoria in due set della Ivovna, numero 10 al mondo, nella semifinale femminile?

giungere un apostrofo (**'Evening**) per segnalare quest'omissione. Quanto a **lads**, vedi lezione 20, nota 17.

3 Non è la prima volta che incontriamo **straight**: qui vuol dire *consecutivo, di fila*: **Their new album has topped the charts for five straight weeks** (oppure **for five weeks straight**), *Il loro nuovo album è in testa alla hit parade da cinque settimane (di fila)*. Nel tennis, l'espressione **in straight sets** significa che il vincitore dell'incontro si è aggiudicato tutti i set e il suo avversario nessuno.

4 **seed**, *seme*, ma nel tennis **a seed** (o **seeded player**) è *una testa di serie*. Questo perché, nei primi tornei per professionisti, si "sparpagliavano" (come dei semi) sul tabellone i nomi dei giocatori più bravi per essere certi che non si incontrassero tra loro già nei primi turni. **Garcia is the number-three seed** (o **Garcia is the third-seeded player**), *Garcia è la testa di serie numero tre*.

3 – Magic. A walkover [5], wasn't it [6]? Her poor opponent never knew what hit her. She tried hard, but at the end of the day [7], Ivovna outclassed her.

4 – Why's that, do you think? Better training? Tougher nerves? I mean [8], she took the first five games forty-love [9].

5 – Two reasons: a. she's as cool as a cucumber under pressure and b. [10] she's more at home on grass than on clay.

6 – Anyway [11], she took out the world's top-seeded player without batting an eyelid or dropping a game. Hats off to her.

Pronuncia
3 ... woznit ...

Note

5 Se, in una corsa ippica, un cavallo si trova a gareggiare da solo perché gli avversari danno forfait, può tagliare il traguardo passeggiando (**to walk over**). Il verbo vuol dire dunque anche *stravincere, stracciare*. **Portsmouth walked over Chelsea**, *Il Portsmouth ha stracciato il Chelsea*. Nel contesto in questione, il sostantivo **walkover** si può rendere con *passeggiata*.

6 In una conversazione come questa non si mangiano soltanto delle parole (nota 2), ma anche delle sillabe: è il caso di **wasn't it**, che qui è pronunciato **woznit**. Se ascoltate attentamente la registrazione del dialogo, noterete altri fenomeni tipici di questo modo di parlare: non si sentono le **h** all'inizio di parola né le **t** finali (per esempio in **hit**).

7 Oggi vedremo alcune espressioni e termini caratteristici della lingua parlata che servono a strutturare la conversazione. Una sorta di segnali linguistici, dunque, con cui si indica che si sta per finire una frase, si cede la parola all'interlocutore, si prende tempo ecc. Per esempio **at the end of the day** significa *tutto sommato, nel complesso, in fin dei conti*: **At the end of the day, free downloads are probably not a good thing**, *Tutto sommato è probabile che i download gratuiti non siano una cosa positiva*.

Cinquantatreesima lezione / 53

3 – Fantastico. È stata una passeggiata, eh? La sua povera avversaria non si è neppure resa conto di cosa le sia capitato *(non ha mai saputo cosa l'abbia colpita)*. Ce l'ha messa tutta, ma nel complesso la Ivovna l'ha surclassata.

4 – Come mai, secondo te? Una migliore preparazione? Nervi più saldi? Cioè, ha vinto a zero i primi cinque giochi dell'incontro.

5 – Due i motivi. Primo: la sua freddezza assoluta sotto pressione. Secondo: si trova più a suo agio sull'erba che non sulla terra rossa.

6 – Comunque sia, ha sconfitto la numero uno del mondo senza batter ciglio né perdere un game. Complimenti.

---

8 **to mean**, *voler dire*, è uno dei termini cui abbiamo accennato nella nota precedente e si usa soprattutto all'inizio di una frase o dopo una congiunzione, un po' come il nostro *cioè*, *d'altronde* ecc.: **The hotel is dirty, but I mean what do you expect for thirty pounds a night**, *L'albergo è sporco, ma d'altronde cosa ti aspettavi per trenta sterline a notte?* Perciò **mean**, a dispetto del suo significato, spesso non vuol dire niente.

9 Attenti, qui l'amore non c'entra: se nel cricket un punteggio nullo si dice **a duck** (vedi lezione 51, nota 11), nel tennis **love** è la deformazione del francese "l'œuf" (l'uovo) e l'uovo ha per l'appunto la forma di uno zero…

10 Questa è un'abitudine piuttosto frequente nell'inglese parlato: quando si elencano due o più argomentazioni, si usa farle precedere dalle lettere dell'alfabeto, un po' come da noi "primo", "secondo" ecc. **I don't want the new Xphone: a. it's expensive and b. it's complicated to use**, *Il nuovo Xphone non lo voglio: primo perché costa caro, secondo perché è difficile da usare.* In teoria si potrebbe andare avanti fino alla lettera **z**…

11 Un altro "segnale linguistico" molto frequente è **anyway**. Anche in italiano, del resto, usiamo spesso *comunque (sia)* o *insomma* con lo stesso scopo, specie all'inizio del discorso. **Anyway, that's enough about me. What about you?**, *Insomma, ho detto abbastanza di me. Ora parlami di te.* Un sinonimo di **anyway** è **anyhow**.

53 / Fifty-third lesson

7 – Today was full of upsets. In football, European champions Rangers were knocked out of the FA Cup in the quarter-finals.

8 – It was sort of [12] embarrassing, really. They played spectacularly right up the last ten minutes, then their captain was sent off.

9 After that, they ran around like chickens with their heads cut off [13]. Awful, they were [14].

10 They only lost one-nil [15], but the goal difference should have been a lot more.

11 – It was, you know, like they'd given up and gone home. I've never seen such an eleventh-hour collapse.

12 Their coach claims never to listen to this programme. Shame, because he'll have missed some good advice:

13 Your boys shouldn't have fallen to pieces like that. They should have kept their cool and played on.

: Note

[12] **a sort of**, lett. *una specie di*, in un registro colloquiale è un altro segnale linguistico che attenua un'affermazione e si può tradurre in vari modi (*un po', abbastanza, piuttosto* ecc.). **It's sort of interesting**, *È abbastanza interessante*. Quando si paragonano due cose che sono simili fino a un certo punto, si può aggiungere **like**: **It's sort of like snowboarding, but not quite**, *È un po' come lo snowboard, ma non esattamente*. Inutile dire che qui il registro è tutt'altro che formale…

[13] A quanto pare, se si taglia la testa a un pollo, questo continua a correre qua e là prima di morire, da cui il modo di dire **to run around like a chicken with its head cut off**, che in italiano corrisponde a una possibile traduzione totalmente diversa (*andare in bambola*). C'è anche una versione un po' più elegante della stessa espressione, ovvero **to run around like a headless chicken**. Nella nostra frase **chicken** e **head** sono al plurale perché si parla di più persone.

Cinquantatreesima lezione / 53

7 – Oggi è stata una giornata ricca di sorprese. Nel calcio i Rangers campioni d'Europa sono stati eliminati nei quarti della Coppa d'Inghilterra.

8 – È stata una discreta figuraccia, in effetti. Hanno giocato in modo spettacolare fino a dieci minuti dalla fine, poi il loro capitano è stato espulso.

9 Da lì in poi sono andati in bambola *(hanno corso qua e là come polli senza testa)*. Pessima, la loro prestazione.

10 Hanno perso solo per uno a zero, ma il punteggio finale sarebbe potuto essere più netto.

11 – Sai, è stato un po' come se si fossero arresi e fossero già negli spogliatoi *(a casa)*. Non ho mai visto un crollo simile in extremis.

12 Il loro allenatore ha dichiarato che non segue mai la nostra trasmissione. Peccato, perché si sarà perso dei buoni suggerimenti:

13 i suoi ragazzi non avrebbero dovuto cedere così di schianto, avrebbero dovuto mantenere il loro sangue freddo e continuare a giocare.

14 Abbiamo già parlato dell'inversione (per esempio nella lezione 21) e del fatto di cominciare una frase con un aggettivo per enfatizzarlo (lezione 26, nota 19). Si tratta di un'abitudine frequente nel parlato, soprattutto per quanto riguarda i gallesi. Non a caso chi ne fa sfoggio in questo dialogo si chiama (David) Jones, cognome molto diffuso in Galles.

15 Il numero *zero* si dice **nil** in tutti gli sport, in particolare nel calcio e nel rugby; fanno eccezione soltanto il cricket (**duck**) e il tennis (**love**), come già sapete. Inoltre **nil** può sostituire **zero** anche quando si vuole sottolineare la mancanza completa di qualcosa: **Your chances of survival are nil**, *Le vostre possibilità di sopravvivenza sono nulle*.

14 – Let's move on to rugby union and the test match – or should I say whitewash [16]? – between Wales and Australia. Dave [17]?

15 – What are you looking at me like that for? We got hammered. The Aussies outplayed us.

16 That's all there is to it. I can't even blame the referee; he reffed [18] a good game.

17 Actually I mustn't grumble [19] because England fared even worse against New Zealand.

18 – It just goes to show that the old saying holds true: the English teach other nations how to play games,

19 and then they get beaten hands-down by them for the next hundred years.

16 ... reft ...

Note

16 **whitewash**, lett. *bianco di calce*. In senso figurato il verbo **to whitewash**, *imbiancare a calce*, sta per *sopire, coprire, mettere a tacere* o *passare sotto silenzio*: **The regime is trying to whitewash its actions in the Balkans**, *Il regime sta cercando di passare sotto silenzio ciò che sta facendo nei Balcani*. Nello sport il senso è però tutt'altro, ovvero *disfatta* o, dal punto di vista di chi ha vinto, *cappotto*.

17 Anche se manca la differenza tra il tu e il Lei, in inglese questa distinzione si fa comunque in altri modi. Per esempio chiamare l'interlocutore per nome (o con un diminutivo di questo), come avviene negli Stati Uniti, equivale a dare del tu: – **My name's William Ford.** – **Hi, Bill.** Com'è logico, vi sconsigliamo vivamente di farlo (a meno che non ve lo si chieda espressamente: – **Hello Anthony!** – **Call me Tony**), perché rischiereste di irritare quelli che preferiscono mantenere le distanze (almeno all'inizio). In inglese *dare del tu (a...)* si dice **to be on first name terms (with...)**.

Cinquantatreesima lezione / 53

14 – Passiamo al rugby e al test match tra Galles e Australia. Altro che test match, è stata una disfatta *(o dovrei dire disfatta?)*. Dave?

15 – Perché mi guardi in questo modo? Siamo stati stracciati. Gli Aussies hanno giocato meglio di noi.

16 Questo è tutto. Non posso neppure prendermela con l'arbitro; la sua direzione è stata buona.

17 A dire il vero non mi posso lamentare, perché l'Inghilterra ha fatto anche peggio contro la Nuova Zelanda.

18 – Ciò vale a dimostrare che il vecchio detto è sempre valido: gli inglesi insegnano gli sport alle altre nazioni

19 per poi farsi battere sonoramente da loro per i successivi cento anni.

18 Normalmente *l'arbitro* è **the referee**, e *arbitrare* si dice **to referee**. Tuttavia, poiché **referee** viene spesso abbreviato in **ref**, da lì a creare il neologismo **to ref** il passo è stato breve. Ovviamente non è detto che parole così formate entrino a far parte stabilmente della lingua inglese, né è il caso di crearne (specialmente se si è stranieri).

19 **to grumble**, *brontolare* o *bofonchiare*. Tipica frase fatta, **I mustn't grumble** (o, molto spesso, soltanto **Mustn't grumble**) corrisponde al nostro *Non mi posso lamentare* o *Non ci si può lamentare*. – **How have you been?** – **Mustn't grumble**, – *Come sono andate le cose dall'ultima volta che ci siamo visti? – Non ci si può lamentare*.

four hundred and sixty • 460

53 / Fifty-third lesson

Exercise 1 – Translate
① Her new album has topped the charts for four weeks straight. ② Morning. Great match, wasn't it? – Brilliant it was. ③ I mean, our chances of winning were nil, but at the end of the day, you mustn't grumble. ④ The Aussies outplayed us. That's all there is to it. ⑤ Don't buy the new Xphone: a. it's expensive and b. it's complicated to use.

***

Exercise 2 – Fill in the missing words

① Ha mantenuto una freddezza impressionante e lo ha sconfitto senza batter ciglio.
She was as .... as a .... and beat him .... an ....

② Avrebbe dovuto mantenere il sangue freddo anziché andare in bambola.
He .... his .... instead of .... a ....

③ In effetti lo snowboard è simile allo sci, ma non più di tanto.
........, snowboarding is .... skiing, ...

④ – Ha sconfitto il numero uno del mondo su terra rossa. – Giù il cappello.
He .... the world's ... . player on clay. – ....[1].

⑤ Dice che non guarda la tivù. Peccato, perché si sarà perso una bella trasmissione.
He .... watch television. ....., because he .... a good programme.

[1] *A differenza dell'italiano, in inglese si usa sempre il plurale (hats).*

Cinquantatreesima lezione / 53

Soluzioni dell'esercizio 1
❶ Il suo nuovo album è in testa alla hit parade da quattro settimane consecutive. ❷ – 'Giorno. Grande partita, eh? – Splendida. ❸ Il fatto è che le nostre possibilità di vittoria erano nulle, ma tutto sommato non ci si può lamentare. ❹ Gli Aussies hanno giocato meglio di noi. Questo è tutto. ❺ Non comprare il nuovo Xphone. Primo: costa caro. Secondo: è difficile da usare.

***

Soluzioni dell'esercizio 2
❶ – cool – cucumber – without batting – eyelid ❷ – should have kept – cool – running around like – headless chicken ❸ Actually – sort of like – but not quite ❹ – took out – top-seeded – Hats off to him ❺ – claims not to – Shame – will have missed –

Oggi abbiamo visto un po' di modi di dire e di intercalari che non fanno necessariamente parte di un "buon inglese" nel senso grammaticale del termine, ma sono usati comunemente ogni giorno da milioni di persone (media compresi). Ce ne sono naturalmente anche in italiano ("allora", "cioè", "in effetti" ecc.), ma non per questo vi consigliamo di imitare tali esempi. Perché ve li abbiamo presentati, allora? Il motivo è chiaro: dal momento che li sentirete usare spesso, è bene che sappiate riconoscerli e non stiate a perdere tempo sul senso letterale di un "I mean" o di un "actually". Anche questo è perfezionamento.

Fifty-fourth lesson

The critics

"The Heist", directed by Sidney Winter

1 – This riveting thriller helmed [1] by Sidney Winter proves that the seventy-year-old is at the top of his game.
2   Two brothers are plotting a heist but their failsafe plan goes wrong from the outset,
3   and they wind up [2] fleeing not only the cops but also their irate partners.
4   The final shoot-out in a disused warehouse in downtown LA is a real nail-biter [3].
5   If you want a quality crime caper, then this one's for you. Highly recommended.
6 – Sid Winter should retire once and for all from movie-making if his latest flick [4] is anything to go by.

Pronuncia
*2 ... **hai**st...*

Note

[1] Molti dei termini e delle espressioni che vedremo oggi sono di origine statunitense, ma fanno ormai parte anche del vocabolario dell'inglese britannico (un fenomeno abbastanza frequente nel campo dei media). Così **the helm** è *il timone* (di una nave). L'espressione **to be at the helm**, *essere al timone*, si usa tanto in senso letterale quanto in senso figurato, ma in inglese americano si è ridotta a un verbo, **to helm**: **Grendel is a socially responsible company helmed by its founder Lilly Tatler**, *La Grendel è un'azienda socialmente responsabile diretta dalla sua fondatrice Lilly Tatler.* Per estensione **to helm** si può impiegare anche in ambito cinematografico.

[2] Verbo di registro colloquiale, **to wind up** è un sinonimo di **to end up** (lezione 3, nota 11).

Cinquantaquattresima lezione

Recensioni *(I critici)*

"La rapina", diretto da Sidney Winter

1 – Questo avvincente thriller firmato da Sidney Winter dimostra che, a settant'anni, questo regista ha raggiunto l'apice della sua arte.
2 Due fratelli organizzano una rapina, ma il loro piano infallibile va storto fin dall'inizio
3 e si ritrovano a dover sfuggire non solo ai poliziotti, ma anche ai loro complici inferociti.
4 La sparatoria finale in un magazzino abbandonato del centro di Los Angeles è davvero mozzafiato.
5 Se volete vedere un buon giallo, questo è il film che fa per voi. Vivamente consigliato.
6 – A giudicare dal suo ultimo film, Sid Winter dovrebbe smettere di farne una volta per tutte.

3 **nail-biter** è un sostantivo derivato da **nail-biting** (lezione 17, nota 2) e indica anche un *film mozzafiato*.

4 Parlando della luce, il verbo **to flicker** significa *tremolare*. Poiché la qualità dei primi film muti realizzati non era altissima (l'immagine tendeva a saltare o a tremare), si pensò di chiamarli **flicks**, termine con cui si designano i film ancora oggi.

7 Poorly plotted ⁵, hammily ⁶ acted and just plain boring, the veteran director has clearly lost his edge ⁷.

8 The actors do their best with a feeble ⁸ script but Dan Dare is woefully miscast ⁹ as the coke-snorting elder brother.

9 "The Heist" can't hold a candle to ¹⁰ the rest of Winter's work. A film for a wet afternoon only.

Note

5 Nella frase 2 abbiamo visto il verbo **to plot**; il sostantivo **plot** è molto importante nell'ambito dell'arte drammatica perché indica la *trama* di un'opera teatrale, di un film, di un libro ecc. Dire che un film è **poorly plotted** equivale a dire che ha una trama esile, mentre un film **well plotted** ha un bell'intreccio. Il termine **plot** compare anche nel modo di dire **to lose the plot**, *perdere il filo*.

6 **ham**, *prosciutto*. Nel gergo teatrale, però, **a ham** (o più raramente **a ham actor**) è *un guitto, un istrione*, e da questa parola abbiamo l'aggettivo **hammy**, l'avverbio **hammily** e, con l'aggiunta di **up**, anche il relativo verbo: **He really hammed up his role as a gunman in his latest flick**, *Nel suo ultimo film ha recitato troppo sopra le righe la parte del gangster*.

7 Ci siamo già occupati di **edge**, *bordo*, nella lezione 36, nota 10. Bisogna tuttavia aggiungere che, in alcune espressioni, il suo significato è piuttosto quello di *vantaggio* (in questo caso possiamo pensare al doppio significato, letterale e figurato, dell'italiano "margine") o *verve*: **We have an edge over our competitors in terms of delivery times**, *Per quanto riguarda i tempi di consegna siamo in vantaggio rispetto alla concorrenza*. Quando una persona **loses his edge**, dunque, ha perso un vantaggio che aveva oppure, a seconda del contesto, non è più brillante come un tempo. Si può essere anche più precisi facendo precedere **edge** da un aggettivo: **He's lost his creative edge**, *Ha perso la sua creatività*.

8 Tra **feeble** e **weak** c'è innanzitutto una differenza di origine (il primo termine viene dal francese, il secondo è anglosassone); inoltre **feeble** si riferisce più alla debolezza del fisico dovuta all'età o a una malattia. **I've recovered from the flu but I still feel a bit feeble**, *Mi sono ripreso*

Cinquantaquattresima lezione / 54

7 Trama esile, recitazione gigionesca, una noia mortale: il veterano della regia ha chiaramente perso la sua verve.

8 Gli attori fanno del loro meglio con questa fiacca sceneggiatura, ma Dan Dare è disgraziatamente inadatto per il ruolo del fratello maggiore che tira di coca.

9 "La rapina" non regge il confronto con le altre pellicole di Winter. Un film buono solo per un pomeriggio piovoso.

---

dall'influenza, ma mi sento ancora un po' debole. Per estensione, **feeble** può anche voler dire *pietoso, misero*: **What a feeble excuse!**, *Che scusa pietosa!*

9 Tutti sappiamo che il **cast**, l'*assegnazione delle parti* (al teatro o al cinema), indica anche gli attori di un film in generale: **The cast were brilliant** (notate il plurale), *Il cast era splendido*. La traduzione del verbo **to cast** è però più complessa e ha più attinenza con il primo significato, ovvero *assegnare* (un ruolo, una parte): **She was cast as a nun**, *Le è stata assegnata la parte di una suora*. L'impiego del prefisso **mis-** (che nega il significato del termine) indica che l'attrice è inadatta per il ruolo: **She was miscast as a nun**, *Lei non è stata ritenuta adatta per il ruolo di una suora.*

10 **to hold a candle to** ha sempre una connotazione negativa e corrisponde a *non reggere il confronto con*. Questo perché, un tempo, un apprendista agli inizi non aveva altri compiti che tenere una candela in mano per far luce all'artigiano durante il lavoro. Se non era capace di fare nemmeno questo, allora era proprio un buono a nulla. Perciò le frasi in cui ricorre quest'espressione sono negative: **She's pretty but she can't hold a candle to her sister**, *È carina, ma non c'è confronto con sua sorella;* **The film fails to hold a candle to the stage play**, *Il film non regge il confronto con l'opera teatrale.*

54 / Fifty-fourth lesson

"Get a life", directed by Sally Gallagher

10 – A romantic comedy that's also shrewd and funny is a rare animal indeed in today's blockbuster-oriented movie industry.

11 But "Get a Life" is just that. It is also a triumphant return to form for Gallagher after a string of flops,

12 and proves that she's no slouch [11] when it comes to directing comedy, even slapstick.

13 Heading the all-star cast is Mary Angel, surely one of the most talented actors [12] in the business.

14 In her role as a wisecracking [13] private eye [14], she's being hotly tipped [15] for an Academy Award.

15 The sleeper [16] of the year, "Get a Life" has already taken fifty million at the American box office. See it.

: Note

[11] **to slouch**, *stare scomposto*. Questo verbo ha un senso simile a quello di **to sprawl** (lezione 24, nota 14): **He was slouched in the armchair**. La frase idiomatica **He's/She's no slouch** indica invece che la persona di cui si sta parlando *se la cava bene* in qualcosa.

[12] Il femminile di **actor** è **actress**, ma da qualche tempo il "politically correct" ha fatto sì che **actor** possa essere impiegato per riferirsi a entrambi i sessi, un uso rivendicato dalle stesse attrici.

[13] **wise**, *saggio*. In un registro colloquiale, però, e soprattutto in inglese americano, **wise** può significare *furbo*. Il verbo **to crack**, *rompere* o *rompersi*, in combinazione con **a joke** forma la frase fatta "raccontare una barzelletta". Dunque **wisecrack** è una *battuta salace*, da cui l'aggettivo **wisecracking**.

[14] Il marchio di una delle prime agenzie investigative private americane era costituito da un occhio aperto e dallo slogan **We never sleep**. Per

467 • **four hundred and sixty-seven**

Cinquantaquattresima lezione / 54

"Stare al mondo", diretto da Sally Gallagher

10 – Una commedia romantica che sia anche acuta e brillante è ben rara nella cinematografia attuale che cerca soprattutto di fare cassetta.

11 Eppure "Stare al mondo" è proprio questo, oltre che un trionfale ritorno alla ribalta per Gallagher dopo una serie di flop,

12 e dimostra che se la sa cavare bene nelle commedie e anche nei film comici.

13 Alla testa di un cast d'eccezione abbiamo Mary Angel, sicuramente una delle attrici più dotate del momento.

14 Nel ruolo di un'investigatrice privata con la battuta sempre pronta, potrebbe essere nettamente favorita per un Oscar.

15 Rivelazione dell'anno, "Stare al mondo" ha già incassato cinquanta milioni di dollari ai botteghini americani. Da vedere.

---

questo motivo **a private eye** è divenuta un'espressione colloquiale per **a private investigator**, *un investigatore privato*.

15 Sappiamo già che **tip** è *consiglio* o *suggerimento* (vedi lezione 5, nota 14); **to tip off** sta per *dare una dritta* o *fare una soffiata*: **Tipped off by an anonymous caller, the police arrested three drug smugglers**, *La polizia ha arrestato tre narcotrafficanti grazie a una soffiata anonima*. Analogamente, i **tipsters** sono quelli che alle corse fanno le soffiate sui cavalli che hanno maggiori probabilità di vincere. **He's tipped to win** si può quindi tradurre *È il favorito secondo i pronostici*. Qui, come in molti altri casi, la traduzione varia in relazione al contesto.

16 **sleeper**, *dormiente*, nel gergo dei media ha assunto il significato di un personaggio o di uno spettacolo che all'improvviso riscuote un grande successo, come se prima avesse dormito.

54 / Fifty-fourth lesson

16 – This excruciatingly unfunny film is so dismal that it makes the director's previous films look like masterpieces.

17 To add insult to injury, the actual film runs for only one hour, with ten minutes of credits at the end.

18 But for [17] a scene-stealing cameo from Liv Allman as a clumsy maître d' [18], the cast is wooden and lifeless.

19 Even the photography is substandard: the movie looks as though it has been shot through a greasy lens.

20 This is the kind of film that gives the genre a bad name. And me a bad headache.

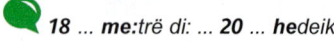

18 ... me:trë di: ... 20 ... hedeik

Note

17 Abbiamo già visto la costruzione **but for** (lezione 45, frase 5) che, all'inizio o alla fine di una frase, significa *tranne, a parte* ecc. In una frase ipotetica, è tipica di un registro piuttosto sostenuto: **But for the scandals, politics would arouse even less interest than it does**, *Se*

***

Exercise 1 – Translate

❶ What I like about Sidney is that he's always cracking jokes. ❷ The film was brilliantly plotted and all the actors were well cast. ❸ The company has a real edge over its competitors in terms of price. ❹ The movie's good but it fails to hold a candle to the rest of her work. ❺ He's tipped to win an Academy Award for his riveting performance as a veteran cop.

Cinquantaquattresima lezione / 54

16 – Questo film disperatamente privo di comicità è talmente scadente che, al confronto, i film precedenti della regista sembrano dei capolavori.
17 Per aggiungere al danno la beffa, il film vero e proprio dura solo un'ora, più dieci minuti di titoli di coda.
18 A parte un cameo di Liv Allman, che ha eclissato tutti gli altri nella parte di un maître d'hôtel maldestro, gli attori sono ingessati e scialbi.
19 Anche la fotografia è scadente: il film sembra ripreso attraverso un obiettivo sporco di grasso.
20 Questo tipo di film rovina la reputazione del genere. E a me fa venire un terribile mal di testa.

---

non fosse per gli scandali, i politici desterebbero anche meno interesse di quanto non facciano. Nella frase della recensione avremmo potuto dire anche **If it was not for...**

18 Il termine francese, in uso in tutto il mondo, **maître d'hôtel** è stato "riveduto e corretto" dagli americani, che lo pronunciano curiosamente **me:trë di:**, sopprimendo la parola **hôtel**.

***

Soluzioni dell'esercizio 1
❶ Quel che mi piace di Sidney è che fa continuamente delle battute. ❷ Il film aveva una trama brillante e tutti gli attori erano azzeccati. ❸ L'azienda è in netto vantaggio sulla concorrenza per quanto riguarda i prezzi. ❹ Il film è buono ma non regge il confronto col resto della sua filmografia. ❺ Stando ai pronostici, potrebbe vincere un Oscar per la sua avvincente interpretazione di un poliziotto veterano.

four hundred and seventy

54 / Fifty-fourth lesson

Exercise 2 – Fill in the missing words

❶ A parte un cameo di Dan Dare, il resto del film è disperatamente privo di comicità.

... ... a ..... from Dan Dare, the rest of the film is ....

❷ Il loro piano infallibile è andato storto fin dall'inizio e hanno finito per scappare da Los Angeles.

Their .... plan .... from the start and they .... LA.

❸ Se la cava benissimo quando fa dei film acuti e ironici.

He .... when it .... shrewd films with ... humour.

❹ "Che scusa pietosa!", sbuffò. "Lei aggiunge al danno la beffa!"

".... .... excuse!" he .... "You're .... to ......!"

❺ Hollywood è un posto dove si fanno troppi film e si fanno fuori troppo pochi attori.

Hollywood .. .. films and ... . actors.

Il cinema ha dato vita a un linguaggio e a un vocabolario particolari diffusi dagli altri mezzi di comunicazione ed entrati perciò a far parte della lingua di tutti i giorni. Per rendersene conto basta leggere le recensioni cinematografiche, sia da parte dei professionisti che dei semplici appassionati; si possono trovare sui giornali, alla tivù e in Internet ogni volta che esce un film. Ovviamente molte di queste parole ed espressioni sono d'origine americana grazie all'influsso hollywoodiano e vengono impiegate dagli anglofoni in tutto il mondo. Anche il termine che indica il prodotto stesso, il film, subisce l'influenza americana. Originariamente i britannici dicevano **film** *e gli americani* **movie** *(da* **moving picture***), ma quest'ultimo sta prendendo il sopravvento anche in Gran Bretagna. In compenso, per distinguere tra un film d'autore e un film commerciale, negli Stati Uniti c'è chi usa* **film** *per parlare del primo e* **movie** *per il secondo. Come se non bastasse, il sostantivo non numerabile* **film**

Cinquantaquattresima lezione / 54

Soluzioni dell'esercizio 2
❶ But for – cameo – excruciatingly unfunny ❷ – failsafe – went wrong – wound up fleeing – ❸ – is no slouch – comes to making – wry – ❹ What a feeble – snorted – adding insult – injury ❺ – is where they shoot too many – not enough –

indica anche (sia in inglese britannico che in inglese americano) il cinema in senso astratto: **He's studying film at Yale**, *Studia cinema all'università di Yale. Inoltre il luogo in cui i film vengono proiettati è* **a cinema** *per i britannici, ma* **a movie theater** *per gli americani. Il prodotto hollywoodiano per eccellenza è senz'altro il* **blockbuster**, *ovvero il film di cassetta dagli effetti speciali spettacolari. All'estremo opposto troviamo invece gli* **indies**, *ovvero i film indipendenti. Per quanto riguarda i vari generi cinematografici, abbiamo le categorie classiche (*action, crime, western, war, *di guerra,* horror, *dell'orrore,* musical, animated feature, *cartoni animati)* *e poi una sfilza di sottogeneri, tra cui citiamo:*

- **biopic**: *abbreviazione di* **biographical picture**, *film biografico;*
- **heist movie**: *film su una rapina,* **heist** *in gergo;*
- **oddball comedy**: *commedia eccentrica;*
- **romcom** *o* **romantic comedy**: *commedia romantica,*
- **sci-fi** *sai-fai: fantascienza;*
- **slasher**: *film slasher, ovvero film dell'orrore con scene truculente (***to slash** *vuol dire tagliare);*
- **swashbuckler**: *film di cappa e spada; letteralmente il termine significa "spaccone";*
- **sword and sandals**: *lett. spada e sandali ovvero peplum;*
- **weepy** *o* **weeper**: *film strappalacrime, da* **to weep**, *piangere;*
e infine il **film noir**, *invariato in italiano.*
Questi sottogeneri possono a loro volta suddividersi in "sottosottogeneri". Insomma, è chiaro ormai che il lessico cinematografico non è solo sterminato, ma si arricchisce di giorno in giorno.

Ovviamente uno dei modi migliori per perfezionare il vostro inglese consiste nel vedere dei film in versione originale. Ma c'è ancora di meglio: si possono trovare facilmente dei DVD con i sottotitoli in inglese. Vi consigliamo vivamente di procurarveli e di vederli finché non sarete in grado di fare a meno dei sottotitoli!

Fifty-fifth lesson

"Frankly, I Don't Give a Damn"

1 – We said we'd go and see a film this evening. Toss me the listings guide [1] and let's see what's on.
2 – Do we really have to go out? I could do with [2] a bit of peace and quiet [3].
3 – The multiplex round the corner is showing two movies I really want to see: "The Heist" and "Get a Life".
4 Which would you prefer: a gangster picture or something more light-hearted?
5 – I really don't care one way or the other [4]. Either is fine with me.

Note

1 Oltre a *elencato*, **listed** vuol dire anche *quotato in Borsa* (lezione 37, nota 3). La *quotazione* in Borsa si dice appunto **listing**. Al plurale, invece, questo sostantivo si riferisce agli elenchi dei programmi televisivi o radiofonici della settimana (**TV** o **radio listings**), o ancora al programma dei film e di altre manifestazioni culturali pubblicato sulle riviste o sui siti Internet (**listings guide**). Spesso questo tipo di rubrica s'intitola **What's On**, a volte seguito dal nome della città in cui hanno luogo le manifestazioni (**What's On in Manchester**).

2 L'espressione **could do with** è molto utile quando si vuole far presente che si ha bisogno o voglia di qualcosa. Può anche essere riferita a oggetti inanimati. **I could do with a holiday**, *Avrei bisogno di una vacanza*; **Our bedroom could do with a lick of paint**, *La nostra camera da letto avrebbe bisogno di una mano di vernice* (letteralmente **lick** vuol dire *leccata*, ma anche *strato*).

Cinquantacinquesima lezione

"Francamente me ne infischio"

1 – Avevamo detto che stasera saremmo andati a vedere un film. Passami il programma degli spettacoli e vediamo cosa danno.
2 – Dobbiamo proprio uscire? Avrei bisogno di starmene un po' in pace.
3 – Il multiplex che è qui a due passi dà due film che ho proprio voglia di vedere: "La rapina" e "Stare al mondo".
4 Cosa preferisci: un film di gangster o qualcosa di più leggero?
5 – Per me fa proprio lo stesso. L'uno o l'altro, per me è uguale.

---

3 Abbiamo trattato più volte il fenomeno dei "binomi" (per esempio nella nota 1 della lezione 46); oggi lo analizzeremo più in dettaglio. Ecco un esempio in cui si sottolinea il senso della prima parola aggiungendo un sinonimo: a **peace**, *pace* (ma in questa accezione significa soprattutto *tranquillità*) si aggiunge **quiet**, *silenzio*, *calma*. Tra l'altro è bene sapere che, in questi binomi, l'ordine delle parole va rigorosamente rispettato: si dovrà dire **I could do with some peace and quiet** e non ~~I could do with some quiet and peace~~.

4 Benché al passato, abbiamo già visto **I don't care**, *Non mi importa* (lezione 44, frase 3). Quando il vostro disinteresse riguarda una scelta che vi viene proposta, potete aggiungere **one way or the other**: **They offered me a choice of three starters, but I didn't care one way or the other**, *Mi hanno proposto di scegliere fra tre antipasti, ma per me l'uno o l'altro erano lo stesso*. Oggi vedremo diversi modi di esprimere indifferenza o apatia per quanto riguarda una scelta.

55 / Fifty-fifth lesson

6 – I heard them both reviewed on "The Critics": Philip Gaul said the new Sidney Winter was gripping and he really recommended it.

7 It's got an all-star cast, with that up-and-coming Indian actor. The one who was in that cops and robbers [5] show on TV.

8 – He's appalling! He's got two expressions: puzzled and indigestion. Who else is in it?

9 Did you hear me? I asked who else is in it.

10 – You're like a bear with a sore head [6]. Would you rather we didn't go out?

11 – I really couldn't care less [7]. What did Gaul say about the other film?

12 – He said that it's shrewd and funny. But I know you're not into [8] romcoms. There's always the new Torrentino.

Note

5 **cop**, *poliziotto*, è un'abbreviazione di **copper** (che si usa nello stesso senso anche se letteralmente vuol dire *rame*). Secondo una leggenda, i primi poliziotti inglesi portavano un'uniforme con i bottoni di rame, ma la verità è più prosaica: il vecchio verbo **to cop** (probabilmente dal latino "capere", *prendere*, da cui viene anche **capture**) significa *acchiappare*. Dunque **a copper** è colui che "acchiappa" i malfattori. La parola forma con **robbers** un binomio che ben ricorda il nostro *guardie e ladri*, ma viene impiegato anche per indicare una serie o un film poliziesco. Un'ultima osservazione: non rivolgetevi mai a un agente delle forze dell'ordine chiamandolo **cop**: potrebbe suonare offensivo.

6 **a bear with a sore head**, lett. un orso con il mal di testa, descrive una persona di pessimo umore, anche se si tratta di un malumore passeggero. Si parla quindi di un individuo *intrattabile* più che di un orso. Questa espressione si usa in genere come termine di paragone: **He's like a bear with a sore head this morning**, *Stamattina è intrattabile*.

Cinquantacinquesima lezione / 55

6 – Ho saputo che li hanno entrambi recensiti su "The Critics". Philip Gaul ha detto che il nuovo film di Sidney Winter era avvincente e l'ha vivamente consigliato.
7 C'è un cast d'eccezione, con quell'attore indiano emergente che già aveva fatto quella serie poliziesca alla tivù.
8 – [Ma] se è un cane! Ha solo due espressioni: o è perplesso o sembra che soffra di indigestione. Chi sono gli altri attori?
9 Mi hai sentito? Ti ho chiesto chi sono gli altri attori.
10 – [Oggi] sei intrattabile! Non ti va di uscire?
11 – Non me ne frega proprio niente. Che dice Gaul dell'altro film?
12 – Che è acuto e brillante, ma so che non vai matto per le commedie romantiche. C'è sempre il nuovo film di Torrentino.

---

7 **I couldn't care less** (ricordate che si usa sempre il condizionale **could**) denota completa indifferenza e richiama alla mente una nostra frase fatta ("non me ne può fregare di meno"), anche se si può tradurre semplicemente con *Me ne frego* o *Non me ne frega niente*. La frase che dà il titolo a questa lezione (**I don't give a damn!**), pur volendo dire la stessa cosa, è più incisiva nonché sconsigliabile per via di quel **damn** (vedi lezione 34, nota 6). Con questa celebre battuta strizziamo l'occhio alla settima arte: è infatti l'ultima frase che Rhett Butler rivolge a Scarlett O'Hara nel film *Via col vento*, ed è una delle citazioni più famose del cinema americano. Non confondete **care less** (lett. preoccuparsi meno) con l'aggettivo **careless**, *disattento*, *distratto*.

8 La frase idiomatica **to be into** equivale a *andare matto per*, *interessarsi* o *essere appassionato di* qualcosa. Spesso, invertendo l'ordine degli elementi della frase, si traduce *essere la (mia, tua ecc.) passione*: **He is heavily into natural medicine**, *La medicina naturale è la sua grande passione*.

55 / Fifty-fifth lesson

13 – I heard it was nothing to write home about [9]. He's become bitter and twisted [10] in his old age.
14 – That new documentary [11] has got rave [12] reviews: its about the breakdown of law and order and the pros and cons [13] of private militias.
15 – I've told you time and again that I'm sick and tired of these doom-and-gloom [14] stories.
16 I wouldn't go and see that kind of thing, come hell or high water [15].

Pronuncia
14 ... pro:z ën konz ...

Note

[9] Durante la Prima Guerra mondiale i soldati ebbero per la prima volta la possibilità di scrivere regolarmente ai loro familiari: ogni avvenimento costituiva dunque un'occasione per mandare una lettera a casa. S'intuisce così che **nothing to write home about** è un commento che ancora oggi si fa per qualcosa che non è degno di nota, specie se se n'è fatto un gran parlare in precedenza. **I saw *Cats*, but it was nothing to write home about**, *Ho visto "Cats", ma non era niente di che*. La preposizione **about** va sempre in fondo alla locuzione.

[10] **bitter**, *amaro*; **twisted**, *storto*; **to be/become bitter and twisted** (un altro binomio) vuol dire *essere acido/inacidire* o anche *essere amareggiato/amareggiarsi*.

[11] **documentary**, *documentario*, si presta ad alcune "variazioni sul tema" molto creative: abbiamo per esempio **a mockumentary** (da **mock**, *finto*), *un falso documentario* (genere parodistico), **a shockumentary**, un documentario volutamente scandaloso e scabroso, o ancora **a rockumentary**, che racconta la storia di un gruppo rock e potremmo tradurre direttamente con *rockumentario*. Neologismi di questo tipo nascono ogni giorno, ma non tutti sopravvivono. Procuratevi un buon dizionario e, se non contiene di questi termini, cercateli su Internet, ma se conoscete bene il contesto e il lessico di base, queste parole non saranno un problema per voi.

Cinquantacinquesima lezione / 55

13 – Ho sentito dire che non è niente di che. Con l'età quel regista si è inacidito.
14 – C'è anche quel nuovo documentario sull'illegalità e sui pro e contro delle polizie private: ha avuto recensioni entusiastiche.
15 – Ti ho detto mille volte che sono stufo marcio di queste storie deprimenti.
16   Non andrei a vedere quella roba neanche gratis.

---

12 **to rave**, *delirare, farneticare*, ma anche *essere entusiasta*. **The old man was raving about his lost fortune**, *Il vecchio stava farneticando sulla fortuna che aveva perso*; **He was raving about that new band**, *Era entusiasta di quel nuovo gruppo*. **A rave review**, *una recensione entusiastica*. Questa nozione di "delirio entusiasta" è all'origine dei rave party.

13 Entrambi i termini **pros** e **cons** (*pro* e *contro*) vengono dal latino e proprio come in italiano formano un binomio, vanno al plurale e sono inscindibili. **I'll have to weigh up the pros and cons**, *Devo valutare i pro e i contro*. Tuttavia si può impiegare **pro** come preposizione o aggettivo. Per esempio, negli Stati Uniti, trattando di aborto si parla di movimenti **pro-life** ("per la vita", dunque antiabortisti) e **pro-choice** ("per la scelta", dunque a favore dell'aborto).

14 Più che sul senso letterale delle parole che li compongono (vedi anche la nota 3), alcuni binomi si basano sulla rima: **doom**, *rovina* o *destino avverso*, viene abbinato a **gloom**, *tristezza*, per indicare profondo pessimismo: **Everyone is full of doom and gloom because of falling house prices**, *Sono tutti pessimisti per via del calo dei prezzi degli immobili*. Questo binomio può anche fungere da aggettivo; in tal caso le parole sono unite dai trattini: **He painted a doom-and-gloom picture of the economy**, *Ha tracciato un quadro catastrofico dell'economia*.

15 Un altro tipo di binomio è quello basato sull'allitterazione. Nel nostro esempio (**come hell or high water**) le due **h-** iniziali sono più importanti rispetto al senso delle parole che formano il binomio (*inferno e alta marea*). Notate che **come** è un congiuntivo: **I will marry him, come hell or high water!**, *Lo sposerò, cascasse il mondo!*

four hundred and seventy-eight • 478

17 It's the kind of film they show on planes and prisons, because the audience can't get out.
18 – I get the message loud and clear. Every time I suggest a film, you rant [16] and rave.
19 When it comes to the movies, we're like chalk and cheese [17].

Note

[16] Nella lezione 50, frase 2, ci siamo imbattuti nel sostantivo **rant**, *filippica* (dal verbo **to rant**, *blaterare, farneticare*). **He's always ranting about government interference in our everyday lives**, *Blatera in continuazione sull'ingerenza del governo nella nostra vita quotidiana*. In **to rant and rave** abbiamo due tipi di binomi combinati: quello composto da due sinonimi (nota 3) e quello che presenta un'allitterazione (nota 15). Il senso, oltre a *lamentarsi*, è quello di *inveire, fare il diavolo a quattro*: **The Conservatives have continued to rant and rave about a supposed ten per cent increase in income tax**, *I Conservatori hanno continuato a fare il diavolo a quattro a causa del presunto aumento del 10% dell'imposta sul reddito*.

[17] Com'è evidente, **chalk**, *gesso*, e **cheese**, *formaggio*, non hanno nulla in comune. Perciò dire che due persone o due cose sono **like chalk and cheese** equivale a dire che sono molto diverse (vedi lezione 33, frase

***

Exercise 1 – Translate

❶ You'd better weigh up the pros and cons before making a decision. ❷ We saw the show, but it was nothing to write home about. ❸ What's up with Ali? He's like a bear with a sore head this morning. ❹ Some of the buildings on the street could really do with a lick of paint. ❺ I don't care one way or the other. Either will do.

Cinquantacinquesima lezione / 55

17 È il genere di film che danno in aereo o in galera perché il pubblico non può andarsene.
18 – Ho capito l'antifona. Ogni volta che ti suggerisco un film ti lamenti.
19 In fatto di cinema siamo come cane e gatto.

10). Il nostro binomio si presta anche alle antifrasi (per esempio **They are as alike as chalk and cheese**, lett. *Sono simili come il gesso e il formaggio*, che naturalmente è una frase ironica) ed è caratterizzato dall'allitterazione, al pari di **come hell or high water**. C'è anche un'espressione equivalente ma meno efficace, ovvero **They're like day and night**, *Sono come il giorno e la notte*.

***

Soluzioni dell'esercizio 1
❶ Faresti meglio a soppesare i pro e i contro prima di prendere una decisione. ❷ Abbiamo visto lo spettacolo, ma non era niente di particolare. ❸ Cos'è successo ad Ali? Stamattina è intrattabile. ❹ Alcune case della via avrebbero proprio bisogno di una mano di vernice. ❺ Per me è tutto uguale. Vanno bene entrambi.

Exercise 2 – Fill in the missing words

① Ne ho fin sopra i capelli di tutti questi film deprimenti sul riscaldamento globale.
I'm .... of all these .... movies about global warming.

② – Non capisco *(Sono perplesso)*. Perché stai diventando così disattento? – Non potrebbe fregarmene di meno.
I'm .... Why are you getting so careless? – I ....

③ Un tempo era un attore promettente. Ora è un regista inacidito.
He was .... an .... actor. Now he's a .... director.

④ Il primo film è una commedia romantica, l'altro è un falso documentario. Sono come il giorno e la notte.
One film's a ...... and the other's a .... They're like ....

⑤ – Perché ti arrabbi così? – Perché vorrei starmene un po' in pace.
Why are you ....? – Because I .... some ....

Fifty-sixth lesson

Revision – Ripasso

1 I "binomi"

Abbiamo scelto questo termine (benché ce ne siano altri più tecnici) per quelle espressioni idiomatiche composte in genere da due parole – anche se, come vedremo fra poco, possono essere anche più di due – il cui ordine è invariabile. Spesso il senso di un binomio si ricava dal primo termine che lo compone, mentre

Soluzioni dell'esercizio 2

❶ – sick and tired – doom-and-gloom – ❷ – puzzled – couldn't care less ❸ – once – up-and-coming – bitter and twisted – ❹ – romcom – mockumentary – chalk and cheese ❺ – ranting and raving – could do with – peace and quiet

Ormai siete arrivati a un livello di conoscenza tale da non dover più cercare il significato di tutte le parole che incontrate. Inoltre, partendo dal senso letterale di un termine, per esempio to cast *(che abbiamo visto nella lezione scorsa), siete in grado di capirne il significato nei vari contesti in cui compare e di intuire quello dei suoi derivati (per es.* miscast*) senza doverlo tradurre ogni volta. Questo è importantissimo, perché anche quelle poche parole di cui non conoscete il senso preciso non vi impediscono di comprendere un testo o una conversazione nel loro complesso. Perciò questa settimana vi abbiamo fatto studiare alcuni "segnali linguistici" e dei verbi frasali con due o più significati. A questo punto anche i pochi errori che commettete costituiscono altrettante occasioni per imparare. E ora tutti a vedere un film in lingua originale!*

Cinquantaseiesima lezione

il secondo è stato aggiunto per questioni di equilibrio, di eufonia oppure di enfasi.

Non ci sono regole alla base della creazione dei binomi, per cui è necessario impararli a memoria. Ad ogni modo è possibile suddividerli in diverse categorie, cosa che vi aiuterà ad assimilarli più facilmente. Alcuni binomi fanno parte di più categorie.

1.1 Binomi composti da sinonimi

In questa categoria la seconda parola della coppia sottolinea ed enfatizza il senso della prima:
neat and tidy, *lindo*
peace and quiet, *pace, tranquillità*
(to) pick and choose, *scegliere*
prim and proper, *snob* (vedi anche il § 1.3)
(to) rant and rave, *inveire, fare il diavolo a quattro, agitarsi*
(to be) sick and tired, *averne fin sopra i capelli*
(to) wine and dine, *invitare, portare al ristorante* (vedi anche il § 1.4)

1.2 Binomi composti da antonimi

In questa categoria troveremo alcune espressioni che presentano delle analogie con quelle italiane equivalenti:
comings and goings, *andirivieni*
dawn till dusk, *dal mattino alla sera* (vedi anche il § 1.3)
give and take, *do ut des, concessioni reciproche*
(to play) hide and seek, *(giocare) a nascondino*
pros and cons, *pro e contro*

1.3 Binomi con allitterazioni

I binomi non mancano certo in italiano né in altre lingue, ma questa categoria e la prossima sono indubbiamente quelle più importanti, nonché le più musicali e le più creative: insomma, quelle più "inglesi". Qualche espressione vi era sicuramente già nota:
black and blue, *pieno di lividi*
cash and carry, *cash and carry (pagamento immediato con trasporto a carico del cliente o negozio in cui si usa questo sistema di vendita)*
chalk and cheese, *totalmente diversi, diametralmente opposti*
part and parcel, *parte integrante*
spick and span, *tutto a posto, tutto in ordine*

1.4 Binomi con le rime

hustle and bustle, *caos, confusione, trambusto*
hither and thither, *qua e là*
(to) meet and greet, *incontro (incontrare)*
(to be) out and about, *essere in giro* (ma anche *rimettersi da una malattia*)
wear and tear, *usura, logorio* (**to tear** *tèr, lacerare*)

1.5 Trinomi

Le espressioni che fanno parte di questa categoria sono senz'altro meno numerose dei binomi, ma si formano allo stesso modo:
cool, calm and collected, *calmo e rilassato* (allitterazione)
here, there and everywhere, *dappertutto* (sinonimi)
lock, stock and barrel, *tutto intero, nel suo complesso* (rima)

Ovviamente non intendiamo darvi un elenco di tutte queste espressioni, cosa che esula dall'ambito del nostro corso. Cercheremo piuttosto di mostrarvi i meccanismi impiegati per creare binomi e trinomi, aiutandovi così a ricordarli meglio visto che, purtroppo, non si può fare altro che impararli a memoria. Questa suddivisione in categorie e il piccolo dialogo che troverete alla fine della lezione serviranno a facilitarvi il compito; questi esercizi di comprensione sono infatti particolarmente importanti perché i giornalisti, gli scrittori e gli internauti che pubblicano i blog vanno matti per queste "coppie di fatto" e ne creano di nuove tutti i giorni, soprattutto del tipo visto nei paragrafi **1.3** e **1.4**. Per esempio, quando la stampa vuol far conoscere al grande pubblico l'identità di un malvivente, ne pubblica il nome per metterlo alla berlina: **Robins was named and shamed by the *Daily Tribune***, *Robins è stato esposto al pubblico disprezzo (tramite la pubblicazione del suo nome) dal "Daily Tribune"*. Oppure, quando certi analisti finanziari senza scrupoli presentano un'azione qualsiasi come un buon affare, pompandone (**to pump**) i pregi per far salire il prezzo e poi rivendere il titolo guadagnandoci (**to dump**), si realizza una pratica illegale detta **to pump and dump**. L'elasticità e la creatività della lingua inglese trovano dunque un'eccellente applicazione nei binomi.

2 *To get*

Questo piccolo ma onnipresente verbo meriterebbe un libro a parte (si dice per scherzo che si potrebbe parlare inglese con tre parole soltanto: **yes**, **no** e **get**); qui ci limiteremo a fornirvi alcune spiegazioni di complemento alla lezione 50, dove abbiamo incontrato più volte **to get**, per aiutarvi a comprenderne il funzionamento. Notiamo di sfuggita che nel linguaggio formale si tende a evitare questo verbo (un tempo gli studenti britannici venivano esortati a evitare **to get**, **a lot of** e **nice**, parole considerate "pigre"), che tuttavia è grammaticalmente corretto oltre che d'uso frequente.

2.1

Per cominciare, **to get** si sostituisce ad altri verbi dal significato più preciso:

• ottenere, ricevere, (andare a) prendere, comprare
Get prende spesso il posto di verbi come **to obtain**, **receive**, **fetch** ecc.
(Fetch) Get me another ream of paper, please, *Vammi a prendere un'altra risma di carta, per favore.*
I (received) got three emails from my bank yesterday, *Ieri ho ricevuto tre e-mail dalla mia banca.*
We (buy) get our meat from the local butcher, *Compriamo la carne dal macellaio sotto casa.*

• **Get** sostituisce **to become**, **to grow** ecc.
It's (growing) getting dark; we should leave, *Comincia a fare buio; dovremmo andare.*
She's (becoming) getting forgetful in her old age, *Con gli anni sta diventando smemorata.*

• spostarsi, andare, salire, scendere, tornare ecc.
Seguito da una preposizione, **to get** fa le veci dei verbi di moto:
(Come) Get into the car; I'm leaving, *Sali in macchina che parto.*
(Alight from) Get off the Tube at Oxford Circus, *Scendi dalla metropolitana a Oxford Circus.*
He (returned) got back after midnight, *È tornato dopo mezzanotte.*

In tutti gli esempi appena visti (e negli ultimi tre in particolare), il verbo "formale" (**return**, **alight**...) suonerebbe innaturale nella lingua parlata: così vi capiterà di sentirlo usare negli annunci alla stazione (**alight from the train**), mentre un compagno di viaggio vi dirà **get off the train**.

2.2

To get si può anche usare in combinazione con un verbo al participio passato. Spesso si tratta di verbi pronominali in italiano:

On the day he got married, he got up, got showered and got dressed, *Il giorno del suo matrimonio (in cui si sposò) si alzò, si fece la doccia e si vestì.*

Cinquantaseiesima lezione / 56

Un testo formale suonerebbe invece così:
On the day of his wedding, he rose, showered and dressed.
In questo tipo di costruzione **to get** non ha un senso proprio ed è una sorta di "indicatore pronominale": c'è infatti differenza tra **he got dressed**, <u>si</u> vestì, e **he was dressed**, <u>era</u> vestito.

2.3

Come abbiamo visto nella lezione 42, nel parlato o in un contesto informale, **to get** può sostituire **to be** nelle frasi passive. In questa costruzione l'azione è spesso inattesa e involontaria:
I (was) got hit on the head by a cricket ball, *Sono stato colpito alla testa da una palla da cricket.*
Dave (was) got fired for losing his laptop, *Dave è stato licenziato per aver perso il suo computer portatile.*

2.4

Seguito da un complemento oggetto e da un verbo all'infinito, **to get** traduce l'idea di *riuscire a fare* o *far fare* qualcosa:
I got him to tell the truth, *Gli ho fatto dire la verità.*
He got the door to open with a knife, *È riuscito ad aprire la porta con un coltello.*
In inglese "far fare" si traduce anche, come sapete, con **to get** seguito dal complemento oggetto e dal participio passato:
I got my computer fixed and I'm back online, *Ho fatto riparare il computer e sono di nuovo online.*
Remember to get the loan papers signed, *Ricordate di far firmare i documenti per il prestito.*

2.5

Per finire abbiamo anche un uso pleonastico di questo verbo, che ha più che altro una funzione "sonora": per esempio **got** si può inserire in una frase dopo la forma contratta di **to have** (vedi lezione 50, nota 7):
I have a problem → **I've got a problem**, *Ho un problema.*
Senza l'aggiunta di **got**, la forma contratta di **to have** non si sentirebbe neppure. Questo impiego di **to get** riguarda soprattutto il tempo presente (al passato si dice infatti **I had a problem** e non **I got a problem**). Inoltre **to get** si usa spesso all'imperativo nelle esclamazioni per via del suono gutturale che lo rende molto brusco ed

efficace. Per esempio, **Get out!**, *Esci!*, è più forte di **Leave!** Per accorgervi della differenza, pronunciate entrambe le frasi ad alta voce.

È impossibile spiegare in poche pagine tutti i significati di **to get** (e non abbiamo neppure affrontato nel dettaglio i verbi frasali...), ma non è questo il nostro obiettivo; speriamo piuttosto che questa sintesi vi aiuti ad assimilare con naturalezza l'uso di questo verbo utilissimo, che mal si presta a essere ricondotto a regole formali: **You've got to get used to "to get"**, *Devi abituarti al verbo "to get".*

3 I plurali irregolari

Conoscete certamente plurali irregolari "ad alta frequenza" come **man → men** o **child → children**. Ci sono però delle parole, per lo più di origine greca o latina, il cui plurale è irregolare ed è di norma quello della lingua d'origine. Spesso, però, per questi termini è ammesso anche un plurale regolare.

Per esempio, alla lezione 50 abbiamo visto che il plurale di **stadium**, *stadio*, è **stadia**, ma è corretto anche il plurale "all'inglese" **stadiums**. Possiamo distinguere quattro categorie per questi sostantivi:

3.1 Nomi in *-us*

fungus, *fungo (micosi)*: **fungi** o **funguses**
octopus, *polpo*: **octopi** o **octupuses**
syllabus, *programma (di studio, di un corso)*: **syllabi** o **syllabuses**

I nomi seguenti, però, hanno un solo plurale possibile, quello irregolare:
alumnus, *ex allievo*, **alumni**
nucleus, *nucleo*, **nuclei**
stimulus, *stimolo*, **stimuli**

3.2 Nomi in *-um*

Formano il plurale in **-a**. I più frequenti sono:
addendum, *supplemento*, **addenda**
erratum, *errore di stampa*, **errata**
stratum, *strato*, **strata**
Questo gruppo comprende due sostantivi il cui plurale è più usato del singolare: **media** (**medium**), *media* e **data** (**datum**), *dati*.

3.3 Nomi in -a

Questi nomi hanno sia il plurale in **-ae** sia quello regolare.
antenna, *antenna*, **antennae** o **antennas**
formula, *formula*, **formulae** o **formulas**

3.4 Nomi in -is

La desinenza del plurale è **-es**. Questa categoria è la più importante e non forma il plurale regolarmente:
analysis, *analisi*, **analyses**
basis, *base*, **bases**
crisis, *crisi*, **crises**
diagnosis, *diagnosi*, **diagnoses**
hypothesis, *ipotesi*, **hypotheses**
oasis, *oasi*, **oases**
parenthesis, *parentesi*, **parentheses**

Infine, segnaliamo due parole di origine greca che possono indurre in errore:
a criterion, *un criterio*, **criteria**
a phenomenon, *un fenomeno*, **phenomena**

Concludendo si può dire che, tranne per i nomi delle categorie **3.2** e **3.4** e per **criterion** e **phenomenon**, in genere la forma regolare è ammessa. Tuttavia, poiché stiamo perfezionando la conoscenza dell'inglese, sarebbe bene che usassimo il plurale corretto...

4 Come si dice "zero"?

Dovrebbe essere facile, tanto più che in inglese la parola **zero** c'è, ma dipende tutto dal contesto:

4.1 Numeri di telefono, di conti bancari ecc.

Zero si dice **oh** *ou*: 3076 = **three oh seven six**.
007: double oh seven

4.2 Matematica

Zero si dice **nought** *no:t*. 0.6 = **nought point six**.

4.3 Scienza, temperatura

Zero si dice... **zero**. **Water freezes at zero degrees**, *L'acqua gela a 0°C*.

Attenzione: il nome che segue **zero** va al plurale, come in italiano.

***

▶ Revision dialogue

1 – I'm sick and tired of the hustle and bustle of London. I need some peace and quiet. All those comings and goings, with people rushing hither and thither from dawn to dusk.
2 – Why are you ranting and raving? That's part and parcel of city life!
3 – I want a neat and tidy house in the country where everything is spick and span.
4 – But in a city, you can pick and choose where you want to eat. You can wine and dine your girlfriend at any time.
5 – But I can't stand the wear and tear on my nerves. And city people are so rude!
6 – Don't be so prim and proper! Cities are fun. I agree that there are pros and cons.
7 – Too right! After a day on the Underground I'm black and blue all over. How can you remain so cool, calm and collected? You and I are like chalk and cheese.
8 – It's a question of give and take. I love London, lock, stock and barrel – and London loves me.

Cinquantaseiesima lezione / 56

4.4 Sport

Zero si dice **nil** (talvolta **nothing**): **We won three-nil/three nothing**, *Abbiamo vinto tre a zero.*

Infine abbiamo imparato altre due parole per dire *zero (punti)*: **duck** (nel cricket) e **love** (nel tennis). Se non riuscite a ricordare tutte queste distinzioni, vi consigliamo di usare il termine **zero**, che sarà comunque sempre comprensibile per i vostri interlocutori (ed è molto più frequente nell'inglese americano).

***

Traduzione

1 Ne ho fin sopra i capelli del caos di Londra. Avrei bisogno di un po' di pace. Tutto questo andirivieni e questa gente che si affanna qua e là dalla mattina alla sera... **2** Perché te la prendi tanto? Tutto questo fa parte integrante della vita cittadina! **3** Voglio una casa in campagna linda e pulita dove tutto sia in ordine. **4** Ma in città puoi scegliere dove mangiare, puoi portare al ristorante la tua ragazza quando ti pare. **5** Ma ho i nervi a pezzi. E poi la gente di città è così maleducata! **6** Non fare lo snob! Le città sono divertenti. Certo hanno i loro pro e contro. **7** L'hai detto! Dopo una giornata in metropolitana sono pieno di lividi da tutte le parti. Come fai a restartene così calmo e rilassato? Tu ed io siamo come il giorno e la notte. **8** È una questione di *do ut des*. Amo Londra così com'è e Londra ama me.

Probabilmente avrete l'impressione di aver studiato parecchi argomenti durante questa settimana, e soprattutto oggi. Il nostro obiettivo è quello di spiegarvi i meccanismi alla base di alcune strutture ed espressioni idiomatiche, in modo che possiate orientarvi in ogni occasione con quelle che ancora non conoscete, al cinema come davanti alla tivù, leggendo un libro o un giornale. A proposito di libri: a partire dalla prossima lezione affronteremo il tema della letteratura.

Fifty-seventh lesson

The Upstart Crow

Non avendo lo spazio per commentare ogni espressione shakespeariana del testo, abbiamo solo segnalato con un asterisco quelle più facili da comprendere intuitivamente (e reperibili su un buon dizionario).

1 – I didn't sleep a wink [1] last night worrying about Ethan. I haven't seen him for ages.
2 What the dickens [2] has happened to him? He seems to have melted into thin air [3].
3 – It seems he had an argument with his wife and she sent him packing [4].
4 More in sorrow than in anger*, mind you*, but what's done is done*.
5 Ethan used to think the world was his oyster [5]: A brave new world [6], he once said.

Pronuncia
*1 ... **i:**th**ë**n ...*

Note

[1] **to wink**, *strizzare l'occhio* o *sbattere le ciglia*. La frase idiomatica **not to sleep a wink**, *non chiudere occhio,* va usata sempre al passato e in frasi negative. Shakespeare la impiegò in **Cymbeline**, *Cimbelino*. Una variante di questo modo di dire è **not to get a wink of sleep**.

[2] Il grande Charles Dickens, di cui parleremo nella prossima lezione, qui non c'entra: **dickens** è un eufemismo utilizzato per evitare di dire **devil**, considerata una parola blasfema ai tempi di Shakespeare (è un po' come in italiano quando si dice *diamine* invece di *diavolo*). Del resto anche **heck** sostituisce **hell**, come abbiamo visto nella lezione 40 alla nota 10. **Dickens** compare sia nelle domande – **What the dickens are you doing?**, *Cosa diavolo stai facendo?* – sia nelle frasi affermative: **The engine was making a dickens of a noise**, *Il motore faceva un fracasso d'inferno*.

Cinquantasettesima lezione

Il corvo rifatto *(ultimo arrivato)*

1 – Stanotte non ho chiuso occhio pensando a Ethan. Non lo vedo da una vita.
2 Che diamine gli sarà successo? Sembra essere svanito nel nulla.
3 – Pare che abbia litigato con la moglie e che lei l'abbia mandato via.
4 Era più addolorata che in collera, sai, ma ormai quel che è fatto è fatto.
5 Ethan pensava che il mondo fosse suo: il migliore dei mondi possibili, aveva detto una volta.

---

3 L'aggettivo **thin**, *magro*, funziona anche in senso figurato indicando qualcosa di debole, fiacco, oppure qualcosa che si rarefà: **Labour's argument is a bit thin: they don't even have any figures**, *L'argomentazione dei laburisti è debolucccia e non è neppure sostenuta dalle cifre*; **The air is very thin at 30,000 feet**, *A 10.000 metri l'aria si rarefà*. L'espressione **to disappear** o **to vanish into thin air** vuol dire *svanire nel nulla, volatilizzarsi*, e si ritrova in **The Tempest**, *La Tempesta* (1611).

4 **to pack**, *impacchettare* o *fare le valigie*. In italiano diciamo *mandare via, a spasso* oppure *cacciare*; in inglese si dice "mandare a fare le valigie". L'espressione si trova nell'*Enrico IV, prima parte* (1597), ed è tuttora in voga: **He asked me for a loan but I sent him packing**, *Mi ha chiesto un prestito, ma l'ho mandato a spasso*.

5 **oyster**, *ostrica*, compare nell'espressione **the world is his (your** ecc.**) oyster** e fa riferimento alla possibilità di aprirla e di trovarci dentro una perla. La frase si potrebbe tradurre *il mondo è suo* oppure *può fare ciò che vuole*. **Rajiv's just graduated from Cambridge and the world is his oyster**, *Rajiv si è appena laureato a Cambridge e ora il mondo è suo*.

6 **brave**, *coraggioso*, ma nell'opera da cui proviene quest'espressione *(La Tempesta)*, **brave** significava *bello*, *splendido*.

6 He'd go off on a wild goose chase [7] then come back and eat her out of house and home [8].

7 But he was living in a fool's paradise [9] and it was high time* he lived up to his responsibilities.

8 – What about his girlfriend, Leila? She was a tower of strength to him. What's become of her?

9 – She broke off with him. He'd been playing fast and loose [10] and she had had enough.

10 Ethan begged her to take him back, told her what a hard life he'd had. He laid it on with a trowel [11].

11 But she wouldn't budge an inch*. "Good riddance [12]", she said.

Note

7 **goose**, *oca* (ricordiamo che il plurale è irregolare: **geese**); **to chase**, *inseguire, cacciare*: **The police chased football fans through the streets of Manchester last night**, *Ieri sera la polizia ha inseguito i tifosi per le vie di Manchester*. Correre dietro alle oche selvatiche è una perdita di tempo, dal momento che sono impossibili da acchiappare, per cui **a wild goose chase** è *un'impresa senza speranza* o *una corsa a vuoto*, come nel caso del nostro testo, in cui Ethan corre a destra e a manca senza costrutto. La traduzione varia secondo il contesto, in particolare quando l'espressione è preceduta dal verbo **to send** (**to send someone off on a wild goose chase**, *mettere qualcuno sulla strada sbagliata*).

8 Nella lezione 23, frase 6, abbiamo visto che **to eat out** significa *mangiare fuori* o *al ristorante*; **to eat someone out of house and home**, che s'incontra nell'*Enrico IV*, sta per "mangiarsi tutto quello che c'è in casa". **Every time he comes back for the holidays, he eats us out of house and home**, *Tutte le volte che torna per le vacanze, si mangia tutto quel che abbiamo in casa*.

9 **to live in a fool's paradise** (lett. *vivere in un paradiso degli stupidi*) significa *vivere in un mondo di illusioni* (ma attenzione: **fool's paradise** è anche un *paradiso artificiale*). **We can't live in a fool's paradise: our country needs radical economic changes**, *Non possiamo vivere di illusioni: il nostro Paese ha bisogno di cambiamenti economici profondi*. L'e-

6 Correva a vuoto rincorrendo sogni impossibili, poi tornava e la mandava in rovina a furia di divorare tutto quello che lei aveva in casa,

7 ma viveva in un mondo di illusioni ed era proprio ora che si prendesse le sue responsabilità.

8 – E Leila, l'amica? Era la sua ancora di salvezza. Che ne è stato di lei?

9 – Lo ha lasciato. Lui la tradiva e lei ne ha avuto abbastanza.

10 Ethan l'ha supplicata di tornare con lui, le ha parlato dei guai che aveva passato e ha pure esagerato [un po'],

11 ma lei è stata irremovibile (*non ha ceduto di un millimetro*) e gli ha detto "Ben ti sta".

---

spressione è tratta da **Romeo and Juliet**, *Romeo e Giulietta*. Ricordiamo che **paradise** è il sinonimo "colto" di **heaven**: vedi lezione 35, § 3.

10 Benché Shakespeare non abbia inventato l'espressione **to play fast and loose**, è stato comunque lui ad averla resa celebre. Il senso è quello di *comportarsi in modo frivolo con qualcuno* (o *tradirlo*) oppure *prendere qualcosa alla leggera*. **The judge criticised the defence lawyer for playing fast and loose with the truth**, *Il giudice ha rimproverato l'avvocato difensore di aver alterato la verità*.

11 to lay it on with a trowel, modo di dire apparso per la prima volta in **As You Like It**, *Come vi piace* (1600), significa *esagerare* o *calcare la mano*. Il complemento oggetto (in genere **it**) può essere esplicitato: **He laid on the flattery with a trowel**, *Ha esagerato con i complimenti*. Variante: **to lay it on thick**.

12 Normalmente il senso di **Good riddance!** sarebbe *Che liberazione!* o *Meno male!*, ma qui il contesto indica un significato un po' diverso, oltre al distacco della ragazza per i guai del suo ex.

57 / Fifty-seventh lesson

12 That left him in a pickle [13], I can tell you.
13 At one fell swoop [14], Ethan's whole world fell apart at the seams.
14 – The poor thing! I think he's more sinned against than sinning*.
15 Anyway, true love never runs smooth*, does it?
16 – You believe that? More fool you [15]! For goodness' sake* don't feel sorry for him.
17 The long and the short of it* is that Ethan got what he deserved.
18 He wanted to live with his wife but fool around at the same time, so he got hoist by his own petard [16].
19 – And both women got their pound of flesh [17]. So much for the milk of human kindness [18]!

18 ... ho*i*st ... pë**ta:**d.

: Note

[13] Il sostantivo non numerabile **pickle**, *salamoia*, e i **pickles**, *sottaceti*, hanno poco che fare con le frasi **to be** o **to put someone in a pickle**, *essere* o *mettere nei guai*. Forse suggeriscono quanto sia sgradevole l'idea di essere annegati nella salamoia...

[14] **to swoop**, *scendere in picchiata* come un uccello rapace, *piombare* ecc. è un verbo che capita di trovare spesso nei titoli dei giornali per la sua brevità e la sua immediatezza: **Armed police swooped on several houses in Fratton before dawn**, *A Fratton poliziotti armati hanno fatto un blitz in molti appartamenti prima dell'alba*; **at** o **in one fell swoop**, *di punto in bianco, in un baleno, all'istante*: **Winning the lottery would solve our money problems in one fell swoop**, *Se vincessimo alla lotteria risolveremmo all'istante i nostri problemi finanziari*. A proposito di **fell**, sapete che è il passato di **to fall**, ma nell'espressione originaria, tratta dal *Macbeth*, il senso della parola era piuttosto quello di *feroce* ed evocava l'immagine di un uccello rapace che attacca la preda all'improvviso e violentemente. Ai nostri giorni quest'accezione si è conservata solo in **at/in one fell swoop**.

Cinquantasettesima lezione / 57

12 L'ha bell'e che inguaiato, te lo dico io.
13 Il mondo di Ethan è andato in pezzi di punto in bianco.
14 – Poverino! Credo che sia più vittima che colpevole.
15 Comunque sia, il vero amore non fila mai liscio, no?
16 – Credi davvero? Non ti facevo così stupida! Per l'amor del Cielo, non compatirlo.
17 Il punto è che Ethan ha avuto quel che si meritava.
18 Voleva vivere con sua moglie e fare il farfallone allo stesso tempo, e ora è caduto nella sua stessa trappola!
19 – E tutt'e due gliel'hanno fatta pagare. Alla faccia dell'umana bontà!

15 **More fool you** è l'ellissi di **You are more of a fool than I thought**, *Sei più stupido di quel che credevo*. Si usa di solito come interiezione (vedi **The Taming of the Shrew**, *La bisbetica domata*), ma può anche reggere un complemento, che dev'essere preceduto da **for**: **More fool you for believing his lies**, *Che stupido che sei ad aver creduto alle sue bugie*.

16 Facile indovinare cosa significhi **petard**, che un tempo indicava un ordigno esplosivo o una bomba e ai nostri giorni sopravvive nell'espressione **to be hoist by** (o **with**) **one's own petard**, *cadere nella propria trappola*, con cui Amleto descrive la fine di Rosencrantz e Guildenstern. Il verbo **to hoist** – che oggi è regolare, ma non lo era nel XVI secolo – vuol dire *far saltare in aria*.

17 Quest'espressione è invece tratta da **The Merchant of Venice**, *Il mercante di Venezia* (1596-97): l'usuraio Shylock presta del denaro senza interessi al suo nemico Antonio, ma a condizione di poter prelevare una libbra di carne dal corpo del debitore nel caso in cui il prestito non venga restituito entro il tempo convenuto; **a pound of flesh** è dunque una cosa dovuta, ma pretesa inflessibilmente: **He could have dropped the law suit but he insisted on getting his pound of flesh**, *Avrebbe potuto rinunciare al processo e invece ha insistito per avere il suo senza sentire ragioni*.

18 Letteralmente significa "*il latte della bontà umana*" ed è un'espressione tratta dal **Macbeth** (1605).

20 – Anyway, Ethan's come full circle [19]. He started out alone and now he's alone again.
21 Now he can fool around to his heart's content [20]. All's well that ends well!*

*21 ... kën**tent**.*

Note

[19] **to come full circle**, *tornare al punto di partenza*. In questo caso l'origine del detto si trova in **King Lear**, *Re Lear* (1605-06): **The wheel is come full circle**. Notate l'ausiliare **to be** al posto di **to have** (oggi si direbbe **the wheel has come full circle**). Un tempo alcuni verbi di movimento si coniugavano con l'ausiliare **to be**, come avviene ancora oggi in italiano.

[20] **to one's heart's content** (lett. finché non è contento il cuore), *a sazietà*: **The golf course is open seven days a week so you can play to your heart's content**, *Il campo da golf è aperto sette giorni su sette, perciò potete giocare finché volete* (notate l'accento tonico sulla seconda sillaba di **content**). C'è anche un'altra espressione di senso identico, ovvero

***

Exercise 1 – Translate

❶ I didn't get a wink of sleep all night because of the noise.
❷ Why the hell are you sending me on a wild goose chase?
❸ I can't find him anywhere. He's vanished into thin air.
❹ She eats us out of house and home every time she comes back for the holidays. **❺** Their last album was a real tour de force and received rave reviews.

Cinquantasettesima lezione / 57

20 – In ogni caso Ethan è tornato al punto di partenza. Solo è partito e solo è tornato.
21 Ora può folleggiare quanto gli pare e piace. Tutto è bene quel che finisce bene!

as much as you want. Il verbo frasale **to fool around**, *fare lo stupido*, può avere tutt'altro senso, ovvero quello di *fare il farfallone, tradire*, in un contesto "coniugale" come quello della frase 18.

***

Soluzioni dell'esercizio 1
❶ Non ho chiuso occhio tutta la notte per il rumore. ❷ Perché diavolo mi fai correre a destra e a sinistra inutilmente? ❸ Non riesco a trovarlo da nessuna parte. È svanito nel nulla. ❹ Ogni volta che torna per le vacanze mangia così tanto da mandarci in rovina. ❺ Il loro ultimo album è stato un vero capolavoro e ha avuto consensi entusiastici.

Exercise 2 – Fill in the missing words

❶ Il piano è fallito e lui è caduto nella sua stessa trappola.
The plan failed and he ... ...

❷ Ha esagerato e lei lo ha mandato a stendere.
He ... ... too ..... and she ... ...

❸ Vincendo alla lotteria risolverebbero in un colpo solo i loro problemi finanziari.
.... the lottery would solve their money problems
.. ..

❹ Se gli credi, *(allora)* sei più stupida di quanto pensassi.
If you believe him, then you're ...... a I
....

❺ Avrebbe potuto perdonarlo e invece ha insistito nel fargliela pagare *(avere la sua libbra di carne)*.
She .... forgiven him but she insisted on
....

Non pretendiamo di analizzare in questa sede la vita e le opere di William Shakespeare (1564-1616); quello che ci interessa qui è la straordinaria creatività e la vivacità della sua lingua, e soprattutto il fatto che moltissime espressioni, utilizzate tuttora nell'inglese contemporaneo (alcune delle quali vi sono state presentate in questa lezione), sono state inventate o rese popolari da colui che è stato soprannominato **The Swan of Avon, The Bard of Avon** *– o semplicemente* **The Bard** *(50ª lezione, nota 8).*
Bisogna anche dire che, per quanto riguarda la trama delle sue 37 opere teatrali, Shakespeare non esitava a prenderla in prestito dagli storici, dai poeti e da altri autori: ciò gli valse l'ostilità dei colleghi e il soprannome di **the Upstart Crow***, il "corvo rifatto" che si faceva bello con le piume dei grandi personaggi del suo tempo.*
Tuttavia, ciò che caratterizza più di ogni altra cosa la lingua del grande William è la sua ricchezza e la sua versatilità sbalorditive. Egli arriva a sviscerare tutte le emozioni dei suoi personaggi, siano essi osti, preti o conti, e ciò in una varietà di registri che parlano direttamente a noi ancora oggi. Uomo di teatro oltre che drammaturgo, Shakespeare riusciva a far ridere il popolo divertendo al tempo stes-

Cinquantasettesima lezione / 57

Soluzioni dell'esercizio 2
❶ – was hoist by his own petard ❷ – laid it on – thick – sent him packing ❸ Winning – in/at one fell swoop ❹ – more of – fool than – thought ❺ – could have – getting her pound of flesh

so i nobili con una poesia maestosa e ricca di arguzie e giochi di parole spesso salaci.
Celeberrime alcune citazioni tratte dalle sue opere: **To be or not to be**, *"Essere o non essere";* **Romeo, Romeo, wherefore art thou Romeo?**, *"Romeo, Romeo, perché sei tu Romeo?";* **Something is rotten in the state of Denmark**, *"C'è del marcio in Danimarca". Per non parlare di centinaia di espressioni di uso frequente che vengono impiegate senza che se ne conosca necessariamente l'origine (per esempio* **to hold a candle to**, *che abbiamo incontrato nella 54ª lezione, nota 10, viene direttamente dal "Mercante di Venezia") e delle parole (più di 2000, secondo alcuni studiosi) apparse per la prima volta nelle opere di Shakespeare (tra cui termini di uso attualissimo come* **lacklustre**, *scialbo,* **barefaced**, *sfacciato,* **to misquote**, *citare erroneamente, e* **zany**, *pazzoide, buffonesco).*
Per di più, Shakespeare aveva un orecchio eccezionale: trascriveva gli accenti regionali (e se ne prendeva allegramente gioco) in opere come "Enrico IV" o "Enrico V" (1599) senza trascurare neppure l'accento francese nelle "Allegre comari di Windsor", **The Merry Wives of Windsor** *(1599): la sua eredità, dunque, consiste non solo in un vero e proprio tesoro linguistico, ma anche in una spiccata propensione per lo sfottò.*
Questo grande autore è, in breve, un patrimonio universale e la sua lingua, di una modernità stupefacente.
Come diceva di lui Ben Jonson, poeta, drammaturgo nonché suo contemporaneo, **He was not for an age, but for all time**, *"Non appartenne a un'epoca, ma a tutti i tempi". Non possiamo che consigliarvi di leggere fin da subito le sue opere, a costo di procurarvi un'edizione bilingue, per provare il piacere immenso di scoprire il suo mondo e il suo inglese.*

five hundred • 500

58

Fifty-eighth lesson

Famous opening lines

From "A Christmas Carol", by Charles Dickens

1 Marley was dead: to begin with. There is no doubt whatever about that.
2 The register of his burial was signed by the clergyman, the clerk, the undertaker [1], and the chief mourner.
3 Scrooge signed it: and Scrooge's name was good upon 'Change [2] for anything he chose to put his hand to [3].
4 Old Marley was as dead as a door-nail [4].
5 Mind! I don't mean to say that I know, of my own knowledge, what there is particularly dead about a door-nail.

Pronuncia
2 ... kla:k ...

Note

[1] La traduzione letterale spesso inganna: oltre che un imprenditore, un **undertaker** è un impresario di pompe funebri (altrimenti detto *becchino*). Una volta questo sostantivo era un eufemismo per **funeral director** (si cercava di evitare la parola **funeral**), ma oggi gli stessi professionisti del settore preferiscono essere chiamati **funeral director** anziché **undertaker**.

[2] **'Change** è aferesi di **Exchange**, *la Borsa merci* (che oggi si dice però **commodity exchange**).

[3] In un registro elevato, **hand** può assumere il senso di *calligrafia*: **He has a very neat hand**, *Ha una calligrafia molto chiara* (ma nel linguaggio corrente si preferisce dire **handwriting**). Ai tempi di Dickens, **hand**

501 • five hundred and one

Cinquantottesima lezione

Incipit celebri

Da Canto di Natale*, di Charles Dickens*

1 Tanto per cominciare, Marley era morto. Su questo non c'era ombra di *(alcun)* dubbio.
2 L'atto di morte era stato firmato dal parroco, dal sagrestano, dall'impresario delle pompe funebri e dal capo del corteo funebre.
3 Anche Scrooge l'aveva firmato e il suo nome era una garanzia in Borsa, quali che fossero gli atti che sottoscriveva.
4 Il vecchio Marley era morto come il chiodo di una porta.
5 Badate bene! Con questo non voglio dire che ci sia, per quanto ne so, qualcosa di particolarmente morto nel chiodo di una porta.

era anche un sinonimo di **signature**, per cui **to put one's hand to** voleva dire *apporre la propria firma*. L'espressione **to put one's hand to** o, più comunemente, **to turn one's hand to**, sta per *intraprendere, mettersi a*: **Helen turned her hand to painting when she retired**, *Quando è andata in pensione, Helen si è messa a dipingere.*

4 **doornail** (che in inglese moderno si scrive tutto attaccato), *chiodo di una porta*. **To be as dead as a doornail**, *essere morto stecchito*. Come Dickens fa notare, questo chiodo non è più morto di altri, ma è l'allitterazione a far sì che si trovi in questo modo di dire (che tra l'altro, sia detto per inciso, è in uso ancora oggi e proviene dal nostro amico Shakespeare). Una variante di **to be dead as a doornail** è **to be as dead as a dodo**, che oltre a mantenere l'allitterazione è anche più sensata, dal momento che il *dodo* è effettivamente estinto.

6 I might have been inclined, myself, to regard a coffin-nail as the deadest piece of ironmongery [5] in the trade [6].

7 But the wisdom of our ancestors is in the simile; and my unhallowed [7] hands shall [8] not disturb it, or the Country's done for [9].

8 You will therefore permit me to repeat, emphatically, that Marley was as dead as a door-nail.

9 Scrooge knew he was dead? Of course he did. How could it be otherwise? [...]

10 Oh! But he was a tight-fisted [10] hand at the grindstone [11], Scrooge!

 6 ... **ai**ënmángëri... 7 ... **si**mëli ...

 Note

5 Vedi la lezione 9, nota 4. **Ironmongery** in questo contesto indica la *ferramenta*, non il relativo negozio.

6 Sapete bene che **trade** significa *commercio* (lezione 1, nota 3), ma anche *mestiere*; così **in the trade** può voler dire *in commercio*, come in questo caso, ma più spesso *nel mestiere, del mestiere*. **This tool is known in the trade as a dongle**, *Chi è del mestiere chiama questo strumento chiave di protezione*.

7 **unhallowed**, *profano*. Questo aggettivo, di registro letterario, è il contrario di **hallowed**, letteralmente *sacro* o *benedetto*: **Having sinned, he was not buried in hallowed ground**, *Da peccatore qual era stato, non fu sepolto in terra benedetta*. È probabile che conosciate questa parola senza saperlo: la festa di Halloween (o **Hallowe'en**) si celebra la vigilia di Ognissanti, ovvero il 31 ottobre: è dunque l'**evening** (la *vigilia*, appunto), che si abbrevia in **e'en**, di **All Hallows Day**, antico nome di **All Saints Day** (*Ognissanti*).

8 Secondo la grammatica, l'ausiliare del futuro dovrebbe essere **shall** per la prima persona singolare e plurale, mentre **will** lo è per la seconda e la terza (**we shall, they will** ecc.). Nell'inglese attuale, però **will** si impiega con

Cinquantottesima lezione / 58

6 Per conto mio sarei più incline a pensare che il pezzo di ferro *(ferramenta)* più morto che esista in commercio sia piuttosto il chiodo di una bara;
7 ma in questa similitudine c'è la saggezza dei nostri antenati, e le mie mani profane non la toccheranno o il nostro Paese potrebbe soffrirne.
8 Mi permetterete dunque di ribadire, con l'enfasi che conviene, che Marley era morto come il chiodo d'una porta.
9 Scrooge sapeva che Marley era morto? Certo. Come sarebbe potuto essere altrimenti? [...]
10 Oh! Ma era un bell'esemplare di aguzzino taccagno, questo Scrooge!

tutte le persone, tanto più che la forma contratta 'll, comune a entrambi gli ausiliari, non consente di stabilire quale dei due venga utilizzato. Non dimentichiamo che Dickens scrisse il Canto di Natale nel 1843…

9 Nonostante quanto detto nella nota precedente, spesso la lingua di Dickens ci stupisce per la sua straordinaria modernità: vi compaiono termini ed espressioni, come ad esempio **automaton**, *automa*, **fortnight**, *due settimane*; **jingle**, *scampanellio*, che si usano ancora oggi, così come **to be done for**, *essere finito, spacciato*. **We really have to win Saturday's match, otherwise we're done for**, *Dobbiamo vincere assolutamente la partita di sabato, altrimenti siamo spacciati.* Notate che la frase finisce sempre con la preposizione.

10 **tight-fisted** è spesso sinonimo di *taccagno* perché evoca l'idea di una persona che stringe con forza il denaro in un pugno. Talvolta, nel linguaggio colloquiale, basta e avanza solo **tight** per esprimere il concetto.

11 Il verbo irregolare **to grind (ground, ground)**, significa *macinare*, ma anche *affilare*. Dunque **grindstone** è una *mola*; **to keep someone's nose to the grindstone**, *far lavorare qualcuno senza sosta.* **The supervisor kept our noses to the grindstone to make sure we didn't waste time**, *Il sorvegliante ci ha fatto lavorare senza sosta per assicurarsi che non perdessimo tempo.* Nella frase 10 Dickens descrive Scrooge non solo come un avaro, ma anche come un aguzzino inflessibile, come lo è effettivamente con il suo impiegato, il povero Cratchit.

58 / Fifty-eighth lesson

11 A squeezing, wrenching, grasping, scraping, clutching, covetous [12] old sinner!

12 Hard and sharp as flint, from which no steel had ever struck out generous fire; secret, and self-contained, and solitary as an oyster [13].

From "1984", by George Orwell

13 It was a bright cold day in April and the clocks were striking thirteen [14].

14 Winston Smith, his chin nuzzled into his breast [15] in an effort to escape the vile wind, slipped quickly through the glass doors of Victory Mansions,

15 though not quickly enough to prevent a swirl of gritty dust from entering along with him.

16 The hallway smelt [16] of boiled cabbage and old rag mats. At one end of it a coloured poster, too large for indoor display, had been tacked to the wall.

*11 ... **ká**vitës ...*

Note

12 Un bell'esempio di climax, o crescendo linguistico: le prime cinque parole sono di origine anglosassone e descrivono azioni piuttosto aggressive (**squeeze**, *spremere*, **wrench**, *strappare*, **grasp**, *afferrare*, **scrape**, *grattare*, **clutch**, *stringere*), mentre l'ultima, **covetous**, è di origine latina (*avido*) e indica un concetto astratto.

13 Questa non è una frase fatta: Dickens conclude il suo elenco di aggettivi con un paragone piuttosto strano ma particolarmente eloquente. La sola locuzione di uso frequente con la parola **oyster** è **the world is one's oyster**, che abbiamo visto nella lezione scorsa.

14 Questa frase, con cui si apre il romanzo "1984" di George Orwell, sprofonda ancora oggi il lettore in un universo bizzarro. A tutta prima par-

Cinquantottesima lezione / 58

11 Un vecchio peccatore spilorcio, ingordo, sordido, avido, d'una cupidigia sfrenata!

12 Duro e tagliente come una pietra focaia, da cui mai acciarino era riuscito a cavare una scintilla di generosità; diffidente, chiuso e solitario come un'ostrica.

Da "1984" di George Orwell

13 Era una giornata fredda e chiara d'aprile e gli orologi battevano tredici rintocchi.

14 Winston Smith, il mento schiacciato sul petto nello sforzo di ripararsi dal vento impetuoso, varcò rapidamente le porte di vetro degli Appartamenti Vittoria,

15 ma non abbastanza rapidamente da evitare che una folata di polvere sabbiosa entrasse insieme a lui.

16 L'atrio sapeva di cavolo bollito e di vecchi stuoini consunti. In fondo alla stanza un manifesto a colori, troppo grande per essere affisso all'interno, era stato inchiodato al muro.

---

rebbe una semplice descrizione narrativa, ma in realtà crea un clima insolito fin da subito: i britannici non si servono del sistema orario di 24 ore, e meno che mai se ne servivano nel 1948, anno di pubblicazione del romanzo. Perciò il fatto che l'orologio suoni le 13 preannuncia un mondo anomalo e l'impressione è confermata dall'utilizzo di **metre** nella frase 17. Il nome del protagonista è quello del grande e coraggioso leader politico Winston Churchill, ma il cognome del protagonista è il più comune e banale che si possa immaginare per un anglosassone, ovvero **Smith**: questo ci fa capire fin dall'inizio che il personaggio è un uomo ordinario, un signor Tal dei Tali che tuttavia potrebbe diventare un eroe.

15 **breast**, *petto*. Qui il registro è letterario: normalmente si direbbe invece **chest**, mentre **breast** indica comunemente il *seno*.

16 Ricordiamo che **to smell**, *sapere di, odorare*, appartiene a quel gruppo di verbi che sono sia regolari che irregolari (vedi lezione 21, § 5).

58 / Fifty-eighth lesson

17 It depicted simply an enormous face, more than a metre wide:

18 the face of a man of about forty-five, with a heavy black moustache and ruggedly handsome features. [...]

19 On each landing, opposite the lift-shaft, the poster with the enormous face gazed from the wall.

20 It was one of those pictures which are so contrived [17] that the eyes follow you about when you move.

21 BIG BROTHER IS WATCHING YOU, the caption beneath it ran [18]. □

Note

[17] Nel linguaggio corrente **to contrive** ha il senso di *inventare, escogitare*: **Scientists have contrived a method for making ice in the desert**, *Gli scienziati hanno inventato un metodo per fabbricare il ghiaccio nel deserto.* In un linguaggio più letterario, come nel nostro esempio, sta per *fare in modo, trovare il modo* (o *uno stratagemma*): **The company**

***

Exercise 1 – Translate

❶ We kept our noses to the grindstone and our mouths shut. **❷** They really have to win this match, otherwise they're done for. **❸** Rajiv has just graduated from university and the world is his oyster. **❹** After much hesitation, the editor finally ran the story about police corruption. **❺** She's so talented that she can turn her hand to anything she wants.

Cinquantottesima lezione / 58

17 Vi era raffigurato soltanto un faccione enorme, largo più di un metro,
18 appartenente a un uomo sui quarantacinque anni dai grossi baffi neri e dai tratti ruvidi e gradevoli. [...]
19 Su ogni pianerottolo, davanti alla gabbia dell'ascensore, il manifesto con il faccione ti guardava fisso dalla parete.
20 Era una di quelle immagini fatte in modo che gli occhi ti seguissero quando ti muovevi.
21 "IL GRANDE FRATELLO TI GUARDA", diceva la didascalia sotto l'immagine *(sotto di essa)*.

---

contrived to lose money in order to file for bankruptcy, *L'azienda ha trovato il modo di perdere soldi per presentare istanza di fallimento.*

18 to run, lett. *correre*, può anche far riferimento alla disposizione delle parole in un testo (poesia, slogan, titolo di giornale ecc.), specie quando si vuole ricordare una citazione: **How does the first line of "1984" run?**, *Come recita la prima frase di "1984"?*

***

Soluzioni dell'esercizio 1

❶ Abbiamo lavorato senza sosta e in silenzio. ❷ Devono assolutamente vincere questa partita, altrimenti sono spacciati. ❸ Rajiv si è appena laureato e ora il mondo è suo. ❹ Dopo molte esitazioni l'editore ha finalmente pubblicato l'articolo sulla corruzione nella polizia. ❺ È così brava che può intraprendere tutte le attività che vuole.

58 / Fifty-eighth lesson

Exercise 2 – Fill in the missing words

① Temo che la macchina da scrivere sia ormai un pezzo da museo.
I'm afraid that the typewriter is . . . .

② Tecnicamente *(Nel mestiere)* questo strumento si chiama chiave a tubo. Si trova nei negozi di ferramenta.
. . . . this tool is . . . . a pipe spanner. You can find it . . . .

③ L'azienda era in salute, ma aveva trovato il modo di perdere soldi per presentare istanza di fallimento.
The company was in good health but it . . . . money in order to . . . .

④ Certo che sapeva che il suo socio era morto. Come sarebbe potuto essere altrimenti?
Of course he knew . . . . was dead. . . . . it . . . . ?

⑤ Signori, non avete scelta: io parlerò e voi mi ascolterete.
Gentlemen, you have no choice: I . . . . and you . . . . me.

Oggi (ri)scopriamo due monumenti della letteratura britannica degli ultimi 150 anni: Charles Dickens (1812-1870) e George Orwell (1903-1950), pseudonimo di Eric Arthur Blair. Benché siano separati cronologicamente da diverse generazioni, entrambi vengono annoverati tra i più illustri critici della società inglese e delle sue ingiustizie (del resto Orwell considerava Dickens un maestro). Se Dickens fustigava i costumi vittoriani – e con essi la cupidigia di quella società e la sua fiducia cieca nell'industrializzazione a scapito dell'uomo – Orwell metteva in guardia i lettori contro i regimi totalitari, che furono oggetto della sua satira in due romanzi celebri: **Animal Farm** *("La fattoria degli animali") e* **1984**. *Dickens ci ha lasciato una galleria di personaggi, alcuni dei quali sono divenuti la personificazione di pregi o difetti (l'avaro Scrooge, l'eterno ottimista Pickwick ecc.). E se la lingua di Dickens è particolarmente complessa e ricca di espedienti letterari, quella di Orwell è di una precisione e di una chiarezza impressionanti. Entrambi figurano tra le glorie della letteratura inglese.*
A proposito, si deve parlare di letteratura inglese, britannica o piuttosto anglofona? Anche lasciando da parte il Nord America, non avremmo

Soluzioni dell'esercizio 2

❶ – as dead as a dodo ❷ In the trade – known as – at an ironmongery ❸ – contrived to lose – file for bankruptcy ❹ – his partner – How could – be otherwise ❺ – shall speak – will listen to –

il tempo né lo spazio in questa sede per occuparci della vastissima letteratura di altri Paesi anglofoni come l'Australia o la Nuova Zelanda, o di regioni come i Caraibi (con il poeta Derek Walcott, premio Nobel per la letteratura nel 1992), di alcuni Paesi africani (il nigeriano Wole Soyinka, premio Nobel nel 1986) o ancora del subcontinente indiano (Rabindranath Tagore, premio Nobel nel 1913). Tutta questa produzione letteraria è nota anche col nome di **Commonwealth literature** *(c'è anche un premio, il* **Commonwealth Writer's Prize***, che dalla metà degli anni '80 viene conferito ad autori di lingua inglese non britannici).*

Un altro fenomeno che merita una certa attenzione è quello della letteratura britannica d'immigrazione. Infatti, dalla seconda metà del secolo scorso in poi la Gran Bretagna, da sempre terra di accoglienza, è divenuta una vera e propria società cosmopolita. Le ondate migratorie che si sono succedute hanno avuto inizio negli anni '50 con quella dei giamaicani, seguita da quella degli indiani, dei pakistani e dei bengalesi negli anni '60, degli **Ugandan Asians** *negli anni '70 (indiani immigrati in Uganda e costretti a lasciare il Paese dopo il colpo di stato di Idi Amin).*

In seguito a questi flussi migratori oggi abbiamo un gruppo di scrittori nati sì in Gran Bretagna, ma portatori di altre culture, quelle dei Paesi da cui provengono i loro padri. Mentre le prime opere di questi autori parlavano dell'integrazione di uno straniero nel Paese in cui era immigrato, le nuove generazioni si occupano di personaggi nati sul suolo britannico e di nazionalità britannica, ma dall'identità spesso incerta. Per esempio, uno dei più celebri tra questi scrittori, Hanif Kureishi, comincia il suo romanzo **The Buddha of Surburbia** *(Il Budda delle periferie) con una frase che dà subito il tono dell'opera:* **"My name is Karim Amir and I am an Englishman born and bred, almost."** *("Mi chiamo Karim Amir e sono un vero inglese, più o meno."). Se Kureishi, V. S. Naipal e Salman Rushdie sono le punte di diamante di questo movimento letterario, i "giovani" come Zadie Smith, Hari Kunzru o ancora Monica Ali sono altrettanto bravi; il loro punto di vista è diverso, è quello della generazione successiva che ricorre a una lingua ricca e variopinta, rievocando le proprie origini non propriamente autoctone. Per capire la società inglese contemporanea, dunque, vi invitiamo a leggere non solo i "mostri sacri" della letteratura, ma anche questi autori che parlano di un modo diverso di essere britannici.*

59

Fifty-ninth lesson

"Best Words in the Best Order"

"The Sun Rising", by John Donne

1 Busy old fool, unruly [1] Sun, Why dost [2] thou [3] thus,
2 Through windows, and through curtains, call on us?
3 Must to thy [4] motions lovers' seasons run [5]? [...]
4 Love, all alike, no season knows nor clime [6], Nor hours, days, months, which are the rags of time.
5 Thy beams so reverend [7], and strong Why shouldst thou think?

Pronuncia

*1 ... án**ru**:li ... dást **dh**au ... 3 ... **dh**ai ...*

Note

[1] L'aggettivo **unruly**, letteralmente *sregolato*, si usa ancora oggi nel senso che ha in questa poesia: *indisciplinato, ribelle, turbolento*. **Unruly passengers are an increasing problem in the airline industry**, *I passeggeri indisciplinati sono un problema sempre più rilevante per le compagnie aeree.* Più un testo è antico, maggiore è il rischio che il senso delle parole sia differente rispetto ad oggi. Se desiderate leggere un poeta come Donne, vi consigliamo di procurarvi una raccolta delle sue opere corredata di note esplicative.

[2] Donne dà del tu al sole: **dost**, che si legge come **dust** *dást*, *polvere*, era un tempo la seconda persona singolare di **to do**, ovvero una forma confidenziale. In inglese contemporaneo, com'è noto, non ci si dà più del tu; vi forniremo maggiori dettagli su queste forme antiche nella prossima lezione di ripasso.

[3] Ed ecco il pronome di seconda persona singolare: **thou**, che equivaleva al nostro *tu*. Allenatevi a dire **dost thou thus** ad alta voce: un bello scioglilingua, non è vero?

[4] **thy** è l'aggettivo possessivo corrispondente a **thou**, da usarsi davanti a consonante.

Cinquantanovesima lezione

"Le parole migliori nell'ordine migliore"

Il sorgere del sole, *di John Donne*

1 O Sole, vecchio stolto ribelle e affaccendato, Perché questo comando?
2 Perché svegliarci tende e finestre attraversando?
3 Soffrir deve il tuo moto il tempo degli amanti? [...]
4 Climi e stagioni ignora l'amore, indifferente, E ore, e giorni, e mesi, del tempo vano niente *(gli stracci del tempo)*. [...]
5 Sì forti e venerabili tu credi i raggi tuoi?

5 Per esigenze poetiche (e di rima) è possibile invertire l'ordine normale delle parole anche in inglese. Donne impiega infatti questa costruzione anziché **Must lovers' seasons run to thy motions?**, *Le stagioni degli amanti devono obbedire al tuo moto?*

6 **clime** è termine letterario per **climate**, *clima*. Di registro elevato, si incontra ancora oggi col significato di *luogo*: **Half of England heads for warmer climes in the winter**, *Durante l'inverno metà degli inglesi si reca in luoghi più caldi*.

7 **Reverend**, evidentemente derivato dal latino, significa *venerabile*. Nella chiesa anglicana è un titolo onorifico (che si abbrevia in **Rev.**): **the Reverend Thomas Keane**. Agli ecclesiastici di grado superiore (decani) ci si rivolge dicendo **Very Reverend**.

59 / Fifty-ninth lesson

6 I could eclipse and cloud them with a wink, But that I would not lose her sight [8] so long. If her eyes have not blinded thine [9],

7 Look, and to-morrow late tell me, Whether both th' Indias of spice and mine [10] Be where thou left'st them, or lie here with me.

8 Ask for those kings whom thou saw'st yesterday, And thou shalt hear, "All here in one bed lay."

9 She's all states, and all princes I [11]; Nothing else is;

10 Princes do but [12] play us; compared to this,

11 All honour's mimic, all wealth alchemy.

12 Thou, Sun, art [13] half as happy as we, In that the world's contracted thus;

13 Thine age asks ease [14], and since thy duties be To warm the world, that's done in warming us.

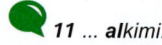

*11 ... **al**kimi.*

Note

[8] Ecco un modo di dire che ha modificato il proprio senso col tempo. Nell'inglese attuale, **to lose one's sight** vuol dire *perdere la vista*, ma il poeta qui intende dire "perderla <u>di</u> vista", che oggi suonerebbe **to lose her from (my) sight**.

[9] **thine** era il pronome possessivo di seconda persona singolare, nonché la forma aggettivale che si usava davanti a vocale (vedi frase 13).

[10] Le due Indie di cui si parla in questo verso sono le Indie orientali (**East Indies**), all'epoca rinomate per le loro spezie, e le Indie occidentali (**West Indies**), celebri per le loro miniere d'oro. Oggi **the West Indies** sono invece *le Antille*. Notate inoltre l'apostrofo al posto della vocale di **the** per ragioni metriche.

[11] Con quest'altro artificio poetico Donne evita di ripetere il verbo **to be** mantenendo la tensione lirica, che si sarebbe persa se avesse scritto **She's all states, and I am all princes**.

Cinquantanovesima lezione / 59

6 Li eclisserei velandoli con un batter di ciglia, Ma troppo a lungo allora la perderei di vista, Se già non ti accecaron gli occhi suoi,

7 Guarda e doman mattina, sul tardi, dimmi se Le Indie delle spezie, quelle delle miniere Son dove le hai lasciate, o giacciono con me.

8 Domanda dove stanno quei re che hai visto ieri, E ti diranno: "Tutti son qui, su un letto solo."

9 Lei è tutti i regni ed ogni prence* io sono; Nient'altro esiste;

10 I principi al confronto di noi sono una triste

11 parodia; finto ogni onore, ogni ricchezza è alchimia.

12 Tu, Sol, rispetto a noi, sei lieto la metà, perché s'è fatto più ristretto il mondo;

13 Chiede riposo la tua età, e se devi Scaldar la terra, lo fai noi scaldando.

---

* *principe* (abbiamo utilizzato un termine arcaico per rispettare la metrica)

---

12 Conosciamo grazie alla nota 17 della lezione 54 i diversi utilizzi di **but for**. In un registro formale, **but** si può sostituire con **only**, *soltanto*, dopo il verbo **can**: **As a parent I can only try to explain complex ideas to my children**, *Come genitore non posso far altro che tentare di spiegare ai miei figli dei concetti complessi*. Nella letteratura antica lo stesso effetto si otteneva facendo precedere **but** da un ausiliare (**do, will, have** ecc.): **He does but think he is the king**, *Può solo sognare di essere re*. Oggi si usa semplicemente **only**: **He only thinks he is the king**.

13 **art** era la seconda persona singolare di **to be**, oggi **are**.

14 Questo passo costituisce un esempio tipico della poesia di John Donne. Secondo l'autore, il sole è tanto vecchio da doversi riposare. Oggi si direbbe **You should/ought to take it easy at your age**, *Alla tua età dovresti prendertela comoda*.

14 Shine here to us, and thou art everywhere; This bed thy centre is [15], these walls thy sphere.

"Comeclose and Sleepnow", by Roger McGough
15 comeclose and sleepnow [16]
16 it is afterwards and you talk on tiptoe [17]
17 happy to be part of the darkness
18 lips becoming limp a prelude to tiredness.
19 Comeclose and Sleepnow for in the morning
20 when a policeman disguised as the sun creeps into the room
21 and your mother disguised as birds calls from the trees
22 you will put on a dress of guilt [18] and shoes with broken high ideals [19]
23 and refusing coffee run alltheway home ☐

20 ... diss-**gaïzd** ... **22** ... gilt ...

Note

[15] Senza inversioni, la frase sarebbe **This bed is thy centre and these walls are thy sphere**. Ritorna la stessa costruzione della frase 9 (vedi nota 11).

[16] Molti poeti moderni si prendono delle licenze che ormai non riguardano solo l'ordine delle parole, ma anche la punteggiatura e la disposizione grafica, come nel caso di E.E. Cummings (o e.e. cummings, 1894-1962), che ha ispirato generazioni di scrittori. Roger McGough segue il suo esempio in questa poesia, dove l'assenza quasi totale delle maiuscole e l'uso di parole scritte tutte attaccate rendono più vivace il ritmo dell'opera, che in inglese "convenzionale" si chiamerebbe **Come Close and Sleep Now**.

[17] **tip**, *estremità, capo*; **toe**, *dito del piede*; **on tiptoe**, *in punta di piedi*. Normalmente si direbbe **to walk on tiptoe**, *camminare in punta di piedi*, ma qui il poeta ricorre a un gioco di parole (**to talk on tiptoe**) per fare

Cinquantanovesima lezione / 59

14 Per noi quaggiù risplendi, e tutto l'orbe allieti; Tuo centro è questo letto, tua sfera le pareti.

"Vien-più-vicino, or-dormi", di Roger McGough
15 vien-più-vicino, or-dormi
16 è il dopo e tu parli in punta di piedi
17 lieta di appartenere al buio
18 le labbra si distendono preludio alla stanchezza.
19 Vien-più-vicino, Or-dormi perché al mattino
20 quando un poliziotto, da sole mascherato s'insinuerà nella stanza
21 e tua madre in forma di uccelli chiamerà dagli alberi
22 ti metterai un abito di lussuria e scarpe dagli alti ideali spezzati
23 e rifiutando un caffè correrai via fino a casa

---

intendere che la persona parla con reticenza o con discrezione. Tuttavia, **to tiptoe around** significa, in senso figurato, *eludere, evitare* (un argomento scottante). **Both candidates are tiptoeing around the issue of higher taxes**, *Entrambi i candidati evitano di parlare della questione degli aumenti fiscali.*

18 **guilt**, *colpa*, si pronuncia esattamente come **gilt**, *dorato*: si tratta dunque di un altro gioco di parole (qui reso con parole di suono simile come "lusso" e "lussuria") con cui il poeta suggerisce che la sua amata si macchierà d'una colpa, anche se letteralmente il verso dice solo che indossa un abito d'oro.

19 I giochi di parole continuano anche nel verso successivo: **high-heeled shoes** (oppure solo **high heels**, simile nel suono a **high ideals**), *scarpe coi tacchi alti*. La ragazza si metterà delle scarpe dai tacchi alti rotti e al tempo stesso dovrà ammettere che i suoi grandi ideali sono stati traditi.

five hundred and sixteen • 516

59 / Fifty-ninth lesson

▶ Exercise 1 – Translate
① Airlines have started to fine unruly passengers. ② Hundreds of thousands of Britons have left the country in search of a warmer climate. ③ She lost her sight at a tragically early age. ④ I doubt we'll win: we can but hope. ⑤ At your age you really ought to take it easy.

Exercise 2 – Fill in the missing words
① Tutti i candidati evitano di toccare il tema dell'immigrazione.
All the candidates ... . the ..... of immigration.

② Qualunque cosa tu faccia, non perderla di vista.
Whatever you do, ...

③ Nessuno può aiutarlo perché il suo peggior nemico è se stesso.
No one can help him ... . worst enemy.

④ Lui non è propriamente il capo. È solo che pensa di esserlo.
He's not really the boss. .. ..

⑤ Sul far del mattino, si mise le scarpe coi tacchi alti e corse fino a casa.
When morning came, she .... and ... .

Naturalmente è impossibile descrivere in poche righe tutta la ricchezza della poesia in lingua inglese. Perciò, invece di avventurarci in una lezione accademica, vi abbiamo presentato due stili, due registri profondamente diversi che però riguardano temi simili, benché distanti 400 anni. I due autori sono, ciascuno a modo suo, al di fuori degli schemi e hanno un modo di verseggiare tutto particolare.
Il primo brano è di John Donne (1572-1631), dandy e poeta romantico ante litteram in gioventù, prete e scrittore religioso in seguito. Donne fu il caposcuola dei poeti cosiddetti metafisici, che si servivano di un procedimento letterario ben specifico, il **conceit** *("paragone"), un'allegoria ardita con cui l'autore associava parole o immagini in-*

Cinquantanovesima lezione / 59

Soluzioni dell'esercizio 1
❶ Le compagnie aeree hanno cominciato a multare i passeggeri indisciplinati. ❷ Centinaia di migliaia di britannici hanno lasciato il Paese in cerca di un clima più caldo. ❸ Ha perso la vista ad un'età tragicamente giovane. ❹ Dubito che vinceremo: possiamo solo sperare. ❺ Alla tua età dovresti proprio prenderla con calma.

Soluzioni dell'esercizio 2
❶ – are tiptoeing around – issue – ❷ – don't lose her from your sight ❸ – for he is his own – ❹ – He only thinks he is ❺ – put on her high heels – ran all the way home

---

solite per sorprendere o disorientare il lettore. Nella poesia **The Sun Rising** *l'autore esordisce rimproverando il sole per aver svegliato lui e la sua bella, ma poi afferma che, avendo illuminato gli amanti con i suoi raggi, l'astro ha fatto quel che deve perché loro sono il centro del mondo. Ammirate la bellezza formale della lingua di Donne, ravvivata da un pizzico d'umorismo.*

Anche il secondo autore, Roger McGough, è un poeta che ha segnato il suo tempo. Nato nel 1937, è stato uno dei tre **Liverpool poets** *che, con la loro raccolta* **The Mersey Sound**, *incarnavano un periodo fervido di creatività artistica (gli anni '60), di cui il gruppo rock dei* **Beatles** *è stato la punta di diamante. Con i suoi tratti avanguardisti (notate l'uso delle maiuscole e delle minuscole, le parole attaccate) e la sua ironia, McGough è stato un maestro per diverse generazioni di poeti anglofoni. Nella poesia che abbiamo appena visto si serve anche di giochi di parole, un'altra caratteristica di questa "scuola".*

Spesso chi studia una lingua straniera (e anche chi la conosce abbastanza bene) pensa che la poesia sia "troppo difficile". Alcuni poeti possono effettivamente risultare piuttosto astrusi, ma nella maggior parte dei casi potrete affrontare la poesia inglese fiduciosi nei vostri mezzi perché, come recita la definizione di Samuel Coleridge, da cui è tratto il titolo di questa lezione: **Prose consists of words in the best order; poetry consists of the best words in the best order**, La prosa è costituita da parole disposte nell'ordine migliore possibile; la poesia è costituita dalle parole migliori disposte nell'ordine migliore possibile.

Sixtieth lesson

The real thing?

From "England, England", by Julian Barnes
Sir Jack Pitman wants to build a miniature England as a theme park. A consultant explains the marketing concept.

1 – I bow [1] to no one in my love of this country. It's a question of placing the product correctly, that's all. [...]
2 England – my client [2] – is a nation of great age, great history, great accumulated wisdom.
3 Social and cultural history – stacks of it, reams [3] of it – eminently marketable, never more so than in the current climate.

Note

1 **to bow**, *chinarsi* (anche in cenno di saluto), *inchinarsi*. In senso figurato può corrispondere a *rassegnarsi*: **We had to bow to the inevitable**, *Abbiamo dovuto rassegnarci all'inevitabile*. I termini monosillabici che finiscono per **-ow** possono riservare qualche sorpresa per quanto riguarda la pronuncia. Di norma **-ow** si legge **au**, ma come sospetterete ci sono delle eccezioni: il verbo **to mow**, *rasare (il prato)* si pronuncia **mou** mentre **to row** e **to bow** hanno entrambi due pronunce diverse a seconda del loro significato: **to row** si legge **rau** quando vuol dire *litigare*, ma **rou** quando vuol dire *remare*, mentre **to bow** si pronuncia **bau** (*chinarsi*) oppure **bou** (*archeggiare, suonare uno strumento con l'arco*). Anche i sostantivi **row** (*litigio* o *remata*) e **bow** (*inchino* o *arco*) seguono queste normé di pronuncia (a tal proposito ascoltate attentamente gli esercizi).

2 Nella lezione 12, frase 7, abbiamo visto che l'inglese ha due parole per *cliente* (**client** e **customer**). Semplificando, si può dire che il primo termine indica il cliente di servizi o di prestazioni di tipo complesso (per esempio le consulenze), mentre il secondo è il cliente di beni di consumo. Una banca avrà dunque dei **clients**, mentre una libreria ha dei **customers**. La distinzione non è però sempre così netta: molti prestatori di servizi, cercando di acquistare popolarità, usano il secondo termine, mentre certi

Sessantesima lezione

È davvero così?

Brano tratto da England, England, *di Julian Barnes*
Sir Jack Pitman vuole costruire il parco tematico "Inghilterra in miniatura". Un consulente in marketing gli spiega come regolarsi per quanto riguarda l'aspetto commerciale.

1 – Quando si tratta di amore per questo Paese, non sono secondo a nessuno. È questione di collocare bene il prodotto [sul mercato], ecco tutto. [...]

2 Il mio cliente, l'Inghilterra, è una nazione di antica data e dalla grande storia, che ha accumulato una profonda saggezza,

3 [con] una storia sociale e culturale – ce n'è quanta se ne vuole – che si vende particolarmente bene, e più che mai in un clima come quello attuale.

negozi "se la tirano" parlando dei loro **clients**... Non imitateli: cercate anzi di distinguere correttamente i due termini; in compenso, il termine **clientele** va bene in entrambi i casi.

3 Il termine **ream** indica una *risma* di carta. In senso figurato, però, **reams of** vuol dire *in quantità, a iosa* ecc. in genere riferito a dati e fogli scritti. **The new software transforms reams of geographical data into a single map**, *Il nuovo software trasforma una montagna di dati geografici in un'unica mappa.*

60 / Sixtieth lesson

4 Shakespeare, Queen Victoria, Industrial Revolution, gardening, that sort of thing.
5 If I may coin [4], no, copyright [5], a phrase, "We are already what others hope to become".
6 This isn't self-pity, this is the strength of our position, our glory, our product placement.
7 We are the new pioneers. We must sell our past to other nations as their future.
(Several months later; the park is open.)
8 – It's a classic springtime day outside Buckingham Palace.
9 The clouds are high and fleecy, William Wordsworth's daffodils [6] are blowin' [7] in the wind,
10 and guardsmen in their traditional busbies […] are standing to attention in front of their sentry boxes.
11 Eager crowds press their noses to the railings for a glimpse of the British Royal Family.
12 Promptly at eleven o'clock, the tall double windows behind the balcony open.
13 The ever-popular King and Queen appear, waving and smiling. A ten-gun salute splits the air.

Pronuncia
7 ... paiëniëz ... 10 ... ga:dz-mën ...

Note

4 Vedi lezione 25, nota 3.

5 **copyright** (lett. il diritto di copiare), *il diritto d'autore*. Di fatto in italiano si può lasciare *copyright*, che ormai fa parte del nostro vocabolario. **Who owns the copyright to (o in) this article?**, *Chi detiene il copyright di (su) quest'articolo?* Ciò che può sorprenderci, piuttosto, è il suo impiego come verbo: **To reproduce work that has been copyrighted, you need the permission of the copyright holder**, *Per riprodurre opere i cui diritti d'autore sono stati depositati, dovete chiedere il consenso al detentore del copyright.* Nel nostro testo l'esperto di marketing non si limita a creare una frase, ci mette addirittura il copyright...

Sessantesima lezione / 60

4 Shakespeare, la regina Vittoria, la Rivoluzione industriale, il giardinaggio, questo genere di cose.

5 Se posso permettermi di coniare una formula riassuntiva, anzi, di metterci su il copyright, "Noi siamo già quel che gli altri sperano di diventare".

6 Non dobbiamo autocommiserarci *(Questo non è vittimismo)*, questa è la forza della posizione in cui ci troviamo, la nostra gloria, la collocazione del nostro prodotto sul mercato.

7 Noi siamo i nuovi pionieri. Noi dobbiamo vendere alle altre nazioni il nostro passato, che è il loro futuro. *[Alcuni mesi dopo; il parco è aperto.]*

8 – È una classica giornata primaverile qui davanti a Buckingham Palace.

9 Le nuvole sono alte e a pecorelle, i narcisi cari a (*di*) William Wordsworth ondeggiano al vento

10 e le guardie, coi loro tradizionali colbacchi, [...] sono sull'attenti davanti alle loro garitte.

11 Una folla entusiasta si accalca alla cancellata per cercare di scorgere la Famiglia reale.

12 Alle undici in punto si aprono le grandi finestre a doppio vetro che danno sul balcone.

13 Il re e la regina, sempre popolarissimi, compaiono sorridenti e salutano con la mano. Una salva di dieci colpi di cannone scuote l'aria.

6 William Wordsworth (1770-1850) è uno dei più grandi poeti romantici britannici. La sua poesia più celebre si chiama **The Daffodils** (lett. *le giunchiglie,* ma in genere si preferisce tradurre il titolo *"I narcisi"*, fiori più vicini alla nostra sensibilità).

7 Nella stessa frase passiamo in un attimo dal XVIII al XX secolo: viene infatti citata una delle canzoni più famose di Bob Dylan, **Blowin' in the Wind**. L'apostrofo sostituisce la **g** di **blowing**, imitando la pronuncia popolare. Nel corso di questa settimana vedremo altri esempi di questo inglese "non standard" che si incontra spesso nella musica, in letteratura ecc.

five hundred and twenty-two • 522

60 / Sixtieth lesson

14 The guardsmen present arms and cameras click like old-fashioned turnstiles.
15 A quarter of an hour later [...], the tall windows close again until the following day.
16 All, however, is not as it seems.
17 The crowds and cameras are for real [8]; so are the clouds.
18 But the guardsmen are actors, Buckingham Palace is a half-sized replica, and the gun salute electronically produced.
19 Gossip has it [9] that the King and Queen themselves are not real
20 and that the contract they signed two years ago with Sir Jack Pitman [...] excuses them from this daily ritual.
21 Insiders [10] confirm that an opt-out [11] clause does [12] exist in the royal contract,

Note

[8] **real**, *vero*, *effettivo*. Nella locuzione **for real**, il **for** è superfluo: avremmo potuto dire **The King and Queen are real**. Il suo impiego, però, rende la frase più colloquiale, dato che è tipico della lingua parlata, in cui **for real** equivale a *sul serio*, *per davvero*: **Is he for real or is he just playing games?**, *Fa sul serio o prende in giro?*

[9] Questa costruzione col verbo **to have** è piuttosto curiosa: **to have it that**, preceduta da un nome comune, vuol dire *secondo*, *stando a* ecc. **Rumour has it that Paul is leaving the firm**, *Secondo alcune voci Paul starebbe lasciando la ditta*. In un contesto più formale, e al futuro, **will have it that** significa *sostenere*, o semplicemente *dire*: **I am not superstitious, although some people will have it that I am**, *Non sono superstizioso, anche se alcuni dicono che io lo sia*.

[10] Vedi la quarta frase della lezione 12. **Inside**, *dentro*, *all'interno*. **An insider** è dunque *un addetto ai lavori*, uno che conosce bene le cose avendole viste appunto dall'interno. Il termine può anche essere aggettivo, come nell'espressione **insider dealing** (o **trading**), *insider trading*.

Sessantesima lezione / 60

14 Le guardie presentano le armi e gli obiettivi mitragliano scatti come tornelli di una volta.

15 Un quarto d'ora più tardi […] le grandi finestre si richiudono fino al giorno seguente.

16 Tuttavia non è tutto come sembra.

17 La folla e le macchine fotografiche ci sono per davvero; le nuvole anche,

18 ma le guardie sono attori, Buckingham Palace è una riproduzione in scala 1:2 e il rombo dei cannoni è prodotto elettronicamente.

19 Si mormora persino che il re e la regina non siano reali

20 e che il contratto che hanno firmato due anni fa con Sir Jack Pitman […] li dispensi da questo rituale quotidiano.

21 I bene informati confermano che il contratto reale prevede sì il diritto di recesso,

---

11 **to opt for**, *optare per*. Se invece di **for** ci si serve delle preposizioni **in** e **out**, il senso cambia lievemente (*partecipare / prendere parte* oppure no): **Britain opted out of EMU**, *La Gran Bretagna ha scelto di non far parte dell'Unione monetaria europea*. Da questi verbi abbiamo anche gli aggettivi **opt-in** e **opt-out**, che trovano applicazione nel gergo socioeconomico per quanto riguarda i regimi pensionistici, la mutua, l'istruzione ecc. quando il cittadino sceglie tra un ente privato o pubblico. Attenzione però al contesto: per esempio **The school has adopted opt-out status and is self-governing** si può rendere con *Questa scuola è privata perché ha scelto di non essere più gestita dalle autorità locali*; in un contratto, **opt-out clause** è il *diritto di recesso*.

12 Ricordiamo che gli ausiliari possono enfatizzare e sottolineare un verbo (lezione 35, § 2). In combinazione con **but**, l'ausiliare rafforza un'affermazione che tuttavia è seguita da una frase che ne attenua il significato: – **Education is vital.** – **It does help, but it is not enough,** – *L'istruzione è fondamentale.* – *Sicuro, ma non basta.* Ciò vale per tutti gli ausiliari: – **Will he help?** – **He says he will but you can never be sure,** – *Ci aiuterà?* – *Dice di sì, ma non si può mai sapere.*

five hundred and twenty-four • 524

60 / Sixtieth lesson

22 but that Their Majesties appreciate the cash fee [13] that accompanies each balcony appearance. ☐

Note

13 Non è sempre facile tradurre **fee**, che nel linguaggio corrente indica una somma da pagare, spesso in cambio di un servizio o di una prestazione. Il senso preciso, però, varia secondo il contesto: può essere un biglietto d'ingresso (**Museums and galeries no longer charge entrance fees**,

***

Exercise 1 – Translate

❶ They had a terrible row after Brian claimed he had to bow to the inevitable. ❷ She watched through the bow window as he mowed the lawn. ❸ Three City traders have been arrested for insider dealing. ❹ He seems too nice to be true. Is he for real? ❺ My school has opted out of local authority control.

***

Exercise 2 – Fill in the missing words

❶ – L'istruzione non è fondamentale? – È certamente utile, ma non basta.

..... education vital? – ...., but it is not enough.

❷ Le tasse scolastiche elevate dissuadono i giovani dall'andare all'università.

Young people ... . going to university by ....

❸ Si dice che abbia delle idee molto conservatrici.

.... people .... that he holds very conservative views.

22 ma anche che le Loro Maestà apprezzano il ritorno in contanti che accompagna ogni comparsa al balcone.

*Per entrare nei musei e nelle gallerie non si paga più il biglietto d'ingresso) ma anche le tasse scolastiche e così via (**High tuition fees are discouraging young people from going to university**, Le tasse scolastiche elevate dissuadono i giovani dal frequentare l'università).*

***

Soluzioni dell'esercizio 1

❶ Hanno litigato furiosamente dopo che Brian ha detto di doversi rassegnare all'inevitabile. ❷ Lei guardava attraverso il bovindo mentre lui rasava il prato. ❸ Tre operatori della City sono stati arrestati per insider trading. ❹ Sembra troppo buono per essere sincero. Ma lo è sul serio? ❺ La mia scuola ha deciso di non essere più gestita dall'amministrazione locale.

***

❹ Non tutto è come sembra. Le guardie sono degli attori, i poliziotti anche.
. . . . The guardsmen are actors . . . . the policemen.

❺ Ha messo il copyright sullo slogan "I reali *(sempre)* popolari".
He . . . . the slogan "The . . . . king and queen".

Soluzioni dell'esercizio 2

❶ Isn't – It does help – ❷ – are being discouraged from – high tuition fees ❸ Some – will have it – ❹ All is not as it seems – and so are – ❺ – copyrighted – ever-popular –

61 / Sixty-first lesson

Il testo di questa lezione è stato tratto da un romanzo di Julian Barnes, uno dei più grandi letterati britannici contemporanei. Nato a Leicester nel 1946, Barnes è romanziere, giornalista, saggista e lessicografo e ha ricevuto molti premi letterari prestigiosi.
*Il romanzo satirico "England, England" narra la storia di un industriale patriottico, Sir Jack Pitman, che fa costruire un'Inghilterra in miniatura che serva da parco divertimenti sull'isola di Wight. Nelle frasi 1-7 della lezione, il consulente in marketing di Sir Jack spiega a quest'ultimo come "collocare" l'Inghilterra sul mercato, come se si trattasse di un prodotto. Notate il gergo del consulente e il suo innato senso per gli affari (**"If I may coin, no, copyright, a phrase"**). Pitman apprende, leggendo degli studi di marketing, che quando un turista visita un*

Sixty-first lesson

A budding writer

1 – Hiya, Dave. Long time no see [1]. What are you up to these days?
2 – Believe it or not, I'm giving up my job to become a full-time writer.
3 I've been thinking about it for ages, so I finally decided to take the plunge [2].
4 – Giving your job up? But you've only just started! You [3] want to starve, or what?

Note

[1] L'inglese non è da ieri la lingua degli affari, lo è da secoli: così alcune parole e frasi sono state adottate da altri popoli e fuse con elementi autoctoni (o più semplicemente adattati alle caratteristiche delle loro lingue). Questo fenomeno ha dato origine al cosiddetto **pidgin English** (**pidgin** è la deformazione di **business**, o meglio il modo in cui i commercianti cinesi pronunciavano questa parola). In linguistica **pidgin** è un termine tecnico che indica un idioma ibrido o semplificato, ma si dice anche che uno parla **pidgin English** quando "mastica" l'inglese. Alcune espressioni del **pidgin** sono pure entrate a far parte della lingua

Paese straniero e i suoi monumenti, spesso preferisce un'imitazione o una versione idealizzata dell'originale... D'altronde, se si riuniscono tutti i monumenti principali in un solo posto di dimensioni ridotte, gli spostamenti sono più facili e se si moltiplica il numero dei negozi e di altri servizi a pagamento, i turisti spendono più soldi. Una giornalista americana visita il parco e lo descrive in un articolo (frasi 8-22 della lezione): si notino le frasi brevi, i dettagli rivelatori e l'ironia dell'ultima frase. Ammirate inoltre il modo in cui Barnes imita due stili assai diversi grazie alle sue scelte lessicali e sintattiche. Il romanzo descrive con molto humour il contrasto tra la realtà e la finzione, tra ciò che è vero e ciò che viene simulato, e non manca di trattare il patriottismo e i suoi stereotipi. Come finisce? Leggetelo, naturalmente in lingua originale!

Sessantunesima lezione

Uno scrittore in erba

1 – Ciao, Dave. Da quanto tempo non ci si vede! Cosa fai adesso?
2 – Non ci crederai, ma mollo il mio lavoro per fare lo scrittore a tempo pieno.
3   Ci stavo pensando da anni e finalmente ho deciso di buttarmi.
4 – Molli il tuo lavoro? Ma se hai appena cominciato! Vuoi fare la *(morire di)* fame o cosa?

---

di Shakespeare: **Long time no see**, per esempio, è un'alterazione della frase **I haven't seen you for a long time**. Ovviamente si tratta di un uso scherzoso che non vi consigliamo di imitare, a meno che non abbiate molta confidenza con il vostro interlocutore.

2 Vedi lezione 3, nota 14.

3 Questo è un altro esempio di inglese non standard. Nella lingua parlata capita molto spesso che gli ausiliari vengano omessi all'inizio di una frase: **Do you want to come for a drink?** → **Want to come for a drink?**, *Prendi qualcosa da bere?* Naturalmente questo è l'uso, non certo la norma.

5 – Don't be so cynical: a cynic is a man who knows the price of everything and the value of nothing.

6 – Hey, that's not bad! Did you make that up [4] yourself? Tell the simple truth!

7 – You know how it is, the truth is rarely pure and never simple.

8 – Come clean [5]: you're copying from someone. You've got no experience as a writer.

9 – You know what they say, don't you? Imitation is the truest form of flattery,

10 and experience is the name we give to our mistakes.

11 Anyway, I sent off [6] a sample chapter of my novel to some literary agents, on the off chance [7].

12 Then I called them all up and one called me back. He said he was willing to represent me.

Pronuncia
*11 ... **sa:m**pël ...*

Note

4 Alla lezione 15, nota 4, abbiamo visto **to make up** impiegato al passivo (nel senso di *comporre, costituire*). Qui, invece, questo verbo frasale significa *inventarsi*: **The researcher who supposedly discovered the new formula admitted that he had made it up**, *Il ricercatore che, a suo dire, aveva scoperto la nuova formula, ha ammesso di esserselo inventato.*

5 **clean**, *pulito*. Il senso di **to come clean**, *ammettere, confessare,* si comprende intuitivamente. **He finally came clean about the real reason for leaving the country**, *Alla fine ha ammesso il vero motivo per cui ha lasciato il Paese.* Se il complemento oggetto manca, il significato è più ampio (*raccontarla giusta, vuotare il sacco, sputare il rospo*): **He finally came clean**, *Finalmente ha vuotato il sacco.*

5 – Non essere così cinico; un cinico è uno che sa il prezzo di tutto, ma non ne capisce il valore.

6 – Ehi, niente male! L'hai inventata tu questa frase? Di' la pura e semplice verità!

7 – Sai com'è, la verità è raramente pura e non è mai semplice.

8 – Raccontala giusta: stai copiando da qualcuno. Non hai nessuna esperienza come scrittore.

9 – Sai come si dice, no? L'imitazione è la più sincera delle adulazioni

10 e l'esperienza è il nome che diamo ai nostri errori.

11 Comunque, ho mandato un capitolo di prova del mio romanzo ad alcuni agenti letterari, non si sa mai.

12 Poi gli ho telefonato e uno di loro mi ha richiamato dicendomi che intendeva rappresentare i miei interessi.

---

6 In alcuni verbi frasali il senso della preposizione non è sempre chiarissimo. Che differenza c'è fra **to send the manuscript** e **to send off the manuscript**? In genere nessuna, ma se il verbo **to send** significa *spedire, inviare*, **off** rafforza l'idea di allontanamento del complemento oggetto; **to send off** può anche voler dire *salutare* (uno che sta partendo). **Hundreds of the team's fans gathered at the airport to send them off**, *Centinaia di tifosi si sono radunati all'aeroporto per salutare la squadra che partiva.* Una volta di più, in casi come questi occorre concentrarsi sul contesto più che sulle parole in sé: è questo il segreto per venire a capo dei verbi frasali.

7 Quando è preceduta da un verbo, la locuzione **on the off chance** (o **off-chance**) indica una tenue speranza: in italiano si può rendere con *nella (vaga) speranza* o *chissà mai*. **He posted the question to the chat room on the off chance that someone would answer it**, *Ha sottoposto la domanda alla chat room nella speranza che magari qualcuno gli rispondesse*; **She came to the meeting on the off chance of talking to the new manager**, *È venuta alla riunione, nella speranza di riuscire a parlare col nuovo direttore.*

13 A few of the others sent the manuscript back with a rejection slip, but most didn't even bother.

14 – They didn't send it back? Bastards [8]! They'll regret it when your book tops [9] the best-seller list.

15 What kind of novel is it, anyway? And how do you go about [10] writing?

16 – It's a detective thriller. I've been writing down ideas in a notebook for years.

17 All I had to do then was to write them up [11] into a narrative, which was a doddle [12].

18 I've also worked in [13] a couple of quotes from other authors, just to liven up the style.

Note

[8] Non sempre questa parola, di per sé piuttosto forte e offensiva, ha una connotazione dispregiativa: espressioni come **You lucky bastard!**, *Che culo che hai avuto!*, o ancora **Poor bastard**, *Poveretto*, sono piuttosto comuni e relativamente innocue. Considerando la sua volgarità, evitate comunque di usarla.

[9] Da **top**, sostantivo e aggettivo, è derivato puntualmente un verbo, **to top**, *superare* o *essere* (o *andare*) *in testa* a una classifica: **Contributions to the relief fund topped £10m**, *I contributi al fondo di solidarietà hanno superato i dieci milioni di sterline*; **Her book has topped the best-seller list for three months now**, *Il suo libro è in cima alla classifica dei best seller da tre mesi*.

[10] Quando si parla di un procedimento o di un metodo da seguire, o ancora di un problema da risolvere, **to go about** significa *procedere* o, più familiarmente, *fare*: **How do I go about applying for a passport?**, *Come devo fare per chiedere il passaporto?*

[11] In molti verbi frasali **up** indica la completezza o la compiutezza dell'azione. Per esempio, **to eat up** vuol dire mangiare <u>tutto</u>, ovvero finire di mangiare: **Eat your dinner**, *Mangia la tua cena*, ma **He ate up**

Sessantunesima lezione / 61

13 Qualcun altro mi ha rimandato indietro il manoscritto con la nota "respinto", ma la maggioranza non si è neppure degnata di restituirmelo.
14 – Non te l'hanno ridato indietro? Che bastardi! Se ne pentiranno quando il tuo libro andrà in testa alla classifica dei best seller.
15 Ad ogni modo che tipo di romanzo è? E che metodo usi per (*come fai a*) scrivere?
16 – È un romanzo giallo. Erano anni che mi segnavo delle idee su un quaderno per gli appunti.
17 Non ho dovuto far altro che riorganizzarle in una storia: un gioco da ragazzi.
18 Ci ho anche messo un paio di citazioni di altri autori, giusto per vivacizzare lo stile.

---

everything on the plate, *Ha finito tutto quello che aveva nel piatto*. **Up** può anche rafforzare il significato del verbo: entrambe le frasi **Heat the milk** e **Heat up the milk** corrispondono a *Riscalda il latte*, ma il tono della seconda frase è un po' più convinto (come se corrispondesse a *Riscalda un po' il latte*). **The CEO wrote up his thoughts about why the company was in difficulty,** *L'amministratore delegato ha messo per iscritto le sue idee sui motivi per cui l'azienda era in difficoltà.* In quest'ultimo esempio **up** indica che sono stati presi elementi di vario tipo per elaborare un testo organico e coerente.

12 **It's a doddle**, espressione colloquiale che significa *È un gioco da ragazzi*; **doddle** è letteralmente una *cosa facile*, una *bazzecola*.

13 **to work in**, *inserire, mettere*: **The speechwriters managed to work in several references to the candidate's military background**, *Gli autori del discorso sono riusciti a inserire diversi accenni al passato militare del candidato.* Nella pronuncia si fa distinzione tra il verbo frasale **to work in** e il semplice verbo **to work** seguito dalla preposizione **in** (per esempio in una frase come **He works in London**) calcando la voce su entrambe le parole nel primo caso e "mangiando" o quasi la preposizione **in** nel secondo (ascoltate gli esercizi).

19 – Liven it up? You mean, to pass other people's work off [14] as your own!

20 – Not at all. Don't you know that mediocre writers borrow but great writers steal [15]? ☐

*20 ... mi:di:**ou**kë ...*

Note

[14] **to pass off**, *far passare*. Il complemento oggetto si può inserire tra il verbo e la particella **off**, **He tried to pass off someone else's work as his own** oppure **He tried to pass someone else's work off as his own**, ma con il rischio di allontanare troppo il verbo dalla particella, rendendo la frase poco comprensibile: grammaticalmente non è scorretto dire **He tried to pass the work that Ed did on Sunday off as his own**, ma con un comple-

***

Exercise 1 – Translate

❶ In his CV, he worked in a reference to the fact that he had worked in London. ❷ Let me help you with the exercise. You're going about it the wrong way. ❸ Long time no see! Want to come for a drink? ❹ Eat up your dinner and I'll heat up some coffee. ❺ How do I go about applying for a passport?

***

Exercise 2 – Fill in the missing words

❶ I contributi al fondo hanno già superato i tre miliardi di sterline.
Contributions to the fund . . . . three
. . . . pounds.

❷ È stato punito per aver tentato di far passare per suo il lavoro di un altro.
He was punished for . . . .
work . . . as his own.

❸ Vado alla riunione, chissà mai che non riesca a parlare con il nuovo direttore.
I'm going to the meeting . . . .
the new manager.

19 – Vivacizzarlo? Vuoi dire che fai passare per tuo il lavoro di altri?
20 – Niente affatto. Non sai che gli scrittori mediocri prendono in prestito mentre quelli grandi rubano?

mento così lungo si rischia di perdere il filo. Meglio dunque **He tried to pass off the work that Ed did on Sunday as his own**: non basta dunque limitarsi a rispettare la grammatica; bisogna anche usare il buonsenso.

15 Non si può dire che Dave sia stato molto sincero... La maggior parte delle "sue" arguzie sono in realtà di Oscar Wilde (frasi 5, 7, 9 e 10), mentre l'ultima, **Mediocre writers borrow; great writers steal**, *Gli scrittori mediocri prendono in prestito; quelli grandi rubano*, è a sua volta "presa in prestito" dal grande poeta e letterato americano (naturalizzato inglese) Thomas Stearns Eliot (1888-1965).

***

Soluzioni dell'esercizio 1

❶ Nel suo curriculum ha inserito un accenno al fatto di aver lavorato a Londra. ❷ Posso aiutarti a fare l'esercizio? Lo stai svolgendo male. ❸ Da quanto tempo non ci vediamo! Vieni con me a prendere qualcosa da bere? ❹ Finisci di mangiare che ti scaldo un caffè. ❺ Come devo fare per chiedere il passaporto?

***

❹ – Ammettilo: sei stato proprio tu a scoprire la formula? – No, me lo sono inventato.
 . . . . : did you really discover the formula? – No, I . . . .

❺ Quando ha finito il manoscritto lo ha inviato all'editore.
 When he . . . . the manuscript, he . . . .[1] the publisher.

[1] *Un'altra soluzione possibile è* **sent it off to**.

Soluzioni dell'esercizio 2

❶ – have already topped – billion – ❷ – trying to pass someone else's – off – ❸ – on the off chance of talking to – ❹ Come clean – made it up ❺ – had finished – sent it to –

A questo livello di apprendimento, qualche volta il senso dei verbi frasali può sembrare inafferrabile, tante sono le loro possibili sfumature di significato. In realtà non è il caso di demoralizzarsi: si finisce sempre per ritrovare le stesse espressioni, indipendentemente dall'argomento, e il senso di molte di esse viene puntualmente chiarito grazie al contesto. Dunque è inutile imparare a memoria sfilze intere di questi verbi, perché i loro segreti si imparano "sul campo". Bastano poche semplici regole: 1) procuratevi un buon di-

Sixty-second lesson

The stakeout

1 It was late. A washed-out moon cast a sickly yellowish [1] pall over the oily rooftops and the mean, rain-slicked streets.
2 God must have made this city when he was in a bad mood. It had all the charm of a train wreck.
3 I'd been watching Chandler's apartment for three, maybe four hours. No one had gone in or come out.
4 I needed a drink. I needed a cigarette. I needed a holiday. What I had was a pair of binoculars and a long wait ahead [2].

Pronuncia
1 ... po:l ...

Note

1 Il suffisso **-ish**, come si vede, permette di formare aggettivi da nomi (**child**, *bambino* → **childish**, *infantile*) e indica anche approssimazione. In quest'ultimo caso si può anche aggiungere a un altro aggettivo, per esempio a un colore (**green**, *verde*; **greenish**, *verdastro, verdognolo* ecc.), ma può ricorrere anche in altri contesti: **I'll be there at six-ish**, *Sarò lì*

zionario monolingue; 2) imparate sempre il significato di un verbo nei contesti in cui si usa; 3) imparate anche i significati principali delle preposizioni e delle particelle avverbiali presenti nei verbi frasali; 4) quando leggete un libro (o guardate un film), fate attenzione al modo in cui questi verbi vengono usati; 5) infine, createvi un glossario per conto vostro, annotando coscienziosamente di volta in volta il senso e il contesto dei vocaboli. Vi forniremo altre regole fondamentali nelle lezioni di ripasso che ci rimangono.

Sessantaduesima lezione

L'appostamento

1 Era tardi. Una luna scialba proiettava una luce *(nube)* pallida e giallognola sui tetti viscidi e sulle vie sordide e bagnate dalla pioggia.

2 Dio doveva essere di cattivo umore il giorno in cui aveva creato questa città, che aveva lo stesso fascino di un incidente ferroviario.

3 Io sorvegliavo l'appartamento di Chandler da tre o quattro ore. Non era entrato né uscito nessuno.

4 Avevo bisogno di un drink. Avevo bisogno di una sigaretta. Avevo bisogno di una vacanza. [Invece] tutto quel che avevo era un binocolo e una lunga attesa davanti a me.

---

intorno alle sei. **He was an oldish man with a pleasant face**, *Era un uomo attempato dal volto gradevole.*

2 In senso spaziale **ahead** significa *avanti* o *davanti*, ma in senso temporale fa riferimento a un futuro molto prossimo: **We'll have to work very hard in the weeks ahead**, *Dovremo sgobbare parecchio nelle prossime settimane*. Se **ahead** è seguito da un complemento, quest'ultimo è retto dalla preposizione **of**: **I have a long drive ahead of me**, *Ho parecchia strada da fare / davanti a me.*

5 Suddenly the curtains twitched [3] open and a face appeared at the window for a split [4] second.

6 It was a woman: the kinda [5] woman who could melt a heart of stone at twenty-paces.

7 So he *was* there after all. I shifted in my seat and fumbled for my .357 Magnum.

8 I jumped as someone rapped sharply on the window. There were two of them. Cops. Mutt and Jeff [6].

9 – The Chief wanna [7] see you. Now, growled Mutt. He had a face that looked like it wouldn't take no for an answer.

10 – Yeah. Right now, echoed Jeff. You'd better come quietly, or else…

11 – Or else what? Do you guys rehearse [8] this stuff or does it come naturally?, I smiled.

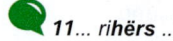

*11… ri**hërs** …*

: Note

3 Ricordiamo che **to twitch** fa parte di quei verbi di moto visti nella lezione 31 (nota 18).

4 **to split**, *fendere, scindere*. **Ernest Rutherford was the first person to split the atom**, *Ernest Rutherford fu la prima persona a scindere l'atomo*. Come aggettivo, **split** si trova in molte espressioni, sempre conservando in sé l'idea di separazione (per esempio gli **split peas** sono i *piselli spaccati*, mentre **a split screen** è *uno schermo diviso*); per finire, **a split second** è *una frazione di secondo*.

5 Nel parlato la preposizione **of** è spesso ridotta a una vocale media, né aperta né chiusa (in termini tecnici, uno *schwa*). Nei testi delle canzoni e nei dialoghi dei telefilm questo fenomeno viene reso aggiungendo una **a** alla parola precedente: **kinda** è dunque un'alterazione di **kind of**.

Sessantaduesima lezione / 62

5 Improvvisamente le tende si aprirono di scatto e per una frazione di secondo alla finestra comparve un volto.

6 Era una donna: il tipo di donna che potrebbe far fondere un cuore di pietra a una distanza di venti passi.

7 E così, dopotutto, lui era proprio lì. Mi mossi sul mio sedile e cercai a tastoni la mia .357 Magnum.

8 Sobbalzai quando sentii qualcuno bussare forte al finestrino. Erano in due. Due piedipiatti. Mutt e Jeff.

9 – Il Capo vuole vederti. Ora, ringhiò Mutt. Dalla faccia che aveva non sembrava troppo disposto ad accettare un rifiuto.

10 – Seh. Proprio ora, fece eco Jeff. Faresti meglio a venire con le buone, altrimenti…

11 – Altrimenti cosa? Questa *(roba)* ve la siete imparata a memoria *(provata)* o vi è venuta naturale?, dissi sorridendo.

---

6 **mutt** è un vecchio termine slang che stava per *cane bastardo* o *imbecille* (da **muttonhead**, lett. *testa di montone*). Oggi viene utilizzato più che altro con la prima accezione. **Mutt and Jeff** sono invece i nomi di due personaggi dei cartoni animati che per la loro corporatura e la loro scarsa intelligenza possono ricordare Stanlio e Ollio, al punto che l'espressione **Mutt and Jeff** può essere usata per far riferimento a due persone stupide o sfortunate. Nel **rhyming slang**, inoltre (vedi lezione 35, § 4), **Mutt 'n Jeff** sta per *deaf*, sordo).

7 Al pari di **of** (nota 5), anche la preposizione **to** viene spesso "dimenticata" nel parlato, più o meno con gli stessi esiti nello scritto, per cui **wanna** = *want to*; **gonna** = *going to* (frase 17).

8 **to rehearse**, *provare*, è un tipico termine teatrale e **rehearsal** *rihërsël* è una *prova*. In altro contesto il verbo corrisponde a *preparare*: **We rehearsed what we were going to say to convince him**, *Ci siamo preparati il discorso da fargli per convincerlo.*

five hundred and thirty-eight

12 I certainly didn't hold it against [9] them. After all, they were cops:

13 the unwilling, led by the unqualified, doing the unpleasant for the ungrateful [10].

14 That's why I was a private eye. I could set my own rules. Live by my own code, with no false hopes.

15 I know the law isn't justice. It's a flawed [11] mechanism. Pull the right levers and you might just get a fair deal [12].

16 Crime obviously pays, otherwise there'd be no crime. And someone's got to tackle it. Or else...

17 – Okay, let's play it your way, but I warn you, I'm gonna [13] need coffee and a smoke.

18 – You ain't gonna get nothing [14] but a smack in the mouth unless you move your fat butt [15], yelled Mutt. Or maybe it was Jeff.

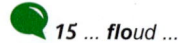
15 ... **flo**ud ...

Note

9 **to have something against someone**, *prendersela con qualcuno per qualcosa*, mentre **to hold something against someone** vuol dire *avercela con qualcuno per qualcosa*.

10 I termini **unwilling, unqualified, unpleasant** e **ungrateful** contribuiscono a rendere aforistica la frase. Nella traduzione abbiamo pensato di giocare sul doppio senso dell'aggettivo "ingrato" per non perdere del tutto questo effetto stilistico.

11 **flaw**, *difetto, imperfezione*, sia di tipo fisico (**This diamond has a flaw**, *Questo diamante ha un difetto*) che morale (**a character flaw**, *un difetto di carattere*). C'è anche il verbo **to flaw**, spesso impiegato alla forma passiva: **The peace process was flawed by a lack of consultation**, *L'assenza di consultazioni ha compromesso il processo di pace*.

12 Nella lezione 37, nota 6, abbiamo già incontrato **deal** nel senso di *affare*; **a fair deal**, tuttavia, ha il senso di *distribuzione equa* o *sistema equo*. In senso più ampio è un *trattamento equo*: **Taxpayers can be**

Sessantaduesima lezione / 62

12 Non ce l'avevo di certo con loro. Dopotutto, erano dei poliziotti:

13 gente che fa le cose controvoglia, comandata da incompetenti e costretta a fare un lavoro ingrato per degli ingrati.

14 Ecco perché facevo l'investigatore privato. Potevo fissare da me le regole e vivere secondo il mio codice, senza farmi illusioni.

15 So che la legge non è la giustizia. È un meccanismo bacato. Se muovi le leve giuste puoi rimettere la bilancia in equilibrio.

16 Ovviamente il crimine paga, altrimenti non esisterebbe. E qualcuno deve pure occuparsene. Sennò...

17 – Okay, come piace a voi, ma vi avverto che devo farmi un caffè e una cicca.

18 – Tu non ti fai proprio un accidente. Piuttosto ti prenderai un cazzotto in bocca se non muovi le tue grosse chiappe, berciò Mutt. O forse era Jeff.

---

sure of getting a fair deal under the new system, *Con il nuovo sistema i contribuenti possono essere certi che verranno trattati equamente.*

13 Anche se è grammaticalmente scorretto, **ain't** è molto comodo: è la forma contratta negativa (e chiaramente slang) di **to be** per tutte le persone: **I ain't** (anziché **I'm not**), **you ain't** (**you aren't**) ecc. Non usatelo mai, anche se bisogna ammettere che è pratico...

14 Sulla doppia negazione vi avevamo già messo in guardia alla lezione 25, nota 11. Eccola di nuovo: al posto di **you're not going to get nothing** si dovrebbe naturalmente dire **you're not going to get anything**.

15 Dopo **bum**, *chiappe*, conosciuto nella lezione 41, nota 17, ecco **butt**, un sinonimo di origine americana che ormai fa parte anche dell'inglese britannico. Inutile dire che ci sono parecchie altre parole, di registro non meno informale, che hanno lo stesso significato...

five hundred and forty • 540

62 / Sixty-second lesson

19 All of a sudden [16], three shots rent [17] the still night air, followed by a shrill scream.

20 – Saved by the bell, I guess. Let's go, I shouted, sprinting across the road towards the building without a backward glance.

Note

16 **all of a sudden** è un modo letterario per dire *all'improvviso* ed è un sinonimo di **suddenly**.

17 **rent** non ha alcuna attinenza con l'*affitto*: è il **simple past** (irregolare) di **to rend**, *lacerare, squarciare*. Verbo di registro elevato, compare anche nell'aggettivo composto **heart-rending** (o **heartrending**), *straziante*, di uso comune. **The book tells a heart-rending story of pain and suffering**, *Il libro narra una storia straziante di dolore e sofferenza*.

Exercise 1 – Translate

❶ We'd better leave now because we've got a long drive ahead of us. ❷ I'm not going to hold his lack of experience against him. ❸ Under the new law, taxpayers can be sure of getting a fair deal. ❹ It looks like he won't take no for an answer. ❺ There *is* someone in the flat. I just saw the curtains twitch open.

***

Exercise 2 – Fill in the missing words

❶ Intorno alle sei si è fatto vivo un uomo piuttosto attempato con una faccia rotondetta e i denti giallastri.
An ...... man with a .... face but .... teeth showed up at ....

❷ All'improvviso ho sentito un urlo straziante e allora ho attraversato di corsa la strada.
.... I heard a .... [1] scream so I .... the road.

❸ Facciamo come dite voi, ma vi avverto: tutto il procedimento è viziato.
Let's .... but I .... the whole process is ....

541 • **five hundred and forty-one**

Sessantaduesima lezione / 62

19 Tutto a un tratto, tre spari seguiti da un urlo lacerante squarciarono la tranquillità della notte.

20 – Beh, sono stato salvato dal gong. Andiamo, gridai attraversando di corsa la strada verso l'edificio, senza guardarmi indietro.

Soluzioni dell'esercizio 1
❶ Faremmo meglio a partire subito, abbiamo parecchia strada davanti a noi. ❷ Non me la prenderò con lui per la sua scarsa esperienza. ❸ Con la nuova legge i contribuenti possono essere certi che verranno trattati in modo equo. ❹ Sembra che non sia disposto ad accettare un rifiuto. ❺ C'è senz'altro qualcuno nell'appartamento. Ho appena visto le tende che si aprivano.

***

❹ È un compito ingrato e lui è restio a svolgerlo perché non è qualificato e il suo capo è un irriconoscente.
It's an .... task and he's .... to do it because he's .... and his boss is ....

❺ Non otterrete niente se non affrontate i veri problemi.
.... get anything .... the real problems.

[1] *Sono corretti sia* **heartrending** *che* **heart-rending**.

Soluzioni dell'esercizio 2
❶ – oldish – roundish – yellowish – six-ish ❷ Suddenly – heartrending – sprinted across – ❸ – play it your way – warn you that – flawed ❹ – unpleasant – unwilling – unqualified – ungrateful ❺ You're not going to – unless you tackle –

five hundred and forty-two • 542

Un genere letterario in cui gli anglosassoni eccellono (e che a quanto sembra hanno inventato) è il romanzo giallo o poliziesco, che tradotto letteralmente suona in inglese **detective novel**. *Questo termine, però, è solo un sottogenere di una categoria molto più ampia, ovvero la* **crime fiction** *o* **mystery fiction**. *Talvolta ne fanno parte anche i* **thrillers**.

Tra i generi della **detective fiction** *possiamo citare il giallo "classico", in cui un poliziotto o un investigatore privato cercano di risolvere un caso (in genere un omicidio). Questo tipo di romanzo si chiama anche* **a whodunit** *o* **whodunnit** *Hudánit, deformazione colloquiale di* **who done it?**, *che a sua volta è l'alterazione di* **who did it?**, *"chi è stato?", un genere in cui hanno primeggiato grandi autori inglesi come Agatha Christie.*

Tutt'altro tipo di giallo è quello proposto da alcuni scrittori americani che volevano ambientare crimini abietti in un contesto più realistico e urbano (senza limitarsi a una cerchia ristretta di personaggi, come nel caso del **whodunit**), *avvalendosi di uno stile incisivo fatto di frasi bre-*

Sixty-third lesson

Revision – Ripasso

1 I verbi composti e la posizione del complemento

Per comodità abbiamo parlato per tutto il corso di "verbi frasali" per indicare verbi seguiti da una preposizione o da una particella avverbiale. In realtà si tratta di un termine improprio e bisognerebbe invece parlare di "verbi composti". Come avrete notato, alcuni di questi verbi sono "separabili" (ovvero si può inserire il complemento tra il verbo e la preposizione o la particella) mentre altri sono "inseparabili". Purtroppo non ci sono regole semplici che permettano di distinguere gli uni dagli altri, ma possiamo darvi qualche consiglio per facilitarvi le cose.

Occorre anzitutto distinguere tra i verbi il cui senso viene sensibilmente modificato dalla preposizione o dalla particella avverbiale che li segue (**phrasal verbs**) e quelli, composti da un verbo e da

*vi e vivacizzato dal gergo della mala nonché da metafore spesso stravaganti (***He was as inconspicuous as a tarantula on a slice of angel food**, *Riusciva a passare inosservato come una tarantula su una fetta di torta paradiso). Questo stile, al quale abbiamo reso omaggio in questa lezione, è detto* **hardboiled** *o* **pulp fiction**, *ovvero un giallo violento e a tinte forti. I suoi autori principali sono Raymond Chandler, Mickey Spillane e, tra i più recenti, Elmore Leonard e George Pelecanos. Di norma il protagonista è un uomo cinico e disincantato. All'estremo opposto di questa letteratura in cui è il* **loner**, *il tipo solitario, a fare la parte del leone, abbiamo un altro sottogenere che riscuote sempre maggior successo: il* **police procedural**, *in cui i riflettori sono invece puntati sui metodi impiegati dalla polizia per risolvere i vari casi. Il protagonista non è più un solo investigatore, ma un'intera squadra. Insomma, se cercate un buon giallo in inglese, è bene identificarne il genere (o il tipo di protagonista) prima di acquistarlo...*
Nella prossima lezione approfondiremo il gergo, l'inglese "scorretto" e le parolacce di cui pullulano questi libri.

Sessantatreesima lezione

una preposizione, che invece non cambiano di senso, comportandosi come dei verbi di moto puri e semplici (**prepositional verbs**). Vediamo prima quest'ultimo caso:
He walked into the room, *È entrato nella stanza.*
She climbed up the tree, *Si è arrampicata sull'albero.*
Nei due esempi appena visti abbiamo due **prepositional verbs**: l'insieme formato da **walk** + **into** e da **climb** + **up** deve sempre essere seguito da un complemento (**the room, the tree**). In genere in questi casi il verbo indica un movimento e <u>non si può separare dalla preposizione</u>.

Quanto ai **phrasal verbs**, invece, il loro senso è ampliato o si modifica considerevolmente rispetto al verbo di partenza. Questa categoria di verbi frasali può anche non avere un complemento (es. **to sit down**, *sedersi*: **He sat down**).

Vediamo ora il caso dei **phrasal verbs** che reggono un complemento, per esempio **to pay back**, *restituire* (del denaro) e **to try out**,

five hundred and forty-four • 544

provare. Se il verbo è transitivo, può essere separato dalla particella avverbiale o dalla preposizione:
He paid back the money oppure **He paid the money back**.
She tried out the new car oppure **She tried the new car out**.
Il senso della frase non cambia, ma la seconda forma è più usata nel parlato che nello scritto (vedi lezione 21, § 2).
In compenso, se il complemento è un pronome (**it** ecc.), dev'essere assolutamente inserito tra il verbo e la particella avverbiale: **He paid it back / She tried it out**.

Quando è possibile separare il verbo dalla sua "appendice" se regge un complemento? Il metodo migliore è quello della pratica, consultando in caso di dubbi un buon dizionario...

2 L'inglese non standard

Come vi abbiamo già anticipato, gli autoctoni non rispettano sempre necessariamente le norme grammaticali della loro lingua e, in particolare, non sfoggiano sempre un linguaggio ricercato e preciso. Basta prendere un giornale a grande tiratura in formato tabloid e si troverà una bella sfilza di termini slang o colloquiali, specialmente nei titoli. Si tratta di pubblicazioni che riproducono il linguaggio parlato dai loro lettori, per tacere dei programmi televisivi, della letteratura e del mondo dello spettacolo: canzoni, romanzi, film, serie TV ecc. contengono parole che sono riprese pari pari dalla lingua parlata di tutti i giorni, sia a livello di lessico che di pronuncia. Quest'ultima, tra l'altro, dipende dal contesto sociale: se le classi medie istruite parlano un inglese grammaticalmente corretto e la loro pronuncia è la cosiddetta **Received Pronunciation** (ovvero l'accento "classico" del sud-est dell'Inghilterra), chi viene dal popolo fa qualche strappo alla regola e si esprime con un accento "rurale". Spesso molti borghesi preferiscono adottare la parlata della strada per essere meglio accetti alle persone dei ceti più bassi, un fenomeno che ha delle ripercussioni sulla vita quotidiana.
Per questo, nel corso delle lezioni, vi abbiamo presentato parecchi esempi di questo inglese non standard; oggi cercheremo di sistematizzare quello che avete imparato sottoponendovi un paio di testi che contengono numerose forme "fuori norma", che passeremo quindi ad analizzare indicando tra parentesi le forme

corrette. Cominciamo, per esempio, con un atleta che, durante un'intervista, parla del suo avversario:

I in't afraid of him. I knows he's faster than me but he don't worry me none. I never raced him before but I'd of beaten him if I had. Anyway, I phones him up and says: "You ain't not going to win the race, mate". And he go: "That ain't what them journalists think. There's lots of other people think I'll win, too." So I says "Yea, they's very pleased with theirselves now, but they'll soon see who's fastest. They don't know nothing, they don't know anything".

E ora esaminiamo il testo più da vicino, cominciando dalle libertà grammaticali che il nostro personaggio si è preso:

2.1 I verbi ausiliari

- Alla forma negativa l'ausiliare **to be** può diventare **ain't** o **in't** in tutte le persone:
I ain't (in inglese standard non c'è forma contratta), **you ain't** (**aren't**) **he/she/it ain't** (**isn't**), **we ain't** (**aren't**), **they ain't** (**aren't**). A volte si aggiunge un altro **not**, quasi a sottolineare la forma negativa: **I ain't not!**
- Dal canto suo, **to do** può diventare **don't** anche alla terza persona: **he don't** (**doesn't**) **want to come**.
- **to have** è talvolta sostituito da **of** (che in questo caso si pronuncia ëv, un suono che somiglia a hæv): **I would of come** (**I would have come**).

2.2 I verbi

- La **-s**, desinenza della terza persona singolare al presente indicativo, spesso scompare: **He come into the room** (**He comes into the room**); talvolta riappare alla prima persona: **I comes into the room** (**I come into the room**).
- Il **simple present** sostituisce il **simple past** (anche in italiano capita di sentire usare il tempo presente al posto del passato, ma in inglese standard ciò non è ammissibile, così come non è corretto in buon italiano): **I phones him and says: Hello** (**I phoned him and said: Hello**).
- Il **simple past** può essere sostituito dal **present perfect**: **I done it** (**I have done it**).

- La stessa voce verbale viene adottata per tutte le persone al passato: **I was, you was** (**you were**), **we was** (**we were**) ecc.
- **never** sostituisce la forma negativa al passato: **I never did it** (**I didn't do it**).

2.3 Gli altri elementi della frase

- La costruzione **lots of** regge il singolare anziché il plurale: **there's lots of people** (**there are lots of people**).

- **them** sostituisce **those**: **Give me them papers** (**Give me those papers**).

- Per formare i pronomi riflessivi si usano gli aggettivi possessivi: **theirselves** (**themselves**).

- Si usa la doppia negazione, che già conosciamo (lezione 25, nota 11): **I don't know nothing** (**I don't know anything**).

Parliamo ora dell'ortografia. Gli scrittori, indipendentemente dalla loro lingua madre, cercano di riprodurre i suoni reali del parlato quotidiano. Come sapete, in inglese le parole molto brevi (**of**, **an**, **to** ecc.) e alcune lettere (soprattutto la **h** e la **t**) tendono a essere "mangiate" quando si parla in fretta o si canta. Date un'occhiata al testo di questa canzone blues:

I'm sittin' here thinkin' about my girl
Don' wanna lose her
Ain't gonna lose her
I dunno what I'd do without my girl
I gotta find a way to keep her.
Cuz I love her so, oh yea I love her so.

a) La **-g** delle forme in **-ing** sparisce: **sitting** si pronuncia dunque **sittin**. Nello scritto questa elisione viene indicata con un apostrofo: **sittin'**;

b) Dopo alcuni verbi di impiego particolarmente frequente il **to** si fonde con la parola che lo precede e subisce alcuni cambiamenti: la **t** scompare e la vocale **o** diventa una **a**. Per esempio, **want to** si pronuncia *wonnë* e si scrive **wanna**;

c) In alcune parole bisillabiche la prima sillaba sparisce: **because** → *këz*, si scrive **cuz** o **coz**.

Inoltre, dal momento che non si fa distinzione fra il "tu" e il "Lei" (vedi tuttavia il § 3 di questa lezione), l'inglese dispone di molte parole colloquiali che esprimono confidenzialità e familiarità: **duck** (lett. *papero*), **mate**, **darling** o ancora **love**, *caro, capo, amico* ecc. Può capitare che la gente si rivolga a voi con queste parole anche (e soprattutto) se non vi conosce:
How are you, duck?
Can I help you, love?
That's alright mate!

Attenzione: questo non equivale a dare del tu; è semplicemente un atteggiamento cordiale da parte del vostro interlocutore. Per cui non bisogna affatto tradurre letteralmente frasi come **Can I help you, love?**, che dunque non significa *Posso aiutarti, amore?*, ma piuttosto *Ha bisogno di qualcosa?*

Questa piccola esplorazione dell'inglese non standard è terminata e ora avrete meno problemi a capire l'inglese di tutti i giorni *in situ*. E pensare che non ci siamo soffermati sui dialetti né sugli accenti regionali! Se l'argomento vi preoccupa, tranquillizzatevi: capita persino agli inglesi stessi di far fatica a capire un gallese o un irlandese, così come in Italia un napoletano può trovarsi in difficoltà quando parla con un veneto e viceversa...

3 L'inglese antico

Per leggere più agevolmente poesie, opere teatrali (tra cui quelle di Shakespeare) e romanzi scritti prima del XVIII secolo, è bene conoscere le antiche forme verbali che hanno subito mutamenti considerevoli nel tempo (alcune permangono tuttora in qualche dialetto regionale parlato in Gran Bretagna o altrove).

3.1 Il "tu"

Un tempo l'inglese distingueva il "tu" dal "Lei", anche se l'uso dei due pronomi differiva ed era più complesso e meno sistematico rispetto a quello che abbiamo attualmente in italiano. Il pronome soggetto della seconda persona singolare era **thou**, il pronome complemento **thee**, l'aggettivo possessivo **thy** o **thine** e il pronome riflessivo **thyself** (in tutti i casi **th-** si pronuncia <u>*dh*</u>).

Per quanto riguarda i verbi ausiliari, la seconda persona singolare di **to be** al presente era **art** (al passato **wert**) e quella di **to have** era **hath**.
Per gli altri verbi la desinenza della seconda persona singolare era **-st**: **thou knowest**, **thou goest** ecc.

3.2 *you* al plurale: *ye*

Se **thou** era il pronome di seconda persona singolare, **you** era il pronome di cortesia e **ye** il pronome di seconda persona plurale.
Oh ye of little faith, *O voi di poca fede.*
In alcuni luoghi storici della Gran Bretagna potreste trovare dei negozi "all'antica" che recano un'insegna come **Ye Olde Tea Shoppe**. Qui **ye** non c'entra niente col pronome personale e significa invece **the**, perché la **y** era un tempo un carattere tipografico che rappresentava il suono <u>dh</u>.

3.3 Altre caratteristiche

Senza entrare troppo nel dettaglio, sappiate che le domande si formulavano spesso invertendo semplicemente soggetto e verbo (**What came you here to see?** → **What have you come here to see?**) e che **do** si usava con gli altri verbi alla forma affermativa (**I do swear that he is my brother** → **I swear that he is my brother**).
Infine, il congiuntivo era molto più frequente di quanto non sia oggi: **If hairs be wires, black wires grow on her head** → **If hairs are wires, black wires grow on her head**.
Osservando più da vicino i cambiamenti che sono intervenuti e hanno semplificato la lingua (ci riferiamo soprattutto alla soppressione delle forme specifiche per la seconda persona singolare), è più semplice comprendere perché l'inglese abbia questa reputazione di lingua "facile" (apparentemente).

Concludiamo questa lezione con un sonetto di Shakespeare, che presenta alcune delle particolarità che abbiamo appena visto:

Shall I compare thee to a Summer's day?
Thou art more lovely and more temperate:
Rough winds do shake the darling buds of May,
And Summer's lease hath all too short a date:
Sometime too hot the eye of heaven shines,
And oft' is his gold complexion dimm'd;
And every fair from fair sometime declines,
By chance or nature's changing course untrimm'd:
But thy eternal Summer shall not fade
Nor lose possession of that fair thou owest;
Nor shall Death brag thou wanderest in his shade,
When in eternal lines to time thou growest:
So long as men can breathe, or eyes can see,
So long lives this, and this gives life to thee.

Ti dirò dunque simile a un giorno dell'estate?
Ma tu più temperata sei, e più bella:
son scossi a maggio i boccioli da ruvide folate
e troppo breve è Estate per esserti sorella:
l'occhio del ciel rifulge talvolta troppo ardente,
velato è spesso il suo dorato viso;
ogni bellezza lascia se stessa lentamente,
il caso o la mutevole natura l'ha deciso:
ma la tua Estate eterna non sfiorirà, né intanto
lascia quella bellezza che possiedi;
né avrà fra le sue tenebre di farti errare il vanto
la Morte, e in versi eterni al tempo mai non cedi;
finché ha respiro il mondo, o d'occhi non si priva,
tanto vivrà pur questo, e questo ti fa viva.

Esercizio di ripasso

Traduciamo l'intervista e la canzone di cui ai § 2 e 2.3 in inglese standard.

1. I in't afraid of him. I knows he's faster than me but he don't worry me none.
2. I never raced him before but I'd of beaten him if I had.
3. Anyway, I phones him up and says:
4. "You ain't not going to win the race, mate."
5. And he go: "That ain't what them journalists think.
6. There's lots of other people think I'll win, too".
7. So I says "Yea, they're very pleased with theirselves now,
8. but they'll soon see who's fastest.
9. They don't know nothing, they don't know anything."
10. I'm sittin' here thinkin' about my girl
11. Don' wanna lose her
12. Ain't gonna lose her
13. I dunno what I'd do without my girl
14. I gotta find a way to keep her.
15. Cuz I love her so, oh yea I love her so.

Sixty-fourth lesson

"Day" or "Die"?

1 – "It is impossible for an Englishman to open his mouth without making some other Englishman hate or despise him."

2 So said [1] George Bernard Shaw at the beginning of the last century on the subject of class and accents.

Pronuncia
*1 ... di**spai**z ...*

Note

1 La costruzione **so + to say, to write** ecc. è un effetto stilistico tipico di un registro formale e serve a enfatizzare la citazione che la precede. Per

Soluzione

1 I'm not afraid of him. I know he's faster than me but he doesn't worry me at all. **2** I have not raced him before but I would have beaten him if I had. **3** Anyway, I phoned him up and said: **4** "You aren't going to win the race, my friend." **5** And he said: "That isn't what those journalists think. **6** There are lots of other people who think I'll win, too." **7** So I said: "Yes, they are very pleased with themselves now, **8** but they'll soon see who's fastest. **9** They don't know anything." **10** I'm sitting here thinking about my girl **11** I don't want to lose her **12** I'm not going to lose her **13** I don't know what I'd do without my girl **14** I've got to find a way to keep her. **15** Because I love her so, oh yes I love her so.

Sessantaquattresima lezione

"Day" oppure "Die"?

1 – "È impossibile che un inglese apra bocca senza far sì che un altro inglese lo detesti".
2 Così si esprimeva George Bernard Shaw all'inizio del secolo scorso sul rapporto tra classe sociale e accento.

esempio la frase "English is not accessible even to Englishmen" as Shaw wrote in the preface to Pygmalion, si potrebbe anche riformulare così: "English is not accessible even to Englishmen". So wrote Shaw in the preface to Pygmalion, *"L'inglese non è accessibile nemmeno agli inglesi" scriveva* (lett. così scrisse) *Shaw nella prefazione al* Pigmalione.

64 / Sixty-fourth lesson

3 Does Shaw's opinion still hold true in today's egalitarian rainbow ² society?
4 Or are we Brits still classbound and uptight ³ about the way we speak?
5 With me to discuss the question are Peregrine Wade-Smythe from Oxford University and Jimmy Fowler from the University of the Solent.
6 We also have a studio audience of all ages and backgrounds – not to mention accents.
7 Professor ⁴ Wade-Smythe, is Shaw old hat ⁵ or does what he said still apply?

*4 ... **kla:s**baund ...*

Note

2 In alcuni contesti il sostantivo **rainbow**, *arcobaleno*, si usa come aggettivo per esprimere la pluralità, non soltanto etnica (il Sudafrica è soprannominato **the Rainbow Nation**), ma anche di opinioni: **Some ten parties came together to form a rainbow coalition**, *Una decina di partiti si sono uniti per formare una coalizione eterogenea*.

3 L'aggettivo **uptight** ha diverse accezioni: la principale è quella di *teso* nel senso di *nervoso* o *inquieto*: **He gets uptight whenever he has to speak in public**, *S'innervosisce tutte le volte che deve parlare in pubblico*. Per estensione può anche tradursi con *permaloso, suscettibile* oppure *a disagio, impacciato*. **He's very uptight about sex**, *È molto a disagio quando si parla di sesso*. Originariamente questo aggettivo era colloquiale e i suoi sinonimi "nobili" erano **nervous** e **uneasy**, ma ormai è entrato a far parte del linguaggio corrente grazie all'influsso dei media.

4 Ricordiamo che un **professor** è un *professore universitario*, mentre un professore di scuola secondaria si dice **teacher**. Quando si menziona la qualifica di una persona, in inglese non si usa l'articolo determinativo: **Professor Giles**, *il professor Giles*.

5 **old hat**, *trito e ritrito, passato di moda* o *antiquato*. **Social networking is so old hat nowadays!**, *Al giorno d'oggi il social networking è una cosa così antiquata!*

Sessantaquattresima lezione / 64

3 Il parere di Shaw è ancora valido nella società pluralista ed egualitaria di oggi?
4 O noi britannici siamo ancora classisti e permalosi riguardo al nostro modo di esprimerci?
5 Ne parliamo oggi con [il professor] Peregrine Wade-Smythe dell'Università di Oxford e con [il professor] Jimmy Fowler dell'Università del Solent.
6 Inoltre abbiamo in studio un pubblico di tutte le età e di tutte le estrazioni, per non parlare degli accenti.
7 Professor Wade-Smythe, Shaw ha fatto il suo tempo *(è antiquato)* o quello che ha detto vale ancora oggi?

64 / Sixty-fourth lesson

8 – One [6] wouldn't wish to sound superior, but I think that old George is still spot-on [7].

9 I have travelled the length and breadth of Britain and I find that regional accents are still very much a symbol of class.

10 – Oh come off it! The [8] Britain you're talking about no longer exists, mate [9].

11 Just watch TV, listen to the radio or even go to the movies: you won't hear a plummy [10] accent nowadays.

12 – I know, the country is going to the dogs. We no longer have any industries – the unions have seen to that [11];

13 now everyone drops their aitches and no one can pronounce the word "day" properly!

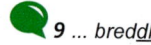

9 ... bred*dh* ... 13 ... *e*icëz ...

Note

6 La forma impersonale **one** è rara in inglese (vedi lezione 24, nota 1), ma in un registro sostenuto corrisponde al nostro pronome *si*: **One could not hope for a better result**, *Non si poteva sperare di meglio* (in un contesto informale si direbbe invece **You** o **We couldn't hope** ecc.). Tuttavia, in un ambiente aristocratico, parlare di se stessi in prima persona può essere considerato volgare, per cui **I** viene sostituito da **one**: **One was delighted to hear of the wedding**, *Mi ha fatto molto piacere / È stato un grande piacere apprendere la notizia del matrimonio*.

7 **spot-on** è un aggettivo o un avverbio che significa *azzeccato*, *giusto* (ma si può anche rendere in italiano con la perifrasi "che coglie nel segno"): **Shelley's arguments were always spot-on**, *Gli argomenti di Shelley coglievano sempre nel segno*. Non confondete **spot-on** con la locuzione **on the spot**, *sul posto*: **The police were on the spot immediately**, *La polizia è arrivata sul posto immediatamente*.

8 Qui abbiamo l'articolo determinativo perché, dopo **Britain**, segue una precisazione: infatti nella frase **I have travelled all over Britain** si par-

Sessantaquattresima lezione / 64

8 – Non vorrei peccare di superbia, ma penso che il vecchio George colga nel segno ancora adesso.

9 Ho girato la Gran Bretagna in lungo e in largo e trovo che ancora adesso gli accenti regionali siano più che mai un segno di distinzione sociale.

10 – Oh, ma mi faccia il favore! La Gran Bretagna di cui Lei parla non esiste più, carissimo.

11 Ma guardi già solo la TV, ascolti la radio o al limite vada al cinema: al giorno d'oggi non si sente più nessuno parlare con un accento snob.

12 – Lo so, il Paese sta andando allo sfascio. Non abbiamo più industrie: ci han pensato i sindacati a farle chiudere;

13 oggi nessuno fa più sentire le "h" né sa pronunciare correttamente la parola "day"!

---

la della Gran Bretagna in generale, mentre **The Britain you're talking about no longer exists** è la Gran Bretagna di cui sta parlando l'interlocutore. Nell'ultima lezione del corso torneremo sull'argomento.

9 **mate**, *amico, caro*. In generale questi termini colloquiali esprimono simpatia (vedi lezione 63, § 2): **Cheers mate!** è per esempio un ringraziamento molto informale (*Grazie, amico!* oppure *Grazie, caro!*), ma a seconda del contesto e del tono di voce **mate** può essere ironico o persino aggressivo. In ambito scientifico, inoltre, **mate** indica il maschio di una coppia di animali rispetto alla femmina e viceversa.

10 Si dice che, per acquisire un accento inglese "aristocratico", contraddistinto dalle sue vocali rotonde, occorra mettersi una *prugna* (**plum**) in bocca; vero o falso che sia, da ciò ha origine l'aggettivo **plummy**, che indica (con una connotazione peggiorativa) questo modo di parlare. Vedi anche la lezione 25, nota 5.

11 In questa frase il verbo **to see** ha il senso di *provvedere, pensare* (a fare qualcosa).

14 Most regional accents are hard to understand but the hardest of all is the Liverpudlian one.
15 – Let's see whether the audience has anything to say. You madam, in the striped tee-shirt.
16 – The man's talking rubbish. I'm a Scouser [12] and we're not just a bunch of lower-class yobs [13] what can't talk proper [14].
17 – That rather proves my point, does it not [15]? Britain has a ruling class that doesn't rule, a working class that doesn't work,
18 and a middle class that is not in the middle. No wonder we're confused!
19 – And on that note, I think we'd better call it a day. Or, if you're from "darn sarf" [16], a die. □

*16 ... sca*usë ...

Note

[12] Uno **Scouser** è un modo di chiamare un **Liverpudlian**, *un nativo di Liverpool* (vedi anche la nota culturale della lezione 17); l'aggettivo **Scouse** è il dialetto o l'accento di Liverpool. I due termini vengono da **lobscouse**, un tipo di stufato che era il piatto tipico dei marinai nel XIX secolo (Liverpool è ancora oggi uno dei porti principali della Gran Bretagna). Sia **Scouser** che **Scouse** vengono impiegati dagli stessi abitanti di Liverpool con una certa fierezza, ma in bocca a un "forestiero" potrebbero suonare dispregiativi.

[13] Termine chiaramente colloquiale, **yob** (che poi è **boy** al contrario) si traduce in vari modi, ma indica in genere un giovane maleducato, violento e ignorante. Tutto il contrario, insomma, di un bravo ragazzo. Questa parola ha anche una variante (**yobbo**), e benché lo slang si evolva con estrema rapidità, **yob** è ancora in voga da più di un secolo e un po' dappertutto in Gran Bretagna. Nel nord-est dell'Inghilterra ci sono diversi sinonimi di **yob**, tra cui **scally**, che si usa soprattutto a Liverpool.

Sessantaquattresima lezione / 64

14 La maggior parte degli accenti regionali è difficile da capire, ma il più difficile di tutti è quello di Liverpool.

15 – Vediamo cosa ne pensa il pubblico *(se il pubblico ha qualcosa da dire)*. Lei, signora, con la maglietta a righe.

16 – Quel signore sta dicendo delle sciocchezze. Io sono di Liverpool e mica siamo una banda di poveri buzzurri che non sappia parlare giusto.

17 – Questo non fa che confermare quel che ho detto, no? La Gran Bretagna ha una classe dirigente che non dirige, una classe lavoratrice che non lavora

18 e una classe media che non sta nel mezzo. Non c'è da stupirsi se non ci si capisce più niente!

19 – E con questo direi che per ora possiamo chiudere *(faremmo meglio a chiamarlo un giorno)*. O, per chi è meridionale, mo' abbiamo finito.

---

14 Ecco altri due esempi di inglese non standard (vedi lezione 63, § 2): qui **what** prende (abusivamente) il posto del pronome relativo **who** (o **that**): **Here's the guy that / who I told you about** → **Here's the guy what I told you about** (lett. Ecco il tipo che ti ho detto); subito dopo abbiamo un aggettivo impiegato al posto di un avverbio: **He doesn't talk properly** → **He doesn't talk proper** (lett. Non parla corretto). Si tratta in entrambi i casi di un errore di grammatica: nel testo la persona che sta parlando calca la mano, infilando due strafalcioni uno appresso all'altro (resi anche nella traduzione, come vedete) per sottolineare il suo intento sarcastico.

15 Nel parlato formale non si usa mai la forma contratta con le **question tags**.

16 Qui la presentatrice imita la parlata popolare dell'Inghilterra sud-orientale (Londra compresa), dove il suono *au* (**town**, **down** ecc.) viene pronunciato *a:n* e **-th** diventa **-f** (vedi la nota culturale).

64 / Sixty-fourth lesson

Exercise 1 – Translate

❶ You can tell he's from down south: just listen to that plummy accent! ❷ The fire brigade was on the spot just minutes after the call. ❸ Here are the photos that I told you about. – Cheers, mate. ❹ We really couldn't have hoped for a better result. ❺ "You're not going to die today," said the surgeon. "I hope not," said his patient. "I've got nothing to wear to the funeral".

Exercise 2 – Fill in the missing words

❶ Conosco molto bene l'Inghilterra, ma l'Inghilterra di cui parli non esiste più.

I .... but ... . no longer exists.

❷ "Stanno dicendo delle sciocchezze!". Ciò detto, lasciò infuriata la stanza.

"They're ....!".. .... she .... the room.

❸ Sono anni che il Paese è andato a rotoli perché era troppo *(così)* classista.

The country .... years ago because it was .. ..

❹ Non vorrei peccare di superbia, ma penso che Shaw abbia ragione ancora oggi.

I don't want to ...., but I think that Shaw is still ....

❺ Non guarda la televisione, non ascolta la radio né va al cinema. Non c'è da stupirsi se si annoia.

He doesn't ...., ..., or .. .. he's bored.

Sessantaquattresima lezione / 64

Soluzioni dell'esercizio 1

❶ Si capisce che è del sud: senti un po' che accento snob che ha! ❷ I pompieri sono arrivati sul posto appena pochi minuti dopo che li avevano chiamati. ❸ – Ecco le foto di cui ti ho parlato. – Grazie, caro. ❹ Non avremmo potuto sperare di meglio. ❺ "Lei oggi non morirà", disse il chirurgo. "Spero di no", disse il paziente. "Non ho niente da mettermi per il funerale".

Soluzioni dell'esercizio 2

❶ – know England very well – the England you're talking about – ❷ – talking rubbish – So saying – stormed out of – ❸ – went to the dogs – so classbound ❹ – sound superior – spot-on ❺ – watch television, listen to the radio – go to the movies – No wonder –

Nella nota culturale della 25ª lezione abbiamo già avuto un'anteprima per quanto riguarda il rapporto fra gli accenti e le classi sociali, un rapporto che si mantiene (fino a un certo punto) ancora oggi e che abbiamo un po' approfondito in questa lezione.
Come abbiamo spiegato nella 63ª lezione, § 2, chi studia l'inglese britannico (compresi gli stessi inglesi) impara generalmente la pronuncia classica, detta **Received Pronunciation** *perché la si "riceve" dai propri professori. Si tratta dell'accento standard, chiamato anche* **BBC English** *(un tempo gli annunciatori di quella venerabile emittente televisiva erano obbligati a parlare con quell'accento*) o ancora* **Oxford English** *(perché parlavano così anche i professori dell'Università omonima). Si tratta grosso modo dell'accento dell'Inghilterra sud-orientale, ma originariamente la RP era una pronuncia "artificiale" (esattamente come lo è quella dell'italiano standard) che serviva a nascondere le origini sociali, che si rivelavano (giusto per riprendere quel che diceva Shaw) non appena si apriva bocca. Ai nostri giorni la RP si sente meno spesso in radio e in televisione e gli accenti regionali hanno (ri)guadagnato parzialmente prestigio: pare infatti che le parlate scozzesi o settentrionali siano molto apprezzate dai clienti dei call center perché sono più "naturali" e vicine al popolo. Ciò non toglie che la presunta relazione tra la classe sociale e l'accento (RP*

---

* Per quanto riguarda gli Stati Uniti, invece, la pronuncia preferita dagli annunciatori televisivi e radiofonici viene chiamata **Network Standard***.*

five hundred and sixty • 560

compresa) sia sempre presente nella mentalità britannica, in ogni caso ben più che negli Stati Uniti o in altri Paesi anglofoni.
*La parlata popolare si riconosce da diverse caratteristiche, in particolare dalla pronuncia di alcune consonanti come, ad esempio, la **-g** finale che viene omessa o, in certe regioni, sostituita dal suono della **k**. Così **nothing** viene pronunciato ná<u>th</u>'n o ná<u>th</u>'nk. Anche la **t** all'interno di una parola scompare nel parlato: si chiude momentaneamente la laringe (è il famoso "colpo di glottide" che avete ascoltato nella 53ª lezione): **butter** diventa quindi **bá-ë**! Infine, non si fa sentire neppure la **h-** iniziale: **hello** diventa a**lo**. Questa caratteristica, detta **dropping one's aitches**, è tipica dell'accento **non RP** e, per quanto venga disapprovata (anche dal nostro professor Wade-Smythe, come avete potuto constatare), esiste da circa mille anni! Notiamo di sfuggita che il suono **th** si trasforma in una f (per cui può capitarvi di sentir pronunciare **nothing** náf'n). Dunque la parlata popolare può persino tornarvi comoda, perché elude due*

Sixty-fifth lesson

To err is human

(From "Young Science Magazine")

1 Greg Wood, author of "Bits and Bytes", is renowned for his groundbreaking work on advanced information systems.
2 Greg is not your typical techno geek [1], though. He started out by [2] studying astrophysics,

Note

1 Il termine **geek** ha due accezioni: può far riferimento a una persona goffa e asociale, per quanto intelligente, ma può anche definire un tipo che va matto per i computer e la tecnologia in generale, al punto da estraniarsi da tutto il resto. Dal sostantivo **geek** è derivato l'aggettivo **geeky**: *Martin is so geeky that he called his son Web*, *Martin è talmente fissato coi computer che ha chiamato suo figlio Web*.

delle principali difficoltà per gli stranieri che cercano di padroneggiare la pronuncia dell'inglese...
*Tuttavia, i vari accenti (e non solo quelli della classe operaia) si differenziano soprattutto per quanto riguarda le vocali. Non abbiamo lo spazio sufficiente in questa sede per spiegarvi tutti i particolari in merito, perciò ci siamo limitati all'esempio più evidente: la pronuncia del dittongo ei. Nella RP, la parola **day** si pronuncia **dei**, ma a Londra e in alcune zone dell'Inghilterra il termine si legge come **die**: **dai**.*
Per distinguere la RP dai diversi accenti della Gran Bretagna è sufficiente ascoltare un notiziario della BBC e poi guardare un film realista come quelli diretti da Ken Loach (alcuni dei suoi film sono stati sottotitolati in inglese prima di essere esportati in altri Paesi anglofoni!).
Per questo nel corso delle lezioni vi abbiamo presentato, oltre alla pronuncia standard, gli altri accenti e le parlate regionali; chi perfeziona la conoscenza dell'inglese cerca infatti di conoscere e approfondire proprio queste sottigliezze.

Sessantacinquesima lezione

Errare è umano

(Brano tratto da "Young Science Magazine")

1 Greg Wood, autore di "Bits and Bytes", è noto per i suoi testi innovativi sui sistemi informatici avanzati.
2 Ciò nonostante Greg non è il solito maniaco della tecnologia. Ha cominciato studiando astrofisica,

2 Oggi vedremo un po' di verbi composti: cominciamo appunto con **to start**, spesso accompagnato da **out** (che qui ha una funzione puramente rafforzativa). Se **to start out** è seguito da un verbo, questo va al gerundio ed è preceduto da **by**: **The guest speaker started out by thanking the delegates for coming**, *L'ospite d'onore ha esordito ringraziando i delegati per essere venuti*. In genere questa costruzione ha sempre un seguito: **...and then told a joke**, *...e poi ha raccontato una barzelletta.*

3 but soon dropped out of [3] university in order to "get away from academia", as he puts [4] it.
4 His parents had already given up on [5] him, thinking he would never amount to anything,
5 and his fiancée broke up with [6] him because, in her words, their relationship was on the rocks.
6 Only his brother stood up for him [7] because he knew that Greg had it in [8] him to be a top-notch researcher.
7 Greg set out on a round-the-world trip, dropping in on [9] colleagues in different universities,

Note

3 **to drop out**, *lasciare, abbandonare* o *ritirarsi* (da una gara): **The champion had to drop out after just ten laps**, *Il campione si è dovuto ritirare dopo appena dieci giri*. Un eventuale complemento dev'essere preceduto dalla preposizione **of**: **He dropped out of society to become a poet**, *Si è ritirato dalla società per diventare un poeta*. Il sostantivo **dropout** può indicare un *disadattato,* un *emarginato*. In questa lezione ci concentreremo in particolare sui verbi composti che possono constare di due preposizioni: si tratta di verbi che, in senso intransitivo, hanno solo la prima preposizione, ma che richiedono anche la seconda quando reggono un complemento.

4 **to put**, *mettere*, ma anche *dire*, soprattutto quando si specifica la maniera di esprimersi: **To put it bluntly, I loathe you**, *Francamente mi fai schifo*. In tal caso la traduzione non è sempre facile, ma a volte può bastare quella letterale: **Let's put it this way: she's not the brightest person around**, *Mettiamola così: non è la persona più sveglia che ci sia*.

5 Nessun problema con **to give up**, *smettere, rinunciare, abbandonare*: lo abbiamo visto anche nella lezione 4 alla nota 9. Con l'aggiunta di una seconda preposizione, **on**, il verbo acquista il senso di *lasciar (perdere)* o *perdere la fiducia* in qualcuno: **Don't give up on me now!**, *Non lasciarmi adesso!*

Sessantacinquesima lezione / 65

3 ma presto ha lasciato l'università per "fuggire dal mondo accademico", come egli afferma.

4 I suoi genitori avevano già perso la fiducia in lui, pensando che non avrebbe mai combinato nulla,

5 e la ragazza l'aveva mollato perché, secondo lei, la loro relazione era in crisi.

6 Solo il fratello lo ha sostenuto, perché sapeva che Greg aveva la stoffa per diventare un ricercatore coi fiocchi.

7 Greg è partito per un viaggio intorno al mondo, durante il quale è andato a trovare colleghi di varie università,

---

6 **to break up**, *rompere* (nel senso di interrompere una relazione). Quando è seguito da un complemento, però, questo verbo richiede la preposizione **with** e corrispondere a *lasciare, mollare*: **She broke up with her husband after ten years of marriage**, *Ha lasciato il marito dopo 10 anni di matrimonio*.

7 **to stand up for**, *difendere, sostenere*; il contrario è, logicamente, **to stand against**, *avversare, prendere posizione contro* qualcuno.

8 Il pronome **it** è utilissimo perché permette di formulare frasi di cui si può sottintendere il complemento (vedi anche la nota 4 di questa stessa lezione a proposito di **to put it**). L'espressione **to have it in one** equivale ad *avere la stoffa*: **She's got it in her to be a great singer**, *Ha la stoffa per diventare una grande cantante*.

9 **to drop in** non è il contrario di **to drop out**, ma vuol dire *fare un salto, andare a trovare*: **You're welcome to drop in if you're in the neighbourhood**, *Vienimi a trovare se passi da queste parti.* La preposizione **on** si aggiunge nel caso in cui il verbo regga un complemento: **He always drops in on his mother when he comes to town on business**, *Fa sempre un salto da sua madre quando viene in città per affari*.

8 visiting old friends he hadn't seen for a while and catching up on [10] their news.
9 Everything was going smoothly until he came down with [11] pneumonia [12] in India.
10 Stuck in hospital, he had nothing to do but read so he was able to check up on [13] the latest developments in the scientific world.
11 Greg finally decided that it was time to get back to the real world and start working again.
12 But to do what?
13 At the time, the government was cutting down on [14] research spending
14 and putting more money into areas where Britain needed to catch up with [15] its competitors.

Pronuncia

9 ... nju:**mo**unjë ...

Note

[10] **to catch up on**, *recuperare, rimettersi in pari* con qualcosa (qui però si intende che Greg voleva conoscere tutte le novità sui suoi amici, ovvero aggiornarsi). **I have a lot of sleep to catch up on**, *Ho un sacco di sonno arretrato* (o, letteralmente, *da recuperare*). Il complemento può seguire il verbo (**I have to catch up on a lot of sleep**), ma la seconda preposizione è sempre necessaria.

[11] **to come down**, *scendere* o *crollare*, ma **to come down with** ha tutt'altro senso: *prendere* una malattia, *ammalarsi di* qualcosa: **Sally came down with a bad cold**, *Sally ha preso un brutto raffreddore*.

[12] Ricordiamo che nei termini di origine greca che cominciano per **pn-**, la **p** non si pronuncia: **pneumatic** (aggettivo) *nju:**mæ**:tik*. Ascoltate attentamente l'esercizio.

[13] **to check**, *controllare, verificare*; **up** indica completezza dell'azione (vedi lezione 15, nota 7). Ricordate per esempio **checkup** (o **check-up**), *visita di controllo*; **to check up on**, *prendere informazioni* (su qualcosa o qual-

8 e ha fatto visita a dei vecchi amici che non vedeva da un po' per aggiornarsi su quello che avevano fatto nel frattempo.

9 Andava tutto liscio finché non si è preso una polmonite [mentre si trovava] in India.

10 Bloccato in ospedale, non aveva nulla da fare a parte leggere, così ha potuto informarsi sugli sviluppi più recenti del mondo scientifico.

11 Alla fine Greg ha deciso che era ora di tornare al mondo reale e riprendere a lavorare.

12 Ma per far cosa?

13 All'epoca il governo stava tagliando i fondi per la ricerca

14 e investiva maggiormente in settori nei quali la Gran Bretagna doveva recuperare sulla concorrenza.

---

cuno), *controllare* nel senso di *indagare*: **He had the distinct feeling that someone was checking up on him**, *Aveva la netta sensazione che qualcuno lo stesse controllando*.

14 Nel linguaggio colloquiale **to cut down** può voler dire *limitarsi* (in un vizio): **You drink too much. Try and cut down**, *Bevi troppo, cerca di limitarti*. Aggiungiamo un complemento e avremo bisogno di una seconda preposizione (**on**): **I'm trying to cut down on drinking**, *Sto cercando di bere meno*.

15 Le cose si complicano: dopo **to catch up on**, ecco **to catch up with**… Tuttavia il significato è più o meno lo stesso (vedi lezione 17, nota 15) e, se c'è una differenza, è piccola: **to catch up on** si riferisce a un ritardo o a una lacuna da colmare, **to catch up with** si usa parlando di un inseguimento o di una competizione: **The police caught up with the suspect and took him into custody**, *La polizia ha raggiunto il sospettato e l'ha arrestato*.

15 Greg decided to go in for IT because, according to him, we need to tell the difference between information, knowledge and wisdom.
16 He got down to work, keeping up with the latest trends and watching out for new ideas.
17 Many of his peers looked down on [16] him and Greg had to put up with a lot of criticism.
18 But he finally came up with [17] what has become known as Gregg's Law, which states:
19 "To err is human; to really mess things up [18] you need a computer".
20 Now THAT's wisdom!

Note

[16] Nella lezione 51, nota 13, abbiamo incontrato il verbo **to look up to**, *ammirare*. Qui abbiamo il contrario: **to look down on**, *disprezzare, snobbare, guardare dall'alto in basso, considerare con sufficienza*.

[17] **to come up with**, *escogitare, inventare* o *trovare* un'idea, una soluzione ecc.: **Leave the problem with me and I'll see what I can come up with**, *Lascia che mi occupi io del problema e vedrò cosa mi posso inventare*.

***

Exercise 1 – Translate

❶ Let me put it this way: he's not the brightest guy around. ❷ Symptoms of pneumatic plague include acute pneumonia accompanied by high fever. ❸ For great family entertainment, the veteran director's latest movie is the tops. ❹ Sean and I have a lot of news to catch up on. ❺ The new software has really messed things up.

Sessantacinquesima lezione / 65

15 Greg ha deciso di dedicarsi all'informatica perché, secondo lui, è necessario conoscere la differenza tra informazione, conoscenza e saggezza.
16 Si è messo al lavoro, tenendosi al corrente delle ultime tendenze e andando a caccia di nuove idee.
17 Molti dei suoi pari lo consideravano con sufficienza e ha dovuto sorbirsi parecchie critiche,
18 ma alla fine ha scoperto quella che è divenuta nota come Legge di Greg, che afferma:
19 "Errare è umano; per mandare veramente tutto in vacca ci vuole un computer."
20 Questa sì che è saggezza!

---

18 Il sostantivo **mess** significa *casino* nel senso di *disordine*, per cui **to mess up** si potrebbe rendere con *incasinare*, *mandare all'aria* (*in vacca*, *a monte* ecc.). Non proprio un termine raffinato, dunque...

***

Soluzioni dell'esercizio 1

❶ Mettiamola così: non è il tipo più sveglio che ci sia in giro. ❷ I sintomi della peste polmonare comprendono la polmonite acuta accompagnata da febbre alta. ❸ L'ultimo film dello sperimentato regista è il massimo per divertirsi in famiglia alla grande. ❹ Sean e io dobbiamo aggiornarci su un sacco di novità. ❺ Il nuovo software ha proprio incasinato tutto.

five hundred and sixty-eight

Exercise 2 – Fill in the missing words

❶ Il campione ha dovuto abbandonare la corsa dopo appena venti giri [di pista].
The champion .... the race after just twenty- .....

❷ Ce l'ha proprio con me, vero? Potrei anche lasciarlo.
He really .... me, doesn't he? I might as well .... him.

❸ Jim ha la stoffa per diventare un eccellente scrittore. I suoi libri sono straordinari.
Jim has .... a really great writer. His books are ....

Sixty-sixth lesson

I wouldn't use a cliché for all the tea in China [1]

1 – Simon! You're a sight for sore eyes [2]. I'm trying to understand this user manual.
2 "Files with an .rpxl extension make it possible to add tags to websites in native mode."

Note

[1] L'espressione **for all the tea in China**, che compare in frasi negative, equivale a *per tutto l'oro del mondo* oppure *per niente al mondo*. **I wouldn't have missed the party for all the tea in China**, *Non mi sarei perso la festa per tutto l'oro del mondo/per niente al mondo*. Per rispondere categoricamente di no a una domanda basta dire semplicemente **Not for all the tea in China**, *Per niente al mondo*.

❹ Gli ho detto di venirmi a trovare *(che era il benvenuto)* se fosse capitato da queste parti *(nei paraggi)*.
I told him .... to ...... if he was .....
....

❺ Abbiamo affidato il problema a Pat per vedere che soluzione poteva trovare.
We left the problem with Pat to .... she ....
.. ..

Soluzioni dell'esercizio 2
❶ – had to drop out of – laps ❷ – has it in for – give up on – ❸ – got it in him to be – top-notch ❹ – he was welcome – drop in – in the neighbourhood ❺ – see what – could come up with

Sessantaseiesima lezione 66

Non userei una frase fatta per tutto l'oro del mondo

1 – Simon! È il Cielo che ti manda. Sto cercando di capire questo manuale di istruzioni.
2 "I file con estensione .rpxl permettono di aggiungere dei tag in modalità nativa ai siti web."

2 **sore** (agg.), *indolenzito, dolorante* (vedi lezione 55, nota 6): **to be a sight for sore eyes**, *essere una delizia per gli occhi* (si noti l'allitterazione delle **s**), indica che si è felici di vedere qualcuno o qualcosa. Nel caso del nostro testo, chi parla ha bisogno di aiuto, per cui la traduzione è diversa. **When I met her again after all these years, she was a sight for sore eyes**, *Quando l'ho incontrata di nuovo dopo tutti questi anni, è stata una gioia vederla.* Come sostantivo, **sore** vuol dire *piaga*.

66 / Sixty-sixth lesson

3 What on earth is that supposed to mean? It's all Greek to me. [3]

4 – I agree, it's as clear as mud [4]. I usually avoid technical manuals like the plague.

5 They're so complicated that you can't make head or tail [5] of them.

6 Let me try and explain. I'm no expert, though, I'm basically a jack of all trades [6],

7 but I've picked up a few tricks here and there, know what I mean [7]?

8 – You're just like your father: a real chip off the old block [8].

9 But you can explain until you're blue in the face [9]: I still won't get it.

Pronuncia
*4 ... **pleig***

Note

3 **It's all (just) Greek to me/him** ecc.: in questo caso la lingua che risulta incomprensibile è l'unica differenza tra l'espressione inglese e quella italiana. Per noi è l'arabo, per i britannici è il greco. In inglese l'espressione proviene dal **Julius Caesar**, *Giulio Cesare*, di Shakespeare.

4 **mud**, *fango*; **to be as clear as mud**, *chiaro come la nebbia*, è un modo di dire ironico che si contrappone a **as clear as day**, *chiaro come il sole*.

5 Non confondete questa locuzione con *né capo né coda*. Se vogliamo dire per esempio che *Questa storia non ha né capo né coda*, in inglese diremo **The story doesn't make sense**: notate oltretutto che **to make sense** non vuol dire *fare senso* (**to disgust**) bensì *avere senso*! **Not to make head or** (o **nor**) **tail of something** significa *non capire niente di qualcosa*. Attenzione: qui **head and tail** vanno al singolare; **heads or tails** vuol dire infatti *testa o croce*.

6 In inglese **jack** ha moltissimi significati; inoltre, come nome proprio, **Jack** ricorre (assieme a **John**) in un buon numero di frasi fatte: per

Sessantaseiesima lezione / 66

3 Cosa diavolo vorrebbe dire? Per me è arabo.
4 – Sono d'accordo, è chiaro come la nebbia. Di solito evito come la peste i manuali tecnici.
5 Sono così complicati che non ci si capisce niente.
6 Proverò a spiegarti [cosa significa], anche se non sono un esperto. Fondamentalmente sono [solo] un factotum,
7 ma ho imparato *(raccattato)* qualche trucchetto qua e là, sai cosa intendo, no?
8 – Sei tutto tuo padre: tale e quale a lui.
9 Ma puoi spiegare fino allo sfinimento, tanto non capirò lo stesso.

---

esempio **a jack** (o **Jack**) **of all trades** è *un factotum, un tipo tuttofare*. L'espressione può acquistare una sfumatura peggiorativa se vi si aggiunge **and master of none**: **a jack of all trades and master of none** (*esperto in tutto, maestro in niente*) è infatti una persona che fa di tutto, ma senza essere bravo in nulla.

7 Spesso i verbi ausiliari (e a volte anche il soggetto, quando si può dedurre dal contesto) vengono omessi nel parlato: **Do you know what I mean?** → **Know what I mean?**

8 Nella lezione 29 (nota 10) abbiamo visto **to have a chip on one's shoulder**. Qui **chip** sta per *scheggia*, ovvero si paragona il figlio a una scheggia staccatasi dal "blocco" di pietra nel quale è stato scolpito il padre... **He's a chip off the old block** corrisponde quindi a *È tutto suo padre* (un tempo si diceva **a chip of the same block**).

9 In assenza di ossigeno si diventa cianotici e il volto assume un colore bluastro. Perciò se si fa qualcosa **until one is blue in the face**, l'azione si ripete invano, senza successo: **I had been warning them about the danger until I was blue in the face, but no one listened**, *Gliel'avevo detto fino alla nausea, ma nessuno mi ha dato retta*.

five hundred and seventy-two • 572

10 – We'll cross that bridge when we come to it [10]. First, let's make sure we've not forgotten anything.

11 OK. So far so good. Now, all you have to do is look at this diagram.

12 A picture is worth a thousand words: it's as simple as falling off a log [11].

13 Just double-click the filename and choose "Save" from the menu options.

14 – Famous last words! Oh well, here we go. Nothing's happening!

15 – Be patient. Everything comes in the fullness of time [12]. A watched pot never boils [13].

16 – No, something's definitely wrong but I can't quite put my finger on it.

17 Look, this is just a shot in the dark [14], but is the computer plugged in?

18 – Of course, what do you take me for? Some kind of idiot?

Note

[10] Alla base di questo modo di dire c'è un proverbio: **Don't cross your bridges before** (o **until**) **you come to them** (lett. Non attraversare i tuoi ponti prima di esserci arrivato), ovvero *Non fasciarti la testa prima di essertela rotta* oppure *Ogni cosa a suo tempo*. **We'll** o **Let's cross that bridge when we come** o **get to it**, *Ce ne occuperemo al momento opportuno*. Notate che **bridge** è al plurale nel proverbio e al singolare nel modo di dire che ne è derivato.

[11] **log**, *tronco, ceppo*. Se si sta ritti su un tronco d'albero abbattuto, è facile che si cada. Da qui l'espressione **It's as easy as falling off a log**, *È facile come bere un bicchier d'acqua*. Forse ricorderete un'altra espressione dal senso identico: **as easy as pie** (lezione 33, frase 2).

[12] **fullness**, *pienezza*, è termine di registro elevato, più o meno come il suo equivalente italiano, tanto più che la locuzione **in the fullness of time**

Sessantaseiesima lezione / 66

10 – Ce ne occuperemo al momento opportuno. Prima di tutto assicuriamoci di non aver dimenticato niente.
11 Bene. Fin qui tutto a posto. Ora devi soltanto guardare questo diagramma.
12 Un'immagine vale mille parole: è facile come bere un bicchier d'acqua.
13 Fai solo doppio clic sul nome del file e seleziona "salva" dal menù delle opzioni.
14 – Le ultime parole famose! Beh, ci siamo. Non succede niente!
15 – Un po' di pazienza, ogni cosa a suo tempo. Se guardi la pentola, l'acqua non bolle mai.
16 – No, c'è sicuramente qualcosa che non va, ma non riesco a capire cosa.
17 Guarda, la butto solo lì, ma la spina elettrica è inserita (*il computer è collegato*)?
18 – Certo, per chi mi hai preso, per un idiota?

è di origine biblica e vuol dire *col tempo, a suo tempo, a tempo debito* (ma in un dialogo come questo è chiaramente ironica).

13 **A watched pot never boils** può essere reso letteralmente (o quasi) in italiano: *La pentola guardata non bolle mai*. Si può anche optare per una traduzione più libera, ovvero *Tutto arriva per chi sa aspettare* (**Everything comes to he who waits**).

14 **the dark**, *il buio, l'oscurità*, viene impiegato anche in inglese come metafora dell'incertezza e dell'ignoranza. Per esempio **to keep someone in the dark** corrisponde a *tenere qualcuno all'oscuro (di tutto)*: **The head of the intelligence service was kept in the dark by the government about the spy's arrest**, *Sull'arresto della spia il governo ha tenuto il capo dei servizi segreti all'oscuro di tutto.* Meno immediato il senso di **a shot in the dark** (**shot**, *sparo*), ovvero *un'ipotesi azzardata*, *un tentativo* senza molte pretese: **– How did you know I was an Aries? – Just a shot in the dark**, – *Come facevi a sapere che sono dell'Ariete? – Ci ho solo provato* oppure *Ho solo tirato a indovinare*.

19 But I suppose I'd better check. After all, better safe than sorry [15].

20 Well I'll be damned [16]. You were right. Oh well, you live and learn [17]. □

Note

[15] Vedi anche la nota 6 della lezione 11.

[16] **Well I'll be damned!** (o **Well I'm damned!**) esprime stupore e ricorda da vicino il nostro *Che mi prenda un colpo!* Dal momento che l'uso di **damn** potrebbe urtare i vostri interlocutori (vedi lezione 34, nota 6), usate piuttosto delle circonlocuzioni come **Well I be blowed** oppure **Well I'll be a monkey's uncle**, che tra l'altro è piuttosto divertente.

[17] **You live and learn** (c'è anche una variante più forbita, **One lives and learns**), *Non si finisce mai di imparare*. Anche questa frase fatta, come molte altre in inglese, presenta un'allitterazione.

***

Exercise 1 – Translate

❶ Refuse to attend the Olympics? Not for all the tea in China! ❷ I can't make head nor tail of it. It's all just Greek to me. ❸ He's a jack of all trades and master of none. Know what I mean? ❹ The engineer had been warning them about the danger until he was blue in the face. ❺ Just go out there onto the pitch and give it your best shot. – Famous last words!

19 Però mi sa che farei meglio a controllare. Dopo tutto, meglio essere prudenti che dispiaciuti.
20 Che mi prenda un colpo! Avevi ragione. Beh, non si finisce mai di imparare.

***

Soluzioni dell'esercizio 1
❶ Non andare alle Olimpiadi? Ma neanche per sogno! ❷ Non riesco a venirne a capo. Per me è proprio arabo. ❸ È un esperto in tutto e non è maestro in nulla. Capisci cosa voglio dire? ❹ L'ingegnere li aveva avvisati del pericolo migliaia di volte. ❺ – Basta che scendi in campo e ce la metti tutta. – Le ultime parole famose!

Exercise 2 – Fill in the missing words

❶ Ogni cosa a suo tempo.
Don't .... you ....

❷ Sai come si dice: tutto arriva per chi sa aspettare.
You know what they say: .... to .. ...
......

❸ Il governo ha tenuto il capo dei servizi segreti all'oscuro di tutto per dei mesi.
The government .... the head of the ....
service ... . for months.

Nel parlato e nello scritto non si può essere sempre creativi: è dunque bene disporre di alcune espressioni idiomatiche per poter commentare un fatto o rispondere al vostro interlocutore senza trovarvi a corto di parole. Così potrete arricchire la conversazione o prendere tempo per studiare meglio cosa dire: è questo il motivo per

Sixty-seventh lesson

LEARNER VOWS TO SOLVE HEADLINE RIDDLE!

1 A newspaper headline gives a brief description of the story [1] it prefaces, so it should be easy to understand, should it not?

Pronuncia
*1 ... **pre**fësiz ...*

Note

1 In ambito giornalistico, **story** (lett. *storia, racconto*) va tradotto con *articolo* o *servizio*: **The burglary story made the front page**, *L'articolo sul furto è finito in prima pagina*.

❹ Martin è proprio come suo padre: tale e quale a lui.
Martin is just like his father: . real ... ...
......

❺ La storia si chiama "Testa o Croce?", ma non ha né capo né coda *(non ha senso)*.
The story is called " ....?" but it ....
......

Soluzioni dell'esercizio 2
❶ – cross your bridges until – come to them ❷ – everything comes – he who waits ❸ – kept – intelligence – in the dark – ❹ – a – chip off the old block ❺ – Heads or Tails – doesn't make sense

cui, nella lezione di oggi, vi abbiamo presentato un certo numero di queste locuzioni. Il problema è che abusare di queste frasi fatte rischia di far scadere il discorso nel banale togliendogli spontaneità, per cui vi raccomandiamo di usarle con moderazione, pur ammettendo che possono rivelarsi molto utili!

Sessantasettesima lezione

STUDENTE PROMETTE DI RISOLVERE L'ENIGMA DEI TITOLI!

1 Un titolo di giornale riassume brevemente l'articolo che introduce, per cui dovrebbe essere facile da capire, no?

67 / Sixty-seventh lesson

2 Would that it were [2] that simple! Sadly, headline writers are a law unto [3] themselves.

3 For a start, they get rid of "small" words like articles and they usually use only three verb tenses.

4 But above all they employ [4] words that are shorter and punchier than those found in everyday English.

5 The aim is to grab the reader's attention and make him or her want to look at the article.

6 For example, "to axe" [5] means "to eliminate": **CITY TO AXE JOBS** (employment will fall in the City of London).

7 Likewise, people do not have disputes: they clash [6]: **EMPLOYERS AND UNIONS CLASH**;

8 no one is criticised: they are slammed: **PM SLAMS BACK BENCHERS**;

9 nobody ever resigns; instead they quit: **REFORM CZAR QUITS**.

Note

2 Vi siete accorti che in questa elegante costruzione, che esprime un desiderio non realizzato o irrealizzabile, compare un congiuntivo come in italiano? Per rinfrescarci la memoria, ricordiamo che il congiuntivo imperfetto di **to be** è **were** per tutte le persone (lezione 21, § 1). – **Is it true that you won last week's lottery?**, *È vero che la settimana scorsa hai vinto alla lotteria?* – **Would that it were true!**, *Magari (lo fosse)!* oppure, per evitare la ripetizione, **Would that it were so!**, o semplificando ulteriormente, **Would that it were!** La frase fatta **Would that it were that simple** o **easy** vuol dire *Magari fosse così semplice/facile.*

3 unto è un termine arcaico per **to** o **until**. Attualmente è usato più che altro nell'espressione **to be a law unto oneself**, *fare di testa propria* (**unto oneself**, *a sé stante, a parte*), che è piuttosto formale.

Sessantasettesima lezione / 67

2 Magari fosse così semplice! Disgraziatamente, gli autori dei titoli fanno di testa loro.
3 Tanto per cominciare, fanno a meno di parole "piccole" come gli articoli e di solito usano soltanto tre tempi verbali,
4 ma soprattutto si servono di parole che sono più brevi e incisive di quelle che s'incontrano nell'inglese di tutti i giorni.
5 Lo scopo è catturare l'attenzione dei lettori e invogliarli a dare un'occhiata all'articolo.
6 Per esempio il verbo "to axe" vuol dire "eliminare, sopprimere, tagliare": CITY, TAGLI AL PERSONALE (ci saranno dei licenziamenti alla City di Londra).
7 Parimenti, la gente non discute, ma si scontra: SCONTRO FRA DATORI DI LAVORO E SINDACATI;
8 non si critica nessuno, lo si attacca: IL PREMIER ATTACCA I PARLAMENTARI DI SECONDO PIANO;
9 nessuno dà le dimissioni, piuttosto lascia: IL RESPONSABILE PER LE RIFORME LASCIA.

---

4 **to employ**, *impiegare* o *dare lavoro*, è un'altra parola di registro "elevato", oltre a essere un sinonimo di **to use**, soprattutto quando si parla di un metodo o di un procedimento. **We employ standard industry safety measures in all our plants**, *In tutte le nostre fabbriche adottiamo misure standard di sicurezza industriale*.

5 **to axe**, *tagliare con l'ascia*; nel linguaggio dei media, però, questo verbo vuol dire *sopprimere, eliminare, tagliare* (spese, posti di lavoro ecc.).

6 **to clash** è un verbo onomatopeico: *scontrarsi, sbattere*, ma anche *stonare, stridere*, per esempio quando si parla di colori: **His pink shirt clashes with his yellow trousers**, *Il rosa della sua camicia stona col giallo dei suoi pantaloni*. Un altro significato di questo verbo è *cadere, svolgersi* (nello stesso giorno): **The conference clashes with the European summit**, *La conferenza si svolge nello stesso giorno del vertice europeo*.

five hundred and eighty • 580

67 / Sixty-seventh lesson

10 and all investigations are probes [7]: **POLICE LAUNCH DRUG RING PROBE**.
11 To make matters worse, nouns can be verbs, and vice versa: **POLICE PROBE DRUG RING**!
12 Puns are another headache [8] – and many of them can be excruciating [9].
13 For instance, if severe winter weather makes life tough for drivers, the article will be headlined [10] **SNOW JOKE** [11].
14 Or when people start buying Christmas presents before Christmas, you might read: **XMAS** [12] **SHOPPERS STOCKING** [13] **UP**;

12 ... hedeik ... ikskru:sheitin⁹ 14 ... eksmës ...

Note

7 Come sostantivo, **probe** vuol dire *sonda*, ma per traslato è anche *inchiesta* e il verbo **to probe**, oltre a *sondare*, può significare *indagare*: **The Commission of Inquiry probed [into] every aspect of the case**, *La Commissione d'inchiesta ha indagato a trecentosessanta gradi sul caso*.

8 **headache**, *mal di testa*, ma anche *guaio, rompicapo*: **The bribery scandal is causing a huge headache for the CEO**, *Lo scandalo della corruzione sta causando guai enormi all'amministratore delegato.* Così i giochi di parole in inglese possono costituire un grosso problema (vedi frase 20).

9 **excruciating**, lett. *spaventoso, straziante* (ma vedi anche la lezione 54, frase 16), è un aggettivo che deve la sua origine alle sofferenze di Cristo sulla croce ("ex crucis"), ma può descrivere anche cose molto frivole: **That was an excruciating pun**, *Era un gioco di parole terribile*.

10 Naturalmente il sostantivo **headline** può diventare anche un verbo, non solo in ambito giornalistico, assumendo talvolta il senso di *essere l'attrazione principale*: **The band headlined the festival for the first time last year**, *L'anno scorso il gruppo è stato per la prima volta l'attrazione principale del festival*.

Sessantasettesima lezione / 67

10 Inoltre tutte le indagini sono delle inchieste: LA POLIZIA APRE UN'INCHIESTA SU UNA RETE DI TRAFFICANTI DI DROGA;

11 Tanto per peggiorare le cose, i nomi possono essere verbi e viceversa: LA POLIZIA INDAGA SU UNA RETE DI TRAFFICANTI DI DROGA!

12 Un altro rompicapo è costituito dai giochi di parole, molti dei quali possono rivelarsi terribili.

13 Per esempio, se il maltempo invernale rende la vita difficile agli automobilisti, l'articolo sarà intitolato GUIDA INFERNALE O GUIDA INVERNALE?,

14 oppure, quando cominciano gli acquisti di Natale, può capitare di leggere: ECCO LE (ST)RENNE DI BABBO NATALE.

---

11 Nella scorsa lezione (vedi frase 7) abbiamo visto un altro esempio in cui le "parole piccole" scompaiono, come avviene d'altronde spesso nella lingua colloquiale. Il primo titolo di questo elenco gioca sulle somiglianze tra **snow**, *neve*, e **it's no**, *non è*, che nel parlato rapido suona **snou**: *It's no joke*, *Non è uno scherzo*. Un po' come se noi, volendo mantenere un vago riferimento con la neve, dicessimo "Non sci scherza alla guida"...

12 **Xmas** è la versione informale (ma molto usata nello scritto e in contesti commerciali) di **Christmas**: **Xmas Special**, *Offerta speciale natalizia*. Benché tuttora molto diffusa, è spesso oggetto di critiche perché il nome di Cristo viene sostituito dalla sola lettera **X**, sempre maiuscola, che si rifà a una lettera greca, la χ (*chi*), iniziale della parola *Cristo* in greco.

13 Nella frase 13, come detto, si gioca sulla somiglianza delle parole; qui invece si gioca sul doppio senso di **stocking**, ma andiamo con ordine: **to stock up** significa *fare provviste* (o *acquisti*), *rifornirsi*, mentre **stocking** è la forma in **-ing** del verbo, ma vuol dire anche *calza* e in questo caso si allude a quella che i bambini britannici appendono (per esempio al camino) nell'attesa che Babbo Natale ci metta dentro i doni. **If you're good, you'll get a nice present in your Christmas stocking**, *Se fai il bravo, troverai un bel regalo dentro la calza*.

five hundred and eighty-two

15 Then there are "accidental" puns: **BRIDGE HELD UP** [14] **BY RED TAPE** does not mean that the bridge is falling down,

16 but that construction has been delayed by bureaucracy! Get it [15]?

17 Another problem is how to decipher a string of words. For example: **MOTOR PLANT BOSS IN PAY DEAL ROW**.

18 The secret? Try reading the headline backwards:

19 there is a dispute (**row**) over an agreement (**deal**) concerning the wages (**pay**) of the manager (**boss**) of a factory (**plant**) that makes cars (**motor vehicles**).

20 See? It's easy when you know how. Anyway, most headlines are about crime and punishment...

Note

[14] *to hold up, sostenere, sorreggere*, ma anche *bloccare, ritardare*: **The garden shed was held up by two piles of bricks**, *Il capanno degli attrezzi poggiava su* (lett. *era sostenuto da*) *due file di mattoni*; **My plane was held up for three hours by fog**, *Il mio aereo è stato bloccato per tre ore dalla nebbia*. Come sempre quello che conta è il contesto, perché il senso non è sempre chiaro alla prima occhiata.

***

Exercise 1 – Translate

❶ Is he tall, dark and handsome? – Would that he were! ❷ I just don't get it: why are they axing all those jobs? ❸ The UN conference clashes with this week's European summit. ❹ Our train was held up for four hours by snow. ❺ The divorce created a huge headache for his sister's family.

Sessantasettesima lezione / 67

15 Poi ci sono i giochi di parole "involontari": PONTE BLOCCATO DALLE SCARTOFFIE non significa che il ponte sta crollando,
16 ma che le lungaggini burocratiche ne stanno ritardando la costruzione. Capito?
17 Un altro problema consiste nel decifrare una sfilza di sostantivi. Per esempio: DIRETTORE INDUSTRIA AUTOMOBILISTICA CONTESTATO PER L'ACCORDO SULLE RETRIBUZIONI.
18 Il trucco? Provate a leggere il titolo partendo dalla fine:
19 si tratta di una contestazione (*row*) contro l'accordo (*deal*) sulla retribuzione (*pay*) del direttore (*boss*) di una fabbrica (*plant*) di automobili (*motor vehicles*).
20 Visto? Quando si sa come procedere è facile. In ogni caso la maggior parte dei titoli viene cucinata da... cuochi di parole.

---

15 Fra i numerosissimi significati di **to get** (vedi lezione 56, § 2), questo è ben poco letterale e ricorda il nostro *afferrare*: Do you get it?, *Hai capito?*, *Hai afferrato?* (vedi anche la frase 9 della lezione precedente). Naturalmente **Get it?** è una forma più colloquiale: *Capito?*

***

Soluzioni dell'esercizio 1
❶ – È alto, bruno e bello? – Magari! ❷ Non riesco proprio a capirlo: perché tagliano tutti questi posti di lavoro? ❸ La conferenza dell'ONU si svolge nello stesso giorno del vertice europeo di questa settimana. ❹ Il nostro treno è stato bloccato dalla neve per quattro ore. ❺ Il divorzio ha causato guai gravissimi alla famiglia di sua sorella.

five hundred and eighty-four

Exercise 2 – Fill in the missing words

① In tutte le loro fabbriche sono in vigore misure standard di sicurezza industriale.

.... measures .... in all their ....

② La polizia ha indagato a trecentosessanta gradi sul *(su tutti gli aspetti del)* caso di omicidio.

The police .... of the murder .....

③ Quest'anno l'orchestra sarà per la prima volta l'attrazione principale del festival.

The orchestra .. .. the festival ... . this year.

④ Può renderti la vita molto difficile: fa tutto di testa sua.

He can .... very ..... for you: he's ....

68

Sixty-eighth lesson

The language of the law

Questo testo è un piccolo saggio di inglese giuridico e contiene diversi omofoni (parole pronunciate allo stesso modo ma scritte diversamente), che possono rivelarsi molto ostici anche per chi in inglese è bravo come voi... Li abbiamo evidenziati in grassetto.

1 The minute you read something you can't understand, you can be sure it was written by a lawyer!

Pronuncia
*1 ... lo*ïë

❺ Non è uno scherzo. La gente sta facendo gli acquisti natalizi e non resta più niente nei negozi.

.... People ... . and there's .... in the shops.

Soluzioni dell'esercizio 2
❶ Standard industry safety – are employed – plants ❷ – probed into every aspect – case ❸ – is headlining – for the first time – ❹ – make life – tough – a law unto himself ❺ It's no joke – are stocking up for Christmas – nothing left –

Sessantottesima lezione

Il linguaggio giuridico

1 Se non riuscite a capire quello che state leggendo, potete stare certi che è stato scritto da un avvocato!

2 – This agreement between Newco (hereinafter [1] "the Lessor") and HireMe (hereinafter "the Lessee") applies to the rental or **hire** [2] of a motorised vehicle.
3 It shall [3] not affect other forms of letting or leasing and shall come into effect at the signature date.
4 The vehicle shall be used primarily for personal purposes but may, under certain circumstances, be used commercially.
5 Where [4] the vehicle is used as a taxi, the **fare** structure shall be established under **fair** conditions.

2 ... hiëina:ftë ...

Note

[1] Questo curioso tipo di avverbio composto, di cui troveremo altri esempi in questa lezione, compare solo nei testi giuridici. Per capirne il significato bisogna scomporlo. Per esempio: **here** + **in** + **after** vuol dire letteralmente *qui in poi*, ovvero *da qui in poi, in seguito*. Essendo un linguaggio piuttosto paludato, gli adepti del Plain English (vedi la nota culturale della lezione 12) tentano da diversi decenni di imporre formule più chiare nei contratti, specialmente in quelli con i consumatori. Perciò può capitare di trovare, invece di **hereinafter**, i nomi delle parti contrattuali tra virgolette: **Newco ("the Lessor")**.

[2] Al verbo *noleggiare* corrispondono due verbi (**to hire** e **to rent**), ma attenzione alle sfumature: in inglese britannico si usa soprattutto **to hire**, mentre **to rent** corrisponde a *prendere in affitto* e conseguentemente riguarda un appartamento (*dare in affitto*, invece, si dice **to let**, come abbiamo visto nella lezione 4, nota 1); in inglese americano **to rent** copre entrambi i significati, laddove **to hire**, che vuol dire anche *assumere*, riguarda il noleggio di un servizio (che viene quindi prestato da un terzo): **We hired a car for the day**, *Abbiamo noleggiato un'auto con au-*

2 – "Il presente accordo tra Newco (in seguito denominato "il Locatore") e HireMe (in seguito denominato "il Locatario") si applica al noleggio, con autista o senza, di un veicolo a motore.

3 Non contempla altre forme di locazione o leasing ed entrerà in vigore alla data della sua sottoscrizione.

4 Il veicolo dovrà essere utilizzato principalmente a fini personali ma, in determinate circostanze, potrà essere utilizzato a scopi commerciali.

5 Qualora il veicolo venga impiegato come taxi, il piano tariffario dovrà essere stabilito a condizioni eque.

DRIVING CAREFULLY NOT ONLY SAVES FUEL, BUT ALSO REDUCES WEAR AND TEAR ON YOUR CAR.

tista per un giorno; **We're renting the flat for six months**, *Prendiamo in affitto l'appartamento per sei mesi*; **to rent a car**, *noleggiare un'auto*. Le stesse considerazioni valgono per i sostantivi **hire** e **rental**.

3 In un testo giuridico il verbo ausiliare **shall** indica un obbligo. In italiano è possibile renderlo con un futuro o con un presente: **The agreement shall not affect other forms of rental**, *L'accordo non contempla (o non contemplerà) altre forme di noleggio*.

4 **where** si usa spesso al posto di **if** in questo tipo di documenti, un po' come avviene in italiano con *ove*, *laddove* o *qualora*, che sostituiscono il "troppo semplice" *se*: **Where one party fails to pay, the other party shall send it a registered letter**, *Qualora una delle parti non effettui il pagamento, la controparte le dovrà inviare una lettera raccomandata*.

68 / Sixty-eighth lesson

6 The Lessee shall have the right to use the vehicle and must **bear** the associated expenses,
7 but the Lessor shall remain the **bare** owner of said [5] vehicle and may not be dispossessed.
8 The Lessee shall pay for normal **wear** and tear [6] and other incidental expenses
9 and undertakes to park the vehicle in a location **where** it will not incur damage from **weather** or other conditions,
10 regardless of **whether** such damage is superficial or structural, as set **forth** [7] in the third and **fourth** paragraphs.
11 Further, the Lessee shall be liable [8] for damage to vital components of the vehicle, e.g. [9] engine, steering, **brake** system,

Note

[5] In un contratto, quando si fa riferimento a un termine appena menzionato, si ricorre a **the said** (o più semplicemente **said** e basta), *suddetto, summenzionato* ecc.

[6] Il binomio **wear and tear** indica semplicemente *usura* in un testo tecnico o giuridico. Altrove può tradursi con uno dei sinonimi di "usura" (*logorio, deterioramento* ecc.): **A workout represents a certain amount of wear and tear on the body, so don't overdo things**, *Una seduta di allenamento causa un certo logorio fisico, per cui cerca di non esagerare*.

[7] **forth** è un avverbio che abbiamo già incontrato (lezione 41, frase 6) e che si trova in alcuni verbi frasali (piuttosto ricercati) come **to venture forth**, *avventurarsi* o **to set forth**, *specificare, esporre*: **Best practice requirements are set forth in this clause**, *I requisiti relativi alle buone pratiche sono stabiliti nel presente articolo*; **forth** compare anche in espressioni più colloquiali, come ad esempio **to go back and forth (between)**, *fare avanti e indietro* o *fare la spola (tra)*.

Sessantottesima lezione / 68

6 Il Locatario avrà il diritto di utilizzare il veicolo ed è tenuto a sostenerne le relative spese,
7 ma il Locatore conserverà la nuda proprietà del veicolo suddetto e non può esserne spossessato.
8 La normale usura e le altre spese accessorie sono a carico del Locatario,
9 il quale s'impegna a posteggiare il veicolo in luogo dove non possa patire danni da agenti atmosferici o di altra natura,
10 indipendentemente dal fatto che tali danni siano superficiali o strutturali, come specificato nei paragrafi tre e quattro.
11 Inoltre il Locatario è responsabile dei danni procurati ai componenti principali del veicolo, quali per esempio il motore, lo sterzo, il sistema di frenatura,

---

8 **to be liable for**, *essere responsabile di / per*, ma in un contesto giuridico. La differenza tra **liable** e **responsible** (e conseguentemente tra **liability** *laiëbiliti* e **responsibility**) non riguarda tanto il significato quanto l'ambito d'uso, che nel primo caso è quello legale e nel secondo è più generico.

9 Nell'inglese formale non è raro incontrare parole e locuzioni latine o derivate dal latino, come **e.g.** che è l'abbreviazione di *exempli gratia*, *per esempio*. Un'altra abbreviazione frequente è **i.e.** (pron. *ai i:*), *id est*, *ovvero*. **Our registered office is in the capital of Scotland, i.e. Edinburgh**, *La nostra sede legale è nella capitale scozzese, ovvero Edimburgo*. Termini e abbreviazioni di questo tipo si incontrano solo nella lingua scritta.

five hundred and ninety • 590

12 and must ensure that the vehicle does not **break** down under normal operating conditions.

13 Both parties agree and intend [10] that the terms of this agreement are governed by the **principle** of good faith

14 and that the **principal** concern for each party is not to hinder the other party's performance of this agreement.

15 This agreement is subject to the English legal system and disputes shall be referred to the commercial tribunal [11].

16 However, should either of the parties **find** that the other party is not fulfilling **some** or all of its obligations hereunder

17 or if a party is caught in breach of the terms hereof it may apply to a **higher** court to have [12] the other party **fined** and seek damages [13].

18 The guilty party must undertake to pay the **sum** determined by the court within thirty business days.

16 ... hiërándë 17 ... hiërov ...

Note

[10] Altra formula giuridica, **agree and intend** (lett. concordano e intendono) corrisponde a *convengono* (o *stabiliscono*) *di comune accordo* e va chiaramente al plurale, dal momento che il soggetto è costituito in genere dalle parti contrattuali.

[11] In inglese ci sono due termini equivalenti a *tribunale*: **court** e **tribunal** (il primo si occupa di questioni civili e penali, il secondo invece ha un ambito più specifico): **the Supreme Court**, *la Corte Suprema*; **an administrative tribunal**, *un tribunale amministrativo*.

12 ed è tenuto a prendere le precauzioni necessarie affinché il veicolo non abbia a subire guasti in condizioni normali di esercizio.

13 Entrambe le parti stabiliscono di comune accordo che i termini del presente documento sono disciplinati dal principio della *bona fides*

14 e che l'interesse principale di ciascuna delle parti è quello di non impedire alla controparte l'adempimento del presente accordo.

15 Il presente accordo è regolato dalla legislazione inglese ed eventuali controversie sono demandate alla giurisdizione del tribunale del commercio.

16 Tuttavia, qualora una delle parti ritenga che l'altra parte non stia adempiendo a tutti o in parte i propri obblighi stabiliti dal presente accordo,

17 o una delle parti sia colta in violazione dei termini del presente documento, la parte lesa può rivolgersi a un tribunale superiore per richiedere che la controparte venga condannata a un'ammenda e ottenere il risarcimento dei danni.

18 La parte soccombente deve versare la somma stabilita dal tribunale entro il termine di trenta giorni lavorativi.

---

12 Siamo di nuovo alle prese con la costruzione **to have** + complemento oggetto + participio passato (vedi lezione 28, § 2), di solito corrispondente a *fare* + verbo all'infinito. Letteralmente **to have the other party fined** significa *far multare la controparte*.

13 Occorre distinguere tra **the damage**, nome non numerabile che indica *il danno* o *i danni* in generale (frase 11), e il termine tecnico **damages**, che indica il *risarcimento dei danni*. **The Commission would be liable for damages where it was shown that it acted in bad faith**, *La Commissione sarebbe tenuta al risarcimento dei danni qualora fosse dimostrato che ha agito in malafede*.

68 / Sixty-eighth lesson

19 In witness whereof [14], the parties hereto have caused [15] their duly authorised officers to execute this agreement as of the above date."

20 – What's even worse is that lawyers call such long, complex documents "briefs" [16]!

19 ... wèërov ... hiëtu ...

Note

14 **whereof**, *di ciò, di quanto sopra* ecc., è un altro termine che ricorre in espressioni molto formali come **in witness whereof**, *a testimonianza di quanto sopra, in fede di ciò*.

15 Qui abbiamo un esempio più complesso della costruzione analizzata nella nota 12: è infatti una "versione giuridica" di una frase che, in un ambito più informale, suonerebbe ... **have had their [...] officers sign** ecc.). Tuttavia è possibile utilizzare la costruzione **to cause** + verbo all'infinito anche nel linguaggio corrente col senso di *far sì*: **Torrential rain caused water levels to rise dangerously**, *La pioggia torrenziale ha fatto sì che il livello dell'acqua salisse pericolosamente*.

***

Exercise 1 – Translate

❶ Torrential rain caused the river to burst its banks. ❷ "Parliamentary ping-pong" is when a bill goes back and forth between the Commons and the Lords. ❸ The presidential spokes person briefed journalists on the outcome of the high-level meeting. ❹ Driving carefully not only saves fuel, but also reduces wear and tear on your car. ❺ If I find you breaking the law, I'll have you fined.

19 In fede di quanto sopra, le parti contraenti hanno impegnato i loro rappresentanti debitamente autorizzati a sottoscrivere il presente accordo nella data sopra indicata."
20 – E il peggio è che gli avvocati chiamano "sommari" *(atti)* documenti così lunghi e complessi!

16 Terminiamo con un gioco di parole (che in italiano abbiamo reso sfruttando la differenza tra i significati di "sommario" come sostantivo e come aggettivo): l'aggettivo **brief** vuol dire naturalmente *breve, succinto*, ma come sostantivo è, tra l'altro, un termine giuridico per *atto, memoria*, ovvero un documento con cui una delle parti in causa espone le proprie ragioni. Inoltre **to hold a brief for** vuol dire *rappresentare in giudizio* e **to brief** *affidare una causa*, oltre a *mettere qualcuno al corrente di qualcosa*.

***

Soluzioni dell'esercizio 1
❶ La pioggia torrenziale ha fatto sì che il fiume rompesse gli argini. ❷ Si parla di navetta parlamentare quando un progetto di legge fa avanti e indietro fra la Camera dei Comuni e la Camera dei Lord. ❸ Il portavoce del presidente ha informato i giornalisti sull'esito dell'incontro al vertice. ❹ Una guida attenta non serve solo a risparmiare carburante, ma riduce anche l'usura dell'auto. ❺ Se scopro che stai violando la legge, ti faccio multare.

Exercise 2 – Fill in the missing words

❶ In linea di massima non m'importa che faccia caldo o freddo. Non è la mia preoccupazione principale.

.... I don't care .... the weather is hot or cold. That's not my .... concern.

❷ Il caso sarà destinato a un'autorità superiore, per esempio a un tribunale amministrativo.

The case .... referred to a higher authority, ... an ....

❸ Accertatevi che i freni funzionino e prendete una ruota di scorta nel caso in cui l'auto vada in panne.

.... the ...... are working, and take a spare tire in case ... ...

❹ Ho noleggiato un furgone per un giorno per portare i miei mobili nell'appartamento che avevo preso in affitto.

I ..... a van for the day to .... the flat I had ....

❺ Benché fosse il responsabile dell'incidente, non doveva rispondere dei danni.

.... he was .... for the accident he was not ....

Sixty-ninth lesson

Words fail me

1 – What's got into [1] Brian? He seems to be in very high spirits today.

Note

[1] **to get into**, *entrare*, si può impiegare anche in senso figurato: **How did you get into this situation?**, *Come hai fatto a metterti in questa situazione?* È anche possibile trovare frasi, in genere interrogative, in cui il

Soluzioni dell'esercizio 2

❶ In principle – whether – principal – ❷ – shall be – e.g. – administrative tribunal ❸ Make sure – brakes – the car breaks down ❹ – hired – move my furniture into – rented ❺ Although – responsible – liable for damages

---

*Considerando le differenze fondamentali tra il sistema giuridico italiano e quello anglosassone (ovvero tra la **civil law** e la **common law**), è molto difficile tradurre testi di questo tipo da una lingua all'altra, tanto più che alcuni concetti e istituti giuridici presenti in un Paese mancano nell'altro (per esempio il condono, inesistente in Gran Bretagna). Anche le varie cariche sono diverse: in italiano non c'è un equivalente preciso per **solicitor** (vedi la nota 6 della 9ª lezione). Un'altra complicazione di cui bisogna tenere conto è costituita dalle differenze tra gli istituti giuridici inglesi e americani, senza contare che la Scozia ha un suo proprio sistema giuridico (così, per esempio, una giuria inglese emette una sentenza dichiarando l'imputato **innocent**, innocente, o **guilty**, colpevole, mentre in Scozia c'è anche una terza possibilità, **not proven**, ovvero l'assoluzione per insufficienza di prove). Perciò è assolutamente indispensabile un buon dizionario giuridico monolingue e, in caso di dubbi, bisogna sempre ricorrere a un traduttore specializzato.*

Sessantanovesima lezione

Mi mancano le parole

1 – Che è successo a Brian? Oggi sembra proprio di ottimo umore.

---

soggetto di questo verbo è impersonale (**to get into someone**) e il significato è *prendere, succedere, capitare improvvisamente*: **What has got into him? I've never seen him act so strangely**, *Che cosa gli è preso? Non l'ho mai visto comportarsi in modo così strano.*

69 / Sixty-ninth lesson

2 – He's on cloud nine [2]. He says he's moving back to York because he can't take the weather down here.

3 If you ask me, he's off his rocker [3]. Go and talk [4] to him: he's next door packing.

4 – What's all this about your moving out?

5 – Why so [5] surprised? I've told you umpteen [6] times that I didn't feel at home here.

6 Chuck me that thingy [7] there next to your foot: I've got room for it in my backpack.

7 – What thingy? Oh, you mean the whatsit. Here: catch.

8 What time are you off? I hope we've got time for a last drink together.

9 – I've booked a taxi to take me to the station. It'll be here at five-ish.

Pronuncia
*7 ... **wot**sit ...*

Note

2 **to be on cloud nine**, *essere al settimo cielo, essere in estasi*. Resta oscuro il motivo all'origine di questo numero: perché mai la nuvola numero nove? Per fortuna in inglese si può dire anche **to be in seventh heaven**, che per noi suona molto più naturale.

3 L'espressione colloquiale **off one's rocker** non c'entra niente con la musica rock. Qui con **rocker** s'intende una *sedia* o *un cavallo a dondolo* (che si dice anche **rocking chair**). Forse si intende dire che chi è caduto dal cavallo a dondolo è un po' svitato? Qualche esempio: **to go off one's rocker**, *impazzire*; **to be off one's rocker**, *essere fuori di testa, essere impazzito*.

4 In inglese frasi come "Va'/Vieni a vedere", "Stai a vedere" ecc. si rendono inserendo la congiunzione **and** (anziché una preposizione, come avviene in italiano) tra i due verbi: **Go and tell him I've arrived**, *Vagli a dire che sono arrivato*; **Wait and see**, *Stai a vedere*.

Sessantanovesima lezione / 69

2 – È al settimo cielo. Dice che torna a York perché non sopporta il tempo che fa qui.
3 Per me è fuori di testa. Vacci a parlare: è nella stanza accanto che fa le valigie.
4 – Cos'è questa storia che te ne vai?
5 – Perché sei così sorpreso? Te l'ho detto un sacco di volte che qui non mi sentivo a casa.
6 Passami quel coso che hai lì vicino al piede: lo metto nel mio zaino, c'è [ancora] posto.
7 – Quale coso? Ah, vuoi dire quest'aggeggio qui. Ecco, tieni.
8 A che ora parti? Spero che avremo tempo per bere ancora qualcosa insieme.
9 – Ho prenotato un taxi per andare alla stazione. Sarà qui intorno alle cinque.

---

5 Ecco un'altra frase che "ha perso i pezzi": il verbo e il pronome personale che dovrebbero trovarsi fra **why** e **so** sono infatti scomparsi. **Why are you so angry?**, *Perché sei così arrabbiato?* diventa per esempio **Why so angry?** Si tratta più che altro di arbitrii frequenti nella lingua parlata, come ve ne sono d'altronde anche in italiano: un modo di esprimersi grammaticalmente scorretto, ma diffuso.

6 Questa lezione è dedicata alle parole e alle espressioni approssimative e imprecise (vedi anche la nota culturale). Ne fa parte anche **umpteen**, nel quale avrete riconosciuto il suffisso **-teen** (**thirteen, fourteen** ecc.); il termine indica una quantità grande e per l'appunto imprecisata, un po' come il nostro *migliaia*. Si può anche trasformare **umpteen** in un numerale ordinale: **I asked him for the umpteenth time to fix the radiator**, *Gli ho chiesto per l'ennesima volta di riparare il radiatore*.

7 Si parlava di espressioni vaghe... Eccone una particolarmente frequente: **thingy**, *aggeggio, coso*. Ne riparleremo dettagliatamente nell'ultima lezione.

five hundred and ninety-eight • 598

10 – That gives us two hours, give or take [8] five minutes. Let's have a party.

11 – Actually, I'm partied out [9]! I've been saying my goodbyes for the last two days.

12   And I just had a farewell drink with Leonie and her man, whatsisname.

13 – Oh yeah. What's-his-face. I can never remember his name. So what?

14 – She served cheesecake with lashings [10] of custard and a dollop [11] of cream on top. I'm stuffed.

15 – Alright, let's just have a beer or something. Feel like a beer?

16 – Whatever [12]. I've got to finish packing my things.

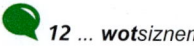

*12 ... **wot**siznem*

Note

[8] La locuzione **give or take**, incontrata all'inizio di questo libro (lezione 2, frase 7), corrisponde a *più o meno* (ma si può rendere anche in altri modi, come dimostra la frase del dialogo): **Barama has a huge lead in the polls, give or take ten points**, *Barama è nettamente in testa nei sondaggi con una decina di punti di vantaggio*. Non confondete **give or take** con **give and take**, *scambio, do ut des*. **Negotiation is give and take**, *Un negoziato è uno scambio*.

[9] Come ricorderete, **up** indica che l'azione si è svolta completamente (lezione 61, nota 11). Un discorso simile vale per **out**, che rafforza il senso di una frase: per esempio, **I'll clean the car**, *Laverò l'auto*, ma **He cleaned out the cupboards**, *Ha pulito gli armadi per bene* (o *a fondo*). Dopo un verbo al participio passato, **out** può indicare sazietà o stanchezza: **After working round the clock for a month, the new executive was burned out**, *Dopo aver lavorato 24 ore al giorno per un mese, il nuovo funzionario era esausto*. Per cui **to be partied out** corrisponde a *non poterne più* o *essere stufo di feste*.

10 – Allora abbiamo due ore, minuto più minuto meno. Facciamo una festicciola.
11 – A dire il vero non ne posso più di feste! Ho passato gli ultimi due giorni a salutare tutti
12 e sono appena reduce da una bevuta d'addio con Leonie e il suo uomo, come diavolo si chiama.
13 – Ah sì, quello. Non mi ricordo mai il suo nome. Embè?
14 – Ci ha servito una torta al formaggio con crema in abbondanza e un cucchiaiata di panna in cima. Sto scoppiando.
15 – D'accordo, prendiamoci solo una birra o qualcosa del genere. Ti va una birra?
16 – Sì, sì, vabbè. Devo finire di sistemare le mie cose.

---

10 to lash, *frustare*; **lashing** è una *fustigazione* o, in senso figurato, una *partaccia*, una *lavata di capo*: **The foreman gave him a lashing for being late**, *Il caposquadra gli ha fatto una lavata di capo perché era in ritardo*. Al plurale, però, questo termine equivale al nostro *un sacco di*, *a palate* ecc.: **I love hot toast with lashings of butter**, *Adoro il pane tostato caldo con un sacco di burro*.

11 Dopo **lashings**, anche **dollop** (che può essere singolare o plurale) indica una *quantità*, in genere *piccola* o *moderata*: **Serve hot with a dollop of whipped cream**, *Servire caldo con un cucchiaio di panna montata*. A differenza di **lashings**, però, **dollop** non si usa soltanto in cucina: **Tovey writes about the problems of real life but with a large dollop of humour**, *Tovey scrive sui problemi della vita reale, ma con una buona dose di umorismo*.

12 Come sapete, **whatever** significa *tutto ciò*; *qualunque cosa* (lezione 29, frase 22), oppure *nessuno, alcuno* (lezione 58, frase 1), ma può anche tornare utile per dire *Fa lo stesso, È uguale, Vabbè*: **I'll have tea, coffee, whatever**, *Prendo del tè, del caffè, è uguale*. Non solo: serve anche ad esprimere disinteresse o un consenso poco convinto: **– I've told you before not to leave the monitor on. – Whatever**, *– Ti avevo già detto di non lasciare il monitor acceso. – Sì, sì, vabbè*.

69 / Sixty-ninth lesson

17 – What are you going to do for a living?
18 – Dunno. This and that. Freelancing, consulting, stuff like that. I might even get in touch with whatsit,
19 you know, Sammy. He's invented a gizmo for reducing battery consumption on electric cars.
20 He said he might have something for me, or words to that effect [13].
21 – I only hope you know what you're doing. I'll go get a couple whatnames from the thing.
22 – You what [14]? Oh, thanks. Well, goodbye. Take care of yourself.
23 – You too. Keep in touch. Cheers [15]!

18 dënou ... 21 ... wotneimz ...

Note

[13] Altra espressione vaga, **words to the** o **that effect** (lett. parole a quell'effetto), *qualcosa di simile, roba del genere, in pratica*, indica che stiamo riferendo una frase di cui non ricordiamo con precisione le parole: **He derided the idea using words to the effect that it was stupid**, *Ha deriso l'idea, affermando in pratica che era stupida*; **He said he'd hire me, or words to that effect**, *Ha detto che mi avrebbe assunto o roba del genere*.

[14] **You what?** è una domanda informale, il cui significato varia secondo il tono di voce. Qui sostituisce **Pardon?**; le due parole vengono pronun-

***

Exercise 1 – Translate

❶ Conversational speech involves a give and take of questions and answers. ❷ She's not my sister, she's my mother. – You what? ❸ We buy any kind of furniture: chairs, tables, whatever. ❹ Go talk to him. He's gone right off his rocker. ❺ She asked him for the umpteenth time to fix the radiator.

Sessantanovesima lezione / 69

17 – Che lavoro farai?
18 – Boh. Questo e quello. Il free lance, il consulente, roba così. Potrei anche contattare coso,
19 come si chiama, Sammy. Ha inventato un aggeggio per ridurre il consumo delle batterie sulle auto elettriche.
20 Ha detto che forse ha qualcosa per me, o roba del genere.
21 – Spero solo che tu sappia quello che fai. Vado a prenderti un paio di arnesi dal coso.
22 – Eh? Ah, grazie. Beh, arrivederci. Stammi bene.
23 – Anche tu. Fatti sentire. Ciao!

ciate con la stessa intensità: *ju wot*. In questo caso l'equivalente italiano è *Come?* oppure *Eh?* Per contro, dire **You what?** calcando la voce sulla seconda parola esprime invece incredulità: – **She's not my sister, she's my mother.** – **You what?!**, *Non è mia sorella, è mia madre.* – *Ma davvero?* È chiaro che, grammaticalmente, **you** è superfluo. Ascoltate con attenzione l'esercizio.

15 Nella lezione 64 (nota 9) abbiamo già incontrato questo termine multiuso col significato di *Grazie!*, ma può anche essere usato come saluto (*Ciao!*) o quando si brinda (*Salute!*).

***

Soluzioni dell'esercizio 1

❶ Una conversazione comporta uno scambio di domande e di risposte. ❷ – Non è mia sorella, è mia madre. – Ma davvero? ❸ Compriamo ogni sorta di mobili: sedie, tavoli, eccetera. ❹ Va' a parlarci. È totalmente fuori di testa. ❺ Gli ha chiesto per l'ennesima volta di riparare il radiatore.

Exercise 2 – Fill in the missing words

① In pratica Sammy ha detto che mi avrebbe dato un lavoro.
Sammy .... give me a job, or ....
....

② Servi il dolce con un sacco di panna e un bel cucchiaio di marmellata.
Serve the cake with .... cream and . ... of jam.

③ Marcus ha ripulito per bene le stalle. Gli ci sono volute tre ore, minuto più minuto meno.
Marcus .... the stables. It took him three hours, ...

④ Come sarebbe a dire che parte? Non si trova a suo agio qui?
.... moving out? ....
.. .... here?

⑤ Vagli a dire che sono arrivato. E cerca di stare calmo; non possiamo far altro che aspettare gli eventi *(aspettare e vedere)*.
.. .. arrived. And do ... ... calm;
we can only ....

Soluzioni dell'esercizio 2

❶ – said he would – words to that effect ❷ – lashing of – a dollop – ❸ – cleaned out – give or take five minutes ❹ What's all this about him – Doesn't he feel at home – ❺ Go and tell him I've – try and keep – wait and see

Se è vero che le frasi fatte sono utili quando ci si trova a corto di parole, anche quei termini vaghi o molto generici, come "coso", "aggeggio" in italiano, possono aiutarci quando non ricordiamo o non sappiamo la parola giusta. L'inglese, come tutte le lingue, ne possiede parecchi e molti di essi si formano a partire da **what** *e* **thing***, ma la loro mancanza di precisione può dar luogo a dei malintesi, specie quando si fa riferimento a un nome di persona. Perciò, ancora una volta, vi consigliamo di evitarli quando è possibile (facendo eccezione per* **thing***); accoglieteli però nel vostro vocabolario passivo, in modo da saperli riconoscere all'occorrenza.*

Seventieth lesson

Revision – Ripasso

1 *Thingy, whatsit* e roba del genere

Spesso molto utili, ma non certo eleganti, queste parole "per tutti gli usi" che ne sostituiscono altre saltano fuori a ogni piè sospinto nella conversazione quotidiana, proprio come i nostri "coso", "aggeggio" ecc. Naturalmente la regola è sempre la stessa: sappiateli riconoscere (cosa non difficile, perché seguono più o meno tutti lo stesso modello), ma non impiegateli, a meno che non siate rimasti completamente a secco di parole.
La parola chiave è naturalmente **thing**, *cosa*, che torna buona per tutte le occasioni:

I saw thing yesterday, *Ieri ho visto una cosa.*
Pass me that thing, *Passami quell'aggeggio.*
I'm going to thing tonight, *Vado da coso stasera.*

Quasi a voler vivacizzare un termine di per sé banalissimo, i britannici si sono sbizzarriti a crearne dei derivati, più o meno umoristici: **thingy, thingummyjig, thingummy, thingumabob** sono tutte varianti di **thing**.

Per riferirsi a persone si preferisce ricorrere a forme derivate da **what**: **whatname** (o **wossname**), **whatsit**, il termine **whatshisname** per un uomo e **whatshername** per una donna (oppure **what's-his-face / what's-her-face**, di registro più popolare).
Non mancano nomi non numerabili come **stuff** o **junk** (quest'ultimo spregiativo), *roba*, **whatnot**, *roba del genere*, o **gubbins**, *cosi*. C'è poi tutta una serie di parole (alcune delle quali inventate più di un secolo fa) per indicare vagamente termini specifici o tecnici (definiti in inglese col termine **placeholder**, lett. *segnaposto*). Tra questi conosciamo **gadget**, ma ve ne presentiamo qui di seguito qualche altro:

Settantesima lezione

a gizmo, *un dispositivo, un marchingegno, un congegno meccanico*;
a widget, *con lo stesso significato di* **gizmo** *o anche un oggetto lavorato a mano*;
a doohicky (o **doohickey**) oppure **a dooberry** (più raro), *aggeggio o meccanismo complesso*.

Si può essere molto vaghi, ma anche espressivi quando si parla di quantità, come dimostrano **umpteen** (*migliaia, moltissimi* ecc.), **dollop** o **lashings** (quest'ultimo sempre al plurale) e altri termini che avete incontrato in precedenza come **reams**, **loads of**, **tons** ecc. Anche se ce ne sono molti altri, vogliamo risparmiarvi un lungo elenco; sappiate comunque che i britannici ne fanno largo uso e se vi capita di non sapere con precisione di cosa stia parlando il vostro interlocutore, state tranquilli: probabilmente non lo sa neanche lui!

2 I titoli dei giornali

Una delle cose che creano maggiori difficoltà per chi studia l'inglese è capire i titoli dei giornali, che possono rivelarsi molto ostici anche per i più bravi e per diverse ragioni, non ultima la passione smodata dei giornalisti per i giochi di parole (ai quali indulge anche il serissimo *The Economist*).

Alcune regole di base possono aiutarci a ridimensionare il problema, ma bisogna soprattutto tenere presente che l'obiettivo di un titolo è quello di attirare l'attenzione del lettore (in gergo si parla di **hooks**, *ami, esche*) per fargli venir voglia di leggere l'articolo. Inoltre non è che tutti i titoli spieghino in due parole il contenuto del pezzo, tanto più che i redattori cercano di "farla breve" per risparmiare lo spazio, eliminando tutto ciò che ritengono superfluo e servendosi di un lessico specifico composto da termini brevi e a volte insoliti. Vediamo qui di seguito un po' di esempi.

2.1 Via gli articoli e gli ausiliari

• Alcune delle caratteristiche seguenti si riscontrano anche nei titoli dei giornali italiani:

a) Spariscono gli articoli determinativi e indeterminativi:
MAN BITES DOG, *Uomo morde cane*
PM CALLS ELECTION, *Il Premier indice le elezioni*

b) Si omettono i verbi ausiliari al passato:
CLIMBER KILLED IN FALL (anziché **was** o **has been killed**), *Alpinista morto in una caduta*
GEMS STOLEN IN RAID, *Rubati gioielli in una rapina*

2.2 Si usano pochi tempi verbali, senza forme progressive

• Non si usano le forme progressive:
SNOW BLOCKS ROADS, *La neve blocca le strade*
MINERS RETRAIN AS GUIDES, *Minatori si reinventano come guide turistiche*
In entrambi i casi le azioni sono in corso, per cui si dovrebbe utilizzare il **present continuous** (**snow is blocking**, **miners are retraining** ecc.).

• Il **simple present** si usa anche per descrivere azioni già accadute:
KING VISITS LAST COAL MINE, *Il re ha visitato l'ultima miniera di carbone*

• L'infinito si usa come futuro:
BAND TO TOUR JAPAN, *Il gruppo farà una tournée in Giappone*
MPs TO GET PAY RISE, *I deputati avranno un aumento di stipendio*
In queste costruzioni si sottintende che il fatto avverrà in un futuro molto prossimo; se invece si svolgerà più avanti, si specifica quando: **BAND TO TOUR JAPAN NEXT SPRING**
Quando incontrate un verbo al passato, si tratta in genere di un participio utilizzato in una costruzione al passivo (vedi anche § 2.1 b più sopra).

2.3 Si omette il verbo (se il contesto lo permette)

In alcuni casi, soprattutto quando il titolo contiene più di un sostantivo, è possibile omettere il verbo. Il lettore dovrà allora basarsi sul contesto dell'articolo:

SIGHTS ON GOLD
PERFECT PITCH PROBLEM

Ecco due esempi tipici di **hook**. Per quanto riguarda il primo titolo (lett. viste sull'oro), è bene sapere che **sight** vuol dire anche *mirino* e che l'espressione **to set one's sights on** significa *mirare a, avere delle mire su* qualcosa. A questo punto tutto è un po' più chiaro: probabilmente l'articolo si occupa di un atleta che punta a una medaglia d'oro. Il secondo esempio è più complicato perché, a seconda del contesto (o della rubrica del giornale), **perfect pitch** può essere *un campo (sportivo) perfetto* o *l'orecchio assoluto*. Eccovi così "presi all'amo", dal momento che dovete leggere per forza l'articolo per sapere se chi ha (o avrà) dei problemi è un musicista o una squadra di calcio (o di un altro sport). Vedi anche § 2.5.

2.4 Parole brevi e incise

Le parole chiave che compaiono nei titoli non sono molto frequenti in altri ambiti e costituiscono una sorta di "codice" che sta al lettore decifrare, sostituendole con termini più comuni (per esempio **to axe** = **to eliminate** - vedi lezione 67). A complicare ulteriormente le cose c'è anche il fatto che alcune parole possono fungere sia da sostantivi che da verbi *. Ecco alcuni esempi con la traduzione:
back (v.) = **to support**, *sostenere, appoggiare*
ban (v. e sost.) = **to prohibit, a prohibition**, *vietare, un divieto*
bid (v. e sost.) = **to attempt, an attempt**, *tentare, un tentativo*
blast (sost.) = **an explosion**, *un'esplosione*
blaze (sost.) = **a fire**, *un incendio*
crook (sost.) = **a criminal**, *un criminale*
curb (v. e sost.) = **to restrict, a restriction**, *limitare, una restrizione*
dash (sost.) = **quick journey**, *visita lampo*
envoy (sost.) = **ambassador, emissary**, *ambasciatore, emissario*
flee (v.) = **to escape**, *fuggire*
gunman (sost.) = **armed man/killer**, *rapinatore, killer*

---

* Alcune parole di quest'elenco che sono segnalate soltanto come verbi possono anche essere dei sostantivi (e viceversa): ci siamo limitati a sceglierne l'accezione più frequente.

hail (v.) = **to welcome**, *salutare, accogliere*
jail (v. e sost.) = **to imprison, a prison**, *incarcerare, un carcere*
jet (v.) = **to travel by plane**, *viaggiare in aereo*
oust (v.) = **to remove from office**, *rimuovere (da una carica), silurare*
probe (v. e sost.) = **to investigate, an investigation**, *indagare, un'inchiesta, un'indagine*
riddle (sost.) = **a mystery**, *un mistero, un enigma*
row (v. e sost.) = **to argue, an argument**, *discutere, una discussione*
slay (v.) = **to kill**, *uccidere*
snub (v. e sost.) = **to insult, to reject, an insult, a rejection**, *insultare, respingere (o snobbare), un affronto, un rifiuto*
up (v.) = **to increase**, *aumentare* (transitivo)
urge (v.) = **to insist, to recommend strongly**, *esortare, incalzare*
vow (v.) = **to promise**, *promettere*
wed (v.) = **to marry**, *sposare*

Ed ecco qualche esempio di titoloni da prima pagina:
EMPs BACK ATOM TEST BAN
Members of the European Parliament are supporting a plan for the prohibition of atomic testing
Gli eurodeputati promuovono un piano per vietare i test atomici
TV STAR VOWS TO WED CROOK IN JAIL
A television star promises that he/she will marry a criminal in prison
Star televisiva promette di sposare un criminale in prigione
GUNMAN SLAYS THREE IN BLAZE RIDDLE
An armed man kills three people in a mysterious fire
Uomo armato uccide tre persone durante un incendio misterioso
Come avrete sicuramente notato, le parole sono quasi tutte monosillabiche e conseguentemente efficaci ed espressive.

2.5 Gruppi di sostantivi

Sono le costruzioni più complesse: si tratta di sfilze di sostantivi nudi e crudi, senza nessuna parola che indichi la relazione grammaticale che li lega.

Facciamo un paio di esempi:
SHIPPING UNION PAY DEAL SNUB
CHILD CARE SPENDING CURBS

Come vi abbiamo detto alla lezione 67, il metodo più semplice per decifrare questi titoli alquanto sibillini consiste nel leggerli al contrario. Così scopriamo che, nel primo titolo, si parla di un *rifiuto* (**snub**) di un *accordo* (**deal**) sulla *retribuzione* (**pay**) da parte di, oppure per, un *sindacato* (**union**) della *navigazione* (**shipping**). Fatto! Non si sa però se sia stato il sindacato a respingere l'accordo o se sia l'accordo da esso proposto ad essere stato respinto. Per scoprirlo bisognerà leggere l'articolo, mentre il pezzo intitolato **CHILD CARE SPENDING CURBS** riguarderà dei *limiti* (**curbs**) posti alla *spesa* (**spending**) per l'*assistenza all'infanzia* (**child care**).

3 L'articolo determinativo

L'uso corretto dell'articolo determinativo **the** è uno degli argomenti più difficili della grammatica inglese. Se le regole fondamentali sono semplici (**the** si omette quando si parla di una categoria in generale, con i titoli onorifici ecc.), ci sono delle sottigliezze da conoscere che vi abbiamo anticipato nella lezione 64. Per esempio, non si usa mai **the** coi nomi degli Stati, salvo con quelli al plurale: **the United States** (e quindi **the USA**), **the Netherlands**, *i Paesi Bassi* ecc. Un'altra eccezione è costituita da quegli Stati la cui denominazione comprende un nome comune: **the United Kingdom**, *il Regno Unito*. Tuttavia, nella frase 10 della lezione 64 abbiamo **the Britain**, perché si parla di una Gran Bretagna ben specifica, ovvero quella "percepita" da chi sta parlando, una Gran Bretagna nella quale l'accento regionale è ancora un segno distintivo della classe sociale. Attenzione, però, perché un aggettivo non basta a giustificare la presenza dell'articolo determinativo: **Stone Age Britain**, *La Gran Bretagna dell'età della pietra*.

Anche quando si parla di un monumento o di un edificio pubblico, il **the** si omette (**Oxford University**), con le debite eccezioni (**the University of the Solent**, **the Tower of London** ecc.) che scoprirete con la pratica e col tempo.

Per finire, ci sono delle particolarità che bisogna semplicemente memorizzare. Per esempio si dice **on the radio**, *alla radio*, **at the cinema/movies**, *al cinema*, e **on the internet**, *su/in Internet*, ma **on television**. Tuttavia, se il cinema e la radio s'intendono come media, non ci vuole l'articolo: **Radio is a great medium**, *La radio è un grande mezzo di comunicazione*.

Per conoscere davvero tutte le sfumature riguardanti l'uso dell'articolo determinativo è necessario procurarsi una buona grammatica, ma potete anche dedicare una decina di minuti al giorno per una settimana alla rilettura di alcuni passi di questo libro (o di un articolo qualsiasi di giornale, in Internet ecc.) soffermandovi sull'utilizzo di **the** o cercando di individuare i casi in cui l'avreste impiegato, domandandovi perché viene usato od omesso.

▶ Esercizio di ripasso

Provate a tradurre i titoli seguenti in inglese "normale" e poi in italiano.

1. MAN HELD OVER BLAZE
2. WHITE XMAS ON THE CARDS
3. MoD UPS ARMS SPENDING
4. STEELMAKER SNUBS AID OFFER
5. UN ENVOY HAILS QUAKE RESPONSE
6. BRITS JET AWAY TO SUNNY CLIMES
7. HIGH COURT BACKS CURBS ON TEEN MODELS
8. OUSTED PRESS CHIEF BIDS FOR TOP JOB
9. AMBULANCE IN MERCY DASH RUNS OVER MAN
10. SPY PROBE FOR SECRETS LEAK ROW

Versione inglese

(una delle tante possibili: ricordiamo che il senso dei titoli non è sempre perfettamente chiaro!)

1. A man has been detained by the police in connection with a fire.
2. It is likely to snow this Christmas.
3. The Ministry of Defence has increased its expenditure on weapons.
4. A steel manufacturer has rejected an offer to assist it financially.
5. An emissary from the United Nations has welcomed the public response to an earthquake.
6. Britons are flying off to warmer countries.
7. The High Court is in favour of restrictions on teenage fashion models.
8. The head of a press organisation / A chief editor who had been dismissed is now trying to obtain a high-level position.
9. An ambulance responding to an emergency call has hit a male pedestrian.
10. A noisy disagreement about the disclosure of secrets has led to an investigation into spying.

Settantesima lezione / 70

Traduzione

1 Un uomo è stato fermato dalla polizia in relazione a un incendio. **2** Si prospetta un bianco Natale (nel titolo originale c'è un gioco di parole con **Xmas cards**, *cartoline natalizie*). **3** Il Ministero della Difesa ha aumentato la spesa per gli armamenti. **4** Un'azienda siderurgica ha rifiutato un'offerta di aiuto finanziario. **5** Un emissario delle Nazioni Unite ha elogiato il comportamento della gente in occasione del terremoto. **6** I britannici volano verso Paesi più caldi. **7** L'Alta Corte è favorevole a porre dei limiti per quanto riguarda il ricorso ad adolescenti nelle sfilate di moda. **8** Il capo di un organo di informazione/un capo redattore che era stato licenziato sta cercando di ottenere un posto di prestigio. **9** Un'ambulanza in servizio di emergenza ha investito un pedone. **10** Una turbolenta discussione sulla divulgazione di segreti ha portato a un'inchiesta sullo spionaggio.

E adesso?

Siete arrivati alla fine di questo libro e di questo viaggio nei meandri della lingua inglese, ma non per questo avete concluso il vostro apprendimento: una lingua è come un essere vivente, si evolve e cambia giorno dopo giorno. Con le risorse di cui disponiamo oggi (libri, giornali, riviste, media vecchi e nuovi) potrete seguire questa evoluzione in tempo reale, per cui è bene che continuiate lo studio, naturalmente con questo libro, rileggendone o riascoltandone una lezione o un esercizio di tanto in tanto, ma anche e soprattutto con l'aiuto di romanzi, film, saggi, canzoni, poesie, blog, insomma tutti i mezzi con cui l'inglese si diffonde e viaggia per il mondo.

Ricordiamo inoltre che, come abbiamo detto all'inizio della nostra avventura, se è vero che l'inglese è divenuto oggi la lingua principale in moltissimi campi, è anche l'espressione di una cultura, sia essa britannica, americana, australiana o giamaicana. Perciò vi consigliamo vivamente di allargare i vostri orizzonti scoprendo le letterature, il cinema e altre arti dei Paesi anglofoni.

Tenete soprattutto presente che non è una fatica, ma un piacere, e speriamo sinceramente che, dopo aver perfezionato il vostro inglese con noi, possiate ora trarne pienamente vantaggio per il futuro.

six hundred and twelve

Bibliografia

Eccovi un breve elenco di testi consigliati per completare e proseguire il vostro apprendimento e imparare altre cose sull'inglese e sulla civiltà britannica:

Dizionari, grammatiche e manuali di riferimento

• *Collins Cobuild Advanced Dictionary*, 9th Edition, Collins Cobuild, 2018.
Per gli studenti di livello avanzato.

• *Il Ragazzini 2021*, Zanichelli Editore, 2020.
Dizionario bilingue con oltre 400.000 voci.

• *"Practical English Usage"*, 4th Edition; Swan, M.; Oxford; 2018.
Manuale molto dettagliato dell'inglese contemporaneo.

• *"Roget's Thesaurus of English Words and Phrases"*, Roget, M.P.; Penguin, 2019.
Il dizionario inglese dei sinonimi per eccellenza.

• *"L'Inglese degli affari"*, Assimil, 2012.
Dedicato al *business english*, per chi desidera approfondire e perfezionarsi ulteriormente.

• *"L'Inglese americano - Collana Senza Sforzo"*, Assimil, 2019.
Per chi vuole affrontare anche la varietà statunitense della lingua inglese.

Storia ed evoluzione della lingua inglese

• *"The Stories of English"*, Crystal, D.; Penguin, 2004.
Un celebre linguista analizza l'evoluzione della lingua.

• *"The Adventure of English"*, Bragg, M.; Sceptre, 2003.
Una "biografia" dell'inglese.

Informazioni turistiche e statistiche

Il sito Internet dell'ufficio nazionale del turismo, Visit Britain, fornisce informazioni pratiche e proposte di soggiorno: www.visitbritain.com/en/GB/. È disponibile anche in italiano alla pagina http://www.visitbritain.com/it/IT/ se volete controllarne la traduzione...
Sul sito dell'Office of National Statistics (www.statistics.gov.uk) troverete invece informazioni dettagliate sulla vita politica e socio-economica del Regno Unito.

Letteratura, cinema

- *"The Penguin Guide to Literature in English: Britain and Ireland"*, Carter, R. e McRae, J.; Penguin, 2nd edition, 2016.

- *"The Oxford Companion to English Literature"*, 7th Edition; Drabble, M.; Oxford, 2009.

Questi due testi sono eccellenti guide alla lettura, ricchi di informazioni sugli autori e sulle loro opere.

- *"Time Out Film Guide"*, Time Out Publishing.

Quest'opera, che contiene i dati completi e le recensioni di oltre 18.000 film in lingua inglese, viene aggiornata ogni anno.

Per scoprire gli autori contemporanei, tenetevi al corrente delle notizie sui principali premi letterari che vengono assegnati ogni anno: il più prestigioso è il *Man Booker*, con cui viene premiato il miglior romanzo in lingua inglese, ma sono degni di nota anche l'*Orange Prize for Fiction* e i *Costa Book Awards*.

Lessico inglese-italiano

A

aboard	a bordo 1
accommodation	alloggio 3
ad	annuncio pubblicitario, pubblicità 4
add insult to injury (to ~)	aggiungere al danno la beffa 54
affluence	ricchezza 24
affluent (*agg.*)	ricco 20
afford (to ~)	permettersi 3
afterwards	dopo 8
ahead	avanti, davanti 62
airy	arioso 6
alas	ahimè 26
all mod cons	tutti i comfort 4
amenities	servizi, impianti 4, 24
amid	tra; a causa di 38
and so forth	eccetera, e così via 41
apple of s.o.'s eye	luce degli occhi, pupilla di qualcuno 33
appliance	apparecchio 5
application	candidatura 10
arguably	probabilmente 18
arouse (to ~)	destare 45
as clear as mud	chiaro come la nebbia 66
assent	consenso 43
at one fell swoop	di punto in bianco, all'istante 57
at one's wits' end (to be)	non sapere più cosa fare, non sapere più che pesci pigliare 47
award-winning	premiato 19
axe (to ~)	fare dei tagli, licenziare 41; sopprimere, tagliare 67

B

back and forth (to go ~)	fare la spola, fare avanti e indietro 68
back bencher	parlamentare senza incarico 46
backbite (to ~)	calunniare, denigrare alle spalle 46
backbiting	calunnia, maldicenza 46
backbone	spina dorsale 15, 36
back-breaking	massacrante 24
bad apple	mela marcia 33
bad faith (in ~)	(in) malafede 68
bags of (*fam.*)	un sacco di, un mucchio di 6
bandstand	palco per orchestra 50
bandwagon (to jump on ~)	saltare sul carro (del vincitore), seguire la corrente 50
bangers and mash	salsicce e purè 29
Bard (the ~)	Bardo (il ~) (Shakespeare) 50
bargain	buon affare 5

six hundred and sixteen • 616

bat (to ~)	battere (cricket, baseball) 51
bear with a sore head (like a ~)	intrattabile 55
bearable	sopportabile 18
bearish	ribassista 38
beast of burden	bestia da soma 26
beat about the bush (to ~)	girare intorno, tergiversare 41
Beautiful Game	il gioco più bello del mondo 50
bedsit	monolocale 3
beforehand	in anticipo, prima 11
beggars can't be choosers (*proverbio*)	bisogna accontentarsi di quel che passa il convento 41
bid (to ~)	fare un'offerta di acquisto 37
big-headed	presuntuoso; dalla testa grossa 10
bill	disegno di legge 43
bill of fare	menù 34
billion	miliardo 1
binoculars	binocolo 62
biopic	film biografico 54
bit	pezzo; bit 65
bite off more than one can chew (to ~)	fare il passo più lungo della gamba 37
blimey! (*volg.*)	accidenti!, cavolo! 34
blind (to ~)	accecare 59
blockbuster	film di grande successo 54
bloody (*volg.*)	maledetto, del cavolo 20
bloody-minded (to be ~)	essere un bastian contrario 50
bloody-mindedness	spirito da bastian contrario 50
blow (to ~)	soffiare; sprecare 48
blue-chip	blue chip, titolo guida 38
bluntly	francamente 65
bluntness	franchezza 39
boast (to ~)	vantare, comprendere 16
body language	linguaggio del corpo 11
boggle the mind (to ~)	sorprendere, sbalordire 32
bone up on (to ~)	studiare a fondo, studiare per bene 11
booking	prenotazione 19
bore (*sost.*)	rompiscatole 34
born with a silver spoon in one's mouth (to be ~)	nascere con la camicia 40
born and bred	nato e cresciuto, autentico 6
bother (to ~)	disturbare; disturbarsi 1
bound to (to be ~)	fare sicuramente qc. 11
boutique hotel	albergo esclusivo 19
bow (to ~)	chinarsi, inchinarsi 60
bowl (to ~)	lanciare (cricket) 51
brake	freno 68
brand	marca, marchio di fabbrica 22
brand new	nuovo di zecca, nuovo fiammante 5

brave new world	il migliore dei mondi possibili 57
bread-and-butter	essenziale, necessario 22
break down (to ~)	guastarsi, andare in panne 68
break up with (to ~)	rompere con, lasciare, mollare 65
breast	seno 58
breathtaking (*agg.*)	mozzafiato 16
brief (*sost.*)	memoria (termine giuridico) 68
bring home the bacon (to ~)	portare a casa la pagnotta 33
Brit (*fam.*)	britannico 18, 64
broadcasting	trasmissione (televisiva) 52
brotherhood	fratellanza 45
Brummie	abitante di Birmingham 17
buck (*fam.*)	dollaro 50
budge (to ~)	cedere 57
building society	società di credito edilizio 38
bum	sedere, chiappe 41
burned out (to be ~)	esausto (essere ~) 69
busby	colbacco (delle guardie) 60
bustle (*fam.*)	confusione, trambusto 23
bustling (*agg.*)	animato, brulicante 16
butt (*slang*)	chiappe 62
butter wouldn't melt in his/her mouth	fa l'ingenuo/la santarellina 33
buzzer	pulsante 17
bypass	tangenziale; bypass 32

C

cameo	cameo 54
cast	assegnazione delle parti, cast 54
catch (to ~)	sorprendere, cogliere 13
catch someone's eye (to ~)	attirare l'attenzione 43
catch up on (to ~)	recuperare (un ritardo, una lacuna) 65
catch up with (to ~)	recuperare, raggiungere, riprendere 17
catering	catering, ristorazione 36
century	100 punti (cricket) 51
chalk and cheese (like ~)	come il giorno e la notte 33
Chancellor of the Exchequer	Ministro delle Finanze 25, 38
chat (to ~)	chiacchierare, fare due chiacchiere 48
check out (to ~)	dare un'occhiata 19
check up on (to ~)	controllare, prendere informazioni su 65
checkup	visita di controllo, check-up 65
cheeky	insolente, sfacciato 32
cheers (*fam.*)	grazie 64
cheese (big ~)	pezzo grosso 33
chill out (to ~) (*fam.*)	rilassarsi 19
chip (*ingl. brit.*)	patatina fritta 30
chip off the old block	tutto/a suo padre/sua madre 66
city dweller	cittadino 24
claim (to ~)	dichiarare 53

clash (to ~)	scontrarsi, sbattere 67
clatter (to ~)	risuonare 31
clean out (to ~)	pulire per bene/a fondo 69
clerk	sagrestano 58
clever clogs	saputello, sapientone 43
client	cliente (di servizi o prestazioni) 60
clientele	clientela 60
clime (*lett.*)	clima; luogo 59
clout	colpo; influsso, potere 22
clue (not to have a ~)	non avere idea 17
coach	allenatore 51
coaching inn	locanda per diligenze 19
coastal plain	pianura costiera 15
cobbled	acciottolato (*agg.*) 19
cock up (to ~)	guastare, incasinare 13
Cockney	abitante di Londra, londinese 17
coin (to ~)	creare, coniare 60
coin a phrase (to ~)	inventare un'espressione 25
come down with (to ~)	ammalarsi di, prendere una malattia 65
come full circle (to ~)	tornare al punto di partenza 57
come off it!	ma smettila!, fammi il piacere! 64
come out of left field (to ~)	arrivare inatteso / all'improvviso 52
come up with (to ~)	inventare, escogitare, trovare 65; proporre, esprimere, tirar fuori 27
commerce	commercio 1
commodity exchange	Borsa merci 58
commoner	persona comune 43
computer-literate (to be ~)	essere bravo in informatica 9
congestion	congestione, traffico 26
contrive (to ~)	inventare, escogitare 58
cope (to ~)	far fronte, cavarsela 13
copyright (to ~)	depositare il diritto d'autore 60
cosy	intimo, accogliente, gradevole 19
court	corte, tribunale 68
covetous	avido 58
crabby	acido, irritabile 34
craggy	frastagliato 16
criss-cross (to ~)	solcare; incrociare, incrociarsi 16
cry over spilt milk (to ~)	piangere sul latte versato 33
cull (to ~)	spigolare, scegliere 46
culture vulture	patito della cultura 19
cuppa (*fam.*)	tazza di tè 31
curfew	coprifuoco 47
curry favour (to ~)	cercare di ingraziarsi qualcuno 30
customer	cliente (di beni di consumo) 60
customer relationship officer	responsabile dei rapporti con la clientela 10
cut down on (to ~)	limitarsi (in un vizio), ridurre 65

cut no ice (to ~)	non impressionare 44
cut and thrust	schermaglie 46
cut back (to ~)	potare 40; tagliare 48
cut back on (to ~)	tagliare (spese), risparmiare, ridurre 40
cute	carino 19
cutting-edge	all'avanguardia 36

D

damage	danno 68
damages (*pl.*)	risarcimento dei danni 68
damning	schiacciante 32
dart in (to ~)	irrompere 31
dead (*avv. fam.*)	totalmente, assolutamente, del tutto 51
dead as a dodo (as ~)	morto stecchito, morto e sepolto 58
dead as a door-nail (as ~)	morto stecchito 58
deal (*sost.*)	sistema, trattamento 62; affare 37
decade	decennio 8
decipher (to ~)	decifrare 67
delightful	delizioso, caro 17
desert (to ~)	abbandonare, lasciare 1
despise (to ~)	disprezzare 64
dessert	dessert 1
dickens	diavolo 57
die for (to ~)	morire dalla voglia di 34
diet	dieta 30
diet (to ~)	essere a dieta 30
dimwit	idiota, stupido 30
dire	disastroso, gravissimo; pessimo 18
dishwasher	lavastoviglie 5
disloyalty	tradimento 43
do one's damnedest (to ~)	fare il possibile, mettercela tutta 48
doddle (a ~)	bazzecola, cosa facile da fare 61
dollop	cucchiaiata 69
donkey's years (for ~)	tanto tempo (da ~), una vita (da ~) 6
down (to ~)	mandar giù (una bevanda), tracannare 16
down in the dumps	giù di morale, depresso 41
downgrade (*sost.*)	declassamento 38
downsize (to ~)	ridimensionare (un'azienda) 12
downtown	centro (della città) 9
draw in (to ~)	attirare 22
dressing down (to give s.o. a ~)	dare una lavata di capo 33
dribble (to ~)	gocciolare, sbavare; scartare 45
drivel	sciocchezze 45
drizzle (to ~)	piovigginare; condire 34
drop in on (to ~)	fare un salto da, andare a trovare 65
drop one's aitches (to ~)	non far sentire la "h" 64
dropout	emarginato, disadattato 65

six hundred and twenty • 620

dry-stone	a secco 16
dumb	stupido, idiota; muto 23
dump (to ~)	mollare, scaricare 41
dwindle (to ~)	diminuire 22

E

e.g.	per esempio 68
easy as pie	semplice come bere un bicchier d'acqua, un gioco da ragazzi 33
eat humble pie (to ~)	recitare il mea culpa, umiliarsi 33
egg on (to ~)	incitare, raccomandare, esortare 33
egg on one's face (to have ~)	fare una figuraccia 33
e-government	amministrazione digitale 22
electrical appliance	elettrodomestico 5
elephant in the living room (the ~)	problema gravissimo (che tutti fingono di non vedere) 44
employment	occupazione 8
enchanting	affascinante, incantevole 16
end up (to ~)	capitare, finire per 3, 11
endearing	accattivante 18
engulf (to ~)	fagocitare 24
estate agent	agente immobiliare 10
excruciating	straziante 54; orribile, allucinante 67
executive (*sost.*)	dirigente, responsabile 9
eye-popping	esorbitante, sbalorditivo 18

F

facilities	attrezzature, servizi, impianti 19
facility	struttura, complesso 22
failsafe	infallibile 54
fair	equo 68
fall over each other (to ~)	farsi in quattro 39
falsehood	il falso, menzogna 45
famous last words!	le ultime parole famose! 66
fare (*sost.*)	tariffa 34
far-fetched	improbabile, forzato, inverosimile 26
fear	paura 47
fee	tassa; compenso; quota 60
feeble	debole, pietoso, misero 54
feed (to ~)	nutrire, alimentare 26
fence	steccato 2
file for bankruptcy (to ~)	presentare istanza di fallimento 58
filibuster	ostruzionismo parlamentare 44
fine (to ~)	multare 68
fire (to ~)	licenziare 41
fired (to get ~)	essere licenziato 41
fishmonger	pescivendolo 9
fixed-term employee	lavoratore a tempo determinato 8
flat (*sost.*)	appartamento 3

flat cap	coppola, berretto con visiera 20
flatmate	compagno di stanza 3
flatshare	condivisione di un appartamento 3
flawed (to be ~)	essere viziato, essere fallato 62
fleecy	a pecorelle 60
flick	film 54
flicker (to ~)	tremolare 54
flight attendant	assistente di volo 9
flint	pietra focaia 58
fluke	caso (fortunato) 31
flying start	partenza a razzo 52
foible	debolezza, difetto 18
folk	gente 20
foodie	buongustaio 18
fool around (to ~)	fare lo stupido; essere infedele 57
fool's paradise (to live in a ~)	vivere di illusioni 57
for all the tea in China	per niente al mondo, per tutto l'oro del mondo 66
for donkey's years	da una vita 27
forever	continuamente, in continuazione 46
fortnight (a ~)	un paio di settimane, quindici giorni 10, 38
freelance (to ~)	fare un lavoro autonomo 69
freeze-dried	liofilizzato 35
french fry (*ingl. amer.*)	patatina fritta 29
fret (to ~)	preoccuparsi, agitarsi 18
fringe benefit	beneficio accessorio 8
fuel	carburante, combustibile 26
fullness of time (in the ~)	col tempo, a tempo debito 66
fumble for (to ~)	cercare a tentoni 62
funding	finanziamento (pubblico) 50

G

gab (to ~)	ciarlare, chiacchierare 44
gape (to ~)	guardare a bocca aperta 31
gastro-pub	gastro-pub 19
gaze (to ~)	fissare 19
geek	maniaco del computer; asociale 65
gem	gioiello, gemma 19
genteel	raffinato, distinto; pretenzioso 19
gents	signori 25
Geordie	abitante di Newcastle 17
gerrymander (to ~)	manipolare i collegi elettorali 44
get away from (to ~)	fuggire da 65
get down to brass tacks (to ~)	venire al dunque 46
get cracking (to ~)	cominciare, sbrigarsi 17
get hold of (to ~)	procurarsi 11
get off one's bum (to ~)	muovere le chiappe 41
get off the beaten track (to ~)	uscire dai sentieri battuti 19

get one's skates on (to ~)	affrettarsi, sbrigarsi 5
get out of (to ~)	andarsene da 27
get to (to ~)	raggiungere 27
give up on s.o. (to ~)	perdere la fiducia in qualcuno, lasciar perdere qualcuno 65
give a dog a bad name…	la cattiva reputazione è dura a morire 44
give up (to ~)	lasciare, abbandonare, rinunciare 43
gizmo	marchingegno, dispositivo 69
glimpse	occhiata 25
go back on one's word (to ~)	rimangiarsi la parola 51
go bankrupt (to ~)	fallire, andare in bancarotta 36
go in for (to ~)	andare matto 51
go swimmingly (to ~)	andare liscio come l'olio 52
go to the country (to ~)	indire le elezioni 48
go to the dogs (to ~)	andare in rovina 64
go about (to ~)	procedere 61
go crazy (to ~)	impazzire 3
go through (to ~)	passare 48
go through the roof (to ~)	andare alle stelle (*fig.*) 3
gobble up (to ~)	divorare; inglobare 22
godliness	santità 3
gossip	voci, pettegolezzi, gossip 60
grab (to ~)	afferrare, agguantare 44; catturare 67
grandstand	tribuna di uno stadio 50
grasp (to ~)	afferrare 58
grass-roots	popolare 44
gravy train (to get on the ~)	fare la bella vita 33
grindstone	mola 58
gross	lordo 8
gross domestic product	prodotto interno lordo 36
groundbreaking	innovativo 65
growl (to ~)	ringhiare 62
grub (*sost.*)	pappa; cibo 19
grumble (to ~)	brontolare, bofonchiare, lamentarsi 53
guardsman	guardia 60
guest	ospite 2
guest bedroom	camera degli ospiti 2
guilt	colpa 59
gut	intestino 29
gut reaction	reazione istintiva 29
gut-churning	rivoltante 32

H

hail from (to ~)	essere originario di 17
half-baked idea	idea strampalata 33
half-timbered	metà in legno e metà in muratura 16
ham	guitto 54
hammily	sopra le righe 54
handle (to ~)	maneggiare, occuparsi di 13

handle someone with kid gloves (to ~)	trattare qualcuno con i guanti (bianchi) 46
hang out (to ~)	frequentare, bazzicare 18
hang up (to ~)	riattaccare (il telefono) 4
hardy	intrepido 1
have a chip on one's shoulder (to ~)	avere un complesso di inferiorità 29
have had a good innings (to ~)	aver vissuto bene e a lungo 52
have it in one (to ~)	avere la stoffa 65
have one's cake and eat it (to ~)	volere la botte piena e la moglie ubriaca 33
have the gift of the gab (to ~)	avere il dono dell'eloquenza 44
heaven	paradiso, cielo 16
head (to ~)	dirigersi 31
headache	mal di testa; problema, rompicapo 67
heart-rending	straziante 62
hearty	sostanzioso 34
heather	erica 16
heavy hitter	osso duro; persona influente 52
heist	rapina 54
helm (to ~)	dirigere 54
herd	gregge, mandria 26
hereinafter	in seguito 68
hereunder	del presente documento 68
hideaway (*sost.*)	rifugio, nascondiglio 19
high heels	scarpe coi tacchi alti 59
high spirits (to be in ~)	essere di ottimo umore 69
High Street	centro città 18
high-heeled	con i tacchi alti 59
highways and byways	meandri 1
hike (to ~)	aumentare 38
hinder (to ~)	impedire 68
hire (*sost.*)	noleggio 68
hit s.o. for six (to ~)	conciare per le feste qualcuno 52
hit the sauce (to ~)	rifugiarsi nell'alcool 33
hog (to ~)	monopolizzare, prendere tutto per sé 3
hoist by one's own petard (to be ~)	cadere nella propria trappola 57
hold a candle to (not to ~)	non reggere il confronto con 54
hold sthg against (to ~)	prendersela con qualcuno per qualcosa 62
household	famiglia 8
houseshare	condivisione di una casa 4
hub	snodo 22
huge	enorme 5
hurl (to ~)	scagliare 31

I

i.e.	ovvero 68

icebound	incagliato tra i ghiacci 47
in seventh heaven (to be ~)	al settimo cielo (essere ~) 69
inch open (to ~)	socchiudersi, aprirsi lentamente 31
inhabited	abitato 15
inkling	sentore, sospetto 32
insider	addetto ai lavori 12; bene informato 60
insider dealing	insider trading 60
ironmongery	ferramenta, negozio di ferramenta 58
island	isola 15
Isle	Isola 15
issue	questione, problema; numero, copia 22
IT (information technology)	informatica 1
it's all Greek to me	per me è arabo 66

J

jack of all trades	factotum, tuttofare 66
jingle	scampanellio 58
joblessness	disoccupazione 20
jump out of the frying pan into the fire (to ~)	cadere dalla padella nella brace 33
jump the gun (to ~)	essere troppo precipitoso 52
junk food	cibo spazzatura 30

K

keep a finger in many pies (to ~)	avere le mani in pasta dappertutto 33
keep one's wits about one (to ~)	stare all'erta 47
keep up with (to ~)	tenersi aggiornato/al corrente 65
keep a lookout (to ~)	stare all'occhio 25
keep up with the Joneses (to ~)	tener testa ai colleghi/vicini 29
kick into one's own goal (to ~)	fare un autogol 45
kick off (to ~)	cominciare (con) 32
kid s.o. (to ~)	prendere in giro qualcuno 2
kingly	reale, regale 35
knock off (to ~)	fare lo sconto, scontare 5

L

lager	birra chiara 30
laid-back (*agg.*)	rilassato, tranquillo 20
landing	pianerottolo 6
land-mass	territorio 15
landslide victory	vittoria schiacciante, a mani basse 44
lap	giro di pista 65
lashings (of) (*pl.*)	un sacco (di), a palate 69
last straw (the ~)	l'ultima goccia 13
laughing-stock (to be a ~)	farsi ridere dietro, essere lo zimbello 52
lawyer	avvocato 46, 68
lay it on with a trowel (to ~)	esagerare, calcare la mano 57
leading light	personaggio di spicco 31
leisure	tranquillità, tempo libero 8

leisure time	tempo libero 8
let s.o. go (to ~) (*eufem.*)	licenziare qualcuno 41
leverage (to ~)	impiegare 22
liability	responsabilità (giuridica) 68
liable (for)	responsabile (di/per) 68
libel	diffamazione a mezzo stampa 32
lifespan	durata di vita 26
light-hearted	leggero 55
likewise	parimenti, allo stesso modo 67
limestone (*agg.*)	pietra calcarea (in ~) 16
line-caught	pescato con la lenza 34
linesman	guardalinee 45
lip-smacking	da leccarsi i baffi, delizioso 39
listings guide	guida ai programmi, programma degli spettacoli 55
literature	documentazione commerciale, pubblicazioni 11
liven up (to ~)	vivacizzare 61
Liverpudlian	nativo di Liverpool 64
loads of	un sacco di 37
loathe (to ~)	detestare 18
loch	lago (*scozzese*) 16
long-winded	prolisso 11
loo (*fam.*)	bagno, gabinetto 6
look down on (to ~)	considerare con sufficienza 65
look up to sbdy (to ~)	rispettare, ammirare qualcuno 51
lounge around (to ~)	poltrire, oziare 30
love	zero (*tennis*) 53

M

magnet	calamita 16
mainland	territorio continentale, terraferma 5
mainstay	pilastro 31
maître d'	maître d'albergo 54
make a mountain out of a molehill (to ~)	fare di una mosca un elefante 48
make a beeline for (to ~)	andare diritto, precipitarsi su 5
make head or tail (not to be able to ~)	non capirci niente 66
make out (to ~)	scorgere, intravedere, capire 25
make sthg up (to ~)	inventare qualcosa 61
make the cut (to ~)	farcela, essere all'altezza 52
make up (to ~)	costruire, formare 15
market town	città sede di mercato 16
master (*agg.*)	principale, generale 2
mate (*fam.*)	caro, amico 64
McJob	lavoro malpagato e senza prospettive 41
mean (*agg.*)	tirchio; cattivo 12
mean (*sost.*)	media 15

meander (to ~)	passeggiare, vagare; serpeggiare; oscillare 16
meat and two veg(etable)	cucina molto tradizionale (lett. carne e due porzioni di verdura) 31
memo	nota 43
mere	mero, solo 43
microwave	forno a microonde 5
mild	mite 15
milk of human kindness	umana bontà 57
minutes	verbale 46
mist	nebbia 16
money-spinner	miniera d'oro 50
monitor	monitor, schermo 69
mood	clima 19; umore 37
moor	landa 16
moreish (to be ~)	essere invitante 34
morrow (*arcaico*)	indomani 47
mortgage	ipoteca, mutuo 3, 34, 47
motion	mozione 46
motorway	autostrada 2
mourner (chief ~)	chi guida il corteo funebre 58
mouthwatering (*agg.*)	stuzzicante, appetitoso 19
move (to ~)	muoversi, trasferirsi, traslocare 4
mow (to ~)	rasare (il prato) 60
mugger	aggressore 23
mushroom (to ~)	spuntare come i funghi 24
must-see (*agg.*)	da visitare assolutamente 16

N

nail-biter	(film) mozzafiato 54
nail-biting (*agg.*)	appassionante, mozzafiato 17
native (*agg.*)	nativo 1
network (to ~)	creare una rete di conoscenze 41
nickname	soprannome 17
nil	zero 53
nodding acquaintance	conoscenza superficiale 32
no-no	tabù, cosa da non fare 11
nonsense (*sost.*)	nonsense 18
nought	zero 40
nuke (to ~) (*fam.*)	cuocere in un forno a microonde 29
numerate (to be ~)	essere bravo in matematica 9
nutter	pazzo, squilibrato 31
nutty as a fruit cake	matto come un cavallo 33

O

oddball comedy	commedia eccentrica 54
off chance (on the ~)	casomai, nella (vaga) speranza che 61
off one's rocker (to be ~)	fuori di testa (essere ~) 69
offence	reato; offesa 48

official data	dati ufficiali 8
old hat	trito e ritrito, antiquato 64
Olde England	vecchia Inghilterra 19
oldish	attempato, vecchiotto 62
on cloud nine (to be ~)	al settimo cielo (essere ~) 69
on the dole (to be ~)	essere disoccupato 12
on the lookout (to be ~)	essere alla ricerca 22
on the rocks (to be ~)	in crisi 65
ooze (to ~)	fluire, colare 19
opening	posto di lavoro 9
opt-out clause	diritto di recesso 60
otherwise	altrimenti 15
out for the count (to be ~)	essere fuori combattimento 52
out of the blue	su due piedi, a ciel sereno, d'un tratto 41
outgoing	estroverso 9
overdo (to ~)	esagerare 68
overlook (to ~)	trascurare 46
overseas	all'estero; oltremare 39
overtime	lavoro straordinario 9
oyster (the world is his/her ~)	il mondo è suo 57

P

PA (public address) system	microfono 18
package	pacchetto 9
package tour	viaggio organizzato 19
palaver	rumore, chiasso; storie, ciarle 29
pamper (to ~)	coccolare 19
pan-fried	fritto in padella 34
partied out (to be ~)	non poterne più di feste 69
pass sthg off as (to ~)	far passare qualcosa per 61
passer-by (*sost.*)	passante 50
pattern	modello, schema; abitudine, ritmo 8
pay off (to ~)	estinguere, saldare, rimborsare 3
pear-shaped (to go ~)	andare a rotoli 33
peek	occhiata, sbirciata 6, 25
peep out (to ~)	dare uno sguardo furtivo; spuntare 31
peer (*sost.*)	pari 65
peeve (pet ~)	bestia nera 34
peevish	stizzoso, arrabbiato 34
pet	animale da compagnia 4
phone-in programme	trasmissione in cui il pubblico può telefonare in diretta 23
phrase (to ~)	formulare 11
pick up (to ~)	raccogliere 11
pick up the bill (to ~)	pagare il conto 11
pickle (to be in a ~)	essere nei guai 57
picture postcard	cartolina illustrata 16
pie in the sky	promesse da marinaio 44
pitch	pitch (cricket), campo 51

pitfall	insidia 11
pithy	conciso 18
plain	chiaro 12
plain sailing (to be ~)	andare liscio come l'olio 52
play fast and loose (to ~)	comportarsi in modo frivolo 57
plonk (*sost. fam.*)	tonfo 32
plonk (to ~)	posare bruscamente, sbattere 32
plot	trama 54
plot (to ~)	organizzare 54
plucky	coraggioso, audace 39
plumbing	impianto elettrico 2
plummy	snob, aristocratico, affettato 64
plump for (to ~)	scegliere, votare 32
podcast (to ~)	mettere su podcast 29
point (to have a ~)	non avere tutti i torti 50
poke fun at (to ~)	prendersi gioco di, deridere 18
policy	programma politico, strategia politica 48
politics	politica 48
pop out of (to ~)	schizzare da 31
potter around (to ~)	gingillarsi, fare lavoretti 27
PR (public relations)	pubbliche relazioni 9
preface (to ~)	introdurre 67
pregnant	incinta 9
press the flesh (to ~)	fare un bagno di folla 44
pretend (to ~)	fare finta 45
private eye (*fam.*)	investigatore privato 54
probe	sonda; inchiesta 67
probe (to ~)	sondare; indagare 67
professor	professore universitario 64
public school	scuola privata 45
public transport	mezzi pubblici, trasporti pubblici 20
pull someone's leg (to ~)	prendere in giro qualcuno 30
pull strings (to ~)	brigare, intrigare 44
pull off (to ~)	farcela, riuscire a ottenere 51
pun	gioco di parole 67
punchy	incisivo, efficace 67
pundit	esperto 44
punt	punt (imbarcazione a fondo piatto) 16
punt (to ~)	andare in punt 16
push the envelope (to ~)	forzare i limiti (abituali) 12
put all one's eggs in one basket (not to ~)	non puntare tutto su una carta sola 33
put back on the map (to ~)	riportare alla ribalta 31
put one's foot in it (to ~)	fare una gaffe, dire uno sproposito 13
put one's hand to (to ~)	mettersi a, intraprendere 58
put up with (to ~)	sopportare, tollerare 65
put in (to ~)	installare, montare 2
put on (to ~) one's thinking cap	spremersi le meningi 43

629 • **six hundred and twenty-nine**

put sthg down to (to ~)	attribuire, imputare qualcosa a 51
put up with sthg (to ~)	tollerare, sopportare qualcosa 51
putdown (*sost.*)	critica 18

Q

quaint	pittoresco 19
queer s.o.'s pitch (to ~)	mandare tutto all'aria 52
quid (*slang*)	sterlina 30, 40
quit (to ~)	lasciare 67
quote (*sost.*)	citazione 19

R

rack one's brains (to ~)	scervellarsi, lambiccarsi il cervello 27
railing	cancellata 60
rainbow	pluralista, eterogeneo 64
rainfall	precipitazioni 15
ramble (to ~)	fare un'escursione; girare 16
rant (*sost.*)	filippica, invettiva 50
raw	naturale 16
real ale	birra tradizionale 19
ream	risma di carta 60
recharge one's batteries (to ~)	ricaricare le batterie 19
reckless driver	pazzo alla guida, guidatore spericolato 23
reckon (to ~)	pensare 2, 37
red tape	burocrazia, scartoffie 48
redundancy	ridondanza 8
ref (to ~) (*fam.*)	arbitrare 53
referee	arbitro 45
refurbish (to ~)	rinnovare 4
regeneration	risanamento 20
registered letter	lettera raccomandata 68
rehearsal	prova (a teatro) 62
rehearse (to ~)	provare (a teatro) 62
rein	redine 31
rekindling	risveglio 29
relief	sollievo, assistenza, cura 47
relief fund	fondo di solidarietà 61
relocate (to ~)	trasferirsi, insediarsi (altrove) 10
rend (to ~)	lacerare, squarciare 62
renowned	rinomato 16
rent (to ~)	affittare 3
rental	noleggio 68
retail (trade)	commercio al dettaglio 36
retailing	vendita al dettaglio 5
return on equity	rendimento del capitale netto 40
reverend	venerabile; reverendo 59
riddle	enigma 67
rife	abbondante 24
rivalry	rivalità 18

rolling	ondeggiante 16
romcom	commedia romantica 54
root-and-branch reform	riforma radicale 44
rotten	marcio, corrotto 30
row (to ~)	litigare; remare 60
rugged (*agg.*)	aspro 16
run amok (to ~)	infuriarsi, essere in preda al furore; scatenarsi 26

S

salary	stipendio 9
sales	saldi 5
salt away (to ~)	accumulare, mettere da parte 33
sample	campione, prova 61
scared out of one's wits (to be ~)	spaventarsi a morte 47
scheme	piano, progetto, sistema 9
sci-fi	fantascienza 54
score an own goal (to ~)	fare un autogol 45
Scouser (*fam.*)	nativo di Liverpool 64
seashore	litorale 16
seed	testa di serie (*tennis*) 53
self-contained	indipendente 4
self-indulgence	autocompiacimento, appagamento 19
self-starter	persona con spirito d'iniziativa 10
sell like hot cakes (to ~)	andare a ruba 33
sell out (to ~)	esaurire, andare esaurito 5
send s.o. packing (to ~)	mandar via qualcuno 57
send s.o. off (to ~)	salutare qualcuno 61
set the cat among the pigeons (to ~)	gettare un sasso nello stagno 39
set forth (to ~)	specificare, esporre 68
setback	battuta d'arresto 48
sew up (to ~)	portare a termine, assicurarsi 48
shadow cabinet	governo ombra 46
shed (to ~)	perdere 30
shimmer (to ~)	scintillare 16
shit	merda 34
shoot-out	sparatoria 54
shopaholic	maniaco dello shopping 27
shortcoming	difetto 11
shot in the dark (a ~)	ipotesi azzardata (un' ~) 66
show off (to ~)	ostentare; pavoneggiarsi 26
shrewd	acuto 54
shrug off (to ~)	ignorare, non dar peso 38
sick pay	indennità di malattia 8
sick to the back teeth (to be ~)	essere stufo marcio, averne fin sopra i capelli 44
sickly	pallido 62
side order	contorno 32
sidle (to ~)	muoversi furtivamente 31

sight for sore eyes (to be a ~)	essere una delizia per gli occhi 66
sightscreen	schermo parasole 51
sit on the fence (to ~)	non prendere posizione, restare neutrale 46
sizeable	ragguardevole, notevole 19
skill	abilità 9
skilled	qualificato 9
slam (to ~)	sbattere 43; attaccare, criticare aspramente 67
slander	diffamazione verbale 32
slasher	film dell'orrore molto truculento 54
sleaze	corruzione, marcio 44
sleep a wink (not to ~)	non chiudere occhio 57
sleeper	rivelazione 54
sloppy	trasandato 11
slouch (to be no ~)	cavarsela 54
smart	intelligente, scaltro 22
smell sthg fishy (to ~)	sentire puzza di imbroglio 33
snide	sprezzante 46
snooty	snob, arrogante 18
snowball's chance in hell (not to have ~)	non avere nessuna possibilità, non avere una possibilità su un milione 48
snowboarding	snowboard 53
solicitor	procuratore legale, avvocato 9
sound (*agg.*)	buono, sensato 46
sound-bite	slogan 46
spa	terme 19
spell	periodo di tempo 10
spill the beans (to ~)	vuotare il sacco 33
spin doctor	manipolatore di opinioni, portavoce 44
spot (to ~)	scoprire, individuare; vedere 4
spot-on (to be ~)	cogliere nel segno 64
spread like wildfire (to ~)	diffondersi in un lampo 24
stack	pila, catasta 60
staggeringly	incredibilmente 5
stakeholder	parte interessata, parte in causa 22
stalking horse	candidato civetta 44
stand (to ~) for	candidarsi a 48
start from scratch (to ~)	partire da zero 52
stately home	dimora signorile 16
state-owned	statale, pubblico 36
statutory	garantito (per legge) 8
stem from (to ~)	derivare da, dipendere da 45
step down (to ~)	dare le dimissioni, ritirarsi 44
step up (to ~)	accelerare, aumentare; avanzare 51
stewardship	gestione (responsabile) 43
stick one's oar in (to ~)	metterci becco, impicciarsi 52
sticks (to up ~)	levare le tende 23

six hundred and thirty-two • 632

stock up (to ~)	fare provviste/acquisti 67
storm out (to ~)	andarsene infuriato 64
story	articolo (di giornale) 58
straightforward	chiaro 29
strikebound	fermo per sciopero 47
striker	attaccante 53
striking (*agg.*)	sorprendente 8
stuck for sthg (to be ~)	essere a corto di qualcosa 19
studio flat	monolocale 4
stuffed (to be ~)	pieno zeppo (essere ~) (sazio) 69
stunning	sbalorditivo 5
sturdy	solido, robusto 16
subsidise (to ~)	sovvenzionare 8
sue (to ~)	citare in giudizio, intentare causa 32
sundry	vario, diverso 50
supply chain	catena di distribuzione 9
swarm	sciame 18
swashbuckler	film di cappa e spada 54

T

tack (to ~)	inchiodare 58
tailor-made	su misura, personalizzato 19
take it for granted (to ~)	dare per scontato 24
take the plunge (to ~)	buttarsi 3, 61
take one's pick (to ~)	fare la propria scelta 41
temperate	temperato 15
tend (to ~) to	badare a, occuparsi di; tendere a 47
terrible!	un disastro! 13
thatch	paglia 16
thin on the ground (to be ~)	scarseggiare, essere raro 48
thine (*arcaico*)	tuo 59
thingy	coso, aggeggio 69
think out of the box (to ~)	pensare fuori dagli schemi 12
thou (*arcaico*)	tu 59
thriving (*agg.*)	florido, fiorente 16
throw in the towel (to ~)	gettare la spugna 52
thus	così 26
thy (*arcaico*)	tuo 59
tight	scarso; avaro 40
tighten one's belt (to ~)	tirare la cinghia 40
tight-fisted	taccagno 58
tip	mancia 11; punta 15
tip off (to ~)	fare una soffiata 54
tiptoe (on ~)	in punta di piedi 59
tiptoe (to ~)	camminare in punta di piedi 59
toe the line (to ~)	allinearsi, rigare diritto, obbedire 46
tongue in cheek	ironico, ironicamente 18
toothsome	appetitoso 34
top (to ~)	essere in testa; superare 61

top-flight	di massimo livello, leader nel settore 9
top-notch	eccellente 65
torrential	torrenziale 68
toss (to ~)	passare (dare) 55
tough cookie	osso duro 33
tower of strength to s.o. (to be a ~)	essere l'ancora di salvezza di qualcuno 57
townie (*fam.*)	cittadino 23
track record	curriculum, esperienza, carriera 9
trade union	sindacato 46
trait	caratteristica, peculiarità 18
tranquil	tranquillo, sereno, calmo 19
trendy	alla moda 18
tribunal	tribunale 68
tumble (to ~)	crollare 38
turn down (to ~)	respingere, negare 40
turn the tables (to ~)	invertire i ruoli, ribaltare la situazione (a proprio vantaggio) 37
turnover	volume d'affari 40
twain (*arcaico*)	due 50
twee	lezioso, affettato 32
twist someone's arm (to ~)	costringere, esercitare pressioni 44

U

umpire	arbitro (*cricket*) 51
umpteen	ennesimo 69
understatement	understatement, eufemismo 18
undertaker	becchino, impresario di pompe funebri 58
uneasy	a disagio 64
unfair	ingiusto, non esatto 48
unforeseeable	imprevedibile 47
unfussy	genuino 34
ungrateful	ingrato 62
unhallowed (*agg*.)	profano 58
uni (university)	uni (università) 41
unruly	indisciplinato, ribelle 59
unspoilt	incontaminato, intatto 16
unveil (to ~)	rivelare, rendere noto, scoprire 39
unwilling	riluttante 62
unwind (to ~)	rilassarsi, distendersi 19
up-and-coming	promettente, emergente 55
upkeep	cura, manutenzione, mantenimento 26
upset the apple cart (to ~)	rompere le uova nel paniere 33
uptight	permaloso; a disagio 64
utmost (to try one's ~)	fare il possibile 18
utter	completo, totale 1

V

vein	fonte, vena 18

venture forth (to ~)	avventurarsi 68
vision statement	definizione dei valori aziendali, visione imprenditoriale 12

W

wait tables (to ~)	fare il cameriere 31
walkover	passeggiata, vittoria facile 53
warm (to be ~)	essere vicino alla risposta giusta 17
warranty	garanzia 5
washed-out	sbiadito 62
watch out for (to ~)	andare a caccia di 65
watch paint dry (to ~)	guardare la vernice asciugare (*fam.* annoiarsi) 34
wear and tear	usura, logorio 68
weepy	film strappalacrime 54
wellbeing	benessere 22
whatever	(sì,) vabbè 69
whatname	coso, arnese 69
whatnot	coso, aggeggio 27
what's-his-face	coso, come-si-chiama 69
whatshisname	coso, come-si-chiama 69
whatsit	aggeggio, coso 69
whence	da dove 24
whereof	di ciò, di quanto sopra 68

whip	capogruppo 43
whitewash	cappotto, disfatta 53
whittle away (to ~)	ridurre a poco a poco, erodere 47
whittle down (to ~)	ridurre (di numero) 47
wholesale (trade)	commercio all'ingrosso 36
wicket	wicket, porta (*cricket*) 51
wild (*agg.*)	selvaggio 16
wild goose chase	impresa impossibile; perdita di tempo 57
wilderness	deserto 44
wilds (in the ~)	agli estremi confini 23
wisecrack	battuta salace 54
wolf in sheep's clothing	lupo vestito da agnello 46
wording	formulazione 17
work in (to ~)	mettere, inserire 61
workless	disoccupato 8
worship (to ~)	adorare 26
write off (to ~)	cancellare, eliminare, dare per spacciato; stralciare 44

Y

yellowish	giallastro 62
yield (to ~)	cedere 47
yob	buzzurro, giovinastro 64
yummy	delizioso 16

L'inglese

con Assimil, è anche:

L'inglese - Collana Senza Sforzo

L'inglese degli affari

Quaderno di esercizi Inglese (3 livelli)

Lo slang inglese

L'inglese americano - Collana Senza Sforzo

Lo slang americano

MISTO
Carta da fonti gestite in maniera responsabile
FSC® C006037

Questo libro rispetta le foreste!

Perfezionamento dell'inglese
Stampato in Italia - giugno 2022
Stampa: Vincenzo Bona s.p.a. - Torino